Smart Career: Die Kunst, einen schweren Job leicht zu nehmen

Werner Gross

Smart Career: Die Kunst, einen schweren Job leicht zu nehmen

Wie Sie die seelischen Kosten der Karriere minimieren

Werner Gross
Psychologisches Forum Offenbach
Offenbach, Deutschland

ISBN 978-3-662-61135-7 ISBN 978-3-662-61136-4 (eBook)
https://doi.org/10.1007/978-3-662-61136-4

Die Deutsche Nationalbibliothek verzeichnet diese Publikation in der Deutschen Nationalbibliografie; detaillierte bibliografische Daten sind im Internet über http://dnb.d-nb.de abrufbar.

Springer

Umschlaggestaltung: deblik Berlin

Springer ist ein Imprint der eingetragenen Gesellschaft Springer-Verlag GmbH, DE und ist ein Teil von Springer Nature.
Die Anschrift der Gesellschaft ist: Heidelberger Platz 3, 14197 Berlin, Germany

Vorwort

Wer neue Wege geht, findet keinen Wegweiser:
Es gibt keine Straßen, die Wege entstehen beim Gehen.

Keine Frage: Nach der Corona-Krise ist die deutsche und die weltweite Wirtschaft eine gänzlich andere geworden. Deswegen haben sich auch die individuellen Karrieren dramatisch verändert, denn das Virus hat die Wirtschaft in heftige Turbulenzen gestürzt. Vieles wird auf den Prüfstand gestellt, neu justiert und entweder optimiert oder zurechtgestutzt. „Down sizing" nennt man das heute. Im schlimmsten Fall segnet das Projekt, das Vorhaben, die Firma gleich das Zeitliche.

Und: Was gestern galt, gilt heute nicht mehr. Aber ob das, was heute gilt auch morgen noch gilt, ist höchst fraglich.

Dabei trifft es fast alle: Die freien Unternehmer*innen, Manager und Karrieristen bis hin zu einfachen Angestellten und Berufsanfänger*innen. Nur manche merken es früher und manche erst später.

Verständlicherweise ersehnen viele Karrieristen immer noch die Sonnenseiten der „Top-Jobs": Gehälter und Einkommen, die im sechsstelligen Bereich oszillieren, Prestige, Ansehen, die Macht und die Gestaltungsmöglichkeiten, die so ein Spitzen-Arbeitsplatz bietet.

Aber selbst in den durchschnittlichen Jobs rumort es: Jeder, der eine gute Position ergattert hat, muss diese mit Zähnen und Klauen verteidigen und idealerweise seine Unersetzlichkeit dokumentieren. So entsteht in vielen Bereichen fast eine Art „Individuationszwang" – nach dem Motto: So einen Guten wie mich kriegt ihr so schnell nicht wieder.

Das führt dazu, dass sich in immer mehr Arbeitsbereichen eine (mehr oder weniger angstmotivierte) Fassadenkultur durchsetzt: Zeig' bloß keine Schwäche, sei stoßfest, bruchsicher, formschön und abwaschbar – und effizient:

„Lebe und arbeite effektiver" heißt die unausgesprochene Parole: Halt Dich fit, umgib Dich mit den richtigen Leuten, bewege Dich in den angesagten Szenen – und lächle. Schließlich ist lächeln die eleganteste Art anderen die Zähne zu zeigen.

Klar, dass das nicht spurlos an einem vorbei geht, sondern mit der Zeit zu inneren Spannungen führt, die sich – wenn man nicht aufpasst – in psychischen und körperlichen Problemen zeigen können.

Was sich auf den ersten Blick wie das ersehnte Berufsparadies darstellt, ist auf längere Sicht – wenn der berufliche Honeymoon erst mal vorbei ist – gar nicht selten eine heftige Plackerei. Zynisch könnte man sagen:

– *„Manchmal ist es zu schön, um wahr zu sein."*
– *„Meistens ist es zu wahr, um schön zu sein."*

Es ist schon mehr als 20 Jahre her, dass ich begann, mich mit dem Thema „Seelische Kosten der Karriere" zu beschäftigen. Damals war das noch ein „Exotenthema", mit dem sich kaum jemand auskannte.

Mein Zugang war ursprünglich die Beschäftigung mit dem Thema „Arbeitssucht" (siehe dazu meine Bücher „Was Sie schon immer über Sucht wissen wollten", „Hinter jeder Sucht ist eine Sehnsucht" und „Sucht ohne Drogen"). Zudem hatte ich bei meiner psychotherapeutischen Arbeit (und auch in Coaching und Supervision) am Psychologischen Forum Offenbach (PFO) und in meiner neuen Praxis in Gelnhausen mit vielen Berufstätigen aus allen Hierarchieebenen, vor allem aber mit Führungskräften, gemerkt, dass viele der Probleme von so genannten „workaholics" mit dem Begriff Arbeitssucht einfach viel zu eng gefasst sind und ich suchte nach einem neuen Begriff, der die Probleme der „High performer" und der „Portfolio-Virtuosen" am besten beschreiben würde. So kam ich zu der Formulierung „Seelische Kosten der Karriere".

Für den Berufsverband Deutscher Psychologen (BDP) habe ich schon Ende der 1990er-Jahre mehrere große Tagungen zu dem Thema durchgeführt (siehe dazu die Tagungsbände: „Karrieren in der Krise – Die seelischen Kosten des beruflichen Aufstiegs", „Karriere 2000" und „Karriere 2010"). Damals war das Ziel, dem Phänomen, dass man für seine berufliche Karriere auch körperlich und psychisch zahlt, überhaupt zu einer öffentlichen Aufmerksamkeit zu verhelfen.

Inzwischen ist das Thema allgemein akzeptiert und es geht vor allem darum, zu überlegen, wie man die seelischen Kosten des beruflichen Aufstiegs vermeiden und/oder wenigstens minimieren kann. Genauso wichtig: Wie kann man Karriere und Arbeitsalltag so gestalten, dass man diesen Weg nicht nur durchsteht und Geld damit verdient, sondern auch noch *Spaß* daran hat und einen *Sinn* darin sieht.

Letzten Endes handelt dieses Buch vom Verständnis, dass eine gesunde und langfristig erfolgreiche berufliche *Karriere kein Sprint* ist, sondern ein *Marathon*. Das heißt dass man seine Kräfte gut einteilen muss, um langfristig Karriere zu machen.

Es geht also in diesem Buch nicht darum, irgendjemandem die Karriere, die Arbeit als Führungskraft, als Selbstständiger oder ganz normaler Arbeitnehmer, zu vermiesen. Ganz im Gegenteil: Das Ziel sind langfristig gelingende berufliche Karrieren.

Und dann ist da immer noch die Frage nach der Freude und der Erfüllung, der Selbstverwirklichung in der Arbeit …

Aber es geht in diesem Buch nicht nur um die individuelle Karriere – es geht auch um Fragen wie:

- Wie werden Karrieren und Berufe ab dem Jahr 2025 aussehen?
- Welches „mindset", welche Fähigkeiten und Fertigkeiten, werden zukünftig von „High performern" und GLT (Global Leaders of Tomorrow) erwartet?

- Sind Karrieren auch in Zukunft im wesentlichen Männerkarrieren – oder haben Frauen in den nächsten Jahren bessere Chancen? Und wie sehen sie aus?
- Ob Mann oder Frau – für beide stellt sich die Frage nach den seelischen und körperlichen Kosten des beruflichen Aufstiegs: Was zahlt man dafür, was hat man davon?
- Und was kann man tun, um die seelischen Kosten zu minimieren?
- Wie kann man es hinkriegen, dass man als karriereorientierter Mensch in der Wirtschaft *Change als Chance* wahrnimmt und interpretiert?

Für die Hilfe und Unterstützung bei der Bearbeitung des Manuskriptes danke ich Saskia Hennecke (B.Sc. Psychologie) und Doreen Constantin (stud. psych.).

Und noch etwas: Ein Buch über das Thema Karriere ist in diesen hektischen Zeiten natürlich immer auch „work in progress", also es gibt ständige Neuerungen, die die Situation verändern.

Wenn Sie also Anregungen, Ergänzungswünsche oder Rückmeldungen anderer – auch kritischer – Art haben, so nehme ich diese gerne entgegen. Schreiben oder mailen Sie. E-Mail: pfo-mail@t-online.de, Internet: www.wernergross.com

Offenbach, Deutschland
Frühjahr 2020

Werner Gross

Inhaltsverzeichnis

1 Einleitung: Leben und Arbeit oder: Lust und Last des beruflichen Erfolges in Zeiten der Globalisierung

Inhaltsverzeichnis

Oft ist die Zukunft schon da,
bevor wir ihr gewachsen sind.
(John Steinbeck)

Die Geschwindigkeit nimmt zu und das Leben – vor allem das Berufsleben – scheint für viele zu rasen: Die Zukunft rückt immer schneller immer näher.

Nicht umsonst ist „Work-Life-Balance“, die ausgewogene Balance zwischen Arbeit und Privatleben, in unseren turbulenten Zeiten zum Modebegriff geworden.

Und das hat seinen guten Grund: In so gut wie jedem Berufsfeld greifen Hektik und Stress um sich. „*Leb' schneller*“ heißt die Devise – und vor allem: „Arbeite schneller“. Ruhe, Bedächtigkeit und Gelassenheit, das, was man früher einmal „Muße“ nannte, wird für viele von uns allmählich zum Fremdwort.

Die Folge: Kaum jemand, der nicht im Stress ist. Und die, die nicht rotieren, kommen kaum noch hinterher. So, als gehörten sie schon zum „Ausschuss“, zum wachsenden Heer der Arbeitslosen, der Rentner, Verweigerer oder Aussteiger. Deshalb treibt allein die Angst davor, nicht mitzukommen und den Anschluss zu verlieren, viele vorwärts.

W. Gross, *Smart Career: Die Kunst, einen schweren Job leicht zu nehmen*,
https://doi.org/10.1007/978-3-662-61136-4_1

Schließlich klafft die Schere immer weiter auseinander: Einerseits Entlassungen „en masse“, andererseits der weltweite Kampf um die jungen „High Potentials“. Gerade in den Nach-Corona-Zeiten befürchten viele den *„Brain drain“*, den Abfluss der Gehirne aus Deutschland, der jungen Wissenschaftler, der Erfinder und Entdecker, der innovativen Manager und Unternehmer in die elitefreundlicheren Regionen der globalisierten Welt.

1.1 Top Dogs

„Top Dogs“ nennt der Schweizer Schriftsteller Urs Widmer sein Theaterstück, das am Züricher Neumarkt-Theater schon 1996 und inzwischen auch auf vielen bundesdeutschen Bühnen mit großem Erfolg gespielt wird. Und es ist bis heute als Buch ein geheimer Bestseller *(https://de.m.wikipedia.org/wiki/Top_Dogs Zugegriffen am 08. April .2020).* „Top Dogs“ (als Gegenposition zu den Verlierern, den „Underdogs“) handelt vom Leben der Führungskräfte in Wirtschaft und Industrie. Allerdings geht es darin nicht nur um die strahlende, gern vorgezeigte Sonnenseite des Erfolges, sondern auch um die Schattenseiten, um die Ängste der Mächtigen vor dem tiefen Fall und dem Schrecken, wenn es dann passiert, wenn also die Überflieger der Sonne *zu* nah kommen. Mit anderen Worten – es geht um die seelischen Kosten der Karriere.

Widmer wendet sich in „Top Dogs“ gegen die Ellenbogenmentalität der freien Marktwirtschaft. Und seit Donald Trump als amerikanischer Präsident mit seiner „America first“-Politik die Ellenbogen aus Stahl ausgefahren hat, scheinen die aggressiven Seiten des Kapitalismus allmählich auf die Spitze getrieben zu werden. Böse Menschen behaupten, nun zeige sich allmählich die wahre, menschenverachtende Fratze des Kapitalismus in Reinform.

In der 2. Staffel der ZDF-Serie „Bad Banks“, die im Februar 2020 ausgestrahlt wurde, sagt die Protagonistin Jana Liekam ironisch: „Wir sind eine Bank, kein Drogenkartell“. Obwohl es manchmal so wirkt, als würde sich nicht nur im Bankensektor allmählich die rüden Methoden des Drogenhandels verbreiten.

1.2 Der marktgerechte Mensch

„Der marktgerechte Mensch“ heißt ein Film, der ebenfalls Anfang 2020 für Furore sorgte. Thema: „Wenn der Mensch zur Ware wird“. Nach Ansicht der Filmemacher Leslie Franke und Herdolor Lorenz geht in der heutigen Arbeitswelt für viele die Menschenwürde verloren. Und die Zahlen scheinen es zu belegen: Noch vor 20 Jahren waren in Deutschland knapp zwei Drittel der Beschäftigten in einem Vollzeitjob mit Sozialversicherungspflicht tätig. Gerade mal 38 % sind es noch heute. Der Rest kämpft sich der Altersarmut entgegen *(https://www.bing.com/videos/search?q=der+marktgerechte+mensch&view=detail&mid=8749C0E567205FF9932C8749C0E567205FF9932C&FORM=VIRE&PC=COSP Zugegriffen am 08. April 2020).*

Aber ist die Wirtschaft heute wirklich so? Ist sie wirklich ein Menschen zerstörendes und Menschen verschlingendes System?

Was sich sagen lässt: Die internationale Wirtschaft stellt sich derzeit dar, als wäre im Wilden Westen eine riesige Herde Bisons in Bewegung geraten und donnerte jetzt außer Rand und Band durch die Prärie. Wer sich ihr entgegen stellt, nicht in der richtigen Geschwindigkeit mitstürmt oder keine Nische findet, in die er sich flüchten kann, wird überrollt. Und das trifft für den Manager genauso zu, wie für die Verwaltungsangestellte, den Banker, die Pflegefachkraft, den Handwerker oder den Kleinunternehmer.

Konkret bedeutet das: In Zeiten von Globalisierung, Umstrukturierung und Effizienzorientierung nimmt die Geschwindigkeit in fast allen Berufsfeldern zu – und damit der Arbeitsstress.

1.3 Karriere 4.0

Das Motto lautet: „Wer bremst, verliert". 60–80 Arbeitsstunden pro Woche sind nicht mehr die Ausnahme, sondern auf bestimmten Karrierestufen die Regel.

Ergebnis: Der Kampf um den angenehmen, gut bezahlten Job wird immer härter, die Konkurrenz immer größer. Je nach Unternehmenskultur wird in einem Betrieb mit offenem Visier rivalisiert – während in der Firma nebenan Fallen gestellt werden und mit Häme reagiert wird, wenn einer durch die Falltür zwei Stockwerke nach unten saust. Eines der Resultate: Die Halbwertzeit der Berufspositionen wird immer kürzer. Befristete Teilzeitjobs, oftmals mit schlechter Bezahlung und mangelhaftem Kündigungsschutz werden die Regel, die Fluktuation wird immer höher. Karriere 4.0 ist kein Zuckerschlecken.

1.4 „Generation Praktikum", „Multi-Jobber" und „Wegwerf-Jobs"

„Der Kuchen ist verteilt, die Krümel werden knapp", singt die deutsche Musikgruppe „Kettcar". Und fürwahr: Wer heute einen guten und sicheren Job hat, klebt aus Angst vor Arbeitslosigkeit daran – selbst, wenn er nicht hundertprozentig damit zufrieden ist.

Besonders schlimm ist das für Berufseinsteiger, die es immer schwerer haben, überhaupt einen guten Zugang zur Berufswelt zu finden – egal, ob sie eine Lehre hinter sich haben oder ein Studium. Weil in fast allen Stellenanzeigen „Berufserfahrung" gefordert wird, beißt sich das Problem, das Berufsneulinge haben, selbst in den Schwanz: weil sie keine Berufserfahrung haben, finden sie keinen Job – Berufserfahrung können sie allerdings nur im Job bekommen.

Aus lauter Verzweiflung reihen die Einsteiger Praktikum an Praktikum, oder ein befristetes Teilzeitangebot an das nächste, einfach, um Berufserfahrung vorweisen zu können. So werden sie zu „Multi-Jobbern", die flexibel auf jedes Angebot reagieren.

Und die Frage ist, welches „Mindset“ man benötigt, um diese Situation durchzuhalten.

„Karriere-Sprech“ 1: Modebegriffe der Business-Welt – Mindset
Der englischen Modebegriff Mindset ist in Deutsch nicht präzise übersetzbar. Man versteht darunter alles Mögliche: Grundhaltung, Mentalität, Einstellung, Denkweise, Orientierung, Weltanschauung, Lebensphilosophie, Orientierung … (mehr dazu siehe *https://www.phase-6.de/magazin/rubriken/lerntipps/mindsets-die-psychologie-des-lernens-und-lehrens/?msclkid=3c01c1db3f7e1ac3ac6e9f8a097f9322 Zugegriffen am 09. April 2020)*

„Man kriegt den Fuß nur irgendwo rein, wenn man erst mal die Lakaienarbeit macht“, sagt ein 38-jähriger Architekt und Stadtplaner, der – weil er im erlernten Beruf nicht genug verdiente – seit über elf Jahren bei IKEA jobbt, in einem Interview.

„Generation Praktikum – Jung, gut ausgebildet, fleißig – und ein fester Job in weiter Ferne“ überschrieb „Der Spiegel“ eine Titelgeschichte (*https://www.spiegel.de/spiegel/print/d-48046151.html Zugegriffen am 09. April 2020).*

Und wirklich: Es gibt eine nicht unbeträchtliche Zahl von Firmen (z. B. im Medienbereich, in der Werbung oder im Modesektor), die einen nicht gerade geringen Teil ihrer Arbeit von der z. T. hoch qualifizierten „Generation Praktikum“ durchführen lässt.

Und dann gibt es die „Multi-Jobber“, die mehrere Tätigkeiten gleichzeitig ausüben, um finanziell über die Runden zu kommen. Da ist man – neben seinem Germanistik-Studium – auch noch als Kellnerin im Szene-Café oder als Aushilfe im Fahrradladen tätig. Und wenn es gar nicht anders geht, auch noch als Helferin im Altersheim oder als Putzfrau. Manche nennen das „Wegwerf- oder Bullshit-Jobs“, die sie flexibel hinter sich lassen, wenn sie es finanziell nicht mehr nötig haben.

„Karriere-Sprech“ 2: Mode-Begriffe der Business-Welt – Bullshit-Jobs
Personen in Bullshit-Jobs sind meist unterbeschäftigt. Sie erleben nach dem amerikanischen Anthropologen David Graeber Frust über die nutzlose Vergeudung der eigenen Lebenszeit, was wiederum hochanstrengende und zerrende emotionale Arbeit darstellt und sich unter Umständen negativ auf die psychische Gesundheit auswirkt.

Viel besser und der eigenen psychische Gesundheit zuträglich sei es, Arbeit nicht als Produktion zu betrachten, sondern als einen Dienst an den Mitmenschen zu verstehen (*https://www.zeit.de/arbeit/2018-09/bullshit-jobs-david-graeber-buch-aufsicht-vorgesetzte-rezension/komplettansicht Zugegriffen am 09. April 2020)*

Laut David Graeber bezeichnet der Begriff *Bullshit-Job* einen zumeist gut bezahlten Job, der keinen erkennbaren Mehrwert für die Allgemeinheit schafft. Als Beispiel nennt er unter anderem den Beruf des Immobilienmaklers, der durch sein Tun kein messbares Plus für die Gesellschaft erbringt (*https://www.zeit.de/karriere/beruf/2016-08/david-graeber-berufe-bullshitjobs-unternehmensberater Zugegriffen am 09. April 2020)*

Indes – Flexibilität macht nicht nur frei, sondern sie verunsichert mitunter massiv. Auch wenn das, was sich im Berliner Szeneviertel Prenzlauer Berg „Digitale Bohème" nennt, die permanente Verunsicherung schönredet und versucht, sich die Unbekümmertheit und Leichtlebigkeit des Künstlerlebens zu eigen zu machen – viele schielen immer noch nach der sicheren Berufsposition.

Und wenn die Berufseinsteiger dann endlich einen „richtigen" Job haben, den sie mit Zähnen und Klauen verteidigen, weil er angemessen bezahlt wird, werden sie mit Arbeit regelrecht „zugebaggert". Denn – was anfangs aussah wie der Himmel auf Erden, weil der Beruf endlich mal Sicherheit gibt, ist dann doch allzu oft eine regelrecht erschöpfende Plackerei, bei der man am Abend nur noch Füße hochlegen kann und früh schlafen gehen muss, damit man den morgigen Arbeitstag auch noch übersteht.

1.5 „Rush-hour des Lebens"

Man nennt es schlicht „Arbeitsverdichtung", wenn die Menge der Arbeit ebenso zunimmt wie die Qualitätsanforderungen (Präzision, Geschwindigkeit etc.) an die jeweilige Tätigkeit. Der 7. Familienbericht der Bundesregierung nennt die heutige Berufssituation denn auch lakonisch die „Rush-hour des Lebens" (*https://www.bundesregierung.de/breg-de/service/publikationen/7-familienbericht-familie-zwischen-flexibilitaet-und-verlaesslichkeit-734692 Zugegriffen am 09. April 2020).*

Das ist die eine Seite. Auf der anderen Seite fehlt in vielen Branchen der Nachwuchs. Und überall wird um die Schul- und Studienabgänger geworben. Händeringend suchen immer mehr Unternehmen nach jungen Leuten, die eine Lehre in Handwerksberufen machen wollen: Metzger und Bäcker, Fachinformatiker und Altenpfleger, IT-Berater und Anlagenmechaniker – überall wird nach Nachwuchs gesucht. Allerdings – wenn sie sich dann bewerben, beschweren sich die Personaler darüber, dass die Schulabgänger oft zu unreif seien, zu wenig Selbstdisziplin, Verlässlichkeit und Verbindlichkeit mitbrächten, dafür aber mit riesigen Erwartungen kämen. Alle suchen die „High Potentials" und „Young Professionals", die schon so fit sind, dass man sie direkt einsetzen kann und nicht erst anlernen muss. Man nennt in der heutigen Zeit die Berufswelt deshalb auch gerne VUKA.

„Karriere-Sprech" 3: Modebegriffe der Business-Welt – VUKA + Agilität

Das Akronym VUKA steht für **V**olatilität (was in etwa mit dem Begriff *Schwankung* vergleichbar ist), **U**nsicherheit, **K**omplexität und **A**mbiguität und beschreibt eine völlig unvorhersehbare (Arbeits-)Welt, in der alles möglich erscheint, im positiven wie im negativen Sinn. Den einzelnen Bestandteilen von VUKA ist gemein, dass sie allesamt Sachverhalte beschreiben, die von Unberechenbarkeit, Unvorhersehbarkeit und Doppeldeutigkeit geprägt sind. Die einzelnen Anteile sind jeder für sich genommen schon kaum zu durchschauen, insgesamt wirkt VUKA komplex und stark verunsichernd.

Diesem Sachverhalt lässt sich das Mindset, also die Mentalität oder Einstellung der Agilität entgegenstellen. Mit dieser Haltung wird die allgemeine Unsicherheit minimiert und der Kunde in den Fokus sämtlicher unternehmerischer Handlungen gerückt. Das Unternehmen konzentriert sich auf die Wünsche und Belange des Kunden und richtet all seine Bemühungen auf diesen aus. Agilität ist ein Prozess, der nicht abgeschlossen werden kann, sondern nach kontinuierlicher Verbesserung, besserer Anpassung und größerer Vereinfachung strebt.

Um die Auswirkungen von VUKA zu minimieren, lohnt es sich, bei der Einführung den Begriff Agilität im Hinterkopf zu behalten, der beschreibt, dass unterschiedliche Menschen die Welt unterschiedlich erleben und in ihr unterschiedlich handeln. Danach versucht jeder Mensch, sein bestmöglichstes zu geben und handelt subjektiv betrachtet möglichst positiv. Fehlverhalten sagt nichts über die Persönlichkeit des Menschen aus, nur über seine Handlung. Deshalb sollte auch niemals der Mensch kritisiert werden, sondern nur dessen Fehlverhalten *(Abschn. 4.2.6, Agiles Management).*

1.6 Konkurrenzdruck nimmt zu

Und die Situation in vielen Unternehmen wird immer drastischer: Neben dem Konkurrenzdruck zwischen den Mitarbeitern werden auch die „informellen Freiräume“, die sozialen Kontakte, das „Schwätzchen unter Kollegen“ während der Arbeit allein durch die Arbeitsanforderungen zunehmend eingeschränkt. Monika (28), Mitarbeiterin in einer großen Werbeagentur, sagt in einem Interview mit mir:

Beispiel

„Man wird so mit Arbeit zugeknallt, dass dafür kaum noch Zeit bleibt. Und das kollidiert natürlich mit dem viel beschworenen und von allen gewünschten Teamgeist. Wie soll sich da richtige Teamarbeit entwickeln?“ ◀

Effektivität und Effizienz sind die Götzen der Wirtschaftswelt heutzutage. Wer ihnen nicht huldigt, wird aussortiert oder scheitert am Dauerstress. Die Arbeitslosigkeit winkt drohend aus der Ferne – und für viele auch schon aus der Nähe. Immer mehr Menschen sind dem eisigen Wind der Kapitalmärkte ausgeliefert und werden zu einer Art „Wanderproletariat“ – auch in Deutschland. Man denke nur an die vielen „Wochenend-Ossis“, die jedes Wochenende die Autobahnen zwischen Stuttgart/Frankfurt/Düsseldorf und Magdeburg/Gera/Erfurt bevölkern oder an die Polen, die derzeit in Westdeutschland Arbeit gefunden haben.

Nicht umsonst versuchte Anfang 2020 die Bundesregierung die bürokratischen Hürden für Unternehmen abzubauen, die Facharbeiter im Ausland suchen (*https://www.imove-germany.de/cps/rde/xchg/imove_projekt_de/hs.xsl/alle_news.htm?news-type=&content-url=/cps/rde/xchg/imove_projekt_de/hs.xsl/26980.htm Zugegriffen am 09. April 2020*).

1.7 Deutschland – Wirtschaftskummerland?

Niemand bezweifelt es mehr: Deutschland ist – gerade nach Donald Trumps egoistischer „America-first-Politik" in einer schwierigen Situation: Einerseits ist die Bundesrepublik nach China immer noch zweiter Exportweltmeister, andererseits sind wir beim Wachstum immer noch weit hinten: Gerade nach der Corona-Wirtschaftskrise zerfällt die alte „Deutschland-AG" – und die internationalen Großinvestoren – so genannte Hedgefonds und „Private-Equity-Firmen" – kaufen sich ein. Und zwar deshalb, weil viele deutsche Firmen zum Schnäppchen geworden sind. Für viele Unternehmen heißt die Alternative anscheinend nur noch: sich den Spielregeln anpassen oder untergehen. Das Diktat der Kapitalmärkte, vor allem der „Kasino-Kapitalismus" der („Heuschrecken" genannten) spekulativen Fonds, die oft nur kurzfristige Ziele verfolgen, aber Milliarden bewegen, gibt die Geschwindigkeit und die Richtung vor: Vom Turbo – zum Haifisch-Kapitalismus ist es nur ein kleiner Schritt – auch wenn die durch das Coronavirus ausgelöste Wirtschaftskrise diesem Trend fürs erste einen Riegel vorgeschoben zu haben scheint.

Der Hintergrund: im Vergleich zu anderen Ländern rutscht Deutschland in vielen Bereichen ins untere Mittelfeld ab. In ausländischen Medien ist deshalb immer wieder von „German disease", der deutschen Krankheit, die Rede. – Man versteht darunter eine hartnäckige Mischung aus einem um die 1,5-%-Marke dümpelnden Wirtschaftswachstum, an die 3,5 Millionen Arbeitslosen und 40.000 Firmenpleiten im Jahr – bei gleichzeitig explodierenden Kosten des Sozialsystems.

Obwohl die Gewinne kräftig steigen, befürchten Unternehmer, dass in Deutschland ihre Profite im Treibsand des Wohlfahrtsstaates versinken und es wird gejammert: Wegen zu kurzer Jahresarbeitszeiten, zu langen Urlaubszeiten, zu hohen Lohnnebenkosten, aber auch zu hierarchischen Strukturen in deutschen Betrieben seien die Betriebskosten ca. 30 % zu hoch, behauptet Prof. Hans-Jürgen Warnecke, ehemaliger Präsident der Fraunhofer-Gesellschaft und des Vereins Deutscher Ingenieure (VDI). – Alles Auswüchse des Sozialstaates und gleichzeitig die Legitimation dafür, die Produktion in Billiglohnländer zu verlagern. Einer der wenigen boomenden Wirtschaftszweige ist nämlich, neben der Schwarzarbeit (geschätzte 16 % Anteil am Bruttoinlandsprodukt), der Export von Arbeitsplätzen: „Jobs sind unsere neuen Exporthits", titelte unlängst eine Zeitschrift zynisch.

Freundlicher formuliert heißt das dann eben Globalisierung. Und das ist – so scheint es – die derzeitige Devise, nicht nur in der deutschen Wirtschaft. Dorthin zu gehen, wo man am billigsten produzieren kann, um es dann wo anders teuer zu verkaufen, ist das Ergebnis von immer offener werdenden Grenzen (Stichwort: Osterweiterung der EU). Hinzu kommt der schleichende Zusammenbruch der nationalen Märkte, da die geografischen Entfernungen durch Technologien wie Internet und Industrie 4.0 und die Aufhebung von nationalen Grenzen zunehmend unwichtiger werden.

1.8 Das globale Job-Roulette

Der Hintergrund ist das „globale Job-Roulette", bei dem Verkleinerung der Belegschaften, Niedriglöhne und Jobverlagerung ins Ausland eine Rolle spielen. Schließlich: Heute wird weltweit verglichen. Wenn man früher in einer Kleinstadt im Schwarzwald ein guter Schlosser war, dann wurde die Leistung vielleicht in Relation gesetzt zu den Kollegen in der eigenen Firma oder der regionalen Konkurrenz. In Zeiten der Globalisierung steht ein deutscher Ingenieur im Vergleich mit einem Polen, einem Ukrainer, einem Inder oder einem Chinesen (in China, so wird gemutmaßt, werden derzeit mehrere hunderttausend Ingenieure ausgebildet). Und wenn ein chinesischer Ingenieur im Monat nur 500 € verdient, verdient der deutsche mehr als das zehnfache. Ist der Deutsche auch zehnmal so gut? So effektiv, einsatzbereit, ideenreich, mobil und flexibel?

Die Devise in der Wirtschaft heißt schließlich längst nicht mehr „going global", sondern „being global": Die Globalisierung liegt nicht in der Zukunft, sie ist schon längst da – sie wird nur noch perfektioniert. Selbst wenn es nach der Corona-Krise erst noch mal einen Rückschlag in nationalistische Egoismen gegeben hat – der langfristige Trend zur Globalität ist nicht aufzuhalten.

Und das ist nach den ersten beiden Dekaden des neuen Jahrtausends ein für viele Menschen ängstigendes Gemisch, das bislang nur eine Minderheit hoffnungsfroh erlebt: Denn mit der Arbeitsgeschwindigkeit rast die Lebensgeschwindigkeit.

Der Kollaps der nationalen Märkte, Internet (rund um die Uhr), neue Technologien und immer höhere Geschwindigkeiten haben einen ständig größer werdenden Einfluss auf unser alltägliches Leben – vor allem auf das Berufsleben.

1.9 Die kleinen Tiger

Hinzu kommt der offene Arbeitsmarkt für die Bürger der neuen EU-Länder aus dem Osten. – „Die kleinen Tiger" aus Osteuropa (Polen, Rumänen, Bulgaren) haben inzwischen mehrere tausend Unternehmen in Deutschland gegründet und machen den einheimischen Unternehmen mit billigeren Angeboten heftig Konkurrenz: Vom Mauern übers Fliesenlegen bis hin zum Putzen und der Altenpflege reicht denn auch die Palette der Tätigkeiten, in denen immer mehr Osteuropäer sich in Deutschland ihre Marktnische erkämpfen. Ganz abgesehen von den Saisonarbeitern, den Werksvertragsabkommen und den aus den Beitrittsländern entsandten Arbeitnehmern, die keine bundesrepublikanisch-verpflichtenden gesetzlichen Mindestlöhne zahlen müssen. Deshalb sind sie heftige Konkurrenz für viele deutsche Unternehmer und damit auch für die Arbeitnehmer. Klar, dass das vielen Angst macht – zumal in Zeiten einer wiederkehrend drohenden Weltwirtschaftskrise.

1.10 Gute Arbeit – schlechte Arbeit

Nicht umsonst ist das Thema „Mindestlohn" immer wieder in aller Munde. Dreiviertel aller Deutschen begrüßen diese feste Lohnuntergrenze, also einen einheitlichen gesetzlichen Mindestlohn. Zähneknirschend hat sich die große Koalition auf ein paar Branchen geeinigt: Ab 2021 beträgt er 9,85 € und wird alle zwei Jahre überprüft (*https://www.lexoffice.de/lohn/wissen/mindestlohn* Zugegriffen am 09. April 2020). Schon seit 2019 verlangt die SPD-Spitze 12 €, konnte das aber in der Koalition nicht durchsetzen – zumindest nicht bis zum Beginn der Corona-Krise.

Der Deutsche Gewerkschaftsbund (DGB) fordert seit langem – wenn man denn einen Vollzeitjob hat – dass man von dem leben können muss, was man erarbeitet: „Guter Lohn für gute Arbeit" heißt die DGB-Devise. Und möglichst soll man nicht als „Doppeljobber" mit zwei oder noch mehr Arbeitsstellen gerade so über die Runden kommen. So weit ist man denn auch schon wieder: Nicht jede Arbeit ist auch gleichzeitig gute Arbeit. Deshalb wird auch wieder von „Ausbeuterlöhnen" geredet und linke Positionen haben wieder Zulauf.

1.11 „Inspiring Europe"

Dabei trifft das nicht nur Deutschland, sondern große Teile von Europa. Auf dem Schweizer Symposion mit dem Titel „Inspiring Europe" in St. Gallen hieß es denn auch, dass die Zukunft nicht mehr dem „satten Europa" gehört, sondern dem „hungrigen Asien" (*https://schweizermonat.ch/dossier/inspiring-europe* Zugegriffen am 09. April 2020).

Die Devise heißt: „Go East". Auch nach der Weltwirtschaftskrise spielt derzeit vor allem in Indien und in China mit ihrer Milliardenbevölkerung die Musik. Und so hatte China die Deutschen als Exportweltmeister längst übertrumpft – bis dann die Coronavirus-Krise kam, deren Auswirkungen noch nicht abzuschätzen sind.

Die Diagnose ist klar – über die Therapie wird noch gestritten. Klar ist: Das muss nicht so bleiben. Wie schrieb schon vor fast 100 Jahren Kurt Tucholsky:

> *„Was die Weltwirtschaft angeht, so ist sie verflochten".*

Und das war damals so wahr wie heute. Die Frage ist, wie macht man es, dass Europa wieder so attraktiv wird, dass die Menschen hier ihre Zukunft sehen? Denn letzten Endes kann keiner sicher sein, wie sich die Berufswelt in den verschiedenen Bereichen entwickeln wird. Schließlich hängt das in einem hohen Maß davon ab, wie weit sich Politik, Wirtschaft und Gesellschaft in einer bestimmten Region zusammenraufen und diese so wieder attraktiv machen.

1.12 Wer schneller lebt, ist früher fertig

Das ist nicht einfach, aber machbar. Nur es muss jemand machen, managen. Es ist also eine Aufgabe der Politiker und der Manager. Aber gerade unter deutschen Managern, dem Personal auf den Führungsebenen und den höheren Angestellten ist eine Zunahme seelischer und psychosomatischer Erkrankungen zu verzeichnen:

Nicht nur die als „Managerkrankheiten" schöngeredeten Herz-Kreislauf-Probleme, die Magenschleimhautentzündungen und vegetativen Dystonien, sondern auch die schwereren psychosomatischen Krankheiten (Herzinfarkte, Nervenzusammenbrüche) nehmen zu. Außerdem steigen seelische Erkrankungen wie

Depressionen, Ängste und Suchterkrankungen. So weiß man aus Untersuchungen, dass Alkoholismus und Medikamentenabhängigkeit bei Führungskräften viel verbreiteter ist als im Bevölkerungsdurchschnitt (Abschn. 3.3).

Und nicht umsonst sind die Themen „Arbeitssucht“ und „Burnout“ derzeit wieder in aller Munde (Abschn. 3.1 und 3.4).

Und genau das ist der Hintergrund, weshalb der Begriff Work-Life-Balance zum Modebegriff avanciert ist. Da wir nicht nur effizienzoptimierte Maschinen sind, fragen sich viele:

„Gibt es nicht mehr im Leben, als Geschwindigkeit und Effizienz zu erhöhen?“

Schließlich weiß keiner, wo die Entwicklung hingeht und wo wir – wenn es so weitergeht – landen werden. Das einzige, was wir wissen: Die Effizienzoptimierungen weiten sich aus, die Geschwindigkeit und Arbeitsanforderungen nehmen immer weiter zu.

Aber wo ist die Grenze? Wie viel können wir, kann unser Körper, kann unsere Psyche ertragen? Wann ist das Maß voll – bei diesem globalen Feldexperiment am Menschen?

Schaffen wir uns vielleicht eine zwar immer effektivere Wirtschaft, aber auch eine immer unmenschlichere, eine Wirtschaft für die wir irgendwann einmal selbst nicht mehr geschaffen sind? Oder brauchen wir zukünftig ein „Gehirn-Doping“ oder gar ein „Gehirn-Upload“, um Karriere zu machen – wie es der israelische Historiker Yuval Noah Harari in seinem Bestseller „Homo Deus“ befürchtet (*https://de.m.wikipedia.org/wiki/Homo_Deus_%E2%80%93_Eine_Geschichte_von_Morgen* Zugegriffen am 09. April 2020)?

Auf jeden Fall gibt es da schon diverse Methoden, mit denen man versucht, die Situation in den Griff zu bekommen. Eine davon heißt „Design Thinking“:

„Karriere-Sprech“ 4: Design Thinking

Der Begriff Design Thinking beschreibt ursprünglich eine bestimmte Methode von Architekten und Designern. Er wurde bereits 1969 von dem Sozialwissenschaftler Herbert Simon auch auf Unternehmen allgemein bezogen. Es handelt sich dabei um ein Vorgehen bei der Entwicklung von Produkten und Dienstleistungen, die typischerweise in kleinen, multidisziplinären Teams durchgeführt werden, in denen Prototypen zur Problemlösung eingesetzt werden. Der Prozess des Design Thinking ist in vier Phasen aufgeteilt:

1. Anfangs findet eine *Problembestimmung* statt, in der die vorliegende Aufgabe definiert, hinterfragt und genau erfasst wird.
2. Anschließend werden gemeinsam im Team brainstormartig *Ideen gesammelt*, wie sich das Problem lösen lassen könnte.
3. Hierfür werden in der nächsten Phase *mögliche Lösungen* in Prototypen (Skizzen, Modelle, Computersimulationen etc.) umgesetzt und mit verschiedenen Kunden getestet.

4. Aus den verschiedenen Lösungsvorschlägen wird eine *konkrete Problemlösung* ausgewählt, für den im weiteren Verlauf ein Geschäftsplan erstellt wird.

Die verschiedenen Phasen laufen iterativ ab, es kann also sein, dass am Ende einer Phase diese oder eine vorhergehende wiederholt werden muss. Beispielsweise stellt sich nach dem ersten Prototypentest heraus, dass das eigentliche Problem noch nicht erfasst wurde und nun wieder vorne angesetzt werden muss, um es neu zu definieren.

Die wichtigsten psychologischen Aspekte sind beim Design Thinking *Kooperation* (verschiedene Mitarbeiter mit verschiedenen Ausbildungen und beruflichen Hintergründen arbeiten auf verschiedene Arten zusammen an einem Problem, was v. a. ein hohes Maß an Empathie erfordert), *Kreativität* (möglichst viel Raum für freie Assoziationen, um das Denken nicht einzuengen), *Denkstil* (möglichst ganzheitlich, offen und in verschiedene Richtungen) und *Anschaulichkeit* (kann durch Prototypen erlangt werden, die visuell und haptisch erfahrbar sind).

1.13 Karrierekrisen

Vor allem seit sich (nicht erst seit Beginn der neuen Corona-Weltwirtschaftskrise) am bundesdeutschen Wohlstandshimmel Gewitterwolken zusammengezogen haben und es im Wirtschaftsleben seit einiger Zeit heftig donnert, blitzt und regnet, grassiert die Angst und motiviert zu mehr oder weniger sinnvoller Hektik.

Mit dem Hinweis auf die internationale Konkurrenzfähigkeit der deutschen Wirtschaft werden immer mehr Betriebe zu schlanken Unternehmen umgebaut – mitunter mit der Brechstange.

Und nachdem „Lean Management", TQM („total quality management"), „Re-Engineering", „Change Management" oder wie all die anderen schönen Unternehmensumstrukturierungs-Konzepte auch heißen mögen, in der bundesdeutschen Wirtschaft einen neuen Ton angestimmt haben, schlingern und trudeln gar nicht wenige auf ihren Karriereleitern. Aber nicht nur die hochbegehrten Karrierejobs, auch die ganz normalen Arbeitsplätze sind inzwischen auf dem Prüfstand – vom Angestellten, über die Verkäuferin und dem Handwerker bis hin zum Manager. Keiner kann sich ganz sicher sein – jeder muss damit rechnen, dass auch seine Arbeitsanforderungen steigen und sein Job bei weitem nicht so sicher ist, wie er immer gedacht hat (Abschn. 3.2, Angst – das am meisten verdrängte Gefühl in der Arbeitswelt).

Da immer weniger Menschen immer mehr Arbeit leisten müssen, nehmen die seelischen und körperlichen Belastungen in vielen Betrieben zu. Die Mitarbeiter fühlen sich chronisch überfordert, demotiviert, einseitig beansprucht und zeigen die oben genannten psychischen und psychosomatischen Beschwerden.

Lakonisch wird dieser Sozialdarwinismus gern mit einem US-Sprichwort kommentiert: *„If you can't stand the heat, stay out of the kitchen"* (Wenn Du die Hitze nicht aushalten kannst, halt Dich raus aus der Küche). Die Frage ist nur, wo gibt es noch Plätze außerhalb der Küche, bei denen man ein ausreichendes Einkommen erwirtschaften kann? Nur wenige erleben diese wirtschaftlichen Umbruchzeiten, in denen wir uns derzeit befinden, auch als Chance. Viele Karrieren geraten ins Trudeln: Wirtschaftskrisen sind eben oft auch Karrierekrisen.

Längst ist die Zeit vorbei, wo man im Crash-Kurs die Karriereleiter hinauf hechten konnte.

Im Gegenteil: Mancher, der sich schon über den Wolken sicher im siebten Karrierehimmel wähnte, knallt ziemlich unsanft auf den harten Boden der Arbeitslosigkeit. Und noch viel mehr haben Angst vor diesem Schicksal. Kaum einer hat heute das Gefühl: „Mein Job ist sicher". Denn inzwischen droht die Arbeitslosigkeit nicht mehr nur aus der Ferne, sondern sie macht schon längst nicht mehr Halt vor Manageretagen und Chefzimmern. Die Zahlen der Arbeitsagenturen über die Arbeitslosigkeit von Führungskräften und Akademikern sprechen Bände.

Klar, dass die Angst umgeht auch bei den „High-Pots", den „Global Leaders of Tomorrow (GLT)" und den „Multi-Skilled-Knowledge-Workern" (oder wie all die schönen [d]englischen Etikettierungen für die Tops heißen mögen) nicht nur vor der Arbeitslosigkeit, sondern auch vor der Zunahme von Arbeitsstress, der härter werdenden Konkurrenz und nicht zuletzt den körperlichen und psychischen Karriereleiden – vom Bluthochdruck über das Magengeschwür bis hin zu Arbeitssucht und Burnout (Abschn. 3.3 und 3.4). Schließlich: Wer kann es sich heute noch leisten, nicht erfolgreich zu sein?

1.14 „Job-Strain": Arbeitsstress

„Angst als Wirtschaftsmacht" mit dieser Schlagzeile überschrieb das Nachrichtenmagazin „Focus" vor einiger Zeit eine Schwerpunktgeschichte (*https://m.focus.de/finanzen/news/flaute-angst-als-wirtschaftsmacht_aid_204111.html* Zugegriffen am 09. April 2020). Darin geht es um die schlechte Stimmung in den Gemütern der Deutschen, die einen neuen Wirtschaftsaufschwung verhindere, weil sie das ganze Leben durchdringe und von der Angst um den Arbeitsplatz bis hin zur Angst vor terroristischen Anschlägen reiche. Angst und andere psychische Probleme sind im deutschen Wirtschaftsleben noch immer ein weitgehend tabuisiertes Thema: „Job-Strain", die Anspannung im Beruf, gibt kaum jemand gern zu.

Und fürwahr: Seelische Erkrankungen haben von allen Erkrankungen in den letzten Jahren die höchsten Steigerungsraten. Eine ganze Palette von Studien über die Verbreitung von Angst und anderen seelisch-körperlichen Problemen am Arbeitsplatz sprechen von geradezu „epidemischen Ausmaßen" der Verbreitung (Abschn. 3.2). Und immer öfter reagieren die Kollegen damit, dass der Druck durch Mobbing weitergegeben wird (Abschn. 3.5).

Während es in den 1990er-Jahren noch hieß „Lieber krank feiern, als gesund schuften" (*http://agora.free.de/sofodo/tipps/krank-feiern-gesund-schuften* Zugegriffen am

09. April 2020), ist die Krankheitsrate bei Angestellten und Arbeitern seit Jahren auf dem Tiefstand. Jeder hat Angst um seinen Job und eine kleine Erkältung oder eine Magenverstimmung sind heute längst kein Grund mehr, der Arbeit fern zu bleiben. Nicht etwa deshalb, weil man von seinem Beruf so fasziniert ist, steht man morgens auf der Firmenmatte, sondern mitunter aus purer Angst vor dem Jobverlust (Abschn. 3.2).

Die zwei Seiten der Karriere

2

Inhaltsverzeichnis

W. Gross, *Smart Career: Die Kunst, einen schweren Job leicht zu nehmen*,
https://doi.org/10.1007/978-3-662-61136-4_2

Über uns hinauswachsen sollten wir erst,
wenn wir tief genug in uns verwurzelt sind.
(Ernst Ferstl)

Wie gesagt: Mit diesem Buch geht es mir nicht darum irgendjemandem die Karriere zu vermiesen. Ganz im Gegenteil – das Ziel sind langfristig gelingende berufliche Entwicklungen. Schließlich – wenn man weiß, was einem auf dem Weg zur Karriere so alles an Fallstricken, Fußangeln und Stolpersteinen begegnen kann, kann man sich darauf vorbereiten und den Schaden vermeiden oder ihn wenigstens minimieren.

Allerdings denke ich schon, dass uns ein bisschen „Bedenkenträgerei“ bei so einer wichtigen Entscheidung, wie ich mein Berufsleben (mit dem ich immerhin die Hälfte meiner wachen Lebenszeit verbringe) für die nächsten Jahre und Jahrzehnte einzurichten gedenke, ganz guttut. Deshalb kippe ich ganz gerne ein bisschen Wasser in den mitunter allzu berauschenden Wein nassforscher Karriere-Enthusiasten. Auch wenn die Entscheidung für eine berufliche Karriere in Zeiten von „Job-Hopping“ und „Job-Roulette“ längst nicht mehr eine Entscheidung mit Ewigkeitswert ist (schließlich werden die Jüngeren unter uns im Laufe ihres Lebens 3–5 verschiedene Jobs machen), so ist sie immer auch zweischneidig.

Viele junge Leute machen gerade die Erfahrung, dass es „normal“ ist, mehrere Berufe im Leben zu haben. Von den meisten wird diese Erfahrung als positiv i. S. d. Selbstfindung und Selbstverwirklichung interpretiert.

2.01. Charakteristika der Top-Jobber

Was braucht es, um langfristig Karriere zu machen? Die Ansprüche sind hoch:

- Idealerweise sind die Karrieristen durchsetzungsstark und trotzdem Teamplayer.
- Sie sind in der Lage die geprüften Entscheidungen schnell richtig zu treffen und umzusetzen.
- Gleichzeitig sind sie kommunikativ und vernetzt.
- Sie sind realistisch und trotzdem visionär.
- Sie sind ungeduldig und bleiben gleichzeitig auch in hektischen Situationen gelassen.
- Außerdem sollen sie „Chaosmanager“ – und manche sagen „Superhelden“ – sein.

Schon hier werden die immensen Anforderungen deutlich, die an „High-Potentials“ in ihren „Top-Jobs“ gestellt werden. Und es zeigt sich auch hier die Janusköpfigkeit des beruflichen Aufstiegs: Die Fähigkeit, in der Lage zu sein, Spannungsfelder und ungelöste Situationen auch langfristig auszuhalten.

2.02. Wer höher steigt als er sollte, fällt tiefer als er wollte

Diese Gratwanderung kann dann als Ergebnis eine Art „abstumpfende Professionalisierung“ sein – oder der völlig unerwartete Zusammenbruch: Wer höher steigt als er sollte, fällte tiefer als er wollte.

Als Beispiel hier ein Fall aus meiner Coaching-Praxis:

Beispiel

Vor einiger Zeit ruft mich ein ziemlich aufgeregter 32-jähriger Mann an: Er erzählt, dass er ganz plötzlich Angstzustände bekommen habe und nicht mehr arbeiten gehen könne. Er ist Abteilungsleiter in einem großen Unternehmen der Chemiebranche und gilt als „High Potential“, dem man bis dahin eine großartige Karriere vorausgesagt hatte.

In der Tat – bis dahin war seine Karriere ungebrochen. „Straight to the top“ war seine Devise. Schnelle Beförderungen, Auslandsaufenthalte, „Benefits“ jeder Art. Krisen war er nicht gewohnt. Auch die aktuelle Krise hatte ganz unscheinbar angefangen: Auf dem Rückflug von seinem Tauchurlaub auf den Seychellen sagte er zu seiner Partnerin: „Ich habe überhaupt keine Lust, wieder zu arbeiten. Am liebsten würde ich noch eine Woche krank machen“. Er dachte sich nichts dabei.

Erst als er drei Tage später mitten in der Nacht mit Panikattacken, Herzrasen und Schweißausbrüchen aufwacht, anfangs unruhig in der Wohnung auf und ab läuft und später so massive Beklemmungen bekommt, dass er an die frische Luft muss, fällt ihm der Satz aus dem Flugzeug wieder ein: „Am liebsten eine Woche krank machen.“

Die Situation ist in dieser Nacht so dramatisch, dass seine Partnerin den Notarzt ruft. Dieser stellt allerdings keine körperlichen Ursachen fest, sondern nur seelische. Allerdings sind diese so massiv, dass der Betroffene das Gefühl entwickelt, dass er die Kontrolle über sein Leben verliert. In seinem inneren Auge sieht er seine gesamte Karriere zusammenbrechen. Da die Karriere sein zentraler Lebensinhalt ist, verliert er emotional den Boden unter den Füßen. Medikamente helfen nicht und später tauchen die Panikattacken auch am Arbeitsplatz auf. Er lässt sich ein paar Mal krankschreiben und kommt nach einer fast sechsmonatigen Odyssee durch diverse Arztpraxen zu mir erst ins Coaching, später in die Psychotherapie.

Wie sein Leben und seine berufliche Entwicklung weitergingen, finden Sie weiter hinten in dem Buch. (Persönliche Daten verändert) ◀

Dadurch, dass der Patient sich selbst keine Grenzen setzt, ziehen Psyche und Körper die Notbremse und verweigern ihren Dienst.

Ich möchte hier nicht viel über den Hintergrund der Ängste des Patienten sagen. Sicher hatte die mehr oder weniger bewusste Angst vor der Rückkehr an den Arbeitsplatz einen Einfluss darauf. Zumal sich die Firma in einem permanenten Umstrukturierungsprozess befindet (wie derzeit viele Unternehmen) bei dem, neben der sowieso schon übermäßigen Arbeitsbelastung, Sitzung auf Sitzung, Beratung auf Beratung, Konferenz auf Konferenz stattfindet. Und der Klient hatte das

Gefühl: *„Jeden Tag muss ich zurück in diese Mühle, die mich langsam immer kleiner raspelt".*

Dabei ist diese Geschichte leider kein Einzelfall. Sie begegnet mir im Coaching, in der Supervision oder in der Psychotherapie in meiner Praxis immer wieder – wenn auch mit unterschiedlichen Symptomen: Mal stehen Depressionen im Vordergrund, mal Ängste, mal psychosomatische Erkrankungen (Herz-Kreislauf-Probleme, Magenprobleme, Kopfschmerzen …) und mitunter ist es auch das, was man im allgemeinen Sprachgebrauch einen „Nervenzusammenbruch" nennt.

Auch wenn nicht jeder ein „High-Pot" ist – schließlich bemisst sich beruflicher Erfolg nicht nur am Einkommen – die Arbeit, die bezahlte Haupttätigkeit, mit der wir unseren Alltag strukturieren, ist nun mal eine wichtige Säule unserer Identität (Abschn. c. Vier Bereiche des Lebens). Denn mindestens genauso wichtig wie der materielle Erfolg im Berufsleben ist die Zufriedenheit mit der beruflichen Tätigkeit für ein gelungenes Leben. Ein gutes Leben ist schließlich ein sinnliches und ein sinnhaftes Leben, bei der äußerer Erfolg und innere Erfüllung im Gleichgewicht sind.

2.1 Der „Kick" durch den Top-Job: Geld, Ansehen, Macht und Ehre

Lebenskunst ist, aus den Steinen,
die Dir in den Weg gelegt werden,
etwas zu bauen,
das Dich voranbringt.

Englische Modebegriffe gibt es derzeit viele, die den rasanten Wandel in Wirtschaft und Gesellschaft begleiten – vor allem, wenn man Karriere machen will: Da wird in feinstem (d)englisch vom, „High Performer" und „Multi-Skilled-Knowledge-Worker" geredet.

Auch wenn die wirklichen Top-Positionen in Zeiten einer Weltwirtschaftskrise heute Mangelware sind und sie zu ergattern, eine Sache von Talent, Anstrengung, guten Beziehungen und Glück – es gibt sie noch, die Top-Jobs. Und auch die dazu passenden Personen: Die Erfolgreichen, die „golden collars", die Sieger mit ihren „Top-Job-Karrieren" – wenn auch nicht mehr so häufig wie früher. Sie haben das richtige Händchen, kennen die richtigen Leute („Vitamin B") und machen auf der Karriereleiter anscheinend mit schlafwandlerischer Sicherheit immer das Richtige. – So als hätten sie ein natürliches Recht auf Geld, Ansehen und Macht und als hätten sie Erfolg, Prestige und Reichtum schon mit der Muttermilch eingesogen – und manche haben das auch (Abschn. 2.4).

So unterschiedlich die Karrieristen auch sein mögen, gemeinsam ist diesen „High Pots", das Ziel: „The only way is up", der einzige Weg führt nach oben.

2.1.1 Sonnenseiten der Karriere

Und niemand wird die angenehmen Seiten der Karriere infrage stellen: Gehälter, die sich im sechsstelligen Euro-Bereich bewegen, Ansehen und guter Ruf, die mehr oder weniger dezent ihren Niederschlag finden in großzügigen Büros, der schick eingerichteten, großen Wohnung in einer guten Wohngegend, den besseren Plätzen in den angesagten Restaurants oder den exklusiven Urlauben an exotischen Orten. Und dann gibt es da diese selbstsichere Gelassenheit, die den beruflichen Erfolg – mehr oder weniger – in das Mäntelchen des Normalen, des Gewöhnlichen kleidet.

„Anzahl der Millionäre in Deutschland steigt auf 1.365.000", titelte am 19.06.2018 die Tageszeitung *Welt* (*https://www.welt.de/finanzen/article177790808/Vermoegen-In-Deutschland-leben-1-365-000-Millionaere.html Zugegriffen am 11. April 2020).*

Nach einer Berechnung der Unternehmensberatung Capgemini gab es 2017 weltweit 18,1 Millionen *Vermögensmillionäre*, d. h. Personen, die mehr als eine Million Dollar besaßen. Die meisten Superreichen leben in den USA (5,285 Mio.). Deutschland liegt nach Japan (3,162 Mio.) mit knapp 1,365 Mio. *Vermögens*millionären auf dem 3. Platz. China lag mit 1,256 Mio. Millionären nur noch knapp hinter Deutschland. Wahrscheinlich ist China inzwischen auf den 3. Platz vorgerückt.

Anders sieht es bei den Einkommen aus: Nach Schätzungen leben in Deutschland derzeit mehr als 18.000 *Einkommensmillionäre*, das heißt Personen, die pro Jahr mehr als eine Million Euro an Einkünften versteuern. Sicher, dazu zählen auch all die sowieso schon Reichen und die jungen Erben – zu einem nicht unbeträchtlichen Teil sind es aber wohl auch die Karrieristen, die selbstständigen Unternehmer, die Manager und Führungskräfte.

Allerdings – geschenkt bekommt man nichts auf der Karriereleiter. Und bis man es erst mal auf die richtige Ebene geschafft hat, das kostet viel Energie. Dabei wird von „Macht" in diesen Kreisen nur ungern gesprochen. Lieber spricht man von „Verantwortung", die man in diesen Positionen dann hat.

Schließlich wird der Erfolg allzu oft erst dann zum Selbstläufer, wenn man bereits auf der Erfolgsschiene gelandet ist, sich also nach oben geboxt hat. Und da diese gut bezahlten Positionen hoch begehrt sind, braucht es neben der hochgradigen Selbstdisziplin und dem vielen „Psycho-Schweiß", um sich in der erreichten Position auch zu halten, auch die Fähigkeit, all diejenigen Neider fernzuhalten, die eventuell am eigenen Stuhl sägen könnten.

Schließlich sagte man früher: *„Viel Feind, viel Ehr'"*. Denn an Konkurrenten und Neidern fehlt es da oben selten. Man kann es aber auch positiv sehen: Neid ist schließlich die ehrlichste Form der Anerkennung.

Zusammengefasst: Es ist schon schwer, auf die Welle, die einen nach oben trägt, zu kommen. Schwerer ist es allerdings, sich über einen längeren Zeitraum oben auf der Welle zu halten. Das Ergebnis ist dann mitunter, dass dann ein regelrechter Zwang, alles unter Kontrolle zu halten, entsteht: Man muss stoßfest, formschön, bruchsicher und abwaschbar erscheinen – einerseits nach allen Seiten offen, teamfähig, mit guten sozialen Fähigkeiten und Fertigkeiten – andererseits selbstsicher, entscheidungsfreudig und knallhart.

Hier zeigen sich dann auch schon die Schattenseiten dessen, was da so schön im goldenen Licht des Erfolges und in den Augen der Sieger glänzt (oder auch nur in den Phantasien der Anderen). Und da kommt das alte Sprichwort zum Tragen: *Neid muss man sich erarbeiten, Mitleid gibt's umsonst.*

Was ist das eigentlich, Karriere? Woher kommt das Wort? Was bedeutet es?

2.1.2 Definition: Karriere

Im Brockhaus-Konversations-Lexikon von 1892 heißt es:

Übersicht

„Carrière (franz.): Rennbahn der Reitschule, der volle Lauf des Pferdes, die Laufbahn, die einer macht".

Nach über hundert Jahren hat das deutsche Wort Karriere heute vor allem eine Bedeutung: Erfolgreicher beruflicher Aufstieg.

Man versteht darunter das komplexe, arbeitsbezogene, individuelle Konstrukt aus Stellenabfolgen, beruflichen Aufgaben, Verantwortlichkeiten und Entscheidungsmöglichkeiten.

Karriere wird beeinflusst durch individuelle Einstellungen und Erwartungen gegenüber der Arbeit, durch persönliche Werte, Bedürfnisse und Empfindungen.

Unter *Karriereorientierung* versteht man eine höhere Motivation und die Zentrierung der zur Verfügung stehenden Energien auf die berufliche Entwicklung (inkl. Flexibilität, Mobilität und die Bereitschaft zur ständigen Weiterbildung).

Mit dem Modewort „Patchwork-Karriere" bezeichnet man die berufliche Entwicklung von Personen, die im Laufe ihrer Berufslaufbahn eine Vielzahl von unterschiedlichen beruflichen Arbeitsfeldern und Tätigkeitsbereichen kennen gelernt haben, die mehr oder weniger gut aufeinander abgestimmt sind und zusammenpassen.

2.1.3 Karrierebereiche

Karriere kann man auf vielen Gebieten machen und überall sind die Regeln anders: In der Finanzwelt – bei Banken, Versicherungen oder an der Börse – anders, als in der Metallbranche oder der Kosmetikindustrie. Gar nicht zu reden von Uni-, Ämter- und Behördenkarrieren oder gar von Künstlern, Selbstständigen und Politikern, die Erfolg haben wollen.

Wo man bei der einen Karriere hornhautartige Sitzfleischmentalität haben muss (mitunter versehen mit Demutsgeste und Duldungsstarre) und sich auf die Kunst der Intrige verstehen sollte, braucht man bei einer anderen die optimierte Mittelmäßigkeit geschmeidiger Langeweiler oder gut geölter Mitläufer. In einer dritten Karriere muss man vielleicht „Mister Knallhart" mit Ellenbogen aus Stahl spielen, der die Vorgaben des Vorstands oder Chefs ohne Murren und Skrupel umsetzt. Und wieder andere stehen einfach nur ständig unter Strom – vom „Early-bird-Frühstück" bis zur „After-work-Party", bloß um nix zu verpassen.

Von Branche zu Branche, von Unternehmen zu Unternehmen, von Institution zu Institution – je nach Corporate Identity", nach Firmenimage und Betriebskultur – ist das verschieden. (mehr zu den unterschiedlichen Karriereanforderungen in den verschiedenen Branchen „Organisationskulturen"). Und so verschieden wie die Anforderungen, sind auch die Personen auf dem Karrieretrip. Gemeinsam aber ist allen das Ziel: Nach Oben.

2.1.4 Drei, die es geschafft haben

Da man am besten an Beispielen lernt, schauen wir uns doch mal drei ganz unterschiedliche High Performer an, die – wenn auch schon etwas älter – es geschafft haben:

Jack Welch, der über 20 Jahre CEO (Chief Executive Officer) von General Electric war, ist so etwas wie der Prototyp des erfolgreichen US-Managers.

Welch wurde 1935 als einziges Kind eines Eisenbahnschaffners und einer Hausfrau in der US-Kleinstadt Peabody geboren, promovierte als Chemieingenieur und ging 1960 zu General Electric (GE). 1981 übernahm er die Leitung des ins Trudeln geratenen US-Konzerns. Mit seiner radikalen Sanierungspolitik, in der er verlustbringende Unternehmensteile *ver*kaufte und gleichzeitig zukunftsträchtige Technologien *hinzu*kaufte, machte er General Electric zu einem profitablen und wieder wachsenden Konzern. Er steigerte den Umsatz von GE von 27 Mrd. US-Dollar 1981 auf 130 Mrd. US-Dollar im Jahr 2001. Der Jahresgewinn versiebenfachte sich in dieser Zeit auf fast 13 Mrd. US-Dollar. Von den ursprünglich 400.000 Mitarbeitern blieben am Ende seiner aktiven Zeit gerade mal 300.000.

In seinem Pensionsvertrag hatte Welch sich neben einer jährlichen Zahlung von neun Millionen US-Dollar die freie Nutzung eines Firmenflugzeugs, einer VIP-Box bei den Baseballspielen der Boston Red Sox, ein Luxus-Appartement im New Yorker Trump Tower und freie Speisung in dem Nobelrestaurant „Jean Georges" zusichern lassen. Das Privatvermögen von Jack Welch wird auf fast eine Milliarde US-Dollar geschätzt. Für einen Vortrag vor Managern kassiert er heute 150.000 Dollar

Auch als Ruheständler ist er ein gefragter Mann. Bis heute kursieren seine Management-Regeln im Internet und wurden tausendfach angeklickt (https://karrierebibel.de/management-regeln/#Die-8-Management-Regeln-von-Jack-Welch Zugegriffen am 11. April 2020). Eine erfolgreiche Karriere – zumindest nach US-Maßstäben, sollte man meinen.

In Europa machte ein ganz anderer Typ von Manager von sich reden: **Daniel Goeudevert,** ein französischer Automanager und Unternehmensberater, der sich bis heute in vielen Bereichen von Politik und Wirtschaft tummelt.

Nach dem Abitur studierte Goeudevert zunächst Literatur an der renommierten Pariser Universität Sorbonne, wurde dort Dozent für Literaturwissenschaften.

Schon Mitte der 1960er-Jahre wechselte er in die Autoindustrie, wo er eine steile Karriere zuerst bei den französischen Autobauern Citroën, Renault und später in Deutschland bei Ford machte. 1981 brachte er es dort bis zum Vorstandsvorsitzenden. Später wurde er bei der Volkswagen AG Vorstandsmitglied und war ab 1991 für den Bereich „Marken" verantwortlich.

Goeudevert machte sich in der breiten Öffentlichkeit einen Namen als „Querdenker", der gern ungewöhnliche Ansichten und Managementmethoden vertrat. So unterstützte er schon in den 1990ern – als Automanager ein wahres Sakrileg – den Ausbau des Öffentlichen Nahverkehrs und befürwortete als einer der ersten Top-Autobauer die Entwicklung umweltfreundlicher Autos.

Oft wurde er als „Paradiesvogel" apostrophiert, nicht zuletzt deshalb, weil er – auch das eine Ausnahme in diesen Positionen – die menschliche Seite des Big-Business mit einbezog und eine ganze Reihe erfolgreicher Bücher veröffentlichte. Er gefiel sich in der Rolle des Provokateurs:

In seinem Bestseller „Wie ein Vogel im Aquarium – aus dem Leben eines Managers" (Goeudevert1998) schreibt er über die Fassadenhaftigkeit von US-Top-Business-Managern, dass die Amerikaner sich gern klonen und zwar bis in die Schuhe. Sie stopften ihre Füße in die gleichen, viel zu großen Pferdelederschuhe – und das jeweils zu kurzen Hosenbeinen.

Die amerikanische Mentalität nervte ihn generell: In einem Interview mit der Zeitschrift *Stern* sagt er, dass die amerikanischen Autohersteller so ziemlich alles falsch gemacht hätten – ohne Rücksicht auf soziale Orientierung, ohne Rücksicht auf die Umweltverträglichkeit und ohne Rücksicht auf gesellschaftliche Ordnung.

Goeudevert verprellte mit seinem provokativen Vorgehen allerdings nicht nur die Amerikaner, er verprellte auch alle möglichen „VW-Traditionalisten" und musste 1993 Volkswagen verlassen.

Gleichzeitig wurde Goeudevert vielfach geehrt. So verlieh man ihm das Große Verdienstkreuz der Bundesrepublik, den Carlo-Schmid-Preis sowie die Mercator-Professur der Gesamthochschule Duisburg. Außerdem ist er Träger des Ordens der französischen Ehrenlegion, war Mitglied des Club of Rome und bekleidet u. a. einen UNESCO-Beraterposten. Bis heute mischt er sich ein: So beteiligt sich Goeudevert aktiv an allgemeinpolitischen Themen – von der deutschen Bildungsmisere, über wachsende Umweltprobleme bis hin zur zukünftigen Rohstoffknappheit …

In den letzten Jahren versucht er, seine Ansätze kreativer Unternehmensführung in einer von ihm initiierten Europäischen Management-Akademie umzusetzen und lebt als Unternehmensberater in Genf.

Eine Vielzahl neuerer High Performern wie *Mark Zuckerberg* (facebook), *Jeff Bezos* (Amazon), *Larry Page* (Alphabet/Google), *Bill Gates* (Microsoft) oder der schon verstorbene *Steve Jobs* (Apple), stammen meist aus den USA. Aber nicht alle:

Elon Musk, bekannt durch die Gründung von Unternehmen wie „Tesla" und „Space X", wurde 1971 in Pretoria/Südafrika geboren. Über ihn gibt es viele Mythen: Er sei seit seiner Kindheit ein eifriger Leser gewesen, habe sich schon früh mit Computern beschäftigt und sogar ein Videospiel entwickelt, das er an eine Computerzeitschrift verkaufen konnte. In seiner Kindheit sei er Opfer von brutalem Mobbing gewesen und sei einmal bis zur Bewusstlosigkeit verprügelt worden, was ihm einen mehrtägigen Krankenhausaufenthalt bescherte . Da er dem Wehrdienst des südafrikanischen Apartheidregimes entgehen wollte, beantragte er kurz vor seinem 16. Geburtstag (zusammen mit seinem Bruder) einen Reisepass in der kanadischen Botschaft und wanderte ein Jahr später nach Nordamerika aus. Er studierte in Kanada und USA Volkswirtschaft und Physik, die er mit einem Bachelor abschloss. Sein weiterführendes Doktorandenstudium brach er jedoch ab, um 1995 zusammen mit seinem Bruder Kimbal ein Internetunternehmen zu gründen: Es hieß „Zip2", und bot vor allem Inhalte für Medienunternehmen an. Vier Jahre später, im Jahr 1999, konnte er das Unternehmen an den Computerhersteller Compaq für 307 Mio. Dollar verkaufen – der höchste Preis, der bis dahin für ein Internetunternehmen bezahlt worden war. Direkt danach gründete Musk das Unternehmen „X.com", das ein Onlinebezahlsystem entwickelte. Schon ein Jahr später fusionierte X.com mit dem konkurrierenden Unternehmen „Confinity", das „Pay Pal" entwickelt hatte. Pay Pal wurde danach zum wichtigsten Onlinebezahlsystem weltweit. Als es 2002 an „eBay" für 1,5 Mrd. Dollar verkauft wurde, hielt Musk mit 11,7 % den größten Anteil.

Ursprünglich war Musks Idee im Internetbereich neue Produktideen zu entwickeln, die es bislang noch nicht gab. Später ging es ihm eher darum, teure und technisch komplexe Produkte günstiger herzustellen und für die Massenfertigung bereit zu machen.

Das Raumfahrtunternehmen „SpaceX" war Musks dritte Gründung im Jahr 2002. Musk ist dort CEO und Raketen-Chefdesigner. SpaceX wurde durch seine hohe Kosteneffizienz innerhalb von 15 Jahren zum weltweit führenden kommerziellen Anbieter von orbitalen Raketenstarts, vor allem für den Transport von Satelliten in eine Erdumlaufbahn. Außerdem versorgt SpaceX mit seinem Raumschiff Dragon schon seit 2012 die Raumstation ISS. Mit Crew Dragon (der Weiterentwicklung von Dragon) sind schon heute bemannte Flüge zur ISS geplant. Generelles Ziel von SpaceX ist es, die Kosten des Weltraumtransports so weit zu senken, dass es möglich wird, Menschen auf anderen Himmelskörpern – insbesondere dem Mars – anzusiedeln. Musk strebt an, Flüge für Marssiedler zum Preis von 100.000 US-Dollar pro Person anbieten zu können.

Musk versteht sich anscheinend einerseits als Visionär – siehe seine vielen neuen Ideen: „Solar City", „Neuralink", „Hyperloop", „Thud" – andererseits ist er aber auch Realist. Vor allem das Thema „Elektromobilität" ist für ihn anscheinend weltweit marktreif geworden. Musk hatte das früh erkannt: Schon im Jahr 2004 investierte Musk in den Fahrzeughersteller Tesla, der auf die Produktion von Elektroautos spezialisiert ist. Auch hier ist er heute CEO und für die Produktentwicklung zuständig. Für Deutschland und Europa besonders interessant ist Tesla, seit Musk Ende 2019 angekündigt hat, dass er eine große Produktionsstätte für Elektroautos in Brandenburg baut, um vor allem den europäischen Markt zu bedienen *(https://de.m.wikipedia.org/wiki/Elon_Musk Zugegriffen am 11. April 2020).*

Drei Personen, drei verschiedene Mentalitäten, drei Lebensstile und Lebensentwürfe. *(Später werden weitere deutsche Karrieristen in dem Buch zu Worte kommen.)* Dabei geht es allerdings nicht nur um Visionen und Macht, sondern eben auch um den schnöden Mammon, um Geld. Zum wiederholten Mal ist schließlich derzeit die Diskussion um die Managergehälter in Gang gekommen.

2.1.5 Managergehälter: Verdienen sie, was sie verdienen?

Im Jahr 2016 kassierten laut Manager Magazin die DAX-Manager ungefähr 50-mal so viel wie ihre Mitarbeiter. Spitzenreiter war zuletzt SAP-Chef Bill McDermott mit 13,8 Millionen Euro im Jahr. In den USA brachte es Nike-Chef Mark G. Parker gar auf 43 Millionen Euro. Stellt sich die Frage, ob Manager tatsächlich verdienen, was sie verdienen. Ist es beispielsweise gerechtfertigt, dass Manager auch bei Misserfolgen, Pleiten, Pech und Pannen auch noch Millionen Abfindungen kassieren? Sollten Stellenstreichungen auch noch mit Gehaltszulagen und Boni belohnt werden?

Hier fernab von politischen Diskussionen die konkreten Zahlen der DAX-Unternehmen, die 2018 kräftige Gewinne erzielten und deren Chefs so viel verdienten, wie noch nie. Der Spiegel schreibt: „Im vergangenen Jahr haben die Chefs der DAX-Konzerne so viel verdient wie nie zuvor. Die Gesamtvergütung für Konzernchefs stieg gegenüber dem Vorjahr im Schnitt um 3,5 % auf einen Wert von durchschnittlich 7,4 Millionen Euro. Das geht aus einer Studie des Beratungsunternehmens hkp-Group hervor." (*https://www.spiegel.de/wirtschaft/unternehmen/dax-vorstaende-das-sind-die-topverdiener-a-1199617.html Zugegriffen am 11. April 2020).*

Ein einfacher Arbeitnehmer hatte im Gegensatz dazu gerade einmal 0,9 % mehr Reallohn in der Tasche – maximal. Diese Diskrepanz birgt jede Menge Sprengstoff – vor allem, wenn das Thema verbunden wird mit der Diskussion um die kontinuierliche Austrocknung des Mittelstandes und das Auseinanderfallen der Gesellschaft in Arme und Reiche.

Dabei schneiden die 500 europäischen Topverdiener und Unternehmenschefs im weltweiten Vergleich ziemlich schlecht ab. Während die Bezüge der Spitzenmanager Schätzungen zufolge in den USA auf rund 6,2 Millionen Euro beziffert werden, belief sich das Durchschnittseinkommen der bestbezahlten CEO in Frankreich laut *Fortune*" auf 2,6 Millionen Euro, in der Schweiz auf 2,2 Millionen Euro in Großbritannien auf 1,9 Millionen Euro.

2.1.6 Die jungen Aufsteiger

Einige Etagen weiter unten leben die jungen, besser verdienenden Aufsteiger. Sie sind weit gereist, verfügen über eine umfassende Bildung und über ein Gesamt-Realeinkommen von rund 3,5 Billionen Dollar. Entsprechend sind sie eine lohnende Zielgruppe für die Konsum- und Gebrauchsgüterindustrie, für Dienstleistungen und Gastronomie. Im Bereich des Luxussegmentes werden jährliche Wachstumsraten von 10–15 % verzeichnet.

Aufstrebende Jungmanager führen dabei ein Leben zwischen Designklassikern, tragen Rolex und lieben die Küche der jungen wilden Köche. Daheim wird mit Salz aus dem Himalaja gewürzt, die Einsteiger-Uhr ist eine Emporio Cartier für weit über 1000 Euro. Die Anzüge sind aus bestem englischem Tuch (aus Fernost), die Schuhe handgefertigt, von kleinen Handwerkern.

Die richtig Reichen finden hingegen ihren Spaß am „trading down." Alexander von Schönburg, Autor des Bestsellers „Die Kunst des stilvollen Verarmens" und

Ex-Chef des Lifestyle-Magazins *Park Avenue* erläuterte dies am Beispiel seiner leiblichen Schwester, der schrillen Gloria von Thurn und Taxis. Sie bekundete in einem Interview, dass sie statt echter Louis-Vuitton-Taschen lieber gute Fälschungen zu einem Zehntel des Originalpreises kaufe: „Die Originale sind doch nur was für russische Oligarchen.“ (…).

2.1.7 Karriere(n) zu unterschiedlichen Zeiten

Wie sehen Karrieren in der Zukunft aus? – Wohin driften die Berufsorientierungen im 3. Jahrzehnt des 2. Millenniums? Was an den Karrieren wird sein wie bisher – und was wird ganz anders sein? Für die Zukunft lernt man am besten, wenn man die Vergangenheit kennt. Deshalb ein kurzer Blick zurück.

Wichtig zu wissen: Es gibt nicht ***die*** Karriere, sondern Karrieren sind in einem hohen Maße zeitgeistabhängig und Moden unterworfen:

Wer im wilhelminischen Kaiserreich Anfang des 20. Jahrhunderts etwas werden wollte, bewarb sich beim Militär. Typische Berufswünsche waren damals: Offizier, Hauptmann, General, Oberst. Dabei war es wichtig, einer studentischen Verbindung anzugehören – am besten einer schlagenden. Und wenn schon Studium, dann Jura oder Medizin. Das ging so bis zum Ende des 2. Weltkrieges.

Als die Nazizeit vorbei war, wollte man davon nichts mehr wissen: Da Militär und alles Staatliche den Glanz verloren hatte, flüchtete man ins Zivilleben, krempelte die Ärmel hoch und baute aus den Kriegstrümmern die Bundesrepublik auf. Im hart erarbeiteten „Wirtschaftswunder“ der 1950er- und 1960er-Jahre war erfolgreich, wer nach dem Gymnasium diszipliniert Ingenieur- und Wirtschaftswissenschaften studierte oder Jura.

2.1.8 Babyboomer

Anfang der 1970er-Jahren konnte man, angesichts einer brummenden Wirtschaft, fast studieren wozu man Lust hatte. Weil die Wirtschaft so gut lief, wurde fast jeder einigermaßen qualifizierte Bewerber aus der „Babyboomer-Generation“ eingestellt – regelmäßig steigendes Gehalt und die sorglose Vorstellung, dass es immer so weiter geht, inklusive. Hauptsache, man war einigermaßen wirtschaftsfreundlich und loyal seinem Arbeitgeber gegenüber und schon stand einer steilen Karriere in Wirtschaft, Industrie oder Bankenwesen nichts im Wege. – Im Gegensatz zu den politisierten 1968ern, die in ihrem Kampf gegen das „kapitalistische System“ die Weltrevolution anstrebten und nur selten traditionelle Karrieren wollten. Sie landeten zumeist in sozialen Berufen (Erzieher, Dipl. Päd., Sozialarbeiter) in Schulen oder an anderen Bildungseinrichtungen (VHS, Uni) – mitunter auch in der Landkommune oder als studierter „Multi-Jobber“ (Werktätiger, Taxifahrer, Barkeeper, Teilzeit-Journalist) und träumten im Wartestand lebenslang weiter von der Revolution.

Als Ende 1973 die OPEC die erste Ölkrise auslöste, gerieten auch die angepassten Berufskarrieren ins Trudeln: Vorbei war es mit der Sorglosigkeit der Babyboomer und die Arbeitslosigkeit stieg. Aus dem Wirtschaftswunder war innerhalb von wenigen Jahren ein kaum mehr bezahlbarer „Wohlfahrtsstaat" geworden. Für karriereorientierte junge Leute bedeutete das: Unternehmen stellten kaum mehr ein, selbst der Staat zog die Notbremse und schaute z. T. wegen „Radikalenerlass" auch auf die politische Gesinnung der Beamtenanwärter in Schule und Amt.

Getroffen hat es vor allem Studenten, die so genannte Neigungsfächer studiert hatten, ohne auf die späteren Berufschancen zu schielen: Besonders galt das für Geistes- und Sozialwissenschaftler (Soziologie, Pädagogik, Philosophie, Kunstgeschichte, Linguistik etc.), die die Unis in großer Zahl mit Diplom verließen. Thema: Studieren für die Arbeitslosigkeit. Das zynische Motto der Studies hieß damals: *„Wenn schon arbeitslos, dann wenigstens in einem Beruf, der Spaß macht"*.

2.1.9 Generation X

In den 1980ern ändert sich das allmählich: Bei immer mehr Studenten der „Generation X" gilt es plötzlich nicht mehr als abwegig, sich für ein Studium einzuschreiben, das später einen guten Job und gutes Geld in Aussicht stellt. Der Trend der Zeit geht dahin, etwas auch materiell Einträgliches zu studieren: Medizin oder Zahnmedizin sind wieder angesagt. Dank unseres Gesundheitssystems werden Ärzten aller Art in dieser Zeit hervorragende Karrierechancen vorausgesagt.

Auch in den anderen Berufsfeldern tritt der Nützlichkeitsgedanke mehr und mehr in den Vordergrund: Zweckmäßigkeit wird chic. So beginnen auf einmal die Wirtschaftsfächer zum Inbegriff des Utilitarismus zu werden, die lange ein belächeltes Schattendasein an den Unis geführt hatten: Vor allem Betriebswirtschaftslehre (BWL) wird zum angesagten Studium. Fast 150.000 BWLer (ca. 8 % aller Studenten) besiegeln in den 1990ern den Primat des finanziellen Blicks auf alle gesellschaftlichen Gegebenheiten.

2.1.10 „Millennials", „Generation Y", „Digital Natives"

In den 1990ern wird der MBA (Master of Business Administration) vorzugsweise an einer renommierten Privathochschule zum attraktiven Berufsziel für die Generation Y. Diese Bevölkerungsgruppe ist in den 1980er Jahren geboren und steigt etwa zur Jahrtausendwende ins Berufsleben ein (deswegen werden sie auch „Millennials" genannt). Für sie wird die Teilnahme an Trainee- und Fellow-Programmen in einer der internationalen Beratungsfirmen wie „Ernst & Young", „Pricewaterhouse-Coopers", „KPMG" oder in noblen Unternehmensberatungs-Kaderschmieden wie „Mc Kinsey" und „Roland Berger" zu Insignien der Trendsetter der „Generation Y" in den 1990ern und den ersten Jahren des neuen Jahrtausends.

Eingedenk dessen, dass es *die* Generation nicht gibt und bei all der Skepsis, die man gegenüber plakativ etikettierten Bevölkerungskohorten haben sollte, werden seit den letzten Jahren des alten Jahrtausends die Generationen gern mit Buchstaben versehen. Im Grunde handelt es sich um Kategorisierungen von Marketing-Experten, die versuchen, ihre Werbestrategien nach den psychischen Grundverfassungen der Personengruppen auszurichten; auch wenn die Zeiträume zwischen den Generationen fließend sind und nicht eindeutig präzise abzugrenzen sind. Hier eine kurze Übersicht:

„Karriere-Sprech"5: Gen Y, Gen Z, Gen Alpha

Generation Y (auch *Gen Y*) wird die Generation genannt, die ab den frühen 1980ern geboren wurde. Der Begriff Generation Y tauchte 1993 zum ersten Mal auf. Diese Generation wird auch als Millennials (etwa „Jahrtausender") etikettiert. Da sie mit dem WWW (World Wide Web) in der Jugend groß geworden ist, werden die Mitglieder auch als erste (oder Pionier-)Digital Natives bezeichnet. Für Gen-Y-Mitglieder muss die berufliche Arbeit, die sie machen, einen Sinn ergeben. Eine ausgeglichene Work-life-Balance ist ihnen ebenso wichtig, wie Hobbys und der Kontakt mit Freunden und der Familie.

Generation Z bezeichnet vor allem Personen, die von 1995–2010 geboren wurden. Für sie ist der Gebrauch digitaler Technologien (WWW, Smartphones, Tablet-PC, SMS …) seit dem frühesten Kindesalter üblich. Deswegen nennt man sie auch Digital Natives der zweiten Generation. Manche bezeichnen sie deshalb auch als „Internet-Ureinwohner", denen sich – da sie schon ganz früh mit Touchscreens, sozialen Netzwerken und SMS in Kontakt gekommen sind – die digitalen Anwendungen intuitiv erschließen. Im Gegensatz zu Gen Y möchten typische Mitglieder der Generation Z möglichst rasch Karriere machen und früh Führungspositionen ausüben und etwas in Gesellschaft und Umwelt verändern. Sie sind selbstbewusst und möchten nach Außen etwas darstellen. Materieller Erfolg ist für sie zentral. Die Fassade ist vielen wichtiger als das Innenleben. Was sich auch auf den Fotos bei Instagram oder Facebook oder bei den Erfolgen der so genannten Influencer zeigt.

Generation Alpha wird die erste Generation sein, die komplett im 21. Jahrhundert aufwächst. Ein Großteil der „Gen Alpha" ist also noch gar nicht geboren. Man geht aber davon aus, dass Gen Alpha in unseren Breiten die am besten ausgebildete Generation sein wird, die bis jetzt gelebt hat. Die MINT-Fächer (Mathematik, Informatik, Naturwissenschaft und Technik) sind für die Alphas durch ihre Affinität zu den neuen Technologien sehr viel attraktiver als für frühere Generationen. Diese Generation ist hochgradig umsorgt – was zum Teil an den sinkenden Geburtenraten liegt. Denn häufig handelt es sich um Einzelkinder, die von ihren „Helikopter-Eltern" mit dem SUV zur KITA oder zur Schule chauffiert wurden und die dann mit „Fridays for future" das Rebellionsthema Klimaschutz zur Abgrenzung von den Älteren gefunden zu haben scheint. Außerdem ist Gen Alpha abenteuer- und reiselustig, verbringt ihre Zeit gerne in der Natur. Sie will die Freiheit haben, Fehler machen zu dürfen. Allerdings ist die psychische Verfassung der Gen Alphas (noch) fragiler als die früherer Generationen.

Inzwischen gibt zu viele, eher mittelmäßige Nachahmer der bekannten Business-Schools, die Beratungsfirmen verschlanken sich ebenso. Und der Druck wächst – wenn man heute noch eine Anstellung bekommt, dann als Praktikant oder Trainee mit geringen Chancen, an die wirklich lukrativen Jobs zu kommen.

Und selbst der medizinische Karriereweg – in den 1980ern galt Medizin noch als Topstudium – wird für viele wieder beschwerlicher. Langes, schlecht bezahltes Schuften als AiP'ler in Kliniken und sinkende Einkommen vor dem Hintergrund der diversen Gesundheitsreformen mit ihren wuchernden bürokratischen Anforderungen sowie berufliches Multitasking und erhöhte Zeitnot schrecken zwar immer noch Berufseinsteiger ab. Allerdings gibt es auch eine gute Nachricht: Nach einem Rückgang der Studierendenzahlen um die Jahrtausendwende steigt seit einigen Jahren wieder die Zahl der Medizinstudenten stetig an, sodass der aktuell herrschende Ärztemangel voraussichtlich in einigen Jahren behoben werden kann (*https://de.statista.com/statistik/daten/studie/6706/umfrage/entwicklung-der-anzahl-der-medizinstudenten/ Zugegriffen am 11. April 2020).*

2.1.11 Was ist mein USP?

Und wie sehen in diesen schwierigen Zeiten die Karrieren derzeit aus? *Die* Mode(ll) karriere gibt es heute nicht. Kaum ein Studienfach garantiert heutzutage einen dauerhaften Job. Herausfinden, wo ich wirklich gut bin, was meine USP („unique selling proposition"), mein Alleinstellungsmerkmal, ausmacht, und wozu ich auch langfristig Lust habe, ist wieder wichtiger, als die Wahl eines aktuell angesagten Studiums oder Berufes.

2.1.12 Utopien für Realisten

Hinzu kommt, dass bei vielen Alphas das Berufsfeld, in dem man zukünftig arbeiten möchte, immer austauschbarer zu werden scheint. Es wird für viele zukünftig zweitrangig, ob sie im Management von Consultingfirmen oder Banken oder als Ingenieur in der produzierenden Wirtschaft tätig sein wollen. Ob sie ihren Idealismus bei „Foodwatch", „Greenpeace", „Animal Angels" oder „Amnesty International" leben möchten oder als „Start-up" mit eigenem Unternehmen – immer mehr werden für künftige Generationen die Fragen nach den eigenen Stärken und Schwächen und der Sinnhaftigkeit stehen: Passt das, was ich tue, wirklich zu mir und erfüllt es mich mit Sinn? Wie sagt doch der Philosoph und Publizist Richard David Precht:

„Tue das, wofür Du brennst". Das ist wahrscheinlich der aktuell beste Rat, den man Leuten geben kann, die ihre berufliche Entwicklung planen.

Und auch für diese Gruppe hat man schon wieder einen neuen Begriff gefunden. „Bobos", nennt der US-Journalist David Brooks diesen januskӧpfigen Sozialtypus. Zusammengesetzt aus den Begriffen „Bohème" und „Bourgeoisie" wird die Gruppe als urban, gebildet und ökologisch beschrieben – und karriereorientiert.

Klar ist, dass die eruptiven Veränderungen in den diversen Berufsfeldern nicht ohne Krisen in der Persönlichkeitsstruktur der potenziellen Karriere seinen Nachhall findet und für zum Teil massive Verunsicherungen sorgt.

„Karriere-Sprech" 6: Quarterlife-Crises
Gemeint ist mit Quarterlife-Crisis die Angst vor zu vielen Gestaltungsmöglichkeiten, vor der Ernsthaftigkeit des eigenen Lebens. Das Gefühl der Überforderung gepaart mit dem sehnsüchtigen Wunsch, alles richtig zu machen, auch wenn man weiß, dass dies kaum möglich ist. Diese krisenartig anmutende Situation entwickelt sich meist in den frühen zwanziger Jahren der Heranwachsenden und betrifft paradoxerweise gerade diejenigen, denen aufgrund eines akademischen Abschlusses überdurchschnittlich viele Wege offenstehen.

Oftmals terrorisieren sie sich mit den zu hohen Erwartungen an sich selbst, die dem Betroffenen eine befriedigende Entscheidungsfindung erschweren. Dadurch entwickelt sich eine massive Angst vor dem Scheitern. Mitunter führt es auch dazu, dass man noch ein Studium oder noch eine Ausbildung dranhängt, nur um sich nicht der harten Realität der Berufswelt stellen zu müssen. Noch krasser wird es, wenn man sich noch mal in das Kinderzimmer im „Hotel Mama" zurückzieht, wo einem die Wäsche gewaschen, das Zimmer aufgeräumt und das Essen auf den Tisch gestellt wird.

Um zu verstehen, welcher Berufsbereich und welche Branche für einen überhaupt infrage kommen, ist es gut zu wissen, welche Mentalitäten dort jeweils vorherrschen.

2.1.13 Organisationskulturen unterschiedlicher Branchen: Wie läuft der Hase wo?

Firma ist nicht gleich Firma und Branche ist nicht gleich Branche. Und deshalb ist Karriere in der Metallbranche anders als in der Kosmetikindustrie, eine Beamten- oder Behördenkarriere ist sehr verschieden von einer Karriere im Banken- und Versicherungswesen. Schließlich unterscheiden sich die „Organisationskulturen" von Unternehmen und Branchen in einem hohen Maß. Deshalb macht es Sinn, sich die unterschiedlichen Organisationskulturen etwas genauer anzusehen. Denn neben all den wohlklingenden Modeetiketten wie „easy economy" oder „Innovationskultur", gibt es Grundmuster, die bleiben.

„Karriere-Sprech" 7: Innovationskultur
Sie beschreibt die spezifischen Ausprägungen einer Unternehmenskultur, die hauptsächlich die Entwicklung von Innovationen innerhalb eines Unterneh-

mens fördern soll. Die Innovationskultur fungiert als eine Art Querschnittskultur, die von allen beteiligten Mitarbeitern und Führungskräften beeinflusst und gelebt wird. Grundlegend sind das *Können*, *Wollen* und *Dürfen* der Innovationstätigkeit. Die Mitarbeiter sollen beispielsweise durch Schulungen und Weiterbildungen in ihrer Innovationsfähigkeit unterstützt werden, ihre Innovationsbereitschaft soll intrinsisch motiviert sein und es müssen genügend Innovationsmöglichkeiten (z. B. zeitliche und finanzielle Ressourcen) gegeben sein *(https://www.lead-innovation.com/blog/was-ist-innovationskultur Zugegriffen am 11. April 2020)*

Es ist einfach nützlich für die Karriere zu wissen, „wie der Hase läuft". Schließlich sind die Regeln in den verschiedenen Berufsbereichen z. T. hochgradig verschieden. Und kennt man die ungeschriebenen „Codes", Gesetze und Dynamiken der einzelnen Branchen und Bereiche nicht, so kann man auch nicht feststellen, ob man dort mit seinen Persönlichkeitseigenschaften überhaupt hinpasst. Um mit seinen Karriereambitionen keinen Sturzflug zu erleiden, ist es also von Vorteil, diese so genannten Organisationskulturen zu kennen.

Definition: Organisationskulturen (OK)
Eine Organisationskultur ist ein eigenes Set aus ungeschriebenen Deutungs- und Handlungsmustern, Ritualen, Standards, Weltbildern etc.

Organisationskulturen in der Wirtschaft
Schon 1982 haben Deal & Kennedy die *freie Wirtschaft* analysiert und bestimmte Typologien von Organisationskulturen gefunden, die ich allerdings aktualisiert habe (*https://www.12manage.com/methods_deal_kennedy_culture_types_de.html Zugegriffen am 11. April 2020).*

Hier ein kleiner Überblick über die bedeutendsten Organisationskulturen:

Übersicht

1) *Alles-oder-Nichts-Kulturen*

Alles-oder-Nichts-Kulturen findet man vor allem in *Branchen* wie Mode, Werbung, Film, Musik, Kunst, Journalismus, Börse etc.

Die typischen *Kennzeichen* dieser Kulturen sind: Hohes Tempo, die neuesten Trends sind wichtig („wir sind am Pulsschlag der Zeit"), ständige Suche nach etwas Neuem und „Tollem" (Extravertiertheit, hohe individualisierte narzisstische Dimension „Stars", „opinion leader"): Es gibt nur Top oder Flop, „in" oder „out", und es existiert eine hoch emotionalisierte Atmosphäre. Wichtig sind Image, Prestige, Insignien von Renommée und Macht.

Karrierevoraussetzungen: jugendliches, evtl. extravagantes Aussehen, extravertiertes forsches Auftreten, Fähigkeit zur „Duldungsstarre" und „Demutsgeste".

2) *Brot-und-Spiele-Kulturen*
Brot-und-Spiele-Kulturen findet man vor allem im *Bereich* Verkauf.

Typische *Kennzeichen* sind starke Außenorientierung, freundliches und ansprechendes Aussehen, Feste, Feiern, Auszeichnungen, „incentives".

Karrierevoraussetzungen: unkomplizierter, lebendiger Umgangston, immer aktiv, zugewandt, positiv, kundenorientiert.

3) *Analytische Projektkulturen*
Analytische Projektkulturen findet man typischerweise in folgenden *Branchen*: Technische Firmen, Produzierende Industrie: Maschinen, Autos, Flugzeuge, Chemie.

Kennzeichen: Wissenschaftlich-technische Rationalität, Fehlentscheidungen sind existenzgefährdend, maximale Planung, viele Sitzungen, Hektik unerwünscht, große zeitliche Sequenzen, Emotionalität gilt als Schwäche.

Karrierevoraussetzungen: Emotionslosigkeit, ruhige Rationalität, korrekte Kleidung und Umgangsformen.

4) *Prozesskulturen*
Prozesskulturen sind vor allem in den Branchenbereichen Banken und Versicherungen zu finden.

Die *Kennzeichen* sind hohe Kontrolle, alles wird registriert und dokumentiert, da minimale Fehler folgenschwere Auswirkungen haben, Primat des Geldes, Absicherung und Misstrauen herrschen vor. Steile Hierarchie, Statussymbole, Höhe des Gehaltes ist zentral.

Karrierevoraussetzungen: Angepasstheit, gediegene Umgangsformen, ordentliche Kleidung.

Organisationskulturen im Sozialbereich
Von der freien Wirtschaft abgegrenzt gibt es im *Sozialbereich* gänzlich andere Organisationskulturen:

Übersicht

1) *Sozial orientierte Kulturen*
Sozial orientierte Kulturen findet man in folgenden *Bereichen*: In Beratungsstellen, im Bereich Psychotherapie, bei gemeinnützigen Vereinen, in Pfarrgemeinden, Frauenprojekten, Kindergärten etc.

Besonderheiten: Intensive Gefühlsphänomene („Sorgen und Unterstützen"), manchmal verleugnen von rational relevanten Phänomenen, z. T. vertrödelte Entscheidungen, mitunter ziel- und orientierungsloses Dahindümpeln („gemütliches Elend"), Management und Führung sind oft noch Reizworte („pro forma").

Vernachlässigung von Effizienzkriterien.

2) *Unternehmerische Sozialkulturen*
Unternehmerische Sozialkulturen existieren oft in folgenden *Bereichen*: private Fortbildungsinstitute, Unternehmensberatungsgesellschaften etc.

Besonderheiten: Oft gutes Marketingmanagement, Innovationsbereitschaft, Kreativität, Risikofreude, „Geschäftemacherei", mitunter jeden neuen Trend nutzen.

Experimentieren bis zur Konfusion. Durch den überlaufenen Markt manchmal wilde Angebotsmixturen, prinzipienloser Opportunismus, chaotisches Personalmanagement, mitunter halb bis unqualifizierte Honorarkräfte („überfordert und verheizt").

3) *Leistungsorientierte Sozialkulturen*
Leistungsorientierte Sozialkulturen sind vor allem in folgenden *Bereichen* zu finden: Forschungsinstitute, Unikliniken etc.

Die *Besonderheiten* sind hier: Herausfordernde Ziele mit hohen Leistungsanforderungen und Leistungen. Sie sind streng hierarchisch und perfektionistisch strukturiert, mit strikter Planung und Kontrolle. Oft steht die reine Sachorientierung im Vordergrund. Ziel ist oft „die" Erfindung, „das wirklich Neue". „Helden" sind die mit den höchsten Leistungen.

4) *Bürokratische Sozialkulturen*
Typische bürokratische Sozialkulturen sind z. B. Psychiatrie, Landeskrankenhäuser, Schulen, Alten- und Pflegeheime, (halb-)staatliche Einrichtungen, öffentliche Sozialarbeit etc.

Besonderheiten sind die konservative und hierarchische Grundstruktur, die sich vor allem bei großen Systemen findet. Leitlinien (Gesetze, Verordnungen, Vorschriften) sind wichtiger als neue Ideen. Anpassung und Stabilität stehen im Vordergrund.

Effizienzkriterien und Humanität werden oft der formalen Ordnung geopfert.

Die Probleme, dieser seltener werdenden Sozialkulturen sind: Sie sind oft starr, stur, verschlafen, phantasielos, unbeweglich und haben eine niedrige Effizienz.

Eine Gemeinsamkeit haben all diese unterschiedlichen Organisationskulturen: Es sind alles (mehr oder weniger große) Teams. Und dabei geht es immer auch um die Frage, wo ordne ich mich in ein (oder wo werde ich eingeordnet). In guten Teams werden die einzelnen Rollen wahrgenommen und darin gewürdigt, dass sie eine wichtige Funktion im Team haben. In schlechten Teams gibt es so etwas wie eine Verantwortungs-Vermeidungs-Kultur. Für diese ist dann

TEAM die Abkürzung für:
Toll – ***E***in – ***A***nderer – ***M***acht's
(Abschn. 4.1.5, Unterpunkt: Das innere Team).

2.1.14 Schwarmintelligenz

Heutzutage wird viel über die sicherlich meist positiven Aspekte von der Zusammenarbeit mit anderen gesprochen. *(„Wer allein arbeitet, addiert, wer mit anderen zusammenarbeitet, multipliziert“)*: Neudeutsch nennt man das Schwarmintelligenz.

In Zeiten von „crowd-working“ (der Zusammenarbeit von Personen, die an unterschiedlichen Orten an dem gleichen Projekt arbeiten und es voranbringen) und „crowd-funding“ (Projektfinanzierung durch viele Anteilsinhaber), gibt es sicher so etwas wie Schwarmintelligenz. Aber man sollte sich nicht blauäugig darauf verlassen, denn es gibt leider auch Schwarmdummheit. Das passiert dann, wenn die Verantwortungsdiffusion im Vordergrund steht.

„Karriere-Sprech“ 8: Shifting Baselines
Der Umweltforschung entlehnt, beschreibt der Begriff Shifting Baselines eine kollektive Wahrnehmungsverschiebung. Die Orientierungspunkte, anhand derer eine Person ihre Umwelt beurteilt, verschiebt sich schleichend. Was vormals verwunderlich erschien, ist zur Normalität geworden oder auf dem besten Weg dorthin. Schlimme Nachrichten des Vortags erscheinen heute schon etwas weniger schlimm, weil sie denen von gestern ähneln und wir uns *daran gewöhnt* haben. Das menschliche Bezugssystem passt sich also dem jeweils aktuellen Zustand an. Das betrifft allerdings nicht nur Umweltprobleme, sondern ähnlich langfristige Veränderungen finden sich auch z. B. in der Einschätzung der Geschlechtsrollen und in der Beurteilung von Homosexualität, die bis in die 1990er-Jahre selbst im mitteleuropäischen Bereich kriminalisiert worden war. Bezogen auf den beruflichen Bereich lässt sich als Beispiel die Frauenerwerbsquote nennen, die in den letzten Jahrzehnten deutlich gestiegen ist (https://www.spiegel.de/wirtschaft/soziales/frauenerwerbsquote-in-deutschland-steigt-auf-72-prozent-a-877300.html Zugegriffen am 11. April 2020).

Unter der Titelgeschichte „I love my Job – wie Arbeit Spaß macht“ wurden in der Zeitschrift *Stern* im Januar 2020 für eine Umfrage an mehr als 45.000 Beschäftigten die 500 besten deutschen Arbeitgeber ausgezeichnet. An der Spitze standen die Autobauer von BMW, gefolgt von ADIDAS (Sportartikel), dann Daimler (ebenfalls Autos) und dann – an 4. Stelle – die Drogeriekette DM.

In der von dem Marktforschungsinstitut Statista durchgeführten Studie hatte der einzelne Fragebogen mehr als 50 Items. Die 1,34 Mio. Einzelurteile wurden in

24 Branchen und Bereichen getrennt gerankt. Einzelne Faktoren waren Arbeitgebermarke (Image), Größe des Unternehmens, Region etc.

In den Bereichen Gesundheit und Soziales waren die zahlenmäßig größten Arbeitgeber zu finden: Diakonie und Caritas befanden sich dort auf Platz 1 und 2. Im Banken- und Finanzdienstleistungsbereich, der derzeit stark unter Personalabbau leidet, waren auf den ersten Plätzen nicht die „blue chips" wie Deutsche Bank oder Commerzbank, sondern eher unbekannte Banken (und halbstaatliche) wie die Kreditanstalt für Wiederaufbau (KfW), die Deutsche Bundesbank und Union Investment. Siemens, Liebherr und Bosch/Rexroth führten den Bereich Maschinen- und Anlagebau an (mehr dazu s. Stern 4/2020).

2.1.15 Mein Unternehmen

Und wenn ich mir das Unternehmen anschaue, in dem ich zzt. arbeite (oder in dem ich gerne arbeiten möchte), welche Symbole würden mir dazu einfallen?

> Gut-geölte-Maschine – Forscherteam – „Ganz-normale-Firma" – Markt – Armee – Partei – Kirche – Sekte – GSG-9 – Piratentruppe – Künstler-WG – Chaos-Laden –Irrenhaus – Urhorde – Zoo – Tierischer-Organismus – Pflanzlicher-Organismus – Fischschwarm – oder was?

Folgende Fragen sollten Sie sich bezüglich der *Berufswahl* stellen:

- Welche Organisationskultur passt zu mir und zu meinen Karriereplänen?
- Welche Rolle werde ich am Anfang in der Firma/im Team einnehmen und wie soll es später werden?
- Wo will ich hin?
- Mit welchen Mentalitäten werde ich (auch über längere Zeit) zurechtkommen?
- Wo werde ich mich wohl fühlen?

Kleine Selbstreflexion(en)
- Werde der Du bist, dann kannst Du sein, wer Du willst.
- Tu, was Du kannst, mit dem, was Du hast, dann kannst Du erreichen, was Du willst.
- Wer nach oben will, muss Ballast abwerfen.

Bedenkenswerte Fragen
- Woran messen Sie selbst Ihren Erfolg?
- Was ist für Sie eine sinnstiftende Tätigkeit?
- Wissen Sie, wie Sie persönlichen Erfolg mit Sinn verbinden?
- Was sind meine drei wichtigsten Stärken?
- Was meine drei unangenehmsten Schwächen?

- Wie sollten Sie Zeit zum Vordenken haben, wenn Sie sich keine Zeit zum Nachdenken nehmen?
- Was sind Ihre „Frustschutzmittel"?
- Worauf freuen Sie sich heute, wenn Sie zur Arbeit gehen?

Tipps

Setzen Sie Prioritäten:

A = dringend + wichtig
B = wichtig, aber nicht dringend
C = weniger wichtig (anders attraktiv, z. B. Lust, Spaß, Interesse)
D = Zeitfresser + Zeitdiebe

2.2 Von den Mühen des Karriereaufstiegs oder: Was es heißt, sich nach oben zu kämpfen

Erfolg ist zu 80 % Transpiration
und zu 10 % Inspiration.
Der Rest ist Glück und der richtige Zeitpunkt.

Viele Karrieristen träumen davon: Was Hans P. mit seinen 33 Jahren geschafft hat, ist eine Karriere „Straight-to-the-top" – auf geradem Weg nach oben. Heute ist er Abteilungsleiter der Vermögensverwaltung einer größeren Bank. Ihm scheint der berufliche Erfolg nur so zuzufliegen. Innerhalb von zweieinhalb Jahren schaffte er – gerade von einem lockeren Assistentenjob an einer Auslandsuni kommend – den Sprung auf die Ebene direkt unterhalb der Geschäftsleitung. Er hat, wie es in diesen Kreisen heißt, „a lot of potential", jede Menge Potenzial. Er beschreibt wie alles anfing:

Beispiel

„Mich hat am Anfang insbesondere die Unkonventionalität des Herangehens der Leute dort beeindruckt. Ich hatte meine ersten beiden Gespräche in dieser Firma an einem Samstag und an einem Sonntag. Das erste Telefongespräch, weiß ich noch genau, da lag ich zuhause in der Badewanne, das war abends spät, neun Uhr, zehn Uhr. Da rief dann einer der Obersten der Bank bei mir an. Und es war schon irgendwie ein blödes Gefühl, zu telefonieren in der Badewanne. Ich wollte ihm ja nicht unbedingt erzählen, dass ich in der Badewanne sitze. Das Ärgerliche war nur, dass er nun zwei Stunden mit mir redete und das Wasser immer kälter wurde …

Auf jeden Fall war das Gespräch ein unheimlich interessantes Gespräch; wir sprachen über alles mögliche, nur nicht darüber, was den Dollarkurs treibt oder was die Aktienkurse treibt, sondern es war eher ein sehr, sehr breit, fast philosophisch angelegtes Gespräch …

Und dann hab' ich diese Leute, die Chefs, ziemlich schnell getroffen, samstags und sonntags. Angenehmerweise waren die dann alle in Zivil und völlig unbankmäßig locker gekleidet, eben ganz „casual“, anders, als es in so einem Bereich üblich ist, und alle wirkten sehr locker. Und an diesem zweiten Sonntag habe ich den Arbeitsvertrag direkt unterschrieben. Das ging dann blitzschnell.“ (alle Zitate aus Interviews mit mir) ◀

Aber das mit dem „casual weekend“ blieb nicht so. Denn als der Job anfing, wurden die Regeln anders:

Beispiel

„Für mich war die größte Umstellung am Anfang sicherlich die Kleidung. Ich hatte bis zum Alter von dreißig, einunddreißig, außer zu meiner Examensprüfung nie einen Anzug getragen oder zu wenigen anderen Anlässen. Und auf einmal musste ich mir da jeden Morgen einen Knoten um den Hals machen. Das war schon mal eine bittere Pille, eine unangenehme Erfahrung, jeden Morgen mit Schlips anzutanzen“. ◀

In den ersten Tagen ließ man Hans erst mal Raum sich in der Bank einzufinden, sich zu akklimatisieren.

Beispiel

„Ja, die Institution Vermögensverwaltung ist relativ jung in der Bank. Sie ist sehr schnell gewachsen und ziemlich ungleichgewichtig gewachsen. Das hat den Vorteil gehabt, dass sie extrem wenig strukturiert war. Und der Freiraum, den ich zu Beginn dort hatte, war riesig groß. Am Anfang fing das schon an, mir wurde eigentlich keine Aufgabe gegeben, sondern ich bekam eben all diese Hilfsmittel, die die Leute in so einer Abteilung haben. Das heißt von Zeitungen über Zeitschriften, Fachzeitschriften, Computer, ökonometrische Programmpakete und Datenanschluss. Eben all diese Dinge, die man braucht. Und man sagte mir gar nicht, was ich zu tun hätte … Und ich hab dann erst mal gelesen, was die Bank so alles publiziert, was es da so gibt und wofür es eigentlich alles gut ist. Und ich hab dann wochenlang eigentlich nur so vor mich hingelesen. Ich hab dann die verschiedenen Abteilungen kennengelernt, aber ich musste am Anfang überhaupt nichts abliefern. Es war kein Druck da – null …

Damals, ganz am Anfang, bin ich um halb zehn gekommen und um halb sechs gegangen. Es hat keiner kontrolliert. Ich hätte genauso gut um fünf Uhr gehen können oder erst um elf Uhr abends. Mich hätte keiner gelobt, wenn ich erst um elf Uhr abends gegangen wäre. Mich hätte aber auch keiner kritisiert, wenn ich um halb fünf gegangen wäre. Das war eine extrem große Freiheit dort, am Anfang, und man konnte wirklich tun und lassen, was man wollte. Die Arbeitszeit war nicht vorgegeben.“ ◀

Aber natürlich blieb es nicht dabei. So einfach verdienen sich die Hunderttausende dann doch nicht. Die Veränderung passierte ruckartig:

Beispiel

„Das kam ganz plötzlich. Auf einmal hieß es, das war – glaub ich – Mitte der Woche, am kommenden Montag, hätte ich nach Hamburg zu fahren und dort eine Präsentation zum Thema ‚Vermögensverwaltung mit zinstragenden Titeln' zu machen. Es geht darum, ein sehr großes Vermögen einer sehr bekannten Firma zu verwalten und von diesem Vortrag würde es abhängen, ob wir den Auftrag kriegen würden oder eben nicht. Und dann hat man mir auch gleich vorgerechnet, dass dann die Vermögensverwaltung sehr viel Geld verdienen würde. Das war ein Mittwoch.

Ich stand wie der Ochs vor'm Berg, wusste überhaupt nicht, was ich machen sollte. Alles war urplötzlich anders. Es hieß dann: ‚Am Freitag eine Probepräsentation im Haus'. Und ich hab' dann Sachen zusammengetragen, auch ein bisschen was Methodisches eingebracht, was ich von der Universität gelernt hatte und wurde dann nach oben in den großen Besprechungsraum gebracht. Was ich nicht wusste: Das gleiche Thema hatte man noch einem anderen Kollegen aus einer ganz anderen Abteilung gegeben. Und wir durften dann beide vor der gesamten Geschäftsführung und allen Leuten, die damit fachlich zu tun hatten, hintereinander diesen Vortrag halten, beide völlig unerfahren.

Aber was sagt man vor so einem Publikum zu so einem Thema? Wir waren beide total unsicher.

Und dann wurden wir beide öffentlich vor dieser gesamten Geschäftsführung und allen Direktoren, die dort versammelt saßen, absolut zur Schnecke gemacht. Meinen Vortrag hat man dann als „unter Volkshochschul-Niveau" bezeichnet. Für den meines Kollegen hat man zuerst überhaupt keine Worte mehr gefunden und ihn dann eben noch mit viel schrecklicheren Bezeichnungen versehen. Nach kurzer Beratung hat man gesagt, okay, der Kollege würde diesen Vortrag in Hamburg eben nicht machen. Ich sollte den Vortrag halten. Aber ich sollte noch was an dem Vortrag tun. Und mein Chef, mit dem ich auch die ganzen Bewerbungsgespräche geführt hatte, meinte: ‚Kommen Sie doch mal am Wochenende rein.'

Letzten Endes lief es dann so, dass ich das gesamte Wochenende in der Bank war, also bestimmt jeweils sechzehn Stunden samstags und sonntags gearbeitet habe. Dort habe ich einen ziemlich komplizierten Vortrag konzipiert und den kommenden Montag dann in Hamburg auch präsentiert – mit ziemlich schlotternden Knien, weil die Geschäftsführer waren natürlich dabei und mein Chef auch. Ich hatte ja vorher nie Feedback bekommen, außer diesem einen schrecklichen, sehr verletzenden Feedback. Und das Feedback, das ich jetzt nach dem Vortrag bekam, war extrem positiv. Man lobte mich in höchsten Tönen … Und von da an hat sich viel geändert. Man hat mir dann laufend andere Aufgaben gegeben und neue Jobs und neue Positionen". ◄

Von da an hat Hans Blut geleckt. Er ist fasziniert von der Tätigkeit und macht es nicht mehr nur wegen der äußeren Belohnung. Psychologen sprechen hier von „intrinsischer Motivation", also von einem inneren Interesse, durch das Hans angetrieben wird.

Beispiel

„Danach hat man mir nicht nur Aufgaben gegeben, sondern ich habe mich selbst in die Position reingebracht, eben Aufgaben zu übernehmen, wo sie noch gar nicht vergeben worden waren. Ich hab‘ dann morgens früh angefangen, bin abends länger geblieben und war fast immer am Wochenende in der Bank. Das ging ganz schnell – gerade mal zwei Monate, nachdem ich angefangen hab‘, war das üblich geworden.“ ◀

Von dem gemächlichen Freiraum, den er anfangs hatte, ist Hans heute Lichtjahre entfernt. Inzwischen kommt er locker auf 70/80 Arbeitsstunden pro Woche, mitunter auch mehr. Er hat vor allem die Fähigkeit entwickelt, sich von seinem Job gebrauchen zu lassen. Und die materielle Belohnung ließ dann auch nicht lange auf sich warten:

Beispiel

„Ich hab vier Monate bei dieser Vermögensverwaltung gearbeitet, und nach diesen vier Monaten bekam ich dann auf einmal 30 % Gehaltserhöhung, nach diesen Präsentationen. Ich hab dann den ersten Titel bekommen, den man normalerweise erst nach ein oder zwei Jahren bekommt. Alles passierte auf einmal in Riesenschritten …“ ◀

Die Kehrseite: Der Stress hat ihn inzwischen voll im Griff. Nachdem der „Karriere-Honeymoon“ der ersten Wochen vorbei war, hat man ihn erst mal richtig in die Stiefel gestellt. Und nachdem er sich auch in massiven Leistungsdrucksituationen bewährt hat und nicht eingeknickt ist, hat man ihn ganz schnell zum Abteilungsleiter von gleich zwei Ressorts gemacht. Seitdem muss er sich über fehlende Arbeitsbelastung und sozialen Stress nicht mehr beklagen:

Beispiel

„Erst seitdem ich jetzt diese zweite Abteilung übernommen habe, die größer ist, die für die Bank und das Geschäft die wichtigste Abteilung ist, in der ältere Leute sind, mit sehr viel mehr Berufserfahrung, in einem sehr viel kompetitiveren Umfeld. Erst jetzt, stellt sich wirklich dieses Problem der Konkurrenz. Das ist eine völlig neue Situation. Denn das sind Leute, die sich nicht über ihren Intelligenzquotienten definieren. Die Leute messen sich an monetären, an finanziellen Maßstäben, an dem, was sie sich rausnehmen können, an dem wie sie sich wem gegenüber verhalten, wie sie wem gegenüber erscheinen, an all solchen Dingen. Eine völlige Umkehr. Dort ist sicherlich jeder Tag so, dass ich weiß, dass die Abteilung auf meinen Fehler hofft, auf meinen ersten größeren Fehler. Das ist ein Haifischbecken, ganz klar.“ ◀

Klar, dass man sich in so einem Haifischbecken warm anziehen muss und am besten einen bissfesten Anzug tragen muss, um sich zu schützen:

Beispiel

„Keine Frage: Das geht bis zur absoluten Selbstverleugnung. Ich glaube, sagen zu können, wenn ich morgens meinen Anzug anziehe, wechsele ich die Identität. Ich hab wirklich das Gefühl, dass der Gesichtsausdruck dann anders ist und meine Mimik anders wird. Ich weiß es nicht genau, aber ich hab das Gefühl, dass ich dann vom, na ja, einigermaßen gemütlichen Menschen, dann zu dem werde, der ich in der Bank bin: Stoßfest, bruchsicher, formschön und abwaschbar." ◀

Hans ist inzwischen mehr oder weniger klar, was er da eigentlich macht. Mit der Zeit hat er eine ironische Distanz, eine fast zynische Grundhaltung zu seiner Tätigkeit entwickelt:

Beispiel

„Meinen Job mache ich dort sehr konzentriert und mit großem Engagement. Ich gehe morgens ohne Angst dahin, aber die Lust daran ist auch weniger geworden …

Ich arbeite jetzt in der Vermögensverwaltung und mache da Tätigkeiten, und weiß, dass sie vielleicht sinnlos sind, letzten Endes, oder sogar verwerflich, wenn ich das aus der Distanz heraus betrachte. Ich mache vielleicht reiche Institutionen noch reicher. Ich mache reiche Leute noch reicher. Ich rede sehr viel. Ich habe mit Vorständen von Unternehmungen zu tun, die uns Geld zur Anlage geben und erzähl' denen dann, wie ich die Welt politisch, wirtschaftlich zur Zeit sehe, wie ich die Entwicklung einschätze. Und ich weiß ganz genau, ich könnte auch ganz genauso das Gegenteil erzählen. Die Argumentation wäre genauso stringent. Das ist eigentlich ein Spiel … Ich kenn' die Argumente. Ich weiß, wie man sie aneinander reihen muss, um welches Ergebnis zu produzieren. Und das ist eigentlich ein viel größeres Überlegenheitsgefühl. Es ist viel spaßiger, viel interessanter, zu gucken, für wen produziere ich welches Ergebnis. Daraus ziehe ich letztlich meinen Vorteil." ◀

Warum glaubt Hans eigentlich, dass er so erfolgreich ist?

Beispiel

„Irgendwann habe ich gemerkt, worauf es ankommt: Wer muss sehen, was ich tue. Und ich hab inzwischen ein sehr machiavellistisches Bild bekommen. Ich weiß genau, bei wem ich welches Bild von mir und der Situation hervorrufen muss, um welches Ergebnis und welchen Erfolg zu haben.

Es gibt eben eine Reihe von Personen, die auf den ersten Blick nicht unbedingt so scheinen, als ob sie wichtig wären, eine Reihe von Gremien, die nicht so scheinen, als ob sie wichtig wären – und es genau deshalb sind. Wenn man weiß, diese Personen und Gremien für sich einzunehmen, kommt der Erfolg automatisch …

Und das einzige, warum viele meiner Kollegen eben nicht diesen Erfolg haben, ist, dass sie zum einen diese Leute und Gremien nicht kennen, nicht wissen, wer alles dazu gehört und wer die „Einflüsterer" sind, auf die dort gehört wird. Obwohl sie die Arbeit vielleicht besser machen, fleißiger sind und vielleicht auch intelligenter als ich, kennen sie die wirklichen Spielregeln nicht, nach denen gespielt wird. Sie wissen nicht, welches machiavellistische Verhaltensmuster notwendig ist, um in der Unternehmung wirklich den Erfolg zu haben." (Alle Zitate aus Interviews mit mir) ◀

Wenn man also Karriere in großen und/oder renommierten Firmen und Institutionen machen will, muss man über den Tellerrand des funktionierenden Sachbearbeiters hinausschauen können und bedenken, dass folgende *Fähigkeiten* hilfreich wären:

Übersicht

- Soziale Intelligenz,
- ein gutes Selbstmarketing und
- eine gehörige Portion machiavellistisches Machtstreben
- verbunden mit unverfrorener Chuzpe,
- einer klaren Zielorientierung und
- einem Hauch von jugendlichem Charisma, sind wichtiger als buchhalterisches Faktenwissen.

Dass die Entscheidungsträger einem zutrauen, dass man es schafft – darum geht es. Letzten Endes ist es eine Imagefrage: Bei den richtigen Leuten den richtigen Eindruck zu hinterlassen und die richtigen Phantasien zu mobilisieren, das ist die Kunst. Selbstvermarktung lautet das Zauberwort: Das Gegenüber muss von dem Können überzeugt werden und das geschieht zu etwa 70 % über die Gefühle, die wir in ihm wachrufen und nur zu etwa 30 % über objektiv messbare Fakten wie zum Beispiel Zeugnisse. Oft zählt dabei der erste Eindruck:

„You never get a second chance to make a first impression" – für den ersten Eindruck gibt es keine zweite Chance.

2.2.1 Baby Boss

„Baby Boss" nannte man in den 1990er-Jahren junge Leute, die schon im Jugendalter Firmen gründeten und sich dabei zum Teil goldene Nasen verdienten.

Zum Beispiel *Julian Riedlbauer* – er ist ein echter „Self-made-man". Als 15-Jähriger gründete er 1989 das Krefelder Telekommunikationsunternehmen „Connect Service Riedlbauer". Er war noch nicht ganz den Kinderschuhen entwachsen, als Julians Eltern das immer teurer werdende Computerhobby ihres Sprösslings einfach nicht mehr finanzieren mochten. Julian Riedlbauer beschreibt seinen Weg in die Selbstständigkeit in einem Gespräch mit mir so:

Beispiel

„Der ausschlaggebende Grund, warum ich mich selbstständig machte in sehr jungen Jahren, war eigentlich mein Hobby, der Computer, EDV. Ich war immer sehr computerbegeistert, habe natürlich sehr viel mit dem Computer gemacht. Wollte auch immer das neueste Gerät haben, das schnellste, neue Software, mehr Speicherplatz etc., um eben mit der Technologie Schritt zu halten. Meine Eltern waren bereit, das bis zu einem gewissen Punkt zu finanzieren. Nur, als ich dann schon eine sehr gute Ausrüstung hatte und eben mehr RAM und eine schnellere Festplatte etc. wollte, sagten Sie: ‚Julian, Du brauchst es nicht, es ist nicht unbedingt notwendig und wir zahlen das nicht.' Und den Eltern, die keine Computerfreaks sind, dann so eine Anschaffung klar zu machen und den Grund klar zu machen, warum die Anschaffung getätigt werden muss, war nicht möglich. Also musste ich Geld verdienen, nebenbei, um mein Hobby zu finanzieren, das war der Startpunkt … Mit 16 erhielt ich durch eine Sondergenehmigung einen Gewerbeschein." ◀

Was nicht ganz einfach war. Aber schon damals zeigte sich der „Biss" des zukünftigen Jungunternehmers: Der 16-Jährige überzeugte die Mitarbeiter des Amtsgerichtes mit einer Computerpräsentation, worauf sie ihm eine Ausnahmegenehmigung erteilten. Bald verkaufte er nebenbei Modems, Geräte zum elektronischen Versand von Faxen und zum Anschluss von PC an die (damals noch neuen) „Daten-Highways". Schon bald machte er auch überregional von sich reden. Einen jungen „Mustermanager" nannte das „Manager-Magazin" später den 21-Jährigen, dessen Unternehmen schon bald mit großen und renommierten Partnern wie der Postbank, der Deutschen Telekom oder Gruner & Jahr zusammenarbeitete.

In einem Interview beschreibt er rückblickend seine weitere berufliche Entwicklung:

Beispiel

„Vier Jahre später war mein Unternehmen so gewachsen, dass ich die Einzelfirma in die Connect Service Riedlbauer GmbH in Krefeld umgewandelt habe. 1994 machte ich dann mein Abitur und erweiterte parallel mein Unternehmen um die Geschäftsfelder Callcenter- und Support-Dienstleistungen und gründete die Online Media Riedlbauer GmbH, die sich um Internetdesign und Online-Shopping kümmerte.

Als ich 23 Jahre alt war, beschäftigte mein Unternehmen 110 Mitarbeiter und setzte 42 Millionen Mark um. Das erlaubte den Sprung in die nächsthöhere Liga: Wir fusionierten den Distributionsteil mit der Osnabrücker NT plus GmbH, dem größten spezialisierten TK-Distributor in Deutschland. Aus der GmbH wurde eine AG, die 1999/2000 mehr als 500 Millionen Mark Umsatz verbuchte, für die ich mehrere Jahre als Vertriebsvorstand verantwortlich war. Zu meinem Vorstandsressort gehörte auch die Steuerung und Weiterentwicklung der Fachhandelskooperation Teleprofi. 2000 bot sich ein Wechsel zur Schwestergesellschaft

AddCom AG an. Dort verantwortete ich als Vorstand das Produkt Management, den Bereich New Business Entwicklung und indirektes Marketing und es gelang, die Zahl der registrierten Internet-Service-Provider-Kunden auf 350.000 zu verdoppeln und innerhalb von 6 Monaten einen indirect sales channel mit 1500 Partnern zu installieren." ◀

Julian Riedlbauer war danach mehrere Jahre Geschäftsführer des Traditionsunternehmens ElectronicPartner Deutschland GmbH, einer Verbundgruppe von mehreren tausend deutschen und europäischen Electronic-Fachhändlern. Später dann Geschäftsführer im Beratungsunternehmen Corporate Finance Partners (CFP) in Frankfurt. CFP war ein führendes M&A Beratungsunternehmen mit Fokus auf die Internet-, Telekom- und weitere Technologiebranchen. Danach taucht er plötzlich kaum noch in den Medien auf …

Allein die Vielfalt und die schnelle Abfolge von verschiedenen Berufspositionen zeigt, dass Riedlbauer das ist, was man eine „Unternehmerpersönlichkeit" nennt, die von dem Wunsch getrieben wird, etwas zu bewirken und aufzubauen. Und das auch nicht nur als „hero just for one night", sondern das Ziel (und die Kunst) ist, langfristig erfolgreich zu bleiben. Leider trifft diese Erkenntnis nicht für alle „Kinder-Chefs" zu.

„Karriere-Sprech" 9: Hidden Champions
Hierbei handelt es sich um mittelständische Unternehmen, die in ihrer Branche Weltmarktführer und dabei relativ unbekannt *(hidden = verborgen)* sind. Hidden Champions sind zumeist inhabergeführt und nicht börsennotiert, haben höchstens einige hundert Mitarbeiter und erwirtschaften einen Umsatz von ca. drei Milliarden Euro im Jahr. Die meisten dieser mittelständischen Unternehmen sind in Deutschland im Maschinenbau und im Bereich Elektronik tätig. Geprägt wurde der schwer zu fassende Begriff vom Wirtschaftsprofessor und Unternehmensberater Hermann Simon (*https://www.marktundmittelstand.de/zukunftsmaerkte/hidden-champions-hunderte-mittelstaendler-sind-weltmarktfuehrer-1281751/ Zugegriffen am 11. April 2020).*

2.2.2 „Teen Tycoon"

Ein bisschen anders als die Anderen, war er anscheinend immer: Denn schon als Kind hatte *Lars Windhorst* andere Interessen als seine Altersgenossen. Im zarten Grundschulalter hat er eine flüssige Zahnpasta entwickelt, mit zehn verfolgte er die Börse und las unter der Schulbank das Handelsblatt. Mit zwölf schraubte er in der Garage Computer zusammen.

Zunächst engagierte sich der heute 45-jährige Lars Windhorst in einer ähnlichen Branche wie Riedlbauer. Auch er begann als „Baby Boss" schon mit 16 Jahren. „*Think big*" war von Anfang an sein Credo. Innerhalb von kurzer Zeit baute er ein internationales Unternehmen auf. Anfangs importierte er elektronische

Bauteile und montierte Personal-Computer. Da er direkt mit den Herstellern in Fernost verhandelte, konnte er seine Produkte zu außergewöhnlich günstigen Preisen anbieten. In den nächsten Jahren kam der Handel mit vielfältigen Rohstoffen dazu, etwa in China der Vertrieb von Schmierfetten. In anderen Zweigen der Holding kümmerte man sich um Immobilien oder es wurden Werbefilme produziert …

Windhorst wurde als „Vorzeigejungunternehmer“ und „Wunderkind“ von Medien und Politik hofiert. Er war *der* Medienstar der Baby-Boss-Generation – mit all den Insignien, die zu dieser Rolle gehören: Interviews in *Spiegel* und *Bild-Zeitung*, Berichte im Wochenblatt *Die Zeit*, dem Nachrichtenmagazin *Focus* und ungezählte Fernsehauftritte. Windhorst gelang es während dieser Zeit nicht nur, gekonnt das Medieninteresse auf sich zu lenken, sondern auch mit hochrangigen Personen aus Show-Business, Wirtschaft und Politik zu verkehren, wie dem US-Schauspieler Michael Douglas, dem Musikproduzenten Jack White, dem Ex-Porsche-Chef Wendelin Wiedeking, Siemens-Chef Heinrich von Pierer und dem Reemtsma-Vorstandschef Ludger Staby.

Und dabei spielte, wie der Journalist Maxim Leo in der *Berliner Zeitung* minutiös recherchierte, ein Mann eine zentrale Rolle: Stephan Vogel. Vogel war damals Leiter des Bonner Büros des Lübbe-Verlages mit ausgezeichneten Kontakten in Wirtschaft und Politik. Eigentlich wollte er nur ein Buch mit Windhorst schreiben, war aber so von ihm angetan, dass er ihn unter seine Fittiche nahm, Kontakte für ihn herstellte und ihn unterstützte, wo er nur konnte.

Der „Teen Tycoon“, wie ihn die Zeitung *Hong Kong Standard* nannte, fand dann auch Anerkennung bei Politikern. Lars Windhorst darf sogar als 17-Jähriger in der Kanzlermaschine zusammen mit den Vorstandschefs der großen deutschen Konzerne nach Peking reisen. Der damalige Bundeskanzler Helmut Kohl über ihn: „Das ist ein Junge, der an die Zukunft glaubt, der an sich selbst glaubt. Genau das ist es, was ich mir wünsche: Dass 18- und 19-Jährige nicht ihre Rente berechnen, sondern etwas riskieren, rausgehen in die Welt.“

Windhorst spendet für die „Hannelore-Kohl-Stiftung“ und übernimmt – auf Empfehlung Vogels – die Ausrichtung des Gala-Dinners zugunsten dieser Stiftung . Der 19-jährige Lars Windhorst steht – wohl gemerkt als Gastgeber – am 25. Januar 1996 auf der Bühne im Festsaal eines Bonner Nobel-Hotels und begrüßt alles, was in Deutschlands Politik und Wirtschaft Rang und Namen hat. Und es sind alle da: Bundespräsident, Kanzler, Minister, die Chefs der deutschen „Blue Chips“ – Daimler-Benz, Siemens, Volkswagen … Und das „Wunderkind“ Windhorst hält als 19-Jähriger eine Rede über die Verantwortung von Unternehmern und die Zukunft Deutschlands. Lars Windhorst gehörte damals zu den Stars mit den besten Kontakten in die besseren Kreise. Viele erliegen seinem jugendlichen Charme und seinem Charisma. Er gibt den „wichtigen Leuten“ ein gutes Gefühl: Endlich ein Junger, der so voller Energie ist und es schafft, Leute mitzureißen und an sich zu binden.

Mitte der 1990er meldete die Windhorst-Gruppe einen jährlichen Umsatz von 180 Mio. Mark. In dieser Zeit gründete er – spielend, wie es scheint – auch noch die „Windhorst-Holding“, die Dachgesellschaft von Firmen wie „Windhorst Oil“, „Windhorst Werbung“ und „Windhorst Asia Pacific Holding Limited Hongkong“.

Insgesamt tummeln sich unter dem Dach an die 20 eigenständige Firmen in Deutschland, Frankreich, Großbritannien, Portugal sowie in China und Vietnam. Der 1976 geborene Windhorst, der seine Geschäftsreisen gern mit dem Hubschrauber absolvierte, den er selbst flog, beriet auch nebenbei Firmen, die Interesse an einem Engagement im fernen Osten haben.

2.2.3 What goes up, must come down

Windhorst ist im Rausch eines Arbeitssüchtigen (mehr zum Thema Arbeitsucht s. Abschn. 3.1). Er muss immer weiter, immer höher. Es muss noch grandioser sein, noch toller. Die Megalomanie (Größenwahn) feiert fröhliche Urständ'. Traum und Wirklichkeit verschwimmen. Das „Wunderkind" wagt niemand zu bremsen. Freunde, die ihm den Kopf zurechtrücken, hat er keine. Er muss alleine klarkommen, muss die Fassade des „Teen Tycoon" aufrechterhalten: Ohne Probleme, stressresistent und immer gut drauf.

In einem Prospekt baut er sich zum Chef eines „in der Industriegeschichte Deutschlands einzigartigen Unternehmens" auf. Die Ankündigungen werden immer abenteuerlicher, grandioser und unrealistischer.

Dabei wandelt sich allmählich die Stimmung: Die Medien, die ihn früher großgeschrieben haben, fangen an, ihn jetzt klein zu machen: Aus Windhorst wird „Windbeutel" und ein „windiges Wunderkind". Aber diesen Wandel nimmt er nur begrenzt wahr:

Gefangen in seinen (Selbst-)Täuschungsmanövern will er keinen enttäuschen und ist sich selbst zum Opfer gefallen. Und weil Traum und Realität immer weiter auseinanderklaffen, beginnt das, was man in der Suchttherapie „Chasing" nennt – das Hinterherjagen – mit lauteren und unlauteren Mitteln.

So kündigt er den Bau eines zweihundert Meter hohen „Windhorst-Towers" in Saigon an, hat aber keine Genehmigung dafür. Ein Windhorst-PC soll von den Elektronik-großhändlern Media Markt und Saturn vermarktet werden: Umgehendes Dementi. Er gibt mit einer Kooperation mit Porsche in China an. Porsche weiß nichts davon.

Die Fassade beginnt zu bröckeln. Das Ende naht: Die ersten Rechnungen werden nicht bezahlt, Schecks platzen. Vermieter drohen mit Räumung. Gerichtsvollzieher stehen vor der Tür.

Als die „New Economy" zusammenbricht, geraten auch Windhorsts Unternehmen ins Trudeln. Ein Immobilienprojekt scheitert, die Windhorst Electronic GmbH bricht zusammen und stellt die Geschäftstätigkeit ein. Erst nach der Androhung von Zwangsvollstreckung werden die letzten Gehälter gezahlt. Zeitweise ermittelt auch die Staatsanwaltschaft wegen Betruges gegen den gescheiterten Geschäftsmann. Im August 2004 muss Windhorst gleich für drei seiner Firmen Insolvenz anmelden. Gegen Windhorst wird seit 2004 wegen Verdachts auf Millionenbetrug ermittelt. In den Ermittlungen geht es unter anderem um ein Darlehen über 10 Millionen Euro, das Windhorst nicht zurückzahlen kann oder will. Das Westfalenblatt berichtet im Dezember 2004, dass Windhorst Insolvenz über sein Privatvermögen angemeldet hat. Es gibt über 50 Gläubiger, denen er insgesamt 63 Millionen Euro schuldet (andere sprechen gar von 81 Mio.). „Der hatte jegliches Unrechtsbewusstsein verloren", sagt Ulrich Marseille, der Windhorst die o. g. 10 Mio. geliehen hatte. *„Windhorst hat die Moral und das Gewissen eines räuberischen Insekts"*, sagt der Anwalt Ulrich Arlt, der zwei Gläubiger vertritt.

„Verwertungsarbeiten sind nicht durchzuführen", sagt der Insolvenzverwalter am 7. April 2005 im Amtsgericht Berlin-Charlottenburg. Und das bedeutet, dass bei Windhorst nichts mehr zu holen ist. Es ist der Tag, an dem die Karriere von Lars Windhorst offiziell beendet ist: *„What goes up, must come down"*, sagen die Amerikaner. Sein Insolvenzplan wurde vom Gericht abgesegnet und danach muss er nur jeweils 1,9 %

der ungesicherten Forderungen zahlen – auch wenn das immer noch eine Summe von rund 1,5 Mio. Euro ist, die er an seine Gläubiger zu zahlen hat.

„Gestartet als Adler, gelandet als Suppenhuhn", kommentierte ein Kollege den Fall Windhorsts. Aber ist das wirklich so? Im Herbst 2006 wurde bekannt, dass Lars Windhorst wieder einen britischen Fond vertritt und Geschäftsführer einer Holding ist.

Am 26. Dezember 2007 wird Windhorst bei einem Absturz seines Flugzeuges in Almaty, Kasachstan, schwer verletzt. Ein Pilot stirbt, als die Maschine von der Startbahn abkommt und explodiert. Zwei weitere Mitglieder der Besatzung überleben das Unglück verletzt. Das Flugzeug war auf dem Weg von Hannover nach Hongkong.

Lars Windhorst war auch Mitbegründer der Investmentgruppe Sapinda. Sapinda ist eine international tätige Investmentgesellschaft, die mittelständischen und mittelgroßen Unternehmen Eigenkapital und Fremdkapital zur Verfügung stellt.

Windhorst lebt in London und Berlin und war zeitweilig Gesellschafter und Executive Chairman der Sapinda-Gruppe. Anfang September 2017 wurde bekannt, dass er seinen Chefposten bei dem Unternehmen abgeben muss und die Rückkehr an die Unternehmensspitze (unterstützt von einem neuen Hauptaktionär) wurde kurz darauf angekündigt. Im Mai 2019 wurde die Gesellschaft in *Tennor Holding B.V.* umbenannt. Ende Juni 2019 wurde bekannt, dass sich Windhorst über Tennor mit 37,5 % an der Hertha BSC GmbH & Co. KGaA beteiligt. Im November 2019 erhöht er seine Anteile auf 49,9 % und ist nun mit 225 Mio. Euro beim Berliner Bundesligisten beteiligt. Wie es mit Lars Windhorst weiter geht, kann keiner sagen …

Zwei ähnliche Starts – zwei unterschiedliche Ausgänge. Wo liegen die Unterschiede?

Eine erste Antwort: Der eine plante realistisch seine Karriere, erkannte und akzeptierte seine Chancen, aber auch seine Grenzen. Er behielt Bodenhaftung.

Der andere ließ sich von seinem Erfolgsrausch in schwindelnde Höhen nach oben treiben, geriet ins Trudeln, als es nicht mehr weiter nach oben ging und stürzte ab – und rappelte sich wieder auf. Wie ein Zocker am Spieltisch, setzte er immer riskantere Einsätze (in der traumwandlerischen Gewissheit als Wunderkind gar nicht verlieren zu können) und verlor alles. Und er ist weiter im Geschäft …

2.2.4 „Normale Jobs"

Wie sieht es eigentlich mit den „normalen" Berufen aus?

Es muss ja nicht immer gleich der ganz große Wurf und die Top-Karriere sein, die man anstrebt. Zwar wird immer wieder über die schwierige Situation auf dem Lehrstellen- und Ausbildungsmarkt geklagt. Aber jetzt, wo die geburtenschwachen Jahrgänge auf den Arbeitsmarkt angekommen sind, hat sich in vielen Bereichen die Situation schon längst umgekehrt: Es gibt nicht zu wenige Lehrstellen, sondern eine Vielzahl der Ausbildungsplätze kann derzeit gar nicht mit Ausbildungswilligen (die ausreichende Voraussetzungen mitbringen) besetzt werden.

Schließlich – bei vielen jungen Leuten sind es die viel normaleren Jobs, die viele Berufsstarter anstreben: Von der Sachbearbeiterin in der Verwaltung, über den Bankangestellten oder den Versicherungsagenten und die Grafikdesignerin bis hin zum Ergotherapeuten oder der Logopädin. Gar nicht mitgezählt all die typischen Berufswünsche von Jungen („irgendwas mit Autos, Medien, Geld") oder der Mädchen (Friseurin, Kosmetikerin, Arzthelferin, Krankenschwester …).

Trotz der Corona-Krise sieht es dabei gerade für diese Generation gar nicht so schlecht aus, dass viele (zumindest ungefähr) den Beruf bekommen, den sie wollen – auch wenn sie diesen mit großer Wahrscheinlichkeit nicht ein Leben lang ausüben werden. Man rechnet schließlich damit, dass die jungen Leute von heute im Laufe ihres Lebens in mehr als drei unterschiedlichen Berufen tätig sein werden. Das ist nicht nur eine Herausforderung für die berufliche Identitätsfindung dieser Generation, sondern hat auch ihre Chancen: Denn, wenn man überlegt, dass es in Deutschland über 40 Mio. Arbeitsplätze gibt, wovon jedes Jahr ungefähr jeder 4. neu besetzt wird, gibt es im Grunde jährlich 10 Mio. Chancen für einen neuen Arbeitsplatz. – Nur man muss den passenden Job für sich auch finden.

Was braucht man, um in den nächsten Jahren Karriere in einem der besseren Berufe machen zu können:

Checkliste: Karriereanforderungen für heute – und morgen:

Marktkenntnis	Das Ohr am Markt
Präsentationssicherheit	Kreativität – Authentizität – Verantwortung – Engagement
Motivation	Nach oben wollen („Gestaltungshunger", Herausforderungen suchen)
Selbstbewusstsein	Ernsthaft von sich überzeugt sein
Vision	Sinn und (möglichst konkretes) Ziel
Realismus	Was ist machbar, was ist möglich?
Energie	Auf die Dauer hilft nur Power
Selbstdisziplin	Konzentration und Zielgerichtetheit und Steuerung der Energie
Kreativität	Querbürsten und neue Lösungen
Stressmanagement	Arbeitsdruck und Niederlagen positiv bewältigen
Flexibilität	Multifunktional einsetzbar
Mobilität	Keine Probleme mit mehrfachem Ortswechsel
Soziale Fertigkeiten	Teamfähigkeit (Sensibilität für Gruppenprozesse, „Wecke das wir in Dir", Rollenflexibilität), Systemveränderung
Führungsqualitäten	Durchsetzungsfähigkeit, „Charisma"

Multi-Options-Mentalität	multi-tasking-fähig
Entscheidungssicherheit	Klarheit und Konsequenz
Konfliktfähigkeit	Fair fighten
Loyalität/Illoyalität	Die Fähigkeit im richtigen Moment zu gehen („Job surfing“)
Das Wichtigste	Die Fähigkeit, sich gebrauchen zu lassen, ohne daran kaputt zu gehen

2.2.5 „Hire and fire“: Traumjobs, Zweitjobs und Minijobs

„Die Hummel hat ein Gewicht von 2,6 Gramm,
bei einer Flügelfläche von 1,7 Quadratzentimeter
und einem Anstellwinkel von 60°.
Nach unseren Erkenntnissen über Aerodynamik
dürfte die Hummel eigentlich nicht fliegen können.
Aber die Hummel weiß das nicht.
Sie fliegt einfach.“
(Tafel in einem Flugunternehmen)

Die Arbeitswelt ist heute vielfältiger und unsicherer denn je: Vom Traumjob zum Zweit- oder Minijob ist es derzeit mitunter ein kurzer Weg. Die Menschen arbeiten – ob gezwungenermaßen oder freiwillig – flexibler als noch vor 20 Jahren. Wenn man erfolgreich sein will, muss man kreativer, mobiler und anpassungsfähiger sein, denn je. Nach Pasternaks Motto *(„Sei zart und geschmeidig, sagte der Mühlstein zum Weizen“)* kommen viele heutzutage gar nicht umhin, sich auf diese veränderten Arbeitsbedingungen einzulassen. Denn Sicherheiten gibt es in dieser schönen neuen Arbeitswelt kaum noch, der Strukturwandel hat alle erfasst. Es ist schließlich eine Fähigkeit, sich gebrauchen zu lassen, ohne daran kaputt zu gehen. Aber genauso wichtig ist es dann, zu gehen, wenn sich eine neue Chance auftut. Die Aufkündigung der Verbindlichkeit ist nämlich keine Einbahnstraße. Sie trifft Arbeitgeber, wie Arbeitnehmer. „Hire and fire“ ist in vielen Berufsfeldern heutzutage angesagt.

Und es gibt ja nicht nur die ganz traditionellen Jobs …

„Karriere-Sprech“ 10: Paradigmenwechsel
Der Duden bezeichnet einen Paradigmenwechsel allgemein als *Wechsel von einer wissenschaftlichen Grundauffassung zu einer anderen (https://www.duden.de/rechtschreibung/Paradigmenwechsel Zugegriffen am 11. April 2020).* Bezogen auf die Arbeitswelt wird im Zusammenhang mit einem Paradigmenwechsel auch von Karriere 4.0 gesprochen. Gemeint ist damit eine veränderte Arbeitsorganisation durch neue Technologien, Globalisierung sowie den demografischen Wandel. Prognosen sagten schon 2012 voraus, dass Arbeit und Freizeit immer weniger klar voneinander abgrenzbar würden – und dass dies für einen Teil der Arbeitnehmer mehr Freiheit und Selbstverwirklichung, für einen anderen Teil der Beschäftigten aber mehr Angst und Unsicherheit bergen könnte *(https://www.zukunftsinstitut.de/artikel/die-neuerfindung-der-arbeitswelt/ Zugegriffen am 11. April 2020).*

Die veränderten Arbeitsbedingungen in der digitalisierten Arbeitswelt führen auch zu einem Paradigmenwechsel hinsichtlich der adäquaten Führungsstile. Viele Arbeitnehmer wünschen sich eine direkte personale Führung im Dialog und auf Augenhöhe – sowie mehr Vertrauen, wie eine Auswertung (*Netnografie*) über Nutzermeinungen im Internet herausgearbeitet hat. (*https://www.baua.de/DE/Angebote/Publikationen/Fokus/Fuehrung-Netnografie.pdf?__blob=publicationFile&v=7 Zugegriffen am 11. April 2020).*

Insgesamt lässt sich ein Paradigmenwechsel in der Arbeitswelt anhand verschiedener Veränderungen festmachen, die sich über mehrere Jahre bis Jahrzehnte erstrecken können.

2.2.6 „Digitale Bohème"

Bei immer mehr jungen Leuten – egal ob Bobos, Generation Y, Z oder Alpha – gilt es als gar nicht mehr so chic, irgendwo irgendeinen Job in irgendeiner Firma zu suchen. Neben der Sehnsucht nach Sicherheit, gibt es auch die Sehnsucht nach Freiheit. Ob aus der Not der fehlenden Arbeitsplätze oder weil sie nicht in der Lage sind, sich auf einen geregelten Arbeitsprozess einzulassen oder weil sie einfach keine Lust dazu haben – ein immer größerer Teil der Youngster versucht sich als künstlerische Kleinstunternehmer und Solo-Selbständige im Netzwerkverbund. Auch wenn das gerade in den Nach-Corona-Zeiten nicht ganz ungefährlich ist - wie man an den Milliarden Euro Hilfszahlungen sieht, mit denen die Bundesregierung versucht die kulturellen Einzelselbständigen am Leben zu halten.

Anders als viele Wirtschaftswunderkinder hecheln sie nicht mehr einem Vollzeitjob hinterher. Für sie ist die abhängige Lohnarbeit eine andere Form von „Kollektivwahnsinn". Sie wollen diese Form der Fronarbeit nicht mehr und lehnen die „strukturelle Verblödung" der Festangestellten ab, schreiben Holm Friebe und Sascha Lobo in dem Buch „Wir nennen es Arbeit" (Friebe und Lobo 2006). Wenn jemand acht Stunden oder mehr in einer Firma arbeitet, wird – ihrer Ansicht nach – nicht mehr auf kreative Gedanken kommen. Und für sie ist das Gehalt eine Art Schmerzensgeld.

Da ohnehin die in der Fantasie mit dem festen Job verbundene Sicherheit längst durch ganz schnell drohende Arbeitslosigkeit zerlöchert ist, leben die „free-lancer" nach der Devise: *„Ist der Job erst ruiniert, lebt es sich ganz ungeniert"*.

Der Gehirnwäsche, die ihrer Meinung nach mit einer Vollzeit-Festanstellung einhergeht, halten sie die Freiheit einer losen koordinierten und internetgestützten Selbstständigkeit entgegen. Nicht mehr das gemeinsame Büro ist es, sondern der gemeinsame Server: *Jeder arbeitet wann, wo und woran es ihm passt.* Man nennt das „Virtuelle Teamarbeit" – ein Prinzip, das es inzwischen in vielen Arbeitsfeldern gibt, in denen (z. T. weltweit) Menschen ausschließlich über das Internet miteinander verbunden an einem gemeinsamen Projekt arbeiten.

In ihrem Buch „Wir nennen es Arbeit" plädieren Holm Friebe und Sascha Lobo dafür, dass sich die „Digitale Bohème" die Unbekümmertheit und Leichtlebigkeit des Künstlerlebens zu eigen macht – ähnlich wie die alte – „analoge" – Bohème,

Ende des 19. Jahrhundert Schreck jedes ordentlichen Bürgers war, die lustorientiert in den Tag rein und ihre Ideale lebte:

- Arbeite so, wie Du wirklich leben willst.
- Strebe nach einer maximalen Lebensqualität.
- Stiere nicht immer nur aufs Geld, es geht schon irgendwie weiter.

Der Tenor: *„Lieber Hamlet als Kotelett."* Und wenn man dann schon arbeiten muss, dann aber richtig exzessiv und rauschhaft – nötigenfalls bis zur Selbstausbeutung.

Die Strategie: Folge sowohl Deinem Bedürfnis und Deiner Kreativität und halte gleichzeitig das Ohr am Markt. Suche Dir die entsprechende Marktnische für Dein Produkt oder Deine Dienstleistung. „Ego-Marketing", nennt man das neudeutsch.

Die von Friebe und Lobo gegründete „Zentrale Intelligenz Agentur" (ZIA) im Berliner Szeneviertel Prenzlauer Berg ist ein als Ideenbrutkasten konzipiertes virtuelles Unternehmen von Grafikern, Werbetextern, Lektoren, Sozial- und Kulturwissenschaftlern, in dem es keine wirkliche Trennung von Arbeit und Freizeit gibt und in dem jede Idee, jedes Hobby, jede Spinnerei darauf abgeklopft wird, ob man daraus nicht auch Geld machen könnte.

ZIA ist damit erfolgreich, dass es das Ohr am Puls der angesagten Subkulturen hat und sie wirft derzeit sogar ordentlich Geld ab:

Fernseh- und Internet-Kampagnen im MTV-Stil, Trendletter zu Zeitdiagnosen und witzige Geschäftsideen machen die ZIA-„Minipreneure" ebenso zu Erfolgsmaschen wie die von Schülern der berliner Ruettli-Schule entworfene Kleidermode und jede Menge Internet-Business. Sie leben und arbeiten nach Pablo Picassos Motto: *„Wenn man schon vorher wüsste, was es wird, bräuchte man es nicht zu tun."*

Ähnlich handelt übrigens auch das „Zentrum für Politische Schönheit"(ZPS), ebenfalls in Berlin ansässig. Auch hier steht nicht unbedingt das Geldverdienen im Vordergrund. In der Selbstdarstellung heißt es: „Das Zentrum für Politische Schönheit ist eine Sturmtruppe zur Errichtung moralischer Schönheit, politischer Poesie und menschlicher Großgesinntheit". Und das soll idealerweise auch noch mit Spaß und einer spielerischen Dimension einhergehen (*https://politicalbeauty.de/index.html Zugegriffen am 11. April 2020).*

„Karriere-Sprech" 11: Gamification
Der dem Englischen entlehnte Begriff Gamification (game = Spiel), bezeichnet die Anwendung spieltypischer Elemente in spielfremden Kontexten. Da viele junge Leute in ihrer Freizeit spielen und das gut finden, versucht man die typischen Elemente eines Spiels (Highscores, Fortschrittsbalken, Ranglisten, Auszeichnungen …) auch in Arbeitsprozessen einzubauen. Durch die Integration dieser spielerischen Elemente soll eine Motivationssteigerung erreicht werden. Gerade wenig herausfordernde oder monoton empfundene Aufgaben werden so interessanter gemacht. Erste Ergebnisse von gamifizierten Anwendungen zeigen z. T. signifikante Verbesserungen bezüglich Benutzermotivation, Lernerfolg und Kundenbindung.

2.2.7 Modische Eintagsfliegen?

Sicherlich ist die „digitale Bohème“ nicht die allseligmachende Antwort auf die Krise der Arbeitsgesellschaft, aber für eine bestimmte Gruppe von risikofreudigen Kreativen bieten sich gewiss ein paar Chancen. Allerdings ist bei solchen Projekten immer die Frage, ob es sich bei diesen dem Lustprinzip folgenden, schnelllebigen und modeabhängigen Geschäften nur um wirtschaftliche Eintagsfliegen handelt und ob man in diesen schnelllebigen Zeiten bereit und in der Lage ist auch dem nächsten Trend zu folgen (so man ihn mitkriegt). Und – nicht zu unterschätzen – wie man daraus eine längerfristig überlebende Existenzgründung machen kann. Schließlich hat nicht jeder die Möglichkeit, sich die Kreativität seines digitalen Lebens durch Eltern, Freunde oder Ehegatten querfinanzieren zu lassen. Eingedenk der Gefahr ins „urbane Prekariat“ (Unterschicht) abzusinken und als unterbezahlter Märtyrer dem Schutzheiligen der Hartz-IV-Empfänger, „St. Precario“, anheim zu fallen und einer unsicheren Zukunft entgegenzusehen, ist die Frage, ob der Biss und das Durchhaltevermögen vorhanden ist „sein Ding“ so weit voranzutreiben, bis es Marktreife erreicht hat und man auch finanziell auf einem grünen Zweig gelandet ist.

Allerdings – Trends sind in dieser schnelllebigen Zeit eine leicht verderbliche Ware. Sie verschaffen nicht selten vor allem den Trendsettern Erfolg. Schließlich haben extreme wirtschaftliche Entwicklungen die Tendenz, gerade dann zu brechen, wenn alle sie beschwören. Denn – ist der Trend als solcher erst mal erkannt und publiziert, ist es oftmals schon zu spät. Nachahmer, die den dritten oder vierten Aufguss einer Idee versuchen an den Mann zu bringen, scheitern allzu oft. Also am sichersten ist es, einen eigenen Trend zu initiieren …

„Karriere-Sprech“ 12: Passion Projects
Kreative, oft nebenberufliche Beschäftigungen, die freiwillig und somit intrinsisch motiviert sind und ein greifbares Ergebnis haben. In einem Passion Project geht es vorrangig um Selbstverwirklichung und das Erwerben und Einsetzen neuer Fähigkeiten und Fertigkeiten. Die Tätigkeiten spielen sich zumeist außerhalb des beruflichen Umfeldes ab und werden nicht oder nur geringfügig vergütet. Sie können als Ausgleich zum Berufsalltag dienen und helfen, vom Berufsstress *abzuschalten*. Der Unterschied zu einem *Hobby* besteht in der Definition eines Projektes: dem festgelegten Ziel, der Umsetzung sowie dem Outcome. Denn vielleicht wird daraus irgendwann doch mal eine Idee, die auch zu einem finanziellen Erfolg führt? Gute Ideen leuchten schließlich in der Dunkelheit. Bereits der französische Schriftsteller Nicoals Chamfort wusste: „Durch die Leidenschaften lebt der Mensch, durch die Vernunft existiert er bloß.“ (http://www.thepassion.co/what-is-a-passion-project Zugegriffen am 11. April 2020).

Bedenkenswerte Gedanken

- Die sicherste Art, eine Arbeit loszuwerden, ist sie anzufangen.
- Chancen multiplizieren sich, wenn man sie ergreift (Sun Tzu).
- Wer kämpft, kann verlieren. Wer nicht kämpft, hat schon verloren *(Bert Brecht).*

- Zwischen Hochmut und Demut steht der Mut.
- Die Dinge wachsen Dir nicht über den Kopf, wenn Du ihn nicht zu hoch trägst" (*Konrad Lorenz*).
- Resignation ist die Vorwegnahme einer lange erwarteten Niederlage.
- Sie haben es geschafft, wenn ihr Chef so will sein, wie Sie.

Kleine Selbstreflexion(en)

- Welche Fähigkeiten und Fertigkeiten haben Sie schon – und welche müssen Sie noch entwickeln?
- Überprüfen Sie Ihre Grundhaltung: Sind Sie eher Optimist, Pessimist oder Realist?
- Reduzieren Sie Unwichtiges und „misten Sie regelmäßig aus".
- Lernen Sie Delegieren.
- Auf den eigenen Körper achten! Nur in einem gesunden Körper wohnt ein gesunder Geist.
- Das soziale Netzwerk pflegen, wann immer es möglich ist.
- Ist-Soll-Abgleich mit den eigenen Werten und Zielen durchführen und sich immer mal wieder die bisherigen Erfolge vergegenwärtigen.
- Visualisieren Sie Ihr „Worst-Case-Szenario": Was kann schlimmstenfalls passieren und wie realistisch ist das?
- Machen Sie das Gleiche mit dem „Best-Case-Szenario".
- Plan-B entwickeln: „sicher ist sicher".
- Suchen Sie sich (eventuell neue) Ziele, die zu Ihnen passen.
- Überschätzen Sie sich nicht.

Internet-Adressen

- Business Punk – https://www.business-punk.com/ Zugegriffen am 11. April 2020
- Karriere.de – https://www.karriere.de/ Zugegriffen am 11. April 2020
- Brand eins – https://www.brandeins.de/ Zugegriffen am 11. April 2020

2.3 Haie mit Herz – Was es braucht, um Karriere zu machen

> *Mit Widrigkeiten werden die meisten Menschen gut fertig.*
> *Wenn man aber den Charakter eines Menschen*
> *auf die Probe stellen will,*
> *muss man ihm Macht geben.*
> (Abraham Lincoln)

Aber nicht jeder ist in der Lage (und willens) sich den Unsicherheiten der „Digitalen Bohème" auszusetzen, sondern die meisten werden „normale Karrieren" anstreben.

Was man sagen kann: Wer heute nach oben will, sollte sich nach seinen Neigungen richten. Auch allerbeste Voraussetzungen sind heute keine Garantie mehr für eine glänzende Karriere.

Wer früher auf die Meinung von Eltern, Bekannten *(„Mach' doch was Solides")* oder einer vagen Mehrheitsmeinung vertraute, schaut heute meist in die Röhre:

- Mediziner, die vor Jahren mit ihrem Studium anfingen, schuften heute vielleicht in 70-Stunden-Wochen. Manche haben vielleicht die „Ärzteschwemme" der 1990er überlebt, und heute wird wieder über den „Ärztemangel" geklagt.
- Gefragt sind heute anscheinend auch wieder Ingenieure, weil sich vor 20 Jahren aufgrund der angeblichen Ingenieursschwemme niemand auf diesen Karrierebereich einlassen wollte. Aber lohnt es sich deshalb noch, *jetzt* eine Ingenieurstudium zu beginnen?
- Zu Zeiten der New Economy, zwischen 1997 und 2001, waren (Investment-) Banker und Broker die Stars der Wirtschaft. Seit der Wirtschaftskrise 2020 – und durch die zunehmende Digitalisierung verstärkt – werden derzeit Banker und Broker allerorten entlassen.
- Mit dem Zusammenbruch vieler Start-Ups wurde das Versprechen der aufregenden Jobs und des schnellen Geldes jäh gebrochen …

Also: Es lohnt sich nicht mehr, den Trends hinterherzuhecheln. Höchstens einem, der gerade erst am Horizont aufgetaucht ist und noch nicht richtig erblüht ist – mit dem Risiko, dass es sich vielleicht um einen Eintagsfliegen-Trend handelt, der dann doch schneller floppt, als man denken kann.

Der Hintergrund: So gut wie alle extremen wirtschaftlichen Trends neigen dazu, gerade dann zu kippen, wenn sie die meisten wahrnehmen. Gerade in unserer schnelllebigen Zeit gibt es langfristig planbare Modellkarrieren und eindimensionale Ausbildungs- und Karrieregeschichten so gut wie *nicht mehr.*

Es ergibt also wenig Sinn, sich gerade die speziellen Fähigkeiten anzueignen, die *aktuell* einen hohen Marktwert besitzen. Besser ist es wohl, seine wirklichen Fähigkeiten, Fertigkeiten und Interessen zu kennen und sich auf seine Persönlichkeitsentwicklung zu fokussieren.

Flexibilität, Wissen und ein exzellenter Abschluss erhöhen aus (fast) jedem Studium heraus die Chancen auf einen guten Job. – Mit anderen Worten: Es darf wieder studiert werden, was den eigenen Interessen entspricht und worauf man Lust hat!

Wer alle Ansprüche der potenziellen Arbeitgeber befriedigen will, braucht ohnehin scheinbar Olympiareifes:

Ironisch gesprochen wünschen sich viele Unternehmen einen möglichst jungdynamischen, hochmotivierten 25-jährigen Uni-Abgänger (gerne auch mit Dr.-Titel), mit langjähriger Berufserfahrung, hohem „commitment" dem Unternehmen gegenüber und – natürlich – bescheidenen Gehaltswünschen.

2.3.1 Selbsterfahrung und Persönlichkeit

Selbst Inhaber eines Diploms, eines Bachelors oder eines Masters zu sein, gibt heutzutage in Deutschland keine Sicherheit mehr – zig Ärzte arbeiten heute als Pharmareferenten. Kostenmanager verdrängen ohnehin allerorten die „Jungspunde", die vom schnellen Geld eines 80-Stunden-Jobs und dem eigenen Jet mit 40 träumen.

Conclusio: Es lohnt nicht Alleskönner *(„Eierlegende Woll-Milch-Sau")* werden zu wollen und vorzugeben „Generalexperte" für alles zu sein. Besser ist es einerseits über den Tellerrand des eigenen Jobs zu schauen und andere Tätigkeitsfelder zu kennen. Andererseits aber auch die eigene Kernkompetenz herauszufinden – also das, was man wirklich kann und will: Lieber wenige Dinge sehr gut können, als viele Dinge nur halbwegs gut.

Das SOK-Modell von Baltes bringt es auf den Punkt: Man wähle sich einige bestimmte Fähigkeiten aus (**S**elektion), verbessere und optimiere sie (**O**ptimierung) und kompensiere Fehler (**K**ompensation).

Ebenso wichtig, wie die eigenen Kernkompetenzen zu kennen, ist, sich die eigene Umstellungsfähigkeit und die Lernbereitschaft zu erhalten. Klar, dass das ein Spannungsfeld ist, das psychische Energie kostet. Lernen ist wie Rudern gegen den Strom: Hört man damit auf, treibt man zurück. Allerdings, wie heißt es doch so schön: *„Nur tote Fische schwimmen immer mit dem Strom".*

Aber – die Tätigkeiten werden anspruchsvoller und der Wettbewerb um die wenigen guten Stellen härter. Neben einer soliden Grundausbildung, fachlichen Vertiefungen und einem Aufbaustudium zählen echte Leistungen – und weniger die Kleinigkeiten, die so viel Platz im Lebenslauf einnehmen, ohne die Persönlichkeit – nach dem Motto: „Viel erlebt, nix kapiert" – geprägt zu haben:

- So sollte die „Auslandserfahrung" über ein einzelnes Gastsemester hinausgehen. Am besten sind wiederholte Erfahrungen in verschiedenen Ländern, um „interkulturelle Kompetenz" zu entwickeln.
- Es reicht heute nicht mehr, mal beim „World Wide Fund (WWF)" gewesen zu sein, bei „Greenpeace" oder bei „Amnesty international". Man sollte sich dort auch einen Namen gemacht haben, also z. B. eine Reihe von Fällen eigenständig bearbeitet und durchgefochten haben.
- Und: Sinnvoll ist es in diesen chaotischen Zeiten, sich „Hornhaut auf die Seele" zu schaffen, damit man die Turbulenzen übersteht, in denen sich die weltweite Wirtschaft wohl auch noch die nächsten Jahre befinden wird.

2.3.2 „Individuationszwang"

Denn es zeichnet sich eine neue Tendenz ab: Die künftigen Leader sollen Menschen sein, die tiefgreifende Erfahrungen mit sich selbst und der Berufswelt gemacht haben. Sie werden (hoffentlich) mit den Stürmen des heutigen Wirtschaftslebens umgehen können. Sie haben gelernt, mit dem Auf und Ab in der Wirtschaft zu gehen und sich nicht dadurch aus der Ruhe bringen zu lassen. Und dazu braucht es die Fähigkeit, diese Spannungen auszuhalten, ohne daran kaputt zu gehen – und die angemessene Verbindung von Leistungswille und Lebensgenuss.

Denn: Einerseits ist Empfindsamkeit und Mitgefühl wichtig (auch mit sich selbst), andererseits braucht es ein gerüttelt Maß an Schutzmechanismen für die Seele, um sich vor dem rauen Klima des Wirtschaftslebens zu feien. Schließlich ist das karriereorientierte Wirtschaftsleben kein Rosengarten und auch kein Ponyhof.

Und: Es scheint so, als gebe es eine immer stärker werdende Notwendigkeit, ein klares Profil zu entwickeln. Bei diesem „Individuationszwang“, wird jede(r) zukünftige „high-pot“ ihre/seine berufliche Identität mehr und mehr entwickeln müssen. Und zwar je besser der Job, umso klarer wird man als Person erkennbar sein müssen. Idealerweise ist man natürlich die beste Wahl (oder gar die einzige Person) für diese Tätigkeit.

Und das passt zu der Tendenz bei vielen jungen Leuten heute: Angesagt ist, wer *„sein Ding“* macht, wer sich selbst verwirklicht in seiner Arbeit und trotzdem auf lange Sicht damit (auch finanziell) erfolgreich ist. Eingedenk dessen, dass das mitunter nur *„heroes just for one night“* sind.

„Karriere-Sprech“ 13: Individuation(szwang)
Im Laufe des Lebens *findet* sich ein Mensch und lernt sich selbst, seine Fähigkeiten und Fertigkeiten besser kennen. Er entwickelt eine eigene Meinung sowie Haltungen und Perspektiven zu verschieden Themen. Dieses Kennenlernen geschieht als Prozess, an dessen Ende die Erkenntnis steht, einmalig zu sein. In der Psychologie wird von *Selbst-Werdung* gesprochen (Abschn. 4.1,. Wie wir werden, was wir sind; https://de.wikipedia.org/wiki/Individuation Zugegriffen am 11. April 2020).

2.3.3 Soloing

Für Personen, die nicht gebunden sind und sich in der nächsten Zeit auch nicht binden wollen, gibt es eine Autorin, die sich ganz solo der Selbstverwirklichung und der Selbstentwicklung verschrieben hat.

„Soloing – die Macht des Glaubens an sich selbst“ (Rubin 2003) nennt Harriet Rubin, die Autorin des weltweiten Bestsellers „Machiavelli für Frauen“, ihr zweites Buch. Sie empfiehlt darin „Generaldirektor/-in“ des eigenen Lebens zu werden, indem man sich von äußeren und inneren Zwängen und Fremdbestimmungen befreit. Ziel des „Soloing“: Herauszufinden, was man wirklich will, und sich selbst in den Mittelpunkt zu stellen. Das heißt, die Entwicklung der eigenen Ideen und Talente – eben alles, was uns mit Leidenschaft und Glück erfüllt.

Rubin ist dabei ziemlich radikal in ihren Ansichten – was sich schon in den Kapitelüberschriften zeigt:

- *„Den Bruch vollziehen, der heil macht“*
- *„Biegen Sie sich die Welt zurecht, bis sie in eine Hand passt“*
- *„Lieben Sie, als hätten Sie nie gelitten, tanzen Sie, als gäbe es keine Zuschauer und arbeiten Sie, als würden Sie das Geld nicht brauchen“.*

Natürlich ist diese Radikalität nicht einfach, sondern voller Gefahren und Ängste. Aber sie hat sie selbst gelebt, erlitten und durchgestanden.

Sicher – das ist kein Weg für jeden, aber eben doch für die/den eine(n) oder andere(n). Und darüber nachzudenken, lohnt allemal.

2.3.4 Upgrade yourself

Chancen sind Sonnenaufgänge.
Man kann sie verpassen.

Wichtig ist außerdem – Aktivität statt Duldungsstarre und Passivität: Upgrade yourself. Verbessern Sie Ihr Wissen, Ihr Können und Ihre Performance, empfehlen heute Karriereberater. Lernen Sie sich selbst (noch besser) kennen und pflegen Sie Ihre persönliche Marke. Schließlich: Image und der gute Ruf ist langlebig. Also: Achten Sie darauf, dass Sie von den richtigen Kreisen wahrgenommen werden und dass gut über Sie gesprochen wird. Image hat schließlich zu 70 % mit Gefühl und Fantasie zu tun und nur zu 30 % mit Fakten. Mobilisieren Sie also die richtigen Gefühle und Fantasien – vor allem bei den wichtigen Leuten.

Und es hängt natürlich auch davon ab, wie weit Sie nach oben wollen. Ob Sie nur irgendeinen krisenfesten Job haben wollen, bei dem Sie mit der Tätigkeit zufrieden sein können und mit dem Sie sich und ihre Familie ernähren können, oder „ob Sie es wissen wollen" und „straight to the top" aufsteigen möchten (Abschn. 2.4 Besser als die Anderen: Elite[n] und Hochbegabung).

„Karriere-Sprech" 14: Elevator Pitch
Elevator Pitch bezeichnet eine Methode zur Selbstdarstellung (oder zur Präsentation einer Idee) in prägnanten Worten und dauert ungefähr 30–90 Sekunden, also in etwa so lange, wie die Fahrt in einem Aufzug (*Elevator*). Die gut geplante Beschreibung sollte professionell und gleichzeitig so gut verständlich sein, dass idealerweise auch ein 10-jähriges Kind sie verstehen könnte. Auf Fremdwörter und abstrakte oder langweilige Formulierungen sollte verzichtet werden. Eine bildhafte und emotionale Ansprache mithilfe von Metaphern, Beispielen oder rhetorischen Fragen ist laut Experten besser geeignet, um das Unbewusste des Adressaten zu erreichen und seine Neugier zu wecken (https://www.persoenlichkeits-blog.de/article/139/elevator-pitch-oder-was-machen-sie-beruflich Zugegriffen am 11. April 2020).

Die Amerikaner haben hierfür die treffende Formulierung:
„You will never get a second chance to make a first impression."

2.3.5 Wer den Job bekommt – und wer durchs Raster fällt

Das Assessment-Center (AC), bei dem Bewerber strapaziöse Einzel- und Gruppenübungen mit ausführlichen Interviews und Fragebögen über sich ergehen lassen mussten, war lange Jahre ein bei vielen Personalern sehr beliebtes Auswahlverfahren. Heute hat es etwas von seinem Glanz verloren, weil es in der Art der unspezifischen Durchführung vielfach zu einer Spielwiese für Laien verkommen ist. Heute laufen andere Rekrutierungsverfahren dem AC den Rang ab. Einerseits, weil sie stärker auf die Biografie des Bewerbers schauen, andererseits auf die Erprobung bei der Arbeit (*„learning on the job"*) Wert legen. Hinzu kommt die Erhebung der

Potenziale und Leistungsmöglichkeiten des Bewerbers über spezielle Testverfahren zur Berufseignung genau für diese Position. Letzten Endes geht es ja darum, Aussagen über die Persönlichkeit des Bewerbers zu treffen und eine Prognose darüber abzugeben, wie gut der/die Betreffende an diese Stelle passt.

Dabei ist das wichtigste Auswahlkriterium für Personalleiter, die Persönlichkeit des Bewerbers – gefolgt von seiner Sozial-, Leistungs- und Fachkompetenz.

Gefragt, insbesondere für Führungspositionen, ist so was Unspezifisches wie „Ausstrahlung" und scheinbar oberflächliche Dinge wie Stil und Kleidung.

„Karriere-Sprech" 15: Signature Pieces

Hilfreich für einen bleibenden ersten Eindruck ist hier das Phänomen der „Signature Pieces": Neudeutsch für Markenzeichen ist dieser Begriff entlehnt aus der Welt der Modedesigner.

In der Politik und in der Wirtschaft versteht man darunter einen bestimmten Kleidungsstil (z. B. Bundeskanzlerin Merkels Hosenanzüge, die weißen Handschuhe von Karl Lagerfeld oder bei Teilen der SPD früher der rote Schal). In den höheren Business-Etagen sind z. B. das dunkelblaue Kostüm für Frauen oder der dunkle Anzug, das weiße Hemd und ein bestimmter Krawattenstil solche Insignien. Wenn jemand einen sehr individuellen Kleidungsstil trägt und über längere Zeit durchhält, spricht man von signature pieces – frei nach der Maxime:

„Stressed, depressed, but well dressed".

In bestimmten „Alles-oder-Nichts-Branchen" – Musik-Business, Werbung, Mode – geht es auch noch ein Stück weiter:

„Karriere-Sprech" 16: Fashion Victims

Als Fashion Victims werden Personen bezeichnet, die jedem aktuellen modischen Trend folgen, egal, ob dieser zu ihnen passt oder nicht. Mit dem Outfit wird keine Individualität ausgedrückt oder die eigene Persönlichkeit betont. Es geht einzig darum, die Kleidung zur Schau zu stellen, die im Moment en vogue ist. Und damit wird signalisiert: „Schaut her, ich bin total up-to-date und an der Spitze der Trends" (https://www.instyle.de/mode/fashion-victims Zugegriffen am 11. April 2020).

Im Grunde geht es um die Frage: „Traue ich diesem Bewerber zu, dass er die Aufgaben des Tätigkeitsfeldes schafft – auch für längere Zeit?". Und dafür kann man – mit welchen Verfahren auch immer – ein paar objektive Daten erfassen. Die Entscheidung für den einzelnen Bewerber ist dann doch immer subjektiv und mehr oder weniger durch Intuition geprägt.

Allerdings: Fachwissen ist vergleichsweise selten relevant. Wichtiger ist dagegen eine gute Kommunikations- und Medienkompetenz (die richtige Beherrschung der deutschen Sprache in Wort und Schrift, von E-Mail-Kommunikation über den Umgang mit Standard-Bürosoftware bis hin zum angemessenen Kontakt mit Massenmedien) – und natürlich auch die Beherrschung einer Fremdsprache. Immer wichtiger werden heute auch die so genannten Social Media Skills, d. h. die Fähigkeit, soziale Netzwerke wie Xing, Facebook, LinkedIn, Instagram oder Snapchat für sich und das Unternehmen gewinnbringend einsetzen zu können. Hier sind natürlich neben guter Selbstdarstellungskompetenzen vor allem kommunikative Fähigkeiten gefragt.

Klar, dass all diesen Vorgaben zu entsprechen, nicht ganz einfach ist. Man nennt das den „Mind-Behavior-Gap".

„Karriere-Sprech" 17: Mind-Behavior-Gap
„Der Geist ist willig, aber das Fleisch ist schwach."

Die *Intentions-Verhaltens-Lücke* beschreibt das Phänomen, dass zwischen der Absicht, etwas zu tun (*Mind*) und der tatsächlichen Ausführung (*Behavior*) oft eine Lücke (*gap*) klafft.

Einen Grund für diese Lücke sehen Experten in inneren Faktoren einer Person, beispielsweise in Problemen einer Person, sich selbst zu steuern, sowie in äußeren Umständen wie beispielsweise Zeitmangel (https://m.portal.hogrefe.com/dorsch/intentions-verhaltens-luecke/ Zugegriffen am 11. April 2020).

2.3.6 Teamfähigkeit

Im Team arbeiten zu können und die damit einhergehende Konflikt- und Kritikfähigkeit sind ebenso wichtig. Das heißt, Konflikte aushalten und lösen zu können, z. B. auch angemessen kritisieren, wie auch selbst Kritik einstecken zu können – und zwar ohne den Boden unter den Füßen zu verlieren.

Außerdem wünschen sich Personaler, dass der neue Mitarbeiter gewillt ist, ein Leben lang dazuzulernen. Und für Leitungspositionen werden selbstredend die entsprechenden Führungsqualifikationen vorausgesetzt (Abschn. 2.3.9). All diese Anforderungen können natürlich zu einem Selbstoptimierungswahn führen.

„Karriere-Sprech" 18: Selbstoptimierungswahn
Nach der Autorin und Philosophin Ariadne von Schirach wird das Leben in der heutigen Zeit als optimierbares Produkt betrachtet. Innenleben und äußeres Erscheinungsbild, inkl. eigener Selbstdarstellung, werden zu perfektionieren versucht. Problematisch wird dies, wenn der Wert eines Menschen sich lediglich daran bemisst, was er leistet, besitzt oder darstellt. Laut Schirach ist es aber vor allem die innere Welt des Menschen, die ihn ausmacht, also seine Gefühle, Erfahrungen und innigen, ehrlichen Beziehungen zu anderen. Diese innere Welt ließe sich aber nicht messen und dementsprechend auch nicht *optimieren* (https://www.focus.de/wissen/mensch/ariadne-von-schirach-selbstoptimierungswahn-hoert-endlich-auf-zu-funktionieren_id_10911271.html Zugegriffen am 11. April 2020).

2.3.7 Karriereleitern und Karriere-Netzwerke

Wer höher steigt als er sollte,
fällt tiefer als er wollte.

Man kann sich eine Karriere (oder auch einen Lebensweg insgesamt) als eine Leiter vorstellen, deren Sprossen man Schritt für Schritt emporklettert – sozusagen bis hinein in den „Karrierehimmel". Das geht gut, so lange es gut geht. Allerdings kann es auch vorkommen, dass mal eine Sprosse einbricht und man vielleicht abstürzt oder man sich gerade so noch festklammern kann.

Es kann auch sein, dass man länger auf einer Stufe – aus welchen Gründen auch immer – pausieren muss. Oder man hangelt sich nach dem „Peter-Prinzip" hoch bis zu der „Stufe der Inkompetenz" und versucht die Position, die man erreicht hat, dann mit Klauen und Zähnen zu verteidigen, obwohl man eigentlich überfordert ist. Andere klettern aber vielleicht auch wieder runter, weil sie merken, dass es da oben ganz und gar nicht so ist, wie sie sich das gedacht haben (Abschn. 4.6 „Downshifting").

Dabei ist die Karriereleiter eigentlich eine eher eindimensionale (mitunter scheuklappenartige) Vorstellung. Schlauer ist es – gerade in den heute so unruhigen und unübersichtlichen Zeiten – sich das Ganze als Netzwerk vorzustellen. Denn ein Netzwerk aus den unterschiedlichsten beruflichen (und privaten) Kontakten, aus (sich ständig verändernden) Berufs-Interessen und wachsenden Fähigkeiten kann auch so etwas wie ein Auffangnetz sein.

Weil die Knotenpunkte des Netzwerkes in einem ständigen Wandel begriffen sind, hat derjenige, der an seinem Karrierenetzwerk knüpft, immer auch die Entscheidungsfreiheit: Gehe ich besser in diese oder besser in die andere Richtung? Bringt mich dieser Kontakt, dieser Auftrag meinem Ziel einen Schritt näher oder jener? Damit habe ich aber auch die Qual der Wahl und die Verantwortung für mich, mein Leben, meine Karriere.

Auf der anderen Seite ist ein Netzwerk auch ein Netz, das einen auffängt, wie einen Artisten in der Zirkuskuppel, wenn er abstürzt. Im Gegensatz zur Karriereleiter, wo man wirklich vielleicht ins Bodenlose fallen kann oder knallhart auf dem Boden der Realität aufschlägt, hat man bei einem Karriere-Netzwerk immer noch eine oder (auch mehrere) Alternative(n).

Konkret heißt das: Wenn es hier nicht weiter geht, dann wähle ich eine andere Richtung, einen anderen Knotenpunkt – gebe mir also eine neue Chance, ohne allzu viel Zeit mit Wunden lecken verbringen zu müssen.

Klar: Das ist leichter gesagt als getan. Es kostet schließlich viel Mühe, immer den Kopf über Wasser zu halten, immer „en jour" zu sein, die Kontakte zu pflegen und zu wissen, was gerade in meinem Berufsfeld angesagt ist. Und es gibt natürlich die Gefahr, dass man sich verzettelt.

2.3.8 Straight to the top oder: Umwege erweitern die Ortskenntnis

Was braucht es, wenn die ersten Hürden geschafft sind, um beruflich weiterzukommen? Man kann zehn Bereiche unterscheiden:

Übersicht

1. *Bleiben Sie sich selbst treu*
   Lassen Sie sich nicht zu sehr verbiegen. Verstoßen Sie nicht gegen eigene innere Normen. Sie sollten sich immer im Spiegel anschauen können, ohne sich vor sich selbst schämen zu müssen. Überlegen Sie die Konsequenzen ihres Verhaltens und lassen Sie sich nicht zur Marionette machen. Kümmern Sie sich auch um Ihre private Identität, unabhängig von Beruf und Leistung. Die Grundhaltung: „Ich bin freiwillig hier. Ich könnte jederzeit gehen" ist dabei hilfreich.
2. *Karriere hat ihren Preis – Sie entscheiden, wie viel Sie dafür zahlen*
   Der Beruf ist nicht das ganze Leben. Es ist sinnvoll, immer auch Distanz zum Beruf zu haben und regelmäßig Zeit und Energie in grundsätzliche Fragen zu investieren: „Was tue ich da eigentlich – und was habe ich davon?" Hilfreich sind auch Verteidigungslinien, die Sie davor bewahren, vom Job aufgefressen zu werden. Vorsicht vor zu viel „sekundärem Krankheitsgewinn" durch den Beruf: Es gibt mehr im Leben als den Beruf und noch mehr Effektivität, Effizienz und Geschwindigkeit. Und stellen Sie sich Grundfragen: Fühlen Sie sich eigentlich wohler als „selbstverantwortlicher Unternehmer" oder sind Sie lieber „gutverdienender Leibeigener des Unternehmens"?
3. *Tun Sie selbst etwas für Ihr Image*
   Entwickeln Sie Strategien zur Selbstvermarktung – innerhalb und außerhalb der Firma. Halten Sie Ihren Markt im Blick. Aber übertreiben Sie nicht. Keiner sollte denken, dass Sie schon auf dem Absprung sind. Deshalb ist es auch sinnvoll, Kontakte zu Mitbewerber-Firmen auf dem Markt niemals ganz abbrechen zu lassen. Vielleicht ist es ihr zukünftiger Arbeitgeber.
4. *Stellen Sie ihre Flexibilität unter Beweis – Seien Sie nicht zu berechenbar*
   Zeigen Sie Ihre unterschiedlichen Facetten: Mal Ellenbogen aus Stahl, mal diplomatische Verbindlichkeit, mal strikter Exekutor der Vorgaben von Oben, mal unberechenbarer Kreativer mit „Flausen im Kopf" sind angesagte Aufstiegstaktiken. Zu viel Berechenbarkeit, Kontinuität und Konsequenz führt dazu, dass Sie schnell in Schubladen sortiert werden. Seien Sie immer für eine Überraschung gut: Lieber Staub aufwirbeln, als Staub ansetzen. Entwickeln Sie dazu Ihre sozialen Fähigkeiten und Fertigkeiten: Mit einem guten Gespür für Personen, Situationen und Unter-

nehmenskulturen geht das auf elegante Art und Weise. Und auch wenn es widersprüchlich klingen mag: Bleiben Sie dennoch immer authentisch und kennen und schätzen Sie sich selbst!

5. *Rückschläge und Enttäuschungen gehören dazu – bewerten Sie diese als Momentaufnahme und lernen Sie daraus*
   Eine gute Ausstrahlung ist auf vielen Ebenen hilfreich. Bilanzieren Sie regelmäßig: Was ist mir gut gelungen, was kann sich besser machen? Vermeiden Sie öffentliche „Jammerarien." Halten Sie Ihre psychische und physische Kondition im Blick: Ihre wahre Verfassung dringt Ihnen bei Personen, die Sie gut kennen (z. B. auch Mitarbeitern, Kollegen und Chefs) ohnehin meist durch die Knopflöcher.
   Auch bei alltäglichen Niederschlägen signalisieren Sie: „Ich schaffe es!", selbst wenn es mal schwierig wird. Merke: „Es ist nicht schlimm, wenn man hinfällt. Es ist nur schlimm, wenn man liegen bleibt".
6. *Ihre Karriereziele gehen vor allem Sie selbst etwas an – binden Sie diese nicht jedem auf die Nase*
   Offenheit ist wichtig – aber: Es gibt ein angemessenes Maß von Offenheit. Bitte nicht jedem und allen gegenüber: „Wer für alles offen ist, kann nicht ganz dicht sein".
   Der Mut, Störungen in der Zusammenarbeit offen anzusprechen, schafft eine Kultur des Vertrauens und ist eine Kunst. Schließlich – langfristig werden nur diejenigen Leistungen erbringen, die sich ernst genommen und wertgeschätzt fühlen. Also seien Sie nicht zu sparsam mit Lob. Aber – werden Sie nicht zu vertraut. Es ist nötig, dass Ihre Mitarbeiter Sie respektieren (und vielleicht manchmal auch fürchten). Und dann gibt es natürlich noch die Neider. Aber denken Sie auch daran: Neid ist die ehrlichste Form von Anerkennung.
7. *Behandeln Sie Ihre(n) Partner(in)/Ihre Familie gut – Sie sind Ihre wichtigsten Verbündeten*
   Vernachlässigen Sie Ihren Ehepartner, Ihre Kinder, Ihre Angehörigen nicht. Ihre Familie muss die beruflichen Ziele mittragen. Nehmen Sie private Termine ernst. Spielen Sie dort nicht auch die gleiche Art Chef. Hier können Sie auch andere, verletzlichere, ehrlichere Seiten von sich zeigen und leben (z. B. Schwächen, Zweifel, Kritik). Aber: Nerven Sie Ihre Familie nicht ständig mit Ihren Berufsproblemen. Partner(in) und Kinder sind zwar auch „Wiederaufbereitungsanlagen" (Abschn. 2.6.1, Familie und Beruf und Abschn. 4.1.6, die vier Bereiche des Lebens), sollten aber nicht versehentlich die Rolle des Therapeuten annehmen müssen.
8. *Denken Sie daran: Sie spielen auch im Beruf verschiedene Rollen – je perfekter Sie das tun, desto weiter bringen Sie es*
   Wirklich erfolgreiche Manager haben verstanden, dass sie immer auch eine Rolle spielen. Je nach Situation und Gegenüber können sie problemlos von einer Rolle in eine andere wechseln. Psychologen nennen das

„Rollenflexibilität". Und denken Sie daran – ganz ohne Eitelkeit geht es nicht. Aber Vorsicht: Keine Überdosierung! Dabei hilft etwas ironische Distanz sich selbst gegenüber.

9. *Unterschätzen Sie Ihre/n Vorgesetzte/n nicht – sie/er ist und bleibt ein Machtfaktor*
   Auf Dauer kann zwar kein Vorgesetzter gute Leute verstecken – aber am Chef vorbei steigt auch heute selten jemand auf. Machen Sie Ihren Vorgesetzten nie zum Verlierer – selbst wenn alle Fakten dafür sprechen. Suchen Sie sich Felder zur Profilierung, die auch ihm nützen. Er darf mit Ihnen glänzen. Behalten Sie eine respektvolle Grundstimmung ihm (oder ihr) gegenüber und geben Sie ihm (oder ihr) ab und zu das Gefühl, dass Sie seinen Rat schätzen.
10. *Isolieren Sie sich nicht: Sie brauchen Andere, um voran zu kommen*
   Es ist wichtig, Andere für die eigenen Ziele zu interessieren und deren Unterstützung zu erhalten. Hilfreich kann hier ein guter Draht zu und die Motivation von Mitarbeitern, Kollegen und Vorgesetzten sein. Sie sollten die Chance nutzen, Mitarbeiter, Vorgesetzte und Kollegen so zu beeinflussen, dass sie Ihnen helfen, diese Ziele zu erreichen. Dabei ist es wichtig, die nicht ganz leichte Gratwanderung zwischen angemessener Nähe und notwendiger Distanz hinzubekommen. Versuchen Sie sich in das Beziehungsgeflecht von Personen einzuklinken, die in Ihrem Unternehmen (und anderswo) Karriere machen. Hilfreich ist es, sich Förderer und Unterstützer zu suchen. Knüpfen Sie nützliche Beziehungen. Aber: Unterscheiden Sie zwischen strategischen Netzwerken und Freundeskreisen.

2.3.9 Führungstypologie

Es ist eine Banalität, aber gut daran zu erinnern: Es gibt nicht „den" Führungsstil, der für alle und jeden passt. Schließlich ist nicht jede Führungskraft, jeder Manager, jede Managerin gleich. Jede(r) hat seine eigenen Stärken und Schwächen. Und da ist es gut, wenn man die eigenen kennt. Psychoanalytische Autoren gehen von unterschiedlichen Führungstypen und unterschiedlichen Arbeitsstilen aus. In der Zeitschrift *ManagerSeminare* (7/2007) wurden folgende vier Typen (mit ihren positiven und negativen Seiten) unterschieden:

Übersicht

1. *Der Autonomieorientierte*
   Er definiert sich über Abgrenzung zu anderen. Er ist von seiner besonderen Leistungsfähigkeit überzeugt, hat wenig Einfühlungsvermögen in Andere und keine Angst vor unpopulären Maßnahmen.

In der übersteigerten Form ist er übermäßig narzisstisch, fühlt sich allen überlegen, schwelgt in Größenfantasien, benötigt und/oder fordert ständig Applaus. Er ist wenig kritikfähig.

2. *Der Beziehungsorientierte*
   Er ist ein typischer Teammensch, legt Wert auf Begeisterung seiner Mitarbeiter und Kollegen, auf Motivation und gegenseitige Unterstützung. „Teamgeist" bedeutet ihm viel und er ist menschenfreundlich.
   Wenn sein starker Wunsch nach „Menschelei" und Gemeinschaftsgefühl keinen Widerhall findet und er sich zu Unrecht missverstanden fühlt, wird er depressiv, fühlt sich ohnmächtig und missverstanden,
3. *Der Kontroll- und Ordnungsorientierte*
   Führung heißt für ihn: Regeln, (An-)Ordnen, Strukturieren, Kontrollieren. Er mag Veränderungen nicht besonders. Er ist zuverlässig und berechenbar.
   In der Überzeichnung ist er ein zwanghafter „Kontrollfreak", extrem angepasst. Er verlangt strikte Folgsamkeit und Vasallen-Treue von seinen Mitarbeitern.
4. *Der Stimulanzorientierte*
   Er liebt Veränderungen, Unsicherheit, „kreatives Chaos" und sucht ständig neue Herausforderungen, sprüht nur so vor Ideen, ist inspirierend und versucht sich gern in neuen Kontexten.
   Im Extrem ist er egozentrisch oder hysterisch. Dann ist er wenig verlässlich, dafür aber unbeständig, bombardiert sein Umfeld ständig mit unausgegorenen Ideen und Veränderungen. Er instrumentalisiert sein Team und setzt sich über die Bedürfnisse anderer hinweg. Im Extremfall schert er sich nicht um Ethik und Moral.

Natürlich sind das holzschnittartig gezeichnete Idealtypen, die es selten in Reinform gibt. Aber sie sind – wie eine Landkarte – hilfreich, um herauszufinden, wo man sich selbst befindet (aber: Bitte verwechseln Sie nicht die Landkarte mit der Landschaft!).

Nehmen Sie die Landkarte, um sich folgende Fragen zu beantworten: Wo stehe ich? Was sind meine Stärken und Schwächen? Und was sollte/kann ich verändern, und mit welchen Eigenschaften werde ich wohl leben müssen?

Und wenn ich mich als Führungskraft anschaue, welches Selbstverständnis habe ich und in welcher Rolle sehe ich mich am ehesten?

Problemlöser – Vorgesetzter – Moderator – Innovator – Vernetzer – Radarschirm – Verhandlungsführer – Gallionsfigur – Vernetzer – Primus-inter-pares – Revolutionär – Spitzenchaot – Häuptling – Gutsherr – König/Kaiser – Diktator – Priester – Bischoff – Papst – oder als was?

2.3.10 Management-by-Konzepte

Management-by-Konzepte kommen aus den USA und beschreiben Führungsaktivitäten im Unternehmen. Durch diese Konzepte sollen die Einstellungen und das Verhalten der einzelnen Mitarbeiter, aber auch das Zusammenwirken in und zwischen Teams gesteuert werden, um gemeinsame Ziele effizient zu erreichen. Es werden Soll-Vorstellungen zur Realisation von Managementaufgaben festgelegt, die es zu erreichen gilt. Die Methoden wurden aus der Erfahrung von Führungskräften abgeleitet. Sie erheben nicht den Anspruch, in sich geschlossene wissenschaftliche Konzeptionen zu sein, sind aber in der Praxis erprobt und deshalb direkt einsetzbar. Es gibt eine Vielzahl von diesen Konzepten. Am bekanntesten sind (https://management.bildungsbibel.de/management-by-techniken-fuehrungskonzepte Zugegriffen am 12. April 2020):

Übersicht

Management by Objectives: Von Führungskraft (und Team) werden gemeinsame Ziele ausgearbeitet und angestrebt

Management by Exception: Dabei hält sich die Führungskraft zurück und greift nur in Ausnahmefällen ein

Management by Results: Hierbei handelt es sich um an den Ergebnissen orientiertes Führen

Management by Delegation: Die Führungskraft definiert die Ziele, delegiert komplette Aufgaben und überlässt die Ausführung dem Team

Neben den seriösen Management-by-Methoden gibt es eine Vielzahl von ironischen bis zynischen Methoden, die nur selten ernst gemeint sind:

Übersicht

Management by Crocodile: Bis zum Hals im Dreck stecken, aber das Maul groß aufreißen

Management by Champignon: Mitarbeiter im Dunkeln lassen, sie von Zeit zu Zeit mit Mist bestreuen und, wenn sich Köpfe zeigen, sofort absäbeln

Management by Octopus: Durch Ausstoßen trüber Tinte alle verwirren und dann abtauchen

Management by Chromosom: Führungsqualifikation ausschließlich durch Vererbung

Management by Dübel: Lücke erkennen, schnell „reinquetschen“ und sofort breit machen.

Management by Egg: Erst sorgfältig behandeln und dann in die Pfanne hauen

Management by Harakiri: Souveräne und dauernde Missachtung aller Gegebenheiten

Management by Helikopter: Über allem schweben, von Zeit zu Zeit auf den Boden kommen, viel Staub aufwirbeln + danach wieder ab in die Wolken

Management by Herodes: Intensiv nach dem geeignetsten Nachfolger suchen + dann feuern

Management by Bluejeans: An allen wichtigen Stellen sitzen Nieten

Management by Moses: Das Volk in die Wüste schicken und auf Wunder warten

Management by Partisan: Selbst die engsten Mitarbeiter falsch informieren, damit die eigenen Ziele nicht erkennbar sind

Management by Ping-Pong: Jeden Vorgang so lange hin- und herleiten, bis er sich von selbst erledigt hat

Management by Schaukelpferd: Ständig in Bewegung sein und nicht weiterkommen

Management by Surprise: Erst handeln, dann sich von den Folgen überraschen lassen

…

Kleine Reflexion(en)

- Alles ist erst mal schwierig, bevor es leichter wird.
- Das Glück ist der Begleiter der Tüchtigen.
- „Wenn Du etwas haben willst, was Du noch nie hattest, musst Du etwas tun, was Du noch nie getan hast“ *(Nossrat Peseschkian).*
- Man macht langfristig nur wirklich gut, was man gerne macht.
- Horch, was kommt von drinnen raus …
- „Auf dem Gipfel des Erfolges finden wir (mitunter) ein Kreuz – für die Leichen, über die wir gegangen sind“ (*nach Gerhard Uhlenbrock*).
- Man kann einer Idee, einer Vision oder einer Karriere ein Leben opfern – aber bitte nur sein eigenes.

2.4 Besser als die Anderen: Elite(n) und Hochbegabung

„An der Spitze stehen,
ist mir immer noch zu weit hinten.“

Vor einiger Zeit rieben sich viele die Augen, als in Deutschland eine Diskussion über Elite-Universitäten losgetreten wurde – und das Ganze auch noch von der SPD. Wie in einem Chor stimmten die anderen Parteien ein und überschlugen sich mit Vorschlägen, wie man am besten die deutschen Eliten fördern könnte.

Schon bald schoben auch die Regierungen von Bund und Ländern eine „*Exzellenz*initiative“ (weil für viele der Begriff „Elite“ immer noch mit einem Dünkel negativ behaftet ist) für die Unis an und lockten mit Fördergeldern. Da auch bei altehrwürdigen Körperschaften (die zugegebenermaßen in den letzten Jahren etwas vernachlässigt wurden und deshalb runtergekommen waren) das empfindlichste Körperteil der Geldbeutel ist, gingen viele Unis an die Startlöcher.

So begann der Wettbewerb zwischen den verschiedenen Unis, denn diese stellten (wie immer, wenn mit Geldbündeln gewedelt wird) rasch ihre Anträge zur Aufnahme in so genannte Exzellenzcluster in den verschiedenen Studien- und Forschungsfächern. Ziel war herauszufinden, welche Hochschulen man in welchen Fachbereichen zu „Elite-Unis“ küren könnte:

„Exzellenzwettbewerb“ nannte das die Deutsche Forschungsgemeinschaft (DFG). Plötzlich waren sie alle irgendwie Elite – jede natürlich auf einem anderen Gebiet. Und unversehens waren wir mitten drin in einer generellen Diskussion über Eliten in Deutschland.

Seither ist Elitedenken – so scheint es – wieder gesellschaftsfähig. Da ist die Rede von „Leistungseliten“, „Funktions-“ und „Positionseliten“, von „Macht-“ und „Finanzeliten“ in Wirtschaft und Politik, von „Werteeliten“ und „Geisteseliten“. Man müsste sie entwickeln, aufbauen und pflegen – eben beginnend mit *Elite*-Schulen, *Elite*-Universitäten und *Elite*-Netzwerken, vielleicht sogar schon mit „*Elite*-Kindergärten“.

Und schon ist man beim derzeitigen weltweiten Kampf um die „high potentials“ der Zukunft. Denn im globalen „war for talents“ (Krieg um die Talente) und der Suche nach den Führungskräften der Zukunft, hängt für die „multi-skilled-knowledge-worker“ des neuen Jahrtausends der Himmel voller Geigen – zumal in Deutschland, wo es ganz besonders wichtig ist, dem „brain-drain“, dem Abfluss der klugen Köpfe ins Ausland, Einhalt zu gebieten. – Gerade jetzt scheint das wichtig, wo aus den geburtenschwachen Jahrgängen die Besten ausgewählt werden sollen. Und so wird um diese (z. T. weltweit) geworben, mit allem, was die Karrieristen sich ersehnen:

Da wird zur „Jobmesse“ ins First Class Hotel geladen oder zum „career venture“(Anreise und Übernachtung kostenlos). Und wenn man als zukünftiger „golden collar“ bei den wichtigen Leuten und vor allem den Entscheidungsträgern einen guten Eindruck gemacht hat, wird auch schon mal zum „kick-off“ für die eigene Karriere nach Los Angeles oder London geladen. Und die Angebote für die zukünftigen „high pots“ sind inzwischen vielfältig:

So lädt die Wirtschaftsprüfungsgesellschaft PricewaterhouseCoopers (PwC), zum Beispiel, auf ihrer Karriereseite zum mehrtägigen „Big-Sail-Adventure“ auf der Segelyacht „Atlantis“ im Mittelmeer ein (https://big-sail-adventures.pwc-karriere.de/ Zugegriffen am 12. April 2020).

Solche Angebote treffen allerdings nur für die „high performer“ zu. – „Untrainierte“, „Randbelegschaften“ und „Passivangelernte mit Arbeitnehmermentalität“ haben in Globalisierungszeiten wenig Chancen – sie sind die Verlierer im weltweiten Wettbewerb.

2.4.1 „Vitamin B“: Familiäre Herkunft wichtiger als gute Leistungen

Beste Zeiten also für alle, die es mit Fleiß und Begabung ganz nach oben schaffen wollen. Könnte man meinen. Wäre da nicht das Problem, dass es sich bei unseren deutschen Eliten um eine weitgehend geschlossene Gesellschaft handelt. „Das Märchen von der Chancengleichheit“ überschrieb die Zeitschrift *Stern* einen Artikel, in dem von der Illusion die Rede war: wer tüchtig ist, kann es ganz nach oben schaffen. Sogar Arbeiterkinder. Allerdings enthüllten eine Vielzahl von Studien den Selbstbetrug. Denn tatsächlich werden in unserer Gesellschaft die ohnehin Benachteiligten noch weiter ins Abseits gedrängt. Anhand einer Vielzahl einzelner Lebensläufe zeigt sich:

Der Apfel fällt nicht weit vom Stamm. Insbesondere in der Wirtschaft ist das so. Die qua familiärem Hintergrund Bevorzugten gelangen leichter in gehobene Positionen.

Und die Zahlen sprechen für sich: 80 % der Top-Positionen in den großen deutschen Unternehmen werden aus dem Bürgertum rekrutiert. Insgesamt gehören aber nur 3,5 % der Bevölkerung dieser Schicht an. Die guten Positionen bleiben in den besseren Kreisen und werden auf einer Ebene weitergereicht. „Vitamin B“ scheint der entscheidende Faktor zu sein – wobei das B für Beziehungen steht, vor allem auch für familiäre Beziehungen.

Der *Stern* dokumentierte das durch die Herkunftsanalyse der Chefs von DAX-Unternehmen: Von den 30 Bossen kommt nur einer aus einer Arbeiterfamilie und sechs aus der Mittelschicht. Die restlichen 23 stammen aus Unternehmerfamilien, haben Bankdirektoren oder hohe Amtsträger zum Vater. Lakonisch meint Harry Friebel, Soziologie-Professor aus Hamburg. „Zum Manager wird man sozusagen geboren. Heute gilt das noch mehr als vor zwei oder drei Jahrzehnten“ (*https://mobil.stern.de/wirtschaft/job/bildungssystem-das-maerchen-von-der-chancengleichheit-3516914.html Zugegriffen am 12. April 2020).*

Und das trifft – so scheint es – nicht nur für die Wirtschaftselite zu, sondern auch für Führungskräfte aus anderen Bereichen, egal ob aus Politik, Wissenschaft, Medien, Kultur, Verwaltung, Kirchen, Gewerkschaften, Militär oder Justiz.

2.4.2 Zwei Wege zur Karriere

Es gibt also zwei grundsätzlich verschiedene Wege zur Karriere: Der eine ist beeinflussbar und für viele zugängig. Er führt vor allem über Leistung aus einfachen Elternhäusern nach oben („Soziale Aufsteiger“). Der andere kommt schon aus den besseren Kreisen („In den Fußstapfen des Vaters“) und saugt den Erfolg schon quasi mit der Muttermilch ein. Aus der psychologischen Analyse einer Untersuchung von Prof. Michael Hartmann an der Technischen Universität Darmstadt an Spitzenmanagern ergaben sich folgende psychologische Ergebnisse:

Übersicht

1. *Soziale Aufsteiger*
   Das persönliche Ziel der Aufsteiger ist, sich auf jeden Fall „aus dem Sumpf" rauszuarbeiten (Abgrenzung vom Herkunftsfeld), koste es was es wolle. Beruf und Status sind zentral für das Selbstwertgefühl. Es gibt allerdings auch vielfache und z. T. massive Ängste vor dem Versagen und der Häme des Umfeldes („Schuster, bleib bei Deinen Leisten") und Verarmungsgefühle, wenn es passieren sollte: „Der abgestürzte Held" ist ihr Schreckensbild.
2. *In den Fußstapfen des Vaters*
   Hierbei geht es um die Übernahme der „Familienstafette". Es gibt (offen oder verdeckt) hohe Ansprüche des Elternhauses an den „Stammhalter" („Erfolgszwang", „Nicht aus der Art schlagen").
   Bei Übernahme des Familienunternehmens findet sich nicht selten: „Ich habe es nicht erarbeitet, es ist nicht so mein Ding" und das Gefühl der Verpflichtung („ich fühle mich gelebt") – also eher reagierend als agierend. Status hat für diese Gruppe weniger Bedeutung für das Selbstwertgefühl. Die Hauptängste: Den Familienansprüchen nicht zu genügen und ausgestoßen zu werden („Schwarzes Schaf").

Mehr dazu s. Hartmann 2018, Die Abgehobenen. Wie die Eliten die Demokratie gefährden.

2.4.3 Das ungerechte Bildungssystem

Einen nicht unerheblichen Anteil an dieser Entwicklung hat unser Bildungssystem. In den ersten sechs Lebensjahren findet so gut wie keine institutionalisierte Bildung statt – zumindest keine, die sich schlecht- oder normalverdienende Eltern leisten könnten. Kinder werden – aufgrund des virulenten Personalmangels in Kindergärten und wenig motivierender Vergütungssysteme eher aufbewahrt als individuell gefördert. Und das in einer Lebensphase, in der sie eigentlich besonders offen für den Erwerb wichtiger sozialer und kognitiver Kompetenzen sind. Pläne, öffentliche Vorschulen einzurichten, wurden schon vor 30 Jahren abgebügelt und allenfalls immer mal wieder in Sommerlöchern halbherzig diskutiert. Eltern, die es sich leisten können, schicken ihre Kinder dann, verständlicherweise, doch lieber in Privatkindergärten, wo eine Erzieherin auf 10 anstatt auf 30 Kinder kommt und genügend Anregungen, Ausflüge, Musikunterricht und Theaterbesuche angeboten werden.

Die aus den unterschiedlichen Startbedingungen resultierenden Unterschiede werden in vier Jahren Grundschule noch mal zementiert. So ergab eine Studie mit Hamburger Schülern, dass Lehrer dazu neigen, Schüler aus gebildeten Elternhäusern besser zu bewerten.

Nach dem oben gesagten verwundert das nicht – zum einen sind diese Schüler tatsächlich intellektuell weiter, zum anderen haben sie häufig auch eine größere soziale Kompetenz und bessere Umgangsformen.

Vor diesem Hintergrund wird dann nach vier Jahren die folgenschwerste Entscheidung unseres Bildungssystem getroffen: Hauptschule, Realschule oder Gymnasium heißen die Alternativen.

Andreas Schleicher, Koordinator der Pisa-Studie in Deutschland, meint, dass es doch absurd sei, Viertklässlern zu sagen: Ihr werdet Maurer. Ein Wechsel der Schule zu einem späteren Zeitpunkt sei im deutschen Schulsystem kaum noch möglich.

Nach dieser Entscheidung für die richtige Schule wird seltsamerweise die Auswahl immer lascher. Auf dem Gymnasium fallen kaum noch Schüler durch, an den Universitäten werden die Leistungsstandards immer weiter gesenkt.

Der Effekt: „Kuschelnoten" und „summa cum laude" sind für Personalbeauftragte oft kein Einstellungskriterium mehr. Eine größere Rolle spielt, ob der Bewerber schon mal im Ausland war, zur Firma passt oder über die nötige Etikette verfügt und ob er schon mal einen Blick über den Tellerrand von Schule und Fachstudium geworfen hat. So kann es für Studenten der Wirtschaftswissenschaften z. B. sinnvoll sein, sich in Grenzbereichen zur Psychologie und vielleicht sogar zur Philosophie auszukennen und am besten noch in der Juristerei.

Eingedenk dessen, dass große Karrieren vermehrt international gemacht werden, kann es für eine Vielzahl von Studiengängen Sinn machen, sich in anderen zukunftsträchtigen Themenfeldern auszukennen, z. B. in den verschiedenen Bereichen des Internet. Denn der www.-Hype hat noch lange nicht seinen Kulminationspunkt erreicht und der Ausbau des Internet wird uns in den nächsten Jahren sicher weiter begleiten – ebenso wie die weitere Digitalisierung und Technisierung. Man denke nur an „Alexa", die diversen Emotionserkennungs-Programme und den Trend zur Roboterisierung vieler Arbeitsfelder.

2.4.4 Generation Online

Ein nicht unbeträchtlicher Teil der jungen Generation (Abschn. 2.1.9, Gen Y, Z und Alpha) nutzt heute schon das Web interaktiv, schreibt Blogs und tummelt sich in Newsgroup, lädt Bilder, Videos und Musik hoch oder produziert sogar ihren eigenen YouTube-Kanal. Und manche jugendliche „Influencer" verdienen damit anscheinend zzt. sogar ganz gutes Geld.

„Influencer" (Beeinflusser), die auf YouTube oder Instagram Videos und Bilder posten, und die darauf abgebildeten Produkte bewerben, können Summen zwischen mehreren hundert Euro und mehreren tausend US-Dollar verdienen (*https://www.ranksider.de/talk/die-top-10-instagram-verdiener-diese-models-kassieren-am-meisten-ab Zugegriffen am 12. April 2020).*

Ob es dabei bleibt oder ob es sich dabei nur um Eintagsfliegen handelt, kann man derzeit noch nicht sagen. Immerhin ist „Influencer" inzwischen für manche Jugendliche zum Traumberuf geworden.

Den meisten Bloggern, die das professionell betreiben, bleiben monatlich etwa 1000 Euro. Es gibt aber auch Ausnahmen, die sehr viel mehr Geld verdienen.

Mitunter schlägt der eine oder andere dieser „highflyer" knallhart auf den Boden der Realität auf: Das geht inzwischen so weit, dass sich manche Influencer schon ausgebrannt fühlen und sich aus dem Web-Business schmollend zurückziehen – und dann ein paar Monate später doch wieder weiter machen. So, als wären Sie von dem Erfolg angefixt und könnten ohne die Dopamin-Dusche nicht mehr leben und es einfach nicht mehr lassen. Wie bei Sophia Thiel (24), die eine Million Follower bei Instagram hatte und eine Million Abonnenten bei YouTube. Sie verschwand im Mai 2019 und tauchte im Januar 2020 wieder auf (*https://www.extratipp.com/fanbase/sophia-thiel-influencerin-bodybuilding-fitness-youtube-bild-topfit-muenchen-zr-13414702.html Zugegriffen am 12. April 2020;* mehr dazu s. Twenge 2018, Me, My Selfie and I).

2.4.5 Die seriöse Variante: „Xing"

Wenn man den Wechsel vom kompetenten, aber passiven Nutzer zum aktiven Gestalter schafft, liegen darin schon jede Menge Chancen. Denn nicht nur im Silicon Valley, in Indien und in China, sondern auch in Deutschland hat sich für Manchen die frühzeitige intensive Beschäftigung mit dem Internet schon heute richtig gelohnt:

Lars Hinrichs, der Gründer der Internet-Kontaktbörse für Business-People „Xing", hat es geschafft, innerhalb von ein paar Jahren nach der Gründung 2003 gutes Geld damit zu verdienen. Schon 2009 verkaufte er Xing für 48 Millionen Euro an die Burda Digital GmbH. Die Xing AG mit Sitz in Hamburg erwirtschaftete im Geschäftsjahr 2018 einen Umsatz von rund 235 Millionen Euro. Den größten Anteil des Umsatzes, rund 214 Millionen Euro, hat das Unternehmen im deutschsprachigen DACH-Raum (Deutschland – Österreich – Schweiz) erzielt.

Zwar ist die Teilnahme für die inzwischen über 15 Millionen teilnehmenden Geschäftsleute erst mal kostenlos, eine Premium-Mitgliedschaft mit zusätzlichen Funktionen kostet allerdings. Und damit verdient Xing – neben der Werbung – ganz gut Geld.

Der Begriff „Xing" ist übrigens klug gewählt, denn er ist – abgesehen davon, dass er alleine vom Wortklang einen globalen Aufmerksamkeitswert hat – Manifestation einer internationalen Marketing-Strategie: Auf Chinesisch bedeutet er nämlich: „Es ist möglich", auf Englisch kann man ihn als Abkürzung für „Crossing", also Kreuzung (von Geschäftskontakten), verstehen.

Das ist deshalb wichtig, weil Xing zwar in 16 Systemsprachen benutzt werden kann, aber Englisch derzeit die wichtigste Business-Sprache ist – und Chinesisch irgendwann wohl die zweitwichtigste werden wird. Schließlich wurde Xing von Anfang an als internationales Unternehmen konzipiert und hat heute neben dem Hauptsitz Hamburg eine ganze Reihe Außenbüros – München, Wien, Zürich, Barcelona, Valencia, Porto … Xing ist – neben LinkedIn – heute wohl die wichtigste europäische Plattform für Berufskontakte.

Lars Hinrichs ist inzwischen im Aufsichtsrat von Xing und der Deutschen Telekom AG. Außerdem ist er über sein Investmentgesellschaft Cinco Capital GmbH als Risikokapitalgeber an einer ganzen Reihe anderer Unternehmen beteiligt (Qype, mytaxi, Prezi, Flip4New, btoy, Founders Fund).

Er ist Mitglied der Young Global Leader (YGL) des Weltwirtschaftsforums und ehrenamtliches Jurymitglied bei TOP 100, die jährlich die innovativsten Unternehmen des deutschen Mittelstandes auszeichnet. Deshalb gilt er als einer der Anwärter für den Aufstieg in die internationale Super-Klasse, auch wenn es vielleicht noch ein längerer Weg ist.

Für viele hat die Karriereleiter schließlich sehr viel mehr Stufen, als sie anfangs geglaubt haben. Ganz abgesehen davon, dass es heutzutage auch gar keine Karriereleiter mehr ist, sondern eher ein internationales Netzwerk, bei dem man sich die einzelnen Stränge entlang hangelt und Kontakt zu diversen Akteuren hält.

2.4.6 Die internationale Super-Klasse

In seinem Buch „Die Super-Klasse – Die Welt der internationalen Machtelite“ (Rothkopf 2008) beschreibt David Rothkopf nicht nur die Netzwerke der wirklich Mächtigen auf unserem Globus und was den Unterschied zwischen den globalen und den nationalen Eliten ausmacht, sondern auch wie sie entstanden sind:

- Ihre Charakteristika,
- wie sie nach oben gekommen sind,
- ihre soziale und nationale Herkunft,
- Geschlecht,
- welche Schulen sie besucht haben,
- ihre Vermögen und
- wie die Karrieren einzelner Protagonisten dieses exklusiven Clubs aussehen.

Rothkopf, der unter der Clinton-Regierung stellvertretender Staatssekretär für internationale Handelsbeziehungen war, geht davon aus, dass es weltweit etwa 6000 Personen gibt, die Mitglieder dieser „Super-Klasse“ sind und die langfristige Agenda unserer Welt mehr oder minder stark beeinflussen oder gar bestimmen.

Er zählt zu dieser Machtelite nicht nur die weltweit ca. zweitausendfünfhundert Milliardäre, die CEO der großen internationalen Konzerne und Staatsoberhäupter, sondern auch die großen Medienmogule, die Ölpotentaten, Hedgefonds-Manager und Equitiy-Investoren. Außerdem hält er eine Handvoll wichtiger Religionsführer und ein paar international bekannte Filmproduzenten, Musiker und Autoren, aber auch die „Schattenelite“ (Terroristenführer, Top-Verbrecher und internationale Waffenhändler) für dazugehörend.

Dabei wendet er sich in seinem Buch gegen die diversen Verschwörungstheorien, die über diese Super-Elite kursieren: Dazu ist sie (seiner Meinung nach) viel zu heterogen und verfolgt oft ganz unterschiedliche, oft auch rivalisierende Interessen – seien sie finanzieller, machtpolitischer, regionaler, branchenspezifischer oder ganz platt (gruppen-)egoistischer Art.

Zwar trifft sich diese elitäre Personengruppe regelmäßig – wenn auch in ständig wechselnden Zusammensetzungen – bei Konferenzen wie dem internationalen „Weltwirtschaftsforum" in Davos, dem „Bohemian Grove" in Kalifornien oder den von vielen Mythen umrankten „Bilderberg-Tagungen" und den Treffen der „Trilateralen Kommission".

Allerdings ist dabei das wirklich Interessante nicht das, was dort auf der offiziellen Tagesordnung zu finden ist, sondern das, was „hinter der Bühne und in den Korridoren" passiert. Das Spannende sind also die inoffiziellen Treffen (z. B. des International Business Council), die bilateralen Gespräche, die mündlichen Absprachen, das „Beiprogramm". Und die finden meist hinter verschlossenen Türen statt, dort, wo nur allzu oft das „Kartell des Schweigens" regiert. Die Ergebnisse sind allerdings – wegen der divergierenden Interessen – nicht unbedingt koordiniert und vielfach nicht vorhersehbar. Letzten Endes ist es auch auf dieser Ebene wie bei allen Gruppenprozessen: Was rauskommt, weiß man vorher nicht. Allein schon deshalb eignen sie sich – nach Meinung von Rothkopf – nicht für die große Verschwörungstheorie von der „Weltherrschaft der geheimen Oberen".

Die Frage heißt für Menschen, die internationale Karrieren anstreben wohl eher:

- Was brauche ich, um den Weg dorthin zu finden?
- Wie komme ich in Kontakt mit dieser Top-Szene?
- Habe ich überhaupt eine Chance?
- Was brauche ich dazu?

Natürlich gibt es nicht *den* Königsweg, sondern er ist von Themenfeld zu Themenfeld verschieden. – Das ist in der produzierenden Industrie anders als in der Finanzwelt oder im Mediengeschäft. Gar nicht zu reden von Karrieren im Bereich von Politik, Militär, Wissenschaft oder Religion.

In diesen verschiedenen Bereichen werden natürlich ganz unterschiedliche Fähigkeiten und Fertigkeiten verlangt. Das ist in der Wirtschaft und im Finanzwesen anders als beim Militär oder in der Politik. Und allein im Bereich der Wirtschaft ist das noch mal in den diversen Branchen sehr verschieden.

Der gemeinsame Nenner ist allerdings, dass man einen langen Atem haben muss, denn es ist ein langer Weg, der im Extremfall mehrere Generationen umfasst – zumindest dann, wenn man den Grundstein für eine „Dynastie" legen möchte: Eine internationale Top-Karriere ist nicht nur ein Langzeit-Marathon, sondern geht eben manchmal über ein paar Generationen. Und man muss alles geben: *„Wer leuchten will, muss brennen"* (Abschn. 2.2.4, Checkliste: Karriereanforderungen für heute – und morgen).

Rothkopf hat die Liste der 6000 Mitglieder der internationalen Super-Klasse analysiert und – bei all der Vorsicht, mit der man solche Listen handhaben sollte – verschiedene Gemeinsamkeiten festgestellt:

- Sie sind fast alle männlich (nur 6,3 % sind Frauen).
- Sie gehören der Generation der „Baby-Boomer" an (nur 3 % sind unter 40 Jahren, 45 % über 60 Jahre, Durchschnittsalter: 58 Jahre).

- Sie haben ihre kulturellen Wurzeln in Europa und den USA (Nordamerika und Europa stellen mehr als die Hälfte der Super-Klasse, allein aus den USA kommen 17 %). Allerdings wachsen dabei die Mitglieder aus den Schwellenländern am schnellsten – vor allem aus China, Indien, Brasilien.
- Sie haben eine Elite-Universität (Harvard, Yale, Princeton, Oxford, Cambridge, ENA, LMU …) besucht und einen viel höheren Bildungsstand (91 % haben mindestens einen Bachelor-Abschluss, 47 % haben promoviert).
- Sie sind in der Wirtschaft oder der Finanzwelt tätig (63 %), fast ein Fünftel kommt aus der nationalen oder der internationalen Politik, 7,5 % aus dem militärischen Bereich und 4,3 % aus der Religion und immerhin fast 2 % aus der „Schattenelite".
- Sie haben eine institutionelle Machtbasis. Nur weniger als 2 % haben nicht irgendeine große Organisation im Hintergrund – sei es eine Regierung, ein Konzern, eine Firma, einen Fonds, ein Medienunternehmen, eine Kirche, eine Armee oder ein kriminelles Netzwerk.
- Sie sind reich. Obwohl Reichtum nicht automatisch Macht verleiht, sind ca. 60 % mindestens Millionäre.
- Sie haben Glück (gehabt). Sie waren vielleicht zur richtigen Zeit am richtigen Ort und haben die richtigen Leute kennengelernt oder die richtige Idee gehabt. Vielleicht liegt genau hier die Chance von Lars Hinrichs, dem Gründer des Business-Netzwerkes Xing …

2.4.7 Die Superreichen

Schauen wir uns die Gruppe der „Superreichen" und ihre Mentalitäten etwas genauer an. Also ein Blick auf die, die es – zumindest in der Welt des Geldes – geschafft haben. Man versteht unter „Superreichen" Personen, deren Vermögen über 100 Millionen Euro liegt – entweder selbst verdient (oft unfreundlich etikettiert als „neureich") oder auch vererbt (wenn über mehrere Generationen: „altes Geld"):

Der Privatjet und die Luxusyacht ist vor allem für die Neureichen ein notwendiges Fortbewegungsmittel – heute darf es auch gern noch etwas pompöser sein: Schwer im Trend liegen auch U-Boote der amerikanischen Firma „US-Submarine Inc." als Luxusspielzeuge. Die 65 Meter lange Variante mit 460 qm Wohnfläche, mehreren Salons, Fitnessraum, Weinkeller und angedocktem Klein-U-Boot ist schon ab 40 Millionen Dollar zu haben. Immerhin an die 100 Superreiche haben sich schon ihr eigenes U-Boot zugelegt.

Wer es bodenständiger mag, kann sich auf „luxuryhomes.com" für eine Villa auf Long-Island vormerken lassen für 11 Millionen Dollar oder, bescheidener, für einen luxuriös eingerichteten Festungsturm in der Provence für 2,5 Millionen.

Mit Diamanten besetzte Autofelgen oder Schaltknüppel für mehrere hunderttausend Dollar sind da nur „peanuts". – Es ist halt alles von Interesse, was sich – „bling, bling" – im „Lexikon der überflüssigen Dinge" findet.

Allerdings: Die wirklich schon seit langer Zeit Reichen (oft: „altes Geld") müssen nicht sich und anderen demonstrativ mit Klunkern, Pelzen und Nobelkarossen beweisen, dass sie *(„haste was, biste was“)* reich sind. Sie stellen dabei eher eine zurückhaltende Spezies dar, wie der Soziologe Thomas Druyen herausgefunden hat. Er zitiert den Politologen Ulrich Huster, der sagte: „Man muss den Reichen mit dem Nachtsichtgerät suchen, er ist scheu wie ein Reh.“ So sind von den etwa 130 Milliardären in Deutschland auch nur etwa 30 der Öffentlichkeit bekannt.

2.4.8 Arme Reiche?

Druyen hat ca. 50 Superreiche für seine Arbeiten in „vergleichender Vermögenskultur“ interviewt und dabei festgestellt: Viele von ihnen sind überfordert mit der Wahl- und Entscheidungsfreiheit, die ihnen ihr ungeheurer Reichtum bringt. Plötzlich kommt die Frage ins Spiel, was sie mit ihrem Leben eigentlich anfangen wollen, wo ihnen doch alle Möglichkeiten offenstehen (*https://www.wiwo.de/politik/deutschland/interview-mit-thomas-druyen-ueber-die-psychologie-der-vermoegenden/20476246.html Zugegriffen am 12. April 2020*).

Wieder andere leben in ständiger Angst vor Entführungen (nicht ganz unberechtigt wie man aus den Fällen des Tabakerben Jan-Philip Reemtsma, des ALDI-Gründers oder der Entführung der Kinder des Ex-Drogerieketten-Chefs Anton Schlecker weiß) oder müssen sich gegen Neider zur Wehr setzen. Der zwischenmenschliche Umgang ist schwieriger, weil anscheinend alle etwas von einem wollen – oder die Reichen zumindest ständig das Gefühl haben.

Einige, wie zum Beispiel Warren Buffet, werden zu Philanthropen, um sich vor Sinnkrisen zu bewahren und etwas Gutes für die Menschheit zu tun. Der amerikanische Investor hat 85 % seines auf über 50 Milliarden Dollar geschätzten Privatvermögens der Bill- und Melinda-Gates-Stiftung vermacht.

2.4.9 „Silver-Spoon-Kids“

Dabei haben auch diese Super-Tops es nicht immer leicht. So unterliegt auch die internationale Super-Klasse Trends und Moden. Wer heute angesagt ist, ist morgen vielleicht schon wieder „out“ in diesen Kreisen.

Schließlich: Immer darauf achten zu müssen, oben auf der Welle zu surfen und „angesagt“ zu sein, kostet viel psychische Energie. Und ob man dann noch ausreichend Zeit hat, sich um die Familie zu kümmern, ist die Frage. Ganz abgesehen davon, ob Ehefrau und Kinder immer zu schätzen wissen, was man da für die Familie und den Clan tut.

So sind die Kids dieser Superreichen doch mitunter ganz „anders drauf“, als ihre Eltern: Man denke nur an die Eskapaden von Paris Hilton oder Ivanka Trump.

„Die mit dem goldenen Löffel im Mund geboren werden“, nennt man diese Kaste der übersättigten reichen Erben im deutschsprachigen Raum. In den USA heißen sie „Silver-Spoon-Kids“. Und auch deren Leid ist mitunter auf einem hohen Niveau: Immer nur Exklusivität, immer nur Party in den besseren Kreisen und den neuesten

Nobel-Modetrends hinterherhecheln, immer nur Saint-Tropez, Miami, Portofino oder St. Moritz, gibt ebenso wenig ein erfülltes Leben, wie das chronifizierte Luxus-Shopping auf der Pariser Champs-Elysée, der Londoner Bond-Street oder der Münchner Maximilianstraße. Auch der dritte Urlaub auf den Malediven, auf Mauritius oder in Dubai wird langweilig. Und den Flug in die Schwerelosigkeit des Weltalls von „Virgin Galactic" mit „Space Ship Two" für 135.000 Dollar macht man auch nur einmal ... Selbst das „Bling-Bling" (laut Oxford Dictionary der Begriff der Neureichen für „Diamanten, Schmuck und Show-Stil") bringt es nicht (mehr). Es gibt unter der Jeunesse dorée wohl eine nicht unbeträchtliche Zahl von Personen, die sich Dinge kaufen, die sie nicht brauchen, um Menschen zu imponieren, die sie nicht mögen.

Und dann die immer wiederkehrenden Fragen:

- Was jetzt?
- Und was danach?
- Was könnte noch toller, noch exklusiver, noch besser sein?

Die „Armen Reichen" haben es eben auch nicht leicht.

Und ob die Promi-Kids Spaß daran haben, die Geschäfte des Vaters (oder der Familie) weiterzuführen oder lieber alles Geld unter die Leute zu bringen, ist dann doch die Frage. Wie heißt es doch so schön:

> *„Die erste Generation erschafft es,*
> *die zweite Generation erhält es,*
> *die dritte verprasst es."*

2.4.10 Gescheit, gescheiter, gescheitert? – Hochbegabung und Karriere

> *„Ein Test hat ergeben,*
> *dass ich intelligenter bin, als 99,9 % aller Menschen.*
> *Klingt großartig.*
> *Aber es bedeutet:*
> *Mindestens 6 Millionen sind intelligenter als ich."*
> (Peter Hohl)

Aber es gibt ja nicht nur Geld- und Machteliten. Und Karriere macht man ja auch nicht nur in der Wirtschaft und der Politik. Schließlich hat es da ja auch noch die Kultur-, Bildungs- und Geisteseliten. Es gibt die Wissenschaftler- und Künstlerkarrieren – ob in der Musik, der bildenden Kunst oder der Literatur.

Und hier geht es nicht nur um Effektivität und vorzeigbare Leistung, sondern um Begabung, auch um Hochbegabung und wie weit sie zu einer Karriere werden kann.

Julia ist 13 Jahre alt und gilt als hochbegabt. Aber allein das herauszufinden, war nicht ganz einfach:

Beispiel

„Auf der weiterführenden Schule bekam ich immer Kopfschmerzen, hatte Konzentrationsprobleme und richtige Blockaden. Jahrelang wurde alles getestet – ohne Ergebnis. Bei dem, was meine Eltern so erzählt haben, haben dann manche Psychologen vermutet, es könne vielleicht Hochbegabung sein. Nachdem zwei Tests sich widersprochen hatten, ist dann bei dem dritten herausgekommen, dass ich hochbegabt bin …" (alle Zitate aus Interviews mit mir) ◄

Julia gehört zu den ca. 210.000 Mädchen und Jungen bis 14 Jahren und den – inklusive der Erwachsenen – rund 1,8 Mio. Menschen in Deutschland, die unter Fachleuten als „hochbegabt" gelten. Nicht immer sind die ungewöhnlichen Talente Hochbegabter für Außenstehende ohne weiteres zu erkennen. Oft wirken Kinder wie Julia nach außen hin einfach „anders". Sie werden unter Umständen durch ihr ungewöhnliches Denken und Problemlösen im Klassenverband zu Außenseitern.

Nur zu oft gilt: *„Wer die Mehrheit hat, ist im Recht"*.

So wie Julia erleben es viele Hochbegabte: Selbst wenn sie die Logik auf ihrer Seite haben, gelangen sie – wenn die Hochbegabung nicht erkannt wird – gerade dadurch ins Abseits. Viele begabte Kinder kommen in einen Zwiespalt, den sie nicht auflösen können: „Höre ich auf meinen Verstand – oder auf die Meinung praktisch aller anderen?" Diese Diskrepanz führt manche Hochbegabte an den Rand der Verzweiflung. Und eine nicht geringe Zahl Hochbegabter landet deshalb anscheinend sogar in der Sonder- oder Förderschule.

2.4.11 Was ist eigentlich Hochbegabung?

Unserem Alltagsverständnis nach ist ein Mensch hochbegabt, wenn er Außergewöhnliches vollbringt. Einstein, Leonardo da Vinci, Edison, Newton oder Humboldt sind bloß einige der Namen, die wir in Verbindung bringen mit hoher Begabung. – Allzu auffällig übrigens, dass Frauen relativ selten vorkommen in solch illustrem Kreis (Abschn. 2.5, Frauen und Karriere).

Oder es ist die Rede von so genannten Wunderkindern, die die erstaunlichsten Leistungen vollbringen in einem Alter, in dem die Gleichaltrigen mit Bauklötzen spielen oder sich mit Pickeln und Rotwerden herumschlagen:

Wolfgang Amadeus Mozart fing seinen Lebensweg als Wunderkind an. Von seinen Eltern streng geführt, gab er schon als Sechsjähriger Konzerte, komponierte und wurde in ganz Europa für seine herausragenden Leistungen gefeiert – ebenso wie Ludwig van Beethoven, der eine ähnliche Musikerkarriere hinlegte.

Aus unseren Tagen kennen wir die Geschichte der Musikerin Anne-Sophie Mutter, die mit fünf Jahren das Klavier- und bald darauf das Geigenspielen lernte. Mit sieben Jahren gewann sie mit der Geige den Wettbewerb „Jugend musiziert", mit 13 spielte sie in Salzburg unter Herbert von Karajan.

Oder denken wir auch an Bill Gates, der 1975 mit gerade mal 20 Jahren die Firma „Microsoft" gründete, die heute der weltweit größte und wichtigste Produzent von Computer-Software ist und von der Spürnase ihres Chefs bis heute immer wieder profitiert.

Wer so erfolgreich ist wie Bill Gates oder Anne-Sophie Mutter muss wohl besonders begabt sein. Und wenn schon nicht eine kometenhafte Karriere die Genialität eines Hochbegabten eindrucksvoll demonstriert, erwarten wir doch mindestens, dass er die Anforderungen, die an ihn gestellt werden, mit Leichtigkeit erfüllt. Doch nicht jeder Hochbegabte kommt klar mit den manchmal von Neid oder Unwissenheit geprägten Reaktionen vieler Normalbegabter. Wasser auf die Mühlen dieser Einstellung, kippte Karl Kraus, als er schrieb: *„Talent ist oft ein Charakterfehler"*.

In einer Broschüre, die in Zusammenarbeit der Hochbegabtenförderung e.V. und der BMW AG erstellt wurde, wird über die besondere Situation sehr intelligenter Mädchen und Jungen berichtet, dass hochbegabte Kinder in der Regel von Natur aus mit einer überdurchschnittlich großen Wissbegierde und Selbständigkeit ausgestattet sind. Viele bringen sich oft bereits mit drei Jahren aus eigenem Antrieb Lesen, Schreiben und Rechnen bei und sind z. B. schon zum Zeitpunkt der Einschulung in der Lage, Zahlenräume über die Tausend zu erfassen.

Die Folge: Sie sind ihren Mitschülern schon sehr früh weit überlegen. Und Kindergarten und Schule werden von ihnen häufig als unangenehm und langweilig erlebt. Deswegen fühlen sich vor allem in der Schule hochbegabte Mädchen und Jungen massiv geistig unterfordert. Wiederholungen sind für sie sinnlos und entmotivierend. Wegen ihrer vernetzten Denkstrukturen denken sie lieber weiter, anstatt Dinge mehrfach zu wiederholen, um sie sich einzuprägen.

Nur jede fünfte Hochbegabung wird auf Anhieb erkannt, so fand man in Untersuchungen heraus. Nicht selten, so haben Mitarbeiter des Vereins für Hochbegabtenförderung festgestellt, landen solche unterforderten und unglücklichen Kinder in Sonderschulen oder in psychiatrischer Behandlung. Sie gelten als schwierig und werden schnell auch als geistig minderbemittelt eingestuft – weil niemand sie versteht. Sie entwickeln mitunter schon im Kindergarten psychosomatische Störungen wie Kopf- und Bauchschmerzen. Dann ist die Gefahr groß, dass sie mit ihren Potenzialen verkümmern.

Der geniale Ingenieur und Erfinder Thomas Alva Edison meinte über seine Schulzeit:

> *„Ich war immer der Letzte in meiner Klasse. Ich hatte immer das Gefühl, dass mein Lehrer mich nicht mochte und dass mein Vater meinte, ich sei dumm."*

Und trotzdem wurden etliche wegweisende Erfindungen des letzten Jahrhunderts von Edison erdacht – eine der ersten Glühbirnen ebenso wie die erste große elektrische Beleuchtungsanlage, das erste Kohlemikrophon ebenso wie das erste Grammophon, um nur ein paar seiner Erfindungen zu nennen. Und er war auch als Unternehmer extrem erfolgreich: Der heutige Weltkonzern „General Electric"(GE) wurde von ihm gegründet (Abschn. 2.1.4, Geschichte von Jack Welch, der GE langjährig führte).

Oder nehmen wir den Inbegriff des Genies, Albert Einstein. Ein Lehrer sagte einmal zu seinem Schüler Albert:

> *„Deine träumerische und gleichgültige Haltung gegenüber allem, was wir hier zu lehren versuchen, untergräbt den Respekt der Klasse."*

Und doch setzte dann dieser Träumer Einstein mit seinen Arbeiten zur theoretischen Physik die vielleicht größten Umwälzungen unseres Jahrhunderts in Gang.

Wie schrieb doch Oscar Wilde: „*Wir tummeln uns alle in der Gosse, aber ein paar von uns sehen die Sterne.“(www.berühmte-zitate.de)*

2.4.12 Wie wird die Hochbegabung überhaupt festgestellt?

Die Welt wäre in einem besseren Zustand,
wenn Dummheit wehtäte.

Für den Verein Hochbegabtenförderung e.V. sind nicht nur die Schulnoten und der Schulerfolg eines Kindes maßgeblich für die Annahme einer Hochbegabung. Jutta Billhardt spricht nur dann von Hochbegabung im engeren Sinne, wenn die allgemeine Denkfähigkeit und Denkgeschwindigkeit eines Kindes überdurchschnittlich groß sind.

Der Schlüssel zur Feststellung von Hochbegabung, ist der in psychologischen Tests ermittelte „Intelligenz-Quotient“, der IQ. Im Jahre 1912 führte der Hamburger Psychologe William Stern diesen Begriff ein: Mit einem IQ von 100 wird heute bei Kindern, Jugendlichen oder Erwachsenen eine durchschnittliche Intelligenz oder auch eine normale Denkfähigkeit bezeichnet – verglichen jeweils mit einer repräsentativen Gruppe gleichaltriger Menschen.

In diesen Tests müssen schwierige Denk- und Rechenaufgaben gelöst werden. Zum Beispiel müssen die Probanden herausfinden, nach welchen kniffligen Ordnungsprinzipien Zahlenreihen aufgebaut sind. In anderen Aufgaben wird die Fähigkeit zum räumlichen Denken ausgeleuchtet oder das Sprachgefühl der Probanden auf eine harte Probe gestellt. Nur eine geringe Rolle sollten dabei Wissen und Bildung der Teilnehmer beim IQ-Test spielen.

Die Aufgaben sind immer schwer und die Zeit für die Lösung ist knapp. Die intelligenteren Testkandidaten finden die besseren Lösungen oder die Bearbeitung der Aufgaben gelingt ihnen in kürzerer Zeit.

Statistisch haben 95 von 100 Bundesbürgern einen IQ zwischen 70 und 130. Von Hochbegabung ist dann die Rede, wenn ein Teilnehmer einen IQ-Wert erreicht, der über 130 liegt. Mit anderen Worten: Hochbegabte sind intelligenter als 97–98 % der Bevölkerung.

Die Beurteilung der Intelligenz einer Person, die ausschließlich auf einem IQ-Test fußt, ist allerdings durchaus problematisch. Zuweilen aber gibt der IQ die einzigen konkreten Anhaltspunkte, um bei einem Kind eine außergewöhnliche Begabung festzustellen (*https://www.hochbegabtenhilfe.de/ethische_aspekte/ Zugegriffen am 12. April 2020).*

2.4.13 Anonyme Eierköpfe

Im Jahre 1946 trafen sich der Engländer Roland Berrill und der Australier Dr. Lance Ware zufällig in einem Eisenbahnwaggon und fuhren gemeinsam durch die zerbombten Vororte Londons. Sie kamen ins Gespräch und entwickelten die Idee, einen Verein zu gründen. Der Zusammenschluss sollte politisch und religiös ungebunden und ohne rassische Vorurteile sein. Einziges Aufnahmekriterium würde ein Intelligenzquotient von mindestens 130 sein, über den nur die intelligentesten 2 % der Bevölkerung verfügen. Berrill und Ware hatten die Vision, die Intelligenz der Vereinsmitglieder zu sammeln und für den Frieden und damit zum Wohle der Menschheit einzusetzen. Sie nannten ihren Verein „Mensa“ – das lateinische Wort für „Tisch“ – um zu symbolisieren, dass hier intelligente Menschen aus aller Welt am gleichen Tisch sitzen sollten. Leicht ironisch bezeichnet Mensa sich als Selbsthilfegruppe für Intelligenzbestien – „Eggheads Anonymous“, Anonyme Eierköpfe. Mensa hat weltweit ca. 140.000 Mitglieder. Mensa in Deutschland wurde Ende der 1970er-Jahre gegründet und zählte 2020 ungefähr 15.000 Mitglieder (*https://www.mensa.de/ Zugegriffen am 12. April 2020).*

Wenn die Mensaner sich leicht scherzhaft „Eggheads Anonymous“ nennen, in Anlehnung an die Selbsthilfegruppen der Anonymen Alkoholiker, dann mag das den Zweck des Verbandes besser treffen, als man glauben möchte. Denn Mensa ist für viele Hochbegabte ein Weg, um Kontakt zu finden zu Gleichgesinnten, um aus der Vereinzelung herauszufinden, die viele von ihnen so schmerzlich erleben.

Intelligenz wird nicht erst heute großgeschrieben. Für viele Menschen – in der Hauptsache Männer – gilt sie als besonderer Ausweis der persönlichen Bedeutung und Lebenstüchtigkeit. Doch vielleicht überschätzen wir ja die Bedeutung und die Möglichkeiten unserer Intelligenz, unserer Denk- und Reflexionsfähigkeit. Denn es ist ja auch immer eine Frage, wie weit man das, was sich da an Intelligenz im Kopf versammelt, auch in die Realität umgesetzt wird. Schließlich soll sich das Zerrbild vom „abgehobenen Genie, das nicht mit der Realität zurecht kommt“ konterkariert werden, damit es nicht heißt: *„Während die Intellektuellen diskutieren, stürmen die Doofen die Festung.“* Allerdings: Mensa, der Zusammenschluss intelligenter Menschen, hat – soweit wir wissen – der Welt bisher nicht mehr Frieden gebracht.

2.4.14 Zwischen Neigung und Eignung

Bevor ein Kind durch einen erfolgreich absolvierten Intelligenztest offiziell zum Hochbegabten wird, hatte es mitunter Eltern, die sich nichts sehnlicher gewünscht haben, als ein hochbegabtes Kind. Es mag denn auch unter den (vermeintlich) Hochbegabten Kinder geben, die zum Teil nur die unbewussten Aufträge ihrer Eltern zu erfüllen suchen. Schlimm ist es, wenn Kinder gar nicht hochbegabt sind, von den Eltern aber – nach dem Motto: „Lebe Du unsere ungelebten Träume“ – zu Leistungen angetrieben werden, die gar nicht zu ihnen passen und das auch gar nicht wirklich wollen oder können. Das kann die Kinder in heftige Ambivalenzen treiben – einerseits wollen sie den Anforderungen der Eltern genügen (auch um deren Liebe nicht zu verlieren), andererseits drängt es sie ihre eigenen Fähigkeiten zu entwickeln: Neigung und Eignung sind schließlich nicht immer das Gleiche.

Vielleicht brauchten einige von ihnen dann gar nicht in erster Linie Futter für ihren hungrigen Verstand, sondern liebevolle Zuwendung und Aufmerksamkeit für ihre wirklichen Anlagen und ihre Anliegen. Womöglich wären Eltern wichtiger, die sich Zeit für die Kinder nehmen, sie wahrnehmen und sie akzeptieren in all ihren Facetten. Wie schrieb doch Wilhelm Busch:

„Wenn einer, der mit Mühe kaum
geklettert ist auf einen Baum,
schon meint, dass er ein Vogel wär–
so irrt sich der."

2.4.15 Gescheit, gescheiter, gescheitert

Je gescheiter, umso näher am Scheitern – das trifft so glücklicherweise selten zu. Die meisten Hochbegabten kommen mit ihren überdurchschnittlichen Fähigkeiten ohne Probleme klar, fühlen sich nicht ständig unterfordert, haben einen intakten Freundeskreis und wirken auch sonst keineswegs isoliert oder schräg drauf. Menschen mit hoher Intelligenz haben nicht mehr Schwierigkeiten und Lebensprobleme als diejenigen, deren Begabung normal oder durchschnittlich ist. Sie haben nur andere. Doch eine hohe Begabung allein reicht nicht aus, um im Leben besonders erfolgreich zu sein, um Schwierigkeiten und Probleme besonders gut bewältigen zu können – und schon gar nicht, um besonders glücklich zu sein.

2.4.16 Förderung von Hochbegabung

Obwohl es seit 2007 in Hamburg die bundesweit erste Ganztagsgrundschule für Hochbegabte gibt, es wird noch immer viel zu wenig getan für die „kleinen Genies" – besonders für die, die nicht in der Schule glänzen. Im Wesentlichen haben sie publikumswirksame Einzelaktionen zu erwarten: Etwa in Form mathematisch-naturwissenschaftlicher und musischer Wettbewerbe, z. B. „Jugend forscht" oder „Jugend musiziert", die vom Bundesministerium für Bildung, Wissenschaft, Forschung und Technologie gefördert werden.

Ein Fakt ist in mehreren Bundesländern die (wahlweise) Verkürzung der gymnasialen Ausbildung mit dem Abitur bereits in der Jahrgangsstufe 12 (also nur noch 8 Jahre Gymnasium: „G 8"). Dieser Schritt dürfte für besonders intelligente Kinder mit guten Noten sinnvoll sein. Doch eine Verkürzung der Ausbildungszeit für einige Jungen und Mädchen stellt noch lange kein bildungspolitisches Konzept dar. Hochbegabte mit emotionalen Problemen und schlechten Zensuren bleiben auch bei diesen Maßnahmen außen vor. Da hilft nur individuelle Förderung und in Einzelfällen psychotherapeutische Unterstützung.

Sehr viel mehr als der Staat investieren inzwischen private Initiativen und die Wirtschaft in die Förderung von Hochbegabten. Allerdings wären zur Unterstützung besonders intelligenter Jungen und Mädchen gar nicht unbedingt prestigeträchtige Eliteschulen notwendig.

2.4.17 Intelligenz ist nicht alles

Es hat schließlich nichts mit dem IQ zu tun, ob ein Kandidat gut mit Menschen umgehen kann, ob er belastbar ist und zuversichtlich oder kreativ, ob er Intuition oder Humor hat, ob er sich Fehler eingesteht oder sie anderen gegenüber zugibt, und ob er gut verlieren kann oder nicht.

Für ein erfolgreiches (Berufs-)Leben dagegen sind gerade solche Fähigkeiten vielleicht noch wichtiger als die bloßen intellektuellen Möglichkeiten. Psychologen sprechen von „Emotionaler Intelligenz" (EQ). Und der EQ ist in den meisten Leitungspositionen – weil man dann viele Mitarbeiter führen muss – mindestens genauso bedeutsam wie der IQ. Schließlich sind Weisheit und gelingendes Leben das angemessene Gleichgewicht von Intelligenz, Verstand, Gefühl, Sozialität und Sinn.

Kleine Reflexion(en)

- „Geh' in der Arbeit auf, nicht darin unter" *(Jacques Tati).*
- Die Welt ist groß genug, dass jeder auf seine Weise darauf Unrecht haben kann.
- Nur mit Profil hinterlässt man Spuren: Individualität ist das, wo man nicht mehr mit anderen übereinstimmt.
- „Nicht jeder, der nach Indien fährt, entdeckt Amerika" *(Erika Kästner).*

Kleine Tipps

Optimaler Projektzyklus:
- Phantasie/Idee
- Planung
- *Durchführung*: Beginn – Durchhalten – Beenden – Check-up + Feedback-Schleife
- Gegebenenfalls: Optimierung

Übung

„*Power-napping*": Minuten-Büro-Schlaf macht fit für die nächste Runde (Weil sie wissen, dass entspannte Mitarbeiter bessere Leistungen erbringen, haben Pionier-Unternehmen dafür sogar extra Ruheräume für ihre Mitarbeiter eingerichtet).

So lange Ihre Firma noch keinen Ruheraum hat:

Schild „Bitte nicht stören" an die Tür, lehnen Sie sich zurück in Ihrem Stuhl/Sessel, schließen Sie die Augen oder legen Sie kurz Ihren Kopf auf den Schreibtisch (Kissen?) und kurz Entspannen. Trick: Nehmen Sie einen Schlüsselbund in die herunterhängende Hand – wenn die Entspannung zu tief wird, fällt er zu Boden und Sie wachen auf.

- Legen Sie zum Auftanken immer mal wieder einen verpflichtungsfreien (Spaß-)Tag ein

Zum Weiterklicken: Internet-Adressen

- *www.hochbegabte-erwachsene.de Zugegriffen am 12. April 2020*
- *www.mensa.de Zugegriffen am 12. April 2020*
- *www.dghk.de Zugegriffen am 12. April 2020*
- *www.karg-stiftung.de Zugegriffen am 12. April 2020*

2.5 Der halbe Himmel und die gläserne Decke: Frauen und Karriere

„Erfolgreiche Männer
haben eine Frau im Rücken.
Erfolgreiche Frauen
eine Familie im Nacken."

Genau so wenig wie es *den* Job gibt, gibt es *die ideale Frauenkarriere*. Gemeinsam ist den meisten weiblichen Karrieren höchstens, dass „ganz normale" Frauen etwas Außergewöhnliches leisten. Denn was es für die meisten Karrieristen braucht – egal ob Frau oder Mann – ist persönliches Durchhaltevermögen und Rückendeckung durch Partnerschaft oder Familie. Aber gerade an einer gesunden Partnerschaft mangelt es noch immer vielen Karrierefrauen. Christine, Kommunikationsberaterin, hat es selbst erfahren:

Beispiel

„Auf dem Weg zur Karriere oder zum Erfolg in der Wirtschaft muss eine Frau sehr schnell lernen, männliche Verhaltens- und Denkweisen und auch die Mechanismen männlichen Handelns zu erkennen. Und sie muss sich ihrer selbst bedienen. Sie darf aber nicht den Fehler machen, nur noch wie ein Mann zu handeln, zu denken und sich zu verhalten. Sie muss sich eher auf dem schwierigen Grat bewegen zwischen anerkannter Kompetenz und ihrer eigenen Weiblichkeit. Wer diese Gratwanderung nicht schafft, hat wirklich einen hohen Preis zu zahlen. Hat eine Frau es aber gelernt und betont das zu stark, dann kann es sein, dass sie Probleme bekommt im Privatleben, dass sie Schwierigkeiten hat, einen Partner zu finden. Und die Folgen sind Einsamkeit, typisches Singledasein, trotz Geld, Erfolg und Reisen. Man hat alles, aber man ist alleine." ◄

Obwohl die Frauen in punkto Karriere in den letzten Jahren aufgeholt haben – schließlich sollte ihnen der halbe Himmel gehören – Karrieren von Frauen gelten noch immer als die Ausnahme – vor allem in den obersten Führungsetagen der Unternehmen. Zwar müssen sie nicht so ausgebufft, berechnend, machtgeil und kalt sein wie Desirée Nosbusch als die Investmentbankerin Christelle Leblanc in der TV-Serie „Bad Banks" (2020), aber eine gewisse Härte und Konsequenz ist gerade für Frauen dort oben schon notwendig.

Im Grunde können Frauen auf vielen Gebieten heute beruflich erfolgreich sein – in der Finanzwelt genauso wie in der produzierenden Wirtschaft oder der Kosmetikindustrie, an der Uni, in Behörden, Kunst, Wissenschaft oder Politik – allerdings sind noch immer nur wenige Frauen in den Top-Positionen gelandet.

Schließlich sind in den unterschiedlichen Berufsfeldern die Spielregeln für das Vorwärtskommen jeweils anders – gleichgültig ob für Mann oder Frau. Wo in einem Bereich Durchsetzungsvermögen, Flagge zeigen und Ellenbogen ausfahren angesagt ist, zählt in anderen Branchen vielleicht das Abwarten bis zum richtigen Zeitpunkt, die richtigen Beziehungen („Vitamin B"), das richtige Wort zur richtigen Person – oder gar das richtige Parteibuch. Entsprechen die Regeln im Top-Business vielleicht nicht der weiblichen Psyche, sind sie also zu „männlich"?

„Steiniger Weg ins Management – Geschlechtsspezifische Barrieren beim Aufstieg" überschreibt Erika Regnet, Professorin für Personal und Organisation an der Hochschule Augsburg, einen Aufsatz in der Zeitschrift *Report Psychologie* (3/2020). Ihrer Meinung nach, gibt es folgende Karriere-Barrieren für Frauen:

- Umfeld beeinflusst berufliche Entscheidungen (Teilzeit als Karrierefalle, Minijob als Sackgasse, Ehegattensplitting lässt Frauen kürzertreten ...),
- Mangelnde Karrieremotivation (weniger risikoaffin, geringere Arbeitszufriedenheit, negativere Selbsteinschätzung),
- Einstiegsbarrieren,
- Aufstiegsbarrieren (langsamerer Aufstieg, „Think crisis – think female"),
- Realitätsschock: Senkung der beruflichen Erwartungen nach Berufseintritt,
- „Think manager – think male" (Eigenschaften erfolgreicher Manager, Dilemma karriereorientierter Frauen),
- Unconscious Bias (Wahrnehmungs- und Beurteilungsfehler, Benachteiligung für Frauen),
- Fehler bei der Partnerwahl (Retraditionalisierung).

Ihr Fazit: „Trotz guter Bildungsabschlüsse erreichen weiterhin nur wenige Frauen höhere Managementpositionen.".

2.5.1 Frauen: Ausbildung und Beruf

Nichtsdestotrotz haben Frauen auf dem Arbeitsmarkt beachtlich an Terrain gewonnen, zuerst bei den Schulabschlüssen und immer mehr auch in der Berufswelt: Der Frauenanteil bei den Abiturienten liegt schon seit einigen Jahren in Deutschland weit über 50 %.

Mädchen verlassen die Schule viel seltener als Jungen ganz ohne Abschluss. Ihr Schulabschluss beschränkt sich seltener als bei den Jungen auf einen Hauptschulabschluss. Sie erzielen häufiger als Jungen einen mittleren Abschluss oder gar die Hochschulreife.

Erstmals nahmen im Herbst 2018 mehr Frauen als Männer ein Studium auf (222.951 Frauen) – allerdings von Studienfach zu Studienfach sehr unterschiedlich. So dominieren inzwischen in Medizin, Rechtswissenschaften, Architektur, Theologie/Religionswissenschaften und Pädagogik die Frauen, während die Männer in Maschinenbau, Physik, Mechatronik und Fahrzeugtechnik weiter die Nase vorn haben (*https://www.zeit.de/campus/2019-10/geschlechterverhaeltnis-studiengaenge-frauen-maenner-studium-universitaet Zugegriffen am 12. April 2020).*

2.5.2 Alphamädchen

Die jungen emanzipierten Frauen werden denn auch gern „Alphamädchen" genannt. Es sind die weiblichen Bildungsgewinnerinnen, die selbstbewusst und erfolgsorientiert durchs Leben gehen.

Der Einstieg in einen vielversprechenden Job ist für die gut qualifizierten Frauen in der Regel heute kein Problem mehr – händeringend werden hoch qualifizierte (gerade weibliche) Fachkräfte gesucht.

Danach läuft der Karriereweg bei den meisten Frauen dann aber nicht mehr ganz so glatt und bis ins Topmanagement schaffen es nur die Wenigsten. Europaweit ist bisher ungefähr jede dritte Führungskraft eine Frau.

Anlässlich des Frauentages 2017 verkündete Eurostat, dass europaweit nur jede dritte Führungskraft eine Frau ist (ca. 35 %). In Deutschland sind es nur 22 %. Hinzu kommt, dass jene Frauen in Führungspositionen in der EU im Schnitt 23,4 % weniger verdienen als Männer. Und auch hier schneidet Deutschland schlechter ab, als der europaweite Durchschnitt: sie verdienen 26,8 % weniger (*https://ec.europa.eu/eurostat/documents/2995521/7896995/3-06032017-AP-DE.pdf/b49bc03b-00be-448c-b12a-318012c61cda Zugegriffen am 12. April 2020).*

Allerdings betrifft das alle Unternehmen (von der Imbissbude, über den Friseursalon und das Einzelhandelsgeschäft bis hin zu größeren Unternehmen). Aber es tut sich was: Selbst in den Führungsetagen der Großkonzerne nimmt der Anteil der Frauen zu: Nach einer Auswertung der Organisation „Frauen in die Aufsichtsräte" (FIDAR) Ende 2019 war im Oktober im Schnitt fast jeder dritte Aufsichtsratsposten in den 186 größten börsennotierten deutschen Unternehmen mit einer Frau besetzt (*https://www.infranken.de/ueberregional/wirtschaft/frauenanteil-in-top-positionen-steigt-weiter;art184,4646886 Zugegriffen am 12. April 2020).*

Dabei sind die Unterschiede in den verschiedenen Branchen sehr groß. Im Gesundheits- und Sozialwesens finden sich besonders viele weibliche Chefs, ebenso im öffentlichen Dienst. In anderen Bereichen sind sie noch weit abgeschlagen im hinteren Feld unter „ferner liefen".

Während die Berufswünsche jüngerer Mädchen vor allem auf vagen Selbstentwürfen basieren, kommt es mit zunehmendem Alter zu einer realistischeren Einschätzung der eigenen Kompetenzen und Chancen: So favorisieren Mädchen ab 15 Jahren nur noch selten Berufe wie Künstlerin und Tierärztin. Allerdings werden auch seltener Berufe genannt, die zur Voraussetzung das Abitur und ein Studium haben. So gewinnt der Beruf der Bürokauffrau an Bedeutung (*https://www.bmfsfj.de/blob/94248/74a020585b488e07089cc483fb7630be/maedchen-und-jungen-in-deutschland-data.pdf Zugegriffen am 12. April 2020).*

Letztlich wird aber weiterhin ein Großteil der deutschen Betriebe ausschließlich von Männern geführt. Es gibt immer noch jede Menge reine Männerrunden in Vorständen und Aufsichtsräten deutscher Konzerne. Von einer Gleichstellung der Geschlechter dort kann damit noch lange nicht die Rede sein.

Junge Frauen haben also heute einerseits viel bessere Karten als ihre Vorgängerinnen: Sie haben super Abiturnoten und wissen auch sonst, dass sie gut sind. Und sie lesen es ständig in der Zeitung oder im Internet, dass die Wirtschaft es sich gar nicht mehr leisten kann, auf „die bestausgebildete Generation junger Frauen“ zu verzichten. Gleichzeitig gibt es noch jede Menge ideologischer Vorbehalte gegen Frauen als Führungskräfte. Obwohl der Trend eindeutig in Richtung Gleichberechtigung geht.

Wasser auf die Mühlen der Emanzipation ist die Angst vor einem zukünftigen Fachkräftemangel in Wirtschaft und Technik: Frauen als Elektrotechnikerinnen und Maschinenbauerinnen, Schornsteinfegerinnen und Feuerwehrleute? Plötzlich ist die bessere Vereinbarkeit von Familie und Beruf ein offizielles „wichtiges Anliegen“ der Wirtschaft. Vielleicht ein ideales Sprungbrett für eine erfolgreiche Karriere als Ingenieurin?

Und nebenbei hätten natürlich auch die Unternehmen eine höhere Produktivität. Die Unternehmensberatung McKinsey will herausgefunden haben, dass Unternehmen, in denen auch Frauen das Sagen haben, stärker wachsen als die Konkurrenz. „Reine Männerwirtschaft“ – wie in Deutschland – lässt nach dieser Studie die Produktivität sinken.

2.5.3 Sind Frauen die besseren Führungskräfte?

Und es scheint sich auch in den Führungsetagen herumzusprechen: Frauen scheinen für viele Führungspositionen besser geeignet als Männer. Sie sind weniger dominant, dafür aber verantwortungsbewusster. Ihre Intuition und ihre Teamfähigkeit sind besser ausgeprägt. Und es ist die gekonnte Verbindung von Selbstbewusstsein und Charme, die den Erfolg vieler Karrierefrauen ausmacht. Aber der „weibliche Zugang“ zu den Problemen – Emotionalität, Kommunikationsfreude und vernetztes Denken – irritiert immer noch viele traditionell orientierte Männer.

Vielleicht suchen Firmen wie Siemens deshalb Frauen speziell für technische Jobs. Es wird neuerdings in vielen Betrieben auf gemischte Teams gesetzt. Dort sollen Frauen neue Sichtweisen einbringen, um die Innovationsdynamik zu erhöhen. Talentmanagement ist angesagt (Abschn. 2.5.12, Gender Mainstreaming und Diversity). Schon die Schülerinnen will man für Technik begeistern durch „Girls’ days“ und „Frauenpower-Tage“.

2.5.4 Karrierehemmnisse für Frauen

Mit dem Weiterkommen auf der Karriereleiter klemmt es allerdings bei Frauen bis heute immer noch viel öfter als bei Männern. Schon bei der ersten Hürde, nämlich dem Stellenwechsel in die bessere Position, der für Karriereorientierte nach ca. fünf Jahren geradezu erwartet wird, zeigt sich das. Bei Frauen sind das schnell auch sieben Jahre oder mehr und werden dann süffisant als „Unternehmenstreue“ kommentiert. Noch dazu beginnt für Frauen in dieser Lebensphase auch die berühmte „biologische Uhr“ zu ticken, sie mahnt die Entscheidung an: Kinder ja oder nein?

Rührt der Karriereknick bei Frauen aber wirklich nur daher, dass Frauen Kinder kriegen können? Oder woran liegt es sonst noch, wenn Männer im Beruf die Nase vorn haben?

Sonia Bischoff, Professorin für Betriebswirtschaftslehre an der Universität Hamburg, glaubt nicht, dass die Kinderfrage für Frauen das größte Hindernis ist, denn im mittleren Management finden sich immer mehr Frauen mit eigenen Kindern. Als die beiden wichtigsten Karrierehemmnisse hat sie Vorurteile gegenüber Frauen und die Gehaltslücke zu den männlichen Kollegen ausgemacht. Wohlgemerkt: Frauen verdienen im Schnitt in Deutschland immer noch ca. 21 % weniger für die gleiche Arbeit wie Männer (auch im Führungsbereich!) – allerdings nicht überall. Hier einige Beispiele (Lohnspiegel 2019):

- unter Versicherungskaufleuten verdienen Frauen 21 % weniger,
- bei Bauingenieurinnen beträgt der Rückstand zu männlichen Kollegen 16 %
- bei Informatikerinnen 7 %.

Wie war das bitte mit „gleichem Lohn für gleiche Arbeit"?

Ein Grund für die sog. Gender-Pay-Gap, also die geschlechtsspezifischen Gehaltsunterschiede, sind u. a. die kürzeren Arbeitszeiten und längere Erwerbsunterbrechungen von Frauen.

Teilzeit und längere Elternzeiten werden in den Betrieben häufig abgestraft, da sie als Signal für geringeres Arbeitsengagement gelten. Das betrifft stärker Frauen, da diese nach wie vor den Löwenanteil an Haus- und Sorgearbeit übernehmen, meint Dr. Yvonne Lott, am WSI Expertin für Arbeitszeitforschung. Etwas verkürzt gesagt: Eine Mutter auf einer Teilzeitstelle macht seltener Karriere. Und es gibt auch Unternehmen, die Teilzeitarbeit schlechter bezahlen als vergleichbare Vollzeitjobs, obwohl das illegal ist.

Weitere Gründe für den Gehaltsunterschied können die bei Frauen meist geringere Personalverantwortung sein oder dass Frauen nicht hartnäckig genug Gehaltserhöhungen fordern.

So kann es sein, dass auch in absehbarer Zeit überwiegend mehr Männer als Frauen die Geschicke der Unternehmen führen, weil mehr Männer den Aufstieg wollen, wenn auch genauso viele Frauen hervorragend qualifiziert sind.

2.5.5 Equal-pay-day

Auch auf dieser Ebene wurde der Frauenaktivismus wiederbelebt: Schon 2008 haben Frauengruppen den „equal-pay-day" eingeführt, ein Aktionstag gegen die Gehaltskluft und die Einkommensunterschiede zwischen Männern und Frauen.

Viele Expertinnen sind davon überzeugt, dass die Gehaltsfrage immer noch ein altes Rollenverständnis widerspiegelt. Ein Vorgesetzter, der meint, eine Frau habe sich in erster Linie um Haushalt und Kinder zu kümmern, wird ihr immer ein niedrigeres Gehalt als einem Mann anbieten. Für ihn ist sie nämlich nur eine „Zuverdienerin" und der Mann der „Ernährer", ganz so wie es das traditionelle Familienbild seit den 1950er-Jahre vorgesehen hat Abschn. 2.5.12, Von der Hausfrauenehe zum „Gender Mainstreaming").

Man kann davon ausgehen, dass Frauen, die positive finanzielle Erfahrungen machen, d. h. richtig gutes Geld verdienen, einen ähnlich starken Aufstiegswillen entwickeln wie die Männer – und dann natürlich die Karrierehürden auch leichter meistern.

2.5.6 „Gläserne Decke"

Erfolgsorientierte Frauen werden nicht mehr direkt am Weiterkommen gehindert. Die bürokratischen Hindernisse sind weitgehend überwunden. Was bleibt, sind die versteckten Hürden: informelle Praktiken und Regeln der männlich dominierten Managementkultur.

Frauen, die ganz nach oben wollen, müssen eindeutig mehr leisten als ihre männlichen Konkurrenten. Man spricht auch von einer unsichtbaren Grenze, einer „gläsernen Decke", durch die Frauen auf ihrem Weg nach oben ausgebremst werden.

Es ist deshalb vielleicht empfehlenswert, die Codes der Männerwelt entschlüsseln zu lernen und sie für sich zu nutzen. Oft geht es dabei um zwei grundsätzlich verschiedene Haltungen:

Männer denken in Hierarchien und Frauen in Netzwerken. Das zeigt sich in scheinbar banalen Bereichen wie:

- Wer darf wen unterbrechen oder anfassen?
- Wer grüßt wen zuerst und wie laut?

Männer beachten unwillkürlich stets die Spielregel „Rangordnung vor Inhalt!" und sprechen deshalb in einer Sitzung meist zum „Anführer" hin.

Weil Frauen solche Spiele nicht gerne mitspielen, fällt es ihnen oft schwerer, das Wort zu ergreifen und sich gegenüber anderen Teilnehmern in der Gruppe zu behaupten.

Ein möglicher Ausweg: Gruppen, in denen mindestens drei Frauen vertreten sind. Bei mindestens drei Frauen in der Gruppe fühlen Frauen sich sicherer und brauchen sich nicht als einsame Verteidigerinnen ihres Geschlechts zu behaupten.

2.5.7 Drehtür-Effekt und gläserne Klippe

Vor allem Frauen in Männerberufen sollten auf den so genannten Drehtür-Effekt gefasst sein: Es passiert immer wieder, dass gut ausgebildete Frauen durch starke Männerbündnisse wieder aus dem Job hinausgedrängt werden, noch bevor sie richtig Fuß gefasst haben – obwohl sie fachlich ohne weiteres mithalten könnten.

Ähnlich zum Drehtür-Effekt ist die so genannte gläserne Klippe: So kommt es nach einer Studie von Bannier et al. (2018) gelegentlich vor, dass Frauen erst dann in Führungspositionen befördert werden, wenn es dem Unternehmen schlecht geht.

Schafft die weibliche Führungskraft es dann nicht, das kränkelnde Unternehmen wieder gesunden zu lassen, packt sie bald wieder ihre Sachen und überlässt einer anderen Führungskraft das Feld. Allerdings reagieren die Unternehmen erstmal zumeist eher positiv auf die Ernennung einer weiblichen Führungskraft, so die Autoren der Studie.

Auch die viel gerühmten „Soft skills" der Frauen – also Teamfähigkeit, Einfühlungsvermögen und Kommunikationsfähigkeiten – werden oft nur auf der unteren Führungsebene geschätzt. Im Verkaufsbusiness denkt man beispielsweise darüber nach, ob traditionell weibliche Verhandlungs- und Verkaufsstile nicht viel effektiver sind als die männlichen „hard-selling"-Methoden. Auf den höheren Ebenen zählen dann doch die männlichen Eigenschaften wie Durchsetzungsvermögen, Verhandlungsstärke und Zielstrebigkeit.

Prof. Rolf Haubl, bis 2019 Leiter des Frankfurter Sigmund-Freud-Instituts, spricht sogar vom Erfolgsfaktor „gekonnte Aggressivität". Um erfolgreich zu sein, müssten Frauen eigene Interessen gegen Widerstände vertreten, Konflikte und Enttäuschungen aushalten und Aggressionen produktiv nutzen.

2.5.8 F-Klasse: Opferrolle oder Power-Feministin?

Im Hinblick auf Berufstätigkeit werden Frauen oft in zwei Kategorien eingeteilt: Einerseits die sich aufopfernden Hausfrauen andererseits die „Power-Feministinnen" oder auch die Frauen der so genannten F-Klasse.

Mit der F-Klasse ist ein neuer Feminismus gemeint, also Frauen, die sich allein durch das individuell Erreichte und Gelebte definieren, die karriere- und spaßorientiert sind (passend zum Neoliberalismus). Sie wehren sich gegen die öffentliche Haltung, dass Kinder und anspruchsvolle Vollzeitjobs nicht zusammenpassen – hauptsächlich durch Veröffentlichungen.

2.5.9 Karrierefaktoren: Netzwerke, Vorbilder und Mentoring

Viele Frauen glauben immer noch, dass sich allein durch Leistung und Übernahme von Verantwortung Karriere machen lässt. Sie unterschätzen die Bedeutung von Selbstbewusstsein und gutem Selbstmarketing.

So wie Männer sich ganz gerne in „boys-networks" und „Vetternwirtschaft" gegenseitig unter die Arme greifen, können sich Frauen durch professionelle Netzwerkbildung unterstützen.

Das Expertinnen-Beratungsnetz Hamburg gibt z. B. Know-how von erfahrenen Fachfrauen an jüngere Kolleginnen weiter. Fast jede Berufsgruppe hat mittlerweile ihr weibliches Netzwerk, vom „Juristinnenbund" über den „Journalistinnenbund" und den „Deutschen Ingenieurinnen Bund" bis zum „Bundesverband der in der Praxis mitarbeitender Arztfrauen" – ganz abgesehen von den traditionellen Frauenvereinigungen wie „Zonta", „Verband berufstätiger Mütter", „Terre des Femmes".

„Excellence knows no gender!" (Exzellenz kennt kein Geschlecht) findet das junge trendige Netzwerk „Victress". Diese Initiative sieht die eigene Mission darin, den Anteil von Frauen in Führungspositionen zu erhöhen, um den Standort Deutschland zukunftsfähig zu machen. Victress steht für gelebte Gender Balance (Abschn. 2.5.11), will eine bessere Machtbalance zwischen Mann und Frau in Wirtschaft und Gesellschaft. Die weiblichen Mitglieder wollen „die Hälfte des Himmels". Das Besondere: Bei Victress können auch Männer Mitglied sein – bisher machen diese allerdings erst ein Viertel der Mitglieder aus (*https://www.victress.net/ Zugegriffen am 12. April 2020)*.

Netzwerken finden auch dort statt, wo Frau es vielleicht gar nicht vermutet: beim informellen Teil ihrer Arbeitszeit, nach dem Meeting oder der Konferenz. Oft klinkt sich die weibliche Führungskraft zu früh aus, weil die Familie wartet oder ihr die männliche Art der Kommunikation unangenehm ist.

Ein weiterer wichtiger persönlicher Erfolgsfaktor sind außerdem gute Vorbilder. Das kann durchaus die eigene Mutter sein, denn überdurchschnittlich viele erfolgreiche Frauen haben auch eine erfolgreiche Mutter, aber eben auch eine Lehrerin, eine Vorgesetzte oder einen medial vermittelten weiblichen Leitstern.

Auch Mentoring-Programme können diese Funktion übernehmen. Firmenintern oder auch zwischen verschiedenen Unternehmen bekommen dabei Nachwuchskräfte, so genannte Mentees, eine Mentorin zur Seite gestellt, mit der sie sich regelmäßig austauschen können.

Auch Trainingsseminare und Coachingzirkel für Frauen helfen den eigenen Standpunkt besser zu bestimmen, geben Tipps für die „smarte Karriere", wo Frau sich nicht verausgabt, sondern ihre Energie effektiv einsetzt, z. B. nach dem Motto der Essener Trainerin Marion Keup: Weniger Fleißarbeit im Hamsterrad, mehr Strategie.

2.5.10 Work-Life-Balance

Allein schon die Möglichkeit kürzerer und flexiblerer Arbeitszeiten – sowohl für Männer wie für Frauen – würde manches erleichtern. Schließlich ist die Möglichkeit Partnerschaft, Familie und Beruf in eine bessere Balance zu bringen, die berühmte Work-Life-Balance, inzwischen zum Topthema avanciert.

Mindestens ein Drittel der deutschen Familien leidet nach Schätzungen unter Zeitnot. Hauptursache dafür sind die sehr langen Arbeitszeiten von Vätern, meist mit mehr als 40 Stunden in der Woche. Dahinter steht das Standardmodell des „sorgelosen Arbeitnehmers", der sich mit ganzer Kraft dem Job widmen kann, weil die fürsorgliche Ehefrau ihm zu Hause den Rücken freihält. Dieses Modell ist inzwischen aber längst von der Realität überholt worden. Nur ein knappes Viertel der Paare lebt in Westdeutschland noch in der klassischen Hausfrauen-Ehe, in Ostdeutschland sind es gar nur acht Prozent. Eine klare Mehrheit will das „Zweiverdienermodell", das heißt, beide Partner wollen arbeiten – zum Teil müssen sie es aus finanziellen Gründen auch.

Um die Zeitnot zu vermeiden und das berufliche Fortkommen von beiden Eltern zu ermöglichen, ist die Balance zwischen Beruf und Familie ein wichtiges Thema. Schlüsselfaktor ist hier die Arbeitszeit. Wünsche und Wirklichkeit fallen hier leider mitunter weit auseinander: Mit kleinen Kindern arbeiten Mütter in der Regel kürzer. Väter bleiben bei Vollzeit oder arbeiten sogar länger als ohne Nachwuchs. Häusliches Engagement ist da kaum noch zu erwarten. Der Gender Gap, die geschlechtsspezifische Schere, bei den Arbeitszeiten von Müttern und Vätern ist immer noch beträchtlich. In Westdeutschland arbeiten Väter im Schnitt 17 Stunden pro Woche länger als Mütter, vor allem deshalb, weil Väter meist Vollzeit und Mütter Teilzeit arbeiten. Vollzeitarbeitende Eltern wünschen sich mehrheitlich kürzere Arbeitszeiten, teilzeitbeschäftigte Mütter würden die Arbeitszeit gerne erhöhen. Die meisten Wunscharbeitszeiten bewegen sich zwischen hoher Teilzeit und gemäßigter Vollzeit.

Eine Idee aus Schweden: subventionierte Arbeitszeitverkürzung von Müttern und Vätern um fünf Stunden die Woche. Vollen Steuervorteil gibt es nur, wenn beide Eltern die Absenkung nutzen.

Ein gutes Beispiel, wie Job und Familie durch das Unternehmen besser vereinbart werden können, findet sich in dem Buch „Smart Leadership" von Monika Becht (2002):

Die Agenturchefin Erika Backhaus fördert in ihrer Kommunikationsagentur „Konsumgöttinen – Connected GmbH" in Frankfurt das gesunde und so oft geforderte Gleichgewicht von Arbeit und Beruf, die Life-Work-Balance. Erika Backhaus sorgt dafür, dass ihre Mitarbeiter pünktlich Feierabend machen und einmal in der Woche ist für alle früher Schluss. Auch verdonnert sie einige Mitglieder aus ihrem jungen Team zum Urlaubmachen.

Für sie gibt es auch ein Leben außerhalb der Agentur, und das gibt sie an ihre Mitarbeiter weiter, die ihr das mit höherer Arbeitsbereitschaft danken.

Ihrer Meinung nach leisten Mitarbeiter, vor allem in kreativen Berufen, keine gute Arbeit, wenn das Privatleben zu kurz kommt, weil sie dann unzufrieden sind. Dem wollte sie vorbeugen. Ihrer Erfahrung nach bieten Teamunterstützung und Förderung der Eigenverantwortlichkeit die höchste Motivation für junge Karrieristinnen.

2.5.11 Neue Leiden der modernen Karrierefrau

Bislang galten Frauen als das gesündere Geschlecht – schließlich leben sie durchschnittlich fünf Jahre länger als Männer. Das scheint nicht mehr zu gelten: Immer mehr Frauen leiden unter Stress, neigen zu Depressionen und Suizid, erleiden immer öfter Herzinfarkte oder entwickeln Süchte. Nach Meinung von Prof. Stefan Bleich (Chefarzt der Klinik für Psychiatrie der Medizinischen Hochschule Hannover) setzen sich Frauen heute enorm unter Druck, alles richtig machen zu wollen. Er macht das veränderte Rollenbewusstsein dafür verantwortlich: Familie, Kind und Beruf müssen vorzeigbar gestemmt werden. Noch dazu ist Mobbing am Arbeitsplatz bei jungen Frauen zwischen 30 und 40 Jahren stark verbreitet (Abschn. 3.5.). Experten sind sich einig: Dieser Leistungsdruck erhöht die psychischen Leiden der Frauen. So sind Depressionen bei Frauen inzwischen doppelt so häufig wie bei Männern und die Zahl der Herzinfarkte bei Frauen ist in den letzten Jahren dramatisch gestiegen. Von den Patienten, die an einer der im Deutschen Herzbericht dargestellten häufigsten Herzkrankheiten gestorben sind, sind 45,9 % Männer und 54,1 % Frauen (*https://dgk.org/pressemitteilungen/herzkrankheiten-maenner-erkranken-haeufiger-frauen-sterben-oefter-daran/ Zugegriffen am 12. April 2020).*

Petra Gerstkamp vom Müttergenesungswerk hat ebenfalls die Erfahrung gemacht, dass junge Frauen dadurch, „dass sie alles wollen", schnell unter einer Mehrfachbelastung leiden. Vor allem alleinerziehende Mütter hätten es schwer. Aber auch Mütter in einer festen Partnerschaft litten unter Erschöpfungszuständen, da sie nicht nur eine gute Mutter, sondern genauso auch eine „gute Partnerin und gut im Beruf sein wollten". Wenn dann noch die Pflege von Angehörigen, ein zeitintensives Hobby oder Vereinsaktivitäten dazukommen, ist die Mehrfachbelastung schnell perfekt. Von einem ausgewogenen Verhältnis zwischen Berufs- und Privatleben – oder Work-Life-Balance – kann man dann nicht wirklich mehr sprechen (*https://m.lvz.de/Mehr/Schlingel-Familie/Ratgeber/Doppelbelastung-und-Leistungsdruck-Auszeit-mit-Kind-kann-helfen Zugegriffen am 12. April 2020)*

2.5.12 „Gender Mainstreaming"

Gender Mainstreaming (GM) ist eines der Schlagwörter der Emanzipationsbewegung, die heute vielfach als „(d)englisches" Etikett verwendet werden, aber nicht besonders klar definiert sind. Vielleicht hängt es damit zusammen, dass GM nur schwer ins Deutsche zu übersetzen ist.

Gender kommt aus dem Englischen und bezeichnet die gesellschaftlich, sozial und kulturell geprägten Geschlechterrollen von Frauen und Männern. Diese sind – anders als das biologische Geschlecht – erlernt und damit auch veränderbar.

Mainstreaming kommt ebenfalls aus dem Englischen und bezeichnet die Absicht, einen bestimmten Sachverhalt oder eine bestimmte Frage zu einem allgemeinen gesellschaftlichen Thema bzw. zu einer allgemeinen gesellschaftlichen Praxis zu machen.

Gender Mainstreaming bedeutet, bei allen gesellschaftlichen Vorhaben die unterschiedlichen Lebenssituationen und Interessen von Frauen und Männern von Anfang an und durchgängig zu berücksichtigen.

Die Wurzeln von GM liegen in der weltweiten Frauenbewegung und deren enttäuschenden Erfahrungen mit der Durchsetzung von weiblichen Forderungen an die Regierungen. Frauen wollten aus der Position der Bittstellerin an die Regierungen herauskommen und suchten nach neuen Strategien. Schon 1995 auf der 4. Weltfrauenkonferenz in Beijing erhielt die neue Strategie ihren Namen: Gender Mainstreaming. Regierungen sollten von da an in allen Politikbereichen berücksichtigen, welche Auswirkungen jede ihrer fachpolitischen Entscheidungen für die Situation der Frauen (und der Männer) hat.

Vergleichen lässt sich das Konzept Gender Mainstreaming mit dem Flechten eines Zopfes aus verschiedenen Strängen. Bisher zählten bei Entscheidungen in Organisationen in der Regel die Stränge Sachgerechtigkeit, Machbarkeit und Kosten. Durch Gender Mainstreaming soll jetzt von Anfang an der Geschlechteraspekt als eigener Strang mit eingeflochten werden.

Da die Rahmenbedingungen für eine echte Entscheidungsfreiheit zwischen Familie und Beruf immer noch nicht stimmig sind, ist noch viel zu tun. So fördert das deutsche Steuersystem z. B. immer noch (über das Ehegattensplitting) die „Alleinverdiener-Ehe“ bzw. einen Haupternährer mit allenfalls geringfügig erwerbstätiger Ehefrau. Die Elternurlaubsregelungen (vor dem Elterngeld) förderten bisher lange Unterbrechungen oder Aufgabe der Berufstätigkeit. Immer noch sind die Arbeitszeiten für die Mehrheit zu unflexibel. Dazu ist die öffentliche Kinderbetreuung noch immer nicht gut genug ausgebaut. Das alles hemmt immer noch die Frauenerwerbstätigkeit. Ein kleiner Rückblick:

2.5.13 Vor 50 Jahren – Mutter als Beruf

Man muss es sich noch mal vergegenwärtigen: Bis in die 1960er-Jahre konnte eine Ehefrau in Westdeutschland nur mit Zustimmung ihres Ehemannes überhaupt berufstätig sein und ein eigenes Konto haben, obwohl die Gleichberechtigung von Mann und Frau schon seit 1949 im Grundgesetz verankert war.

Der Familienminister Franz Josef Würmeling (CDU) sah in den 1950er-Jahren gar die Berufstätigkeit von Müttern als „erzwungenes Unheil“, dem mit aller Kraft entgegenzuwirken sei. Die Hausfrauen-Ehe wurde zum gesetzlichen Leitbild und bestand normalerweise aus einem verheirateten Ehepaar mit leiblichen Kindern. Der Mann, der „Ernährer“, war berufstätig, während die Frau für Heim und Familie zu sorgen hatte. Auch wenn es heute noch von so manchem CSU-Politiker vertreten wird, wird diese Familienform wohl mehr und mehr zum Auslaufmodell.

Auch in der DDR der 1950er-Jahr hatte die Gleichberechtigung von Mann und Frau Verfassungsrang. Allerdings waren dort die Vorgaben genau entgegengesetzt: Möglichst viele Frauen sollten in die Arbeitswelt integriert werden. Entlastung von den häuslichen Pflichten wurde vom Staat organisiert. Ehegatten sollten ihre Beziehungen so gestalten, dass „die Frau ihre berufliche und gesellschaftliche Tätigkeit mit der Mutterschaft vereinbaren kann.“

Im Westen trat erst 1958 das Gleichberechtigungsgesetz in Kraft und verbesserte die Möglichkeit von Frauen, erwerbstätig zu sein. Voraussetzung war immer noch, dass die Arbeit außer Haus mit den „Pflichten in Ehe und Familie“ vereinbar sein musste.

Erst 1977 trat dann die Eherechtsreform in Kraft und legte fest, dass die Haushaltsführung im gegenseitigen Einvernehmen unter den Ehepartnern zu regeln sei. Von einer faktischen Gleichbehandlung von Männern und Frauen im Erwerbsleben war aber immer noch nicht die Rede.

Seit den 1980er-Jahren wurden entscheidende Schritte unternommen, um die Gleichstellung von Männern und Frauen gesetzlich zu verankern und voranzutreiben. Während sich die ersten Gleichberechtigungsschritte auf die Stellung von Mann und Frau in der Ehe konzentrierten, wird heute der Staat ausdrücklich in die

Pflicht genommen, die tatsächliche Durchsetzung der Gleichberechtigung von Frauen und Männern zu fördern. Das Konzept hat seit Ende der 1990er-Jahre den Namen „Gender Mainstreaming."

2.5.14 „Diversity" – Wettbewerbsfaktor für Unternehmen

Mittlerweile ist aber nicht mehr allein die Chancengleichheit von Männern und Frauen ein Thema in fortschrittlichen Personalabteilungen, jetzt geht es verstärkt um „Diversity Management". So heißt im Fachjargon die Strategie, die Vielfalt als Erfolgsfaktor für Unternehmen sieht.

Diversity, also die Vielfalt im Unternehmen kann sich auf das Alter, die Herkunft, die Religion, die sexuelle Orientierung, das Bildungsniveau und die Entlohnung beziehen. Meistens geht es aber um die Themen Frauen und Ausländer – vor allem bei dem globalen Kampf um Talente. Vielfalt kann der Trumpf sein, der zum entscheidenden Wettbewerbsvorteil wird, je mehr die Globalisierung voranschreitet, denn sie bringt für viele die heiß ersehnte Innovation.

Karrieretipps für Frauen

- Kontinuierliche fachliche und persönliche Weiterbildung
- Langzeitperspektive für die Karriereplanung entwickeln
- Zukunftschancen der Ausbildung/des Studiums bedenken
- Berufliche Ziele setzen und mit den privaten Lebenszielen abstimmen
- Risiken auch als Chancen sehen
- Unterstützung im privaten Bereich organisieren (z. B. Tagesmutter, Haushaltshilfe, Arbeitsteilung in der Familie)
- Zu der eigenen Weiblichkeit stehen
- Kurze Babypause (6–12 Monate)
- Lernen, angemessene (Lohn-)Forderungen zu stellen
- Sich Netzwerken anschließen
- Lernen, mit Macht umzugehen

(nach Abele, Weibliche Berufskarrieren)

Zum Weiterdenken

- „Frauen sind die Hälfte der Weltbevölkerung, sie leisten fast zwei Drittel der Arbeitsstunden, sie erhalten ein Zehntel des Welteinkommens und sie besitzen weniger als ein Hundertstel des Eigentums der Welt." *(Aus einem Bericht der Vereinten Nationen)*
- „Man erhält nur die Chance, die man sich selbst gibt." (*Dagmar Bollin-Flade, Frankfurter Unternehmerin)*
- „Ohne Macht wird nur gelacht" *(unbekannt)*
- Wo die Angst ist, geht's lang

- Wir können unsere Träume nur verwirklichen, wenn wir uns entschließen aufzuwachen
- „Gib jedem Tag die Chance, der schönste Deines Lebens zu sein" (Mark Twain)

Internet: Hilfreiche Homepages

- www.total-e-quality.de Zugegriffen am 13. April 2020
- www.bpw-germany.de Zugegriffen am 13. April 2020; Business and Professional Women (BPW) Frauen-Forum, internationales Netzwerk
- www.genderdax.de *Zugegriffen am 13. April 2020;* Informationsplattform für hoch qualifizierte Frauen
- www.equalpayday.de Zugegriffen am 13. April 2020

2.6 Von Traditionsfamilien, DCCs und Helikopter-Eltern:

2.6.1 Über die Vereinbarkeit von Familie und Beruf

> *„Die Arbeit läuft dir nicht davon,*
> *wenn du deinem Kind den Regenbogen zeigst.*
> *Aber der Regenbogen wartet nicht,*
> *bis du mit der Arbeit fertig bist."*
> *(Chinesisches Sprichwort)*

Die Forderungen an Arbeitnehmer, flexibel und mobil zu sein, sind heute alltäglich in der Arbeitswelt. Und je weiter oben in der Hierarchie, je besser der Job – umso üblicher. Ungefähr jeder sechste Mitarbeiter mit Familie und/oder Partner sieht sich den Herausforderungen ausgesetzt, das eigene Privatleben mit (wiederkehrend) wechselnden Berufsorten in Einklang zu bringen. Ergebnis: Wochenend- und Fernbeziehungen, „Beziehungen auf Zeit" und „Nomaden-Familien".

Immer mehr Berufstätige erleben diese zunehmenden Anforderungen an Mobilität und Flexibilität als Belastung, die sie in heftige innere Konflikte stürzen. Scheinbar wird es – im Gegensatz zu den gängigen Vorstellungen – immer schwerer, Beruf und Familie zu vereinbaren.

„Bis dass der Tod euch scheidet", ewige Liebe oder lebenslange Partnerbindung wird für viele immer mehr zur Ausnahme: Schlagwörter wie „Lebensabschnitts-Partner" oder „Sequentielle Monogamie" beschreiben mehr oder weniger gelungen die Situation der Karrieristen. Je besser die Tätigkeit oder die Position bezahlt wird, je mehr Stress damit verbunden ist und je größer die Mobilität für die Karriere sein muss, umso weniger Zeit und Platz bleibt für Liebe und Beziehung. Manchmal wird die Beziehung sogar als Behinderung der Karriere erlebt.

Die „große Liebe" wird auf später verschoben, man engagiert sich weniger in Liebesbeziehungen. Das führt dazu, dass die Beziehungsstabilität sinkt, man leichter aufgibt und man – im schlimmsten Fall – von Lebensabschnittspartner zu Lebensabschnittspartner torkelt.

Während früher unverheiratete Manager oft chancenlos waren, scheinen heute Singles und kinderlose Paare einen Startvorteil zu haben. Denn „Single" steht auch für Ungebundenheit, für Flexibilität und Mobilität zugunsten einer anspruchsvollen Position.

Früher hat man karrierebewussten Frauen gerne vorgehalten, sie seien (mit-) schuld an der niedrigen Geburtenrate, weil sie sich unbedingt selbst verwirklichen und keine Kinder mehr kriegen wollten. In anderen Ländern hat sich aber gezeigt, dass ausgerechnet dort, wo die Berufstätigkeit von Frauen und Müttern gezielt unterstützt wird (z. B. in Frankreich) im internationalen Vergleich die höchsten Kinderzahlen zu finden sind. Am anderen Ende der Skala rangieren die Länder, wo Frauen überwiegend in der traditionellen Hausfrauen- und Mutterrolle festgetackert sind. Deutschland liegt irgendwo dazwischen. Und es gibt auch in Deutschland ein paar Frauen in Top-Positionen, die mehrere Kinder großgezogen haben. Bestes Beispiel ist Ursula von der Leyen, die mehrere deutsche Ministerposten bekleidete und die 2019 zur Präsidentin der Europäischen Kommission gewählt wurde: Sie ist Mutter von sieben Kindern.

Die neue Generation von Frauen will sich nicht mehr entscheiden zwischen den beiden Lebenswelten Beruf und Privatleben. Die jungen, gut ausgebildeten Frauen von heute wollen dreierlei: Geld verdienen, Kinder bekommen und auch noch Spaß haben. Wichtiger als der Mann fürs Leben ist ihnen finanzielle Unabhängigkeit und eine gute Ausbildung.

Für die meisten jungen Frauen sind die „alten drei K" (Kinder, Küche, Kirche) ersetzt durch die „neuen drei K" (Karriere, Kinder, Küche). Das Leben als Vollzeit-Hausfrau können sich immer weniger Frauen vorstellen. Sie glauben schon, dass Kinder glücklich machen können. Aber spätestens ein Jahr nach der Geburt des Kindes wollen sie wieder im Beruf arbeiten. Die Karrierefrauen der 1990er-Jahre, die mit Ende 40 vielleicht frustriert feststellen mussten, dass sie für ihren Berufserfolg mit Einsamkeit und Kinderlosigkeit bezahlt haben, sind schon lange nicht mehr ihr Vorbild.

Annika Rötters von „psychotrainment" beschreibt in einem Interview im Februar 2020 mit „Psylife", wie sie heutzutage selbst die Rolle als erfolgreiche Beraterin in Einklang bringt mit ihrer Mutterrolle – und wie sie andere Mütter dabei unterstützt, Karriere und Mutterschaft in Balance zu bringen (https://psylife.de/magazin/coaching/mutterschaft-balance-interview-annika-roetters Zugegriffen am 13. April 2020).

Schließlich geht gesamtgesellschaftlich der Trend ohnehin zur späten Mutterschaft. Anders lässt sich in der „Rushhour des Lebens" (also zwischen 27 und 35 Jahren) nicht alles unter einen Hut bringen, was erfolgsorientierte Frauen wollen: Ausbildungsabschluss, Berufseinstieg, Entscheidung für Lebenspartner, eventuelle Heirat und Entscheidung für Kinder.

Während Männer sich auch noch mit 50 Jahren dazu entschließen können, Vater zu werden, ist die biologische Schallmauer für Frauen heute die magische 40. Und auch in noch so fortschrittlichen Partnerbeziehungen ist die Frau, die sich für ein Kind entscheidet, zumindest für eine bestimmte Zeit beruflich einfach nicht voll verfügbar. Deshalb sind Teilzeitbeschäftigungen für Frauen oft die einzige Möglichkeit, familiäre Aufgaben mit dem Beruf zu vereinbaren – allerdings zu Lasten des beruflichen Erfolges und zu Lasten finanzieller Spielräume. Spitzenjobs sind jedoch fast immer noch an Vollzeittätigkeit gekoppelt und mit Kind nur begrenzt vorstellbar. Kein Wunder, dass gut ausgebildete und gut verdienende Frauen tendenziell immer noch weniger Kinder haben.

2.6.2 Männer und Frauen in Führungspositionen: Einstellungen zur Familie

Man muss wissen: Frauen in Führungspositionen leben häufig mit Partnern zusammen, die genauso großes Gewicht auf ihre Berufskarriere legen, wie sie selbst (Abschn. 2.6.7, Dual Career Couples/DCC). Entsprechend gut muss das Zusammenspiel zwischen Beruf und Familie organisiert sein. Männliche Chefs stützen sich – zumindest in traditionellen Beziehungen – aber immer noch gerne auf Partnerinnen, die ihren eigenen Berufserfolg zurückgestellt haben und die Kinderbetreuung als Alleinzuständige übernehmen: Er heimst im Job Erfolge ein, sein Selbstbewusstsein steigt, sie räumt ihm zu Hause Alltagsprobleme aus dem Weg und kämpft an der Familienfront – und das mitunter ohne angemessene Würdigung.

Gar nicht selten leiden diese Führungskräfte unter einer Art Betriebsblindheit im privaten Bereich. Sie bekommen mitunter gar nicht mehr mit, wie ihre Ehe dahinsiecht: Im Job lernen sie fokussiert zu denken und geben der Lösung aktueller beruflicher Herausforderungen im Zweifel den Vorzug vor schwelenden Dauerkonflikten an der Heimatfront.

Immer mehr Frauen lassen sich das nicht mehr länger gefallen. Irgendwann wächst der Frust: Sie lassen ihn bei abendlichen Repräsentationsterminen im Stich und fangen an, ihr eigenes Leben zu leben. Für viele geht es so nicht mehr weiter.

Und da es keine Einzelfälle mehr sind, hat das langfristig auch eine politische Dimension. Inzwischen soll nachhaltige Familienpolitik vieles richten, was Jahrzehnte verschlafen wurde: die Geburtenrate erhöhen, die Frauenerwerbstätigkeit steigern und die Bildungschancen der Kinder erhöhen – und auch noch die Wirtschaft ankurbeln.

Dabei ist die Zahl der Initiativen derzeit groß: vom anfangs umstrittenen Ausbau der Krippenplätze über Wiedereinstiegsprogramme für Frauen, mehr Ganztagsschulen, Förderung von Betriebskindergärten bis hin zur Steuererleichterung für Haushaltshilfen, reicht die Palette.

Der Anteil der Väter, der sich eine Auszeit für den Nachwuchs nimmt, ist durch das 2007 eingeführte Elterngeld bis Anfang 2019 von 3,5 % immerhin schon auf 28,4 % gestiegen (*https://www.bmfsfj.de/bmfsfj/themen/familie/familienleistungen/elterngeld/elterngeld-und-elterngeldplus/73752 Zugegriffen am 13. April 2020).*

Erstmals seit mehr als 10 Jahren ist auch die Geburtenrate wieder gewachsen. Zuvor hatte man der Familienministerin vorgeworfen, sie wolle ihr Ideal von der berufstätigen Mutter „zwangsverordnen".

Schon seit geraumer Zeit müssen Unternehmen damit rechnen, dass nicht nur Mütter, sondern verstärkt auch Väter eine familienbedingte Auszeit nehmen. Also dürfte das Kinderkriegen jetzt nicht mehr nur als „Nachteil" der weiblichen Beschäftigten gesehen werden.

2.6.3 Neues Unterhaltsrecht

Schon seit Anfang 2008 kam – von der Öffentlichkeit kaum beachtet – ein juristischer Paradigmenwechsel: Die traditionelle Rolle der Ehefrau und Mutter wurde juristisch praktisch über Nacht abgeschafft – und zwar dadurch, dass das neue

Unterhaltsrecht entscheidende Spielregeln veränderte: Nach einer Ehescheidung muss jetzt jeder Ehepartner selbst für seinen Unterhalt sorgen. Vor allem berufstätige Väter werden davon profitieren, da sie ihrer Ex-Frau wahrscheinlich keinen Unterhalt mehr zahlen müssen, wenn die gemeinsamen Kinder älter als drei Jahre sind und eine Kinderbetreuung möglich ist. Dass Männer unter Umständen ein Leben lang für ihre Ex-Frau Unterhalt bezahlen, ist damit vorbei. Da immer mehr Ehen vor dem Scheidungsrichter enden, war es auch nicht mehr zeitgemäß. Jetzt werden sich zunehmend geschiedene Mütter gezwungen sehen, selbst für ihren Unterhalt zu sorgen. Umso wichtiger sind auch hier wieder Kinderbetreuungsangebote und bessere Chancen für den erfolgreichen Wiedereinstieg in den Beruf für Mütter.

2.6.4 Der Mythos von der Rabenmutter

In Deutschland hält sich noch immer der Mythos von der "Rabenmutter". Vor allem in den alten Bundesländern – speziell in Bayern – herrscht immer noch die Meinung vor, Vorschulkinder litten unter der Berufstätigkeit der Mutter. Kleine Kinder gibt man nur ungern in die Obhut von privaten Babysittern, einer öffentlichen Tageseinrichtung oder einer KITA.

Die meisten pädagogischen Fachleute sind dagegen sicher, dass eine Berufstätigkeit dem Aufbau einer sicheren Mutter-Kind-Bindung nicht wirklich im Wege steht. Sie finden, dass es weniger auf die Quantität ankommt, also wie viele Stunden eine Mutter mit ihrem Kind verbringt. Viel mehr komme es auf die Qualität der Beziehung an, also *wie* diese Zeit genutzt wird und *wie zufrieden* die Frau mit ihrer Rolle als Berufstätige oder Hausfrau und Mutter ist.

2.6.5 Helikopter-Eltern und der Tanz um das goldene Kind

Die Fülle an Aktivitäten, die Vollzeit-Mütter mit ihren Kindern veranstalten, setzt dann natürlich berufstätige Mütter regelrecht unter Leistungsdruck, den diese nur begrenzt erfüllen können. Neudeutsch nennt man diese Ehepaare dann Helikopter-Eltern. Aber ob Baby-Yoga und Früh-Englisch für die Kindesentwicklung wirklich wichtig sind, wagen inzwischen sogar Elternzeitschriften zu bezweifeln. Pessimisten befürchten gar ein Heer neurotischer, ausgebrannter Mütter oder sogar eine Art „Übermutterungswahn". Diverse Anti-Ratgeber (z. B. „Aufstand der Rabenmütter" von Jutta Hoffritz 2008) empfehlen Frauen, endlich das schlechte Gewissen abzulegen und sich von überzogener Perfektion zu befreien.

Denn: Je höher die Schicht, desto grotesker ist mitunter der Tanz um das goldene Kind: Muss es denn unbedingt sein, dass Mutti regelmäßig die Fortschritte beim Flötenunterricht und dem Mandarin-Sprachunterricht für Dreijährige überwacht, täglich Vollwertmittagessen kocht und die Tochter zum Ballett und den Sohn zum Basketball kutschiert?

Sowieso ist die Lage in deutschen Kinderzimmern wahrscheinlich gar nicht so schlimm wie immer befürchtet. Unsere Kinder sind heute wahrscheinlich gesünder, schlauer und besser behütet als je zuvor. Zu keiner Zeit ging es der Mehrzahl der

Kinder in diesem Land so gut wie heute, widmeten sich Eltern so intensiv ihrem Nachwuchs, lebten die Generationen so harmonisch zusammen wie heute. Allerdings gilt das leider nicht für die Kids am Rand unserer Gesellschaft, also für die Kinder von Hartz-IV- und ALG-II-Empfängern. Sie profitieren keineswegs von den besseren Lebenschancen der anderen.

2.6.6 Große Liebesunordnung oder mehr Liebesglück?

Patchwork-Familien, Alleinerziehende oder „Getrennt Zusammenlebende" ist jetzt schon die „große Liebesunordnung" ausgebrochen?

Geht man nach der Scheidungsrate, sieht es wirklich danach aus. Seit Ehen immer seltener „Notgemeinschaften" sind und die moralische Verurteilung von Geschiedenen und Scheidungskindern marginal geworden ist, ist die Institution „Ehe" längst nicht mehr wirklich „ehern". Schließlich wird mehr als jede dritte Ehe heutzutage geschieden. Trennungen und Scheidungen sind gesellschaftliche Normalität geworden, trotzdem sehnt sich jeder nach Partnerschaft und Familie.

Das wahre Liebesglück zu finden, scheint aber anstrengender denn je. Oder findet man die große Liebe gerade *weil* man sich trennen kann und weil „Beziehungen nun mal endlich" sind? Schließlich können unglückliche Partnerschaften heute leichter auseinander gehen und müssen nicht mehr aufrechterhalten werden bis „der Tod sie scheidet".

Neben der traditionellen Vater-Mutter-Kind-Familie gibt es denn auch heute jede Menge bunte Partnerschaftsformen, sozusagen „Partnerschafts-Deals", die individuell ausgehandelt, verändert oder zeitlich nacheinander gelebt werden:

- „Patchwork-Familien",
- Distanzbeziehungen,
- Wochenendbeziehungen,
- Alleinerziehende/Einelternfamilien und
- „Unter der Woche Alleinerziehende".

Gar nicht mitgerechnet all die Beziehungs- und Lebensformen, die mit (d)englischen Abkürzungen versehen werden:

- LATs: „living apart together" (getrennt Zusammenlebende)
- DINKs: „Double income no kids" (doppeltes Einkommen, keine Kinder)
- DCCs: Dual career couples (Karrierepaare)
- YAPPIES: Young affluent parents (Junge Erben oder Erben in spe)
- YETTIES: Young, entrepreneurial, tech-based (Jung, unternehmerisch, technisch orientiert)
- etc.

Mit anderen Worten: Was zukünftig eine Familie, eine Ehe oder eine Beziehung ist, wird sich wohl eher danach (kurzfristig) entscheiden, wer mit wem am Frühstückstisch sitzt, gemeinsam im Bett liegt oder zusammenwohnt. Trauschein oder Stammbuch werden genauso an Bedeutung verlieren wie der gemeinsame Name.

Worum es aber auch zukünftig gehen wird, ist, wie die Arbeitsteilung zwischen den Partnern aussieht, wer das Geld verdient und wer sich um „Haus und Hof" – also um Hausarbeit und Kindererziehung – kümmert. Beispiele:

- Der eine Partner arbeitet, der andere hütet Haus und Kind, evtl. plus Teilzeitarbeit.
- Beide arbeiten voll, die Kinder werden „extern" betreut.
- Beide arbeiten Teilzeit und teilen Familienarbeit partnerschaftlich.
- Einer arbeitet voll oder Teilzeit und übernimmt Familienarbeit oder nimmt staatliche Leistungen in Anspruch (Alleinerziehende oder Einelternfamilie).

Diverse Abwandlungen und Mischformen sind natürlich möglich – mit oder ohne Trauschein, gemischt- oder gleich-geschlechtlich, unter einem Dach oder auf Distanz. Schließlich: Weil der globalisierte Arbeitsmarkt es so will, führt ein nicht unbeträchtlicher Anteil der Akademiker mehr als einmal im Leben eine Fernbeziehung.

Gerade im Alter zwischen 30 und 40 Jahren pendeln nicht nur Spitzenkräfte, sondern durchaus auch Handwerker und gefragte Spezialisten jeder Art, regelmäßig zwischen München und Hamburg, Leipzig oder Aachen zu ihrem „Lebensabschnittspartner" mit oder ohne Anhang. Weil der ständige Wechsel zwischen Abschied und Wiedersehen mit der Zeit zermürbend wird, lässt das Leben aus dem Koffer leider viele Beziehungen scheitern.

Eine interessante Alternative hat sich hierzu in den USA entwickelt: Die so genannten Workamper, die in ihrem Fahrzeug (meist ein umgebauter Schulbus oder ein ausrangierter Lieferwagen) leben und sich in diesem mobilen Zuhause von Arbeitsort zu Arbeitsort bewegen.

Aber glücklicherweise sind wir trotzdem noch keine vollmobile Singlegesellschaft. Zwar können Singles leichter und ohne Rücksicht auf einen Lebenspartner ihre Karriere verfolgen, aber für den beruflichen Erfolg ist das Single-Dasein erwiesenermaßen gar nicht so förderlich – zumindest für die Männer. Denn, wer seine große Liebe findet, sollte sie fragen, wie sie es denn mit der Karriere hält. Welche Powerfrau will heute noch ihrem Liebsten den Rücken freihalten – lieber stellt sie sich mit ihren eigenen Berufsambitionen daneben. Die Folge: immer mehr Akademiker-Paare, die ganz bewusst den beruflichen Erfolg wollen, entscheiden sich für den Partnerschafts-Deal „beide arbeiten voll und beide teilen auch die Arbeit in der Familie".

2.6.7 Dual Career Couples(DCCs): Karrierepaare

Was will die Frauenbewegung eigentlich mehr? Endlich scheint das Ideal der gleichberechtigten Partnerschaft greifbar nahe. Folglich nennt man die neuen Paare „Dual Career Couples" (DCCs), also Doppelkarriere-Paare. Typisch für die DCCs: beide Partner sind hoch qualifiziert und beide wollen beruflich erfolgreich sein, aber auch Kinder und/oder ein intensives Familienleben gehören mit zum Lebensplan.

DCCs wollen nicht nur ihren persönlichen Erfolg optimieren, sondern auch ihre Lebensqualität sichern. Sie suchen Selbstverwirklichung, wollen stolz sein auf ihre Leistung, achten aber auch auf immaterielle Werte: Wichtig ist ihnen Selbstachtung, Anerkennung durch den Partner, größerer Zusammenhalt, verbessertes Kräftegleichgewicht und mehr Autonomie.

Es ist ein Trend: Diese Paare bilden inzwischen die Mehrheit des hoch qualifizierten Manager-Nachwuchses: Bei den Führungskräften im Alter von 30–40 Jahren lebt schon heute ein Großteil inzwischen in einer Doppelkarriere-Partnerschaft. Nach Schätzungen machen die DCCs ca. ein Fünftel aller berufstätigen Paare aus. Sie sind vor allem in der Wissenschaft, in freien Berufen und im Management großer Firmen zu finden.

Oft haben die Hochqualifizierten dieses Familienmodell durch zeitweise Berufstätigkeit im Ausland erlebt und dort bei anderen bewundert, wie selbstverständlich dort Doppelkarriere und Kinder unter einen Hut zu bekommen ist. Das Besondere und auch das Anstrengende bei den DCCs: Die Partner handeln immer wieder aufs Neue aus, wer von beiden die nächste Stufe der Karriereleiter erklimmt. Weil beide gutes Geld verdienen, sind sie wirtschaftlich unabhängig voneinander und können eine Beziehung „auf Augenhöhe" führen. Noch dazu wünschen sich die meisten eine partnerschaftliche Beziehung und eine gleichberechtigte Aufteilung von Familien- und Erwerbsarbeit.

Viele der DCC-Powerpaare sind mit ihrem Lebensmodell sehr zufrieden, wenn sie den organisatorischen Balanceakt zwischen Beruf und Familie gut bewältigen und sie sich ein gut funktionierendes Netzwerk von Unterstützern aus den Herkunftsfamilien, dem Freundes- und Kollegenkreis oder professionellen Hilfsangeboten aufgebaut haben und regelmäßig pflegen. Gerhard S. (36), Diplom-Ingenieur und Vater von drei Kindern:

Beispiel

„Ich habe mir nicht vorstellen können, in einer traditionellen Ehe zu leben. Es hat für mich etwas Entlastendes, wenn man zu zweit dafür sorgt, dass die Familie ihr Auskommen hat …

Problemfelder sind sicher der hohe Abstimmungsbedarf, den man untereinander hat und sicherlich auch der Verzicht auf Freizeitaktivitäten. Das geht nur, wenn es vorher organisiert ist. Sport treiben kann man nur zu Zeiten, wo jemand auf die Kinder aufpasst und manches andere fällt auch weg, was man spontan mit Arbeitskollegen oder Freunden machen würde. Nur, man leidet nicht so darunter. In dem Augenblick, wo man zuhause ist und die Kinder einen begrüßen, hat man das zur Hälfte vergessen, die andere Hälfte bleibt vielleicht … Das Schlimmste, was ich empfinde, ist immer die Müdigkeit, man kommt mit dem Schlafen nicht nach.". ◄

Die wichtigsten Herausforderungen und Probleme für die DCCs sind immer noch die alten Rollenmuster und Erwartungen von außen:

- Kinderbetreuung – auch zu ungewöhnlichen Zeiten jemanden dafür zu finden, wenn man sie selbst nicht übernehmen kann;

- starre Karrierewege in Unternehmen mit dem Zwang am Arbeitsplatz zu sein, auch wenn man nicht besonders produktiv ist („Anwesenheitskultur") oder
- der ständige Kampf um die Zeit.

Es funktioniert also nur mit einer gut geölten Dienstleistungs-Maschinerie und einem brillanten Zeitmanagement. Nur so ist es überhaupt möglich, zwei Karrierejobs mit einem einigermaßen funktionierenden Familienleben zu vereinbaren. Dazu müssen DCCs erhebliche finanzielle Mittel investieren in Kinderbetreuung, Haushaltshilfen, Einkaufsservices und andere Unterstützungsleistungen. Hier eine Beispielrechnung:

1000 Euro bekommt die Kinderfrau, die nachmittags die zwei und neun Jahre alten Kindern betreut. Dazu kommen 400 Euro für die Haushaltshilfe, 100 Euro für das Mittagessen in der Schule, außerdem 300 Euro für die KiTa des kleinen Sohnes. Zusammen sind das 1800 Euro monatlich.

Nicht nur geldmäßig ist der Preis für die Doppelkarrieristen hoch. Schwierigkeiten können auch durch Arbeitsüberlastung drohen oder auch Rollenkonflikte („was geht jetzt vor, die Familie oder die Firma?"), zu wenig Zeit für die Partnerschaft oder auch Frust wegen zu langsamem Vorwärtskommen auf der Karriereleiter. Mitunter zahlen die DCCs auf einer anderen Ebene. Beispiel Bettina (34) und Gerd P. (37):

Beispiel

Beide studierten Maschinenbau, beide machten glänzende Abschlüsse und hatten prima Karriereaussichten. Der erste Sohn kam noch während des Studiums zur Welt, was kein Problem dank guter Betreuung und guter Unterstützungssysteme war. Auch bei dem zweiten Kind ging es noch gut. Da hatte Gerd seinen ersten Job in einem Münchner Konzern angefangen, Bettina wollte – nach der zweiten Babypause – mit 30 ebenfalls wieder anfangen zu arbeiten.

Dann kam das ungeplante 3. Kind. Er erhielt ein verlockendes Jobangebot in einem anderen Bundesland, die Familie zog aufs Dorf. Er arbeitete rund um die Uhr, um sich Respekt in der Firma zu verschaffen und zu einem Sprung auf der Karriereleiter anzusetzen („damit wir demnächst aus dem Gröbsten raus sind …").

Bettina saß zuhause mit dem Baby und den anderen beiden Kindern – sauer, schmollend, voller Vorwürfe. Es gab ständig Streit, die Stimmung war kaputt – bis sie zum Paar-Coaching kamen. ◀

2.6.8 Zeit – das kostbarste Gut der DCCs

Wegen der knappen Zeit, ist Zeitmanagement die Schlüsselkompetenz für funktionierende DCCs. Hier klaffen Wunsch und Wirklichkeit am stärksten auseinander: Mehr als die Hälfte der Männer und ein Drittel der Frauen wünschen sich, weniger zu arbeiten, aber mehr Zeit für die Kinder und den Partner zu haben.

DCCs schlagen deshalb auch schon mal ein attraktives Stellenangebot aus, verzichten auf einen Ortswechsel oder führen zeitweise eine Pendelbeziehung, um den Kindern den Schulwechsel zu ersparen.

2.6.9 Arbeitsteilung zwischen Mann und Frau in der Familie

Wenn man allerdings denkt, dass die Arbeitsteilung daheim bei DCCs immer partnerschaftlicher verteilt ist, als in den traditionellen Familien, muss sich auch eines Besseren belehren lassen: Auch bei Paaren, die die Haushaltsaufgaben partnerschaftlich organisieren wollen, kommt es meist nach der Geburt des ersten Kindes zu einem Rückfall in die traditionelle Rollenteilung. Zwar haben erfreulicherweise heute viele Männer der jüngeren Generation ein engeres Verhältnis zu ihren Kindern, als das früher üblich war. Sie spielen mit ihnen, bringen sie in den Kindergarten oder abends zu Bett.

Allerdings sind es heute immer noch die Frauen, die den mit Abstand größten Teil der Kinderversorgung und -erziehung übernehmen. Man spricht in diesem Zusammenhang auch von der „Trägheit im Geschlechterarrangement".

Fazit: eine Verbesserung der Bildung, Erwerbs- und Karrierechancen führt nicht zwangsläufig zu einer partnerschaftlichen Organisation des Alltags und es bedarf eines Höchstmaßes an Engagement und Einsatzbereitschaft, wenn beide Partner sowohl beruflich als auch familiär aktiv sein wollen.

2.6.10 Das Leid des (vermeintlich) starken Geschlechts

Dabei ist es nicht so, dass nur die Frauen unter dieser Karriere-Stress-Situation leiden, Männer tun es genauso – in welcher Beziehungskonstellation sie auch leben mögen. Bei immer weniger Paaren ist es so, dass *er* hinaus ins feindliche Leben zieht, während *sie* die Familie managt und *ihr* Selbstbewusstsein aus *seinen* Erfolgen auffüllt.

Seit Frauen mehr als die Hälfte aller Uni-Absolventen stellen, melden sie massiv eigene Ansprüche an: Nach der partnerschaftlichen Aufteilung der Hausarbeit, nach der Mithilfe bei der Erziehung fordern sie immer öfter auch eine eigene Karriere. Die meisten Frauen wollen nicht mehr, dass *seine* Karriere *ihren* Wohlstand und Status garantiert und *ihre* Aufopferung im Hintergrund seine Leistungskraft sichert.

Die Anforderungen an Männer im Berufsleben steigen ständig. Egal, ob man Karriere machen will oder einfach nur im Job mithalten muss – man(n) muss immer mehr leisten und dabei immer längere Arbeitszeiten in Kauf nehmen.

Angesichts der immer weiter gehenden Forderungen nach Flexibilität und Mobilität, werden in diesen unruhigen Zeiten viele Berufstätige in einem Zweifrontenkrieg zwischen Job und Privatleben aufgerieben – und zwar nicht nur Frauen. Männer und Frauen trifft es gleichermaßen.

Diese Doppelrolle scheint vor allem viele so genannte High performer zu überfordern: Gerade Führungskräfte, Manager und Karrieristen erleben es als zunehmend schwierig, den immensen Anforderungen des Berufslebens gerecht zu werden, ohne die Familie zu vernachlässigen. Für die einen besteht der Ausweg darin, ganz auf Kinder zu verzichten, die anderen bemühen sich, den Spagat zwischen Karriere und Kindern zu schaffen. Allerdings ist der Alltag vieler Führungskräfte immer noch durch schier unlösbare Zielkonflikte geprägt: Das Privatleben steht gegen die beruflichen Ambitionen:

- Karriere kontra Ehe und Familie,
- Vertriebstagung gegen Fußballturnier des Sohnes,
- Bilanz-Deadline kontra Skiurlaub,
- Aufsichtsratssitzung gegen Hochzeitstag.

Schließlich ist es für männliche Karrieristen nicht einfach, zweimal in der Woche daheim zu sein, um mit der Familie Abend zu essen, die Kinder ins Bett zu bringen und sich im Unternehmen um das (unausgesprochen geforderte) Wochenendprogramm zu drücken. Denn damit einher geht nur allzu oft das Begraben der Hoffnungen auf den Geschäftsführerposten. Volker, 48 Jahre, leitet eine Werbeagentur in Frankfurt:

Beispiel

„Unsere Zeit ist so kurzlebig und auch genauso die Werbung. Eine Aufgabenstellung von Seiten des Kunden erfordert eine ganz schnelle Reaktion von Seiten der Agenturen. Wir sind Dienstleister und haben uns entsprechend an den Kunden zu orientieren und die Leistung auch zu erbringen. Ich glaube, die Qualität und die Leistung, die der Kunde abfordert, in einer unkontrollierten Phase endet das im Stress. Und es zeigt sich in der Rücksichtslosigkeit dem Mitarbeiter gegenüber und auch innerhalb der Ehe. Die Arbeitszeit effektiv: 10 Stunden. Das Agenturleben mit dem Kunden, mit den Mitarbeitern mit Sicherheit zwischen 12 und 14 Stunden – pro Tag. Für Familie und Freunde bleibt bestenfalls das Wochenende – wenn überhaupt." ◀

Manchmal entwickelt sich – wenn man nicht aufpasst und nicht darüber spricht – ein regelrechter „Partisanenkrieg zwischen Mann und Frau", der im schlimmsten Fall in einer Geschichte von gebrochenen Versprechen, faulen Kompromissen und endlosem Streit endet.

Wie schwer es viele Manager und Führungskräfte in dem Spannungsfeld Beruf-Partnerschaft/Familie haben, zeigte eine schon etwas ältere Titelgeschichte im Magazin *Focus* mit der Schlagzeile „Beruflich Profi – Privat Amateur" *https://m.focus.de/kultur/leben/modernes-leben-beruflich-profi-und150-privat-amateur_aid_159205.html Zugegriffen am 13. April 2020).*

Tenor: Manager sind gefangen in einem Zweifrontenkrieg zwischen Job und Privatleben. Und diese Doppelrolle überfordert viele Führungskräfte.

So sagen zwar fast 2/3 der Karrieremänner (65 %), dass die Karriere nicht wichtiger sei als eine glückliche Partnerschaft, allerdings sind gerade mal 16 % real mit ihren Frauenbeziehungen zufrieden und 72 % klagen, dass sie zu wenig Zeit für die Familie und 60 % zu wenig Zeit für Freunde haben.

Jürgen ist 38 Jahre alt und von Beruf Elektroingenieur:

Beispiel

„Ja, Abstriche in der Partnerschaft, in der Liebe, im Freundeskreis. Man sucht sich die Freunde aus unter Gesichtspunkten, wie sie für die Karriere von Vorteil sind. Man ist nicht darauf aus, sich mit den Gedanken und Ideen und Interessen der Freunde zu treffen. Das sind so die Erfahrungen aus meinem Freundeskreis und es sind die wichtigsten Kosten der Karriere. Ja, man gibt es auf, Leute zu verstehen und opfert das Verständnis für die Karriere … Das liegt im Bereich der zeitlichen Anspannung. Wenn man 14, 15 Stunden am Tag arbeitet, wenn man auf gut Deutsch gesagt bis auf 20 Minuten Pause durchklotzt, letztlich dann auf eine 60- oder 65 Stundenwoche kommt, das merken Sie doch schon am Wochenende, da reichen selbst die zwei Tage Erholungspause nicht mehr aus, um sich für die nächste Woche überhaupt erst einmal wieder fit zu machen. Das merken Sie dann irgendwie in der Form, dass Sie nicht mehr ansprechbar sind für die eigene Frau. Sie werden unzufrieden und sind eigentlich ungenießbar.“ ◀

2.6.11 Immer mehr Väter nehmen Elternzeit – und haben Probleme

Obwohl immer mehr Väter inzwischen Elternzeit nehmen, wagen viele Väter den Schritt in die Elternzeit noch immer nicht, weil es häufig einfach nicht umsetzbar scheint. Zwar steht Vätern, die in Betrieben mit mehr als 15 Mitarbeitern arbeiten, ein Recht auf Teilzeit zu. Aber wer wegen Kindern die Karriere aussetzt, muss befürchten, schnell „weg vom Fenster“ zu sein oder seinen Job letztlich ganz zu verlieren, auch wenn dieser ihm gesetzlich nach der Elternzeit wieder zusteht. Prinzipiell also dasselbe Problem, das auch karriereorientierte Frauen plagt, die sich zwischen Kind und Beförderung entscheiden müssen. Für „Väter“ scheint in der Karrierewelt noch immer kein richtiger Platz zu sein. Wer es zu etwas bringen will, von dem wird erwartet, dass er seinen Job über alles andere stellt.

Die Zeiten, in denen der Vater um fünf von der Arbeit kam und noch den Nachmittag mit den Kindern verbringen konnte, sind für viele Angestellte längst vorbei. Gerade in den Führungsetagen erstrecken sich die Arbeitszeiten bis spät in den Abend und ins Wochenende. Unfreiwillig werden sie so immer mehr zu „Wochenendvätern“, die ihre Kinder unter der Woche praktisch gar nicht mehr zu Gesicht bekommen. Hier wird es schwierig, eine gute Vater-Kind-Beziehung aufzubauen.

Gar nicht selten fühlt sich der Vater aus der Familie ausgeschlossen. Die Kinder kennen ihren Vater kaum und die partnerschaftliche Beziehung der Eltern bleibt häufig auf der Strecke. Die Väter sitzen in traditionell orientierten Ehen zwischen allen Stühlen: einerseits die Familie alleine zu finanzieren und sich deshalb im Job zu engagieren und auf der anderen Seite die Anforderung, als Vater präsent zu sein und sich in der Kindererziehung zu engagieren.

Dabei ist es durchaus ökonomisch, die „Familie" als Ressource zu stärken. Für mehr als 3/4 der Väter hat die Familie positive bis sehr positive Auswirkungen für die berufliche Leistung. Wer im Privatleben Kraft schöpfen kann, ist auch im Job leistungsfähiger, kreativer und belastbarer. Gerade in Zeiten von Burnout, stressbedingten Herz- und Magenbeschwerden und anderen psychischen und körperlichen Stressreaktionen ist der Wert von familiären „Wiederaufbereitungsanlagen" nicht zu unterschätzen.

2.6.12 Kind oder Karriere?

Von staatlicher Seite wird immer stärker beklagt, dass viele Karrieristen sich bewusst gegen Kinder zugunsten der Karriere entscheiden. Betrachtet man jedoch die Anforderungen, denen man(n) gegenübergestellt ist, will man Kind und Karriere gerecht werden, ist die Entscheidung gegen Kinder zumindest nachvollziehbar.

Noch immer fehlt es vielerorts an realistischen Möglichkeiten, beides zu vereinbaren. Das Bewusstsein über die Wichtigkeit von Vätern für die seelische Entwicklung des Kindes ist gerade erst im Entstehen und daher ihr Ansehen noch nicht so hoch, wie es sein könnte und sollte.

Die Frage nach Kind oder Karriere muss daher häufig auf Kosten des jeweils anderen getroffen werden. Wer sich für Kinder entscheidet, und ein aktiver Vater sein will, muss oft beruflich zurückstecken. Fällt die Entscheidung zugunsten der Karriere, bekommen die Männer entweder gar keine Kinder oder sie können den Kindern nicht so viel Aufmerksamkeit schenken, wie sie eigentlich möchten.

Nicht selten kostet sie die Entscheidung, Karriere zu machen, die gesunde Vater-Kind-Beziehung. Dies ist nicht nur für die Väter und die Kinder problematisch, sondern letztlich ein gesellschaftliches Problem. Wenn die Familie als kleinste Einheit gestört ist, hat das Auswirkungen auf die Gesellschaft. Wenn man(n) für die Karriere alles andere in den Hintergrund stellt, mag das kurzfristig für den Erfolg eines Unternehmens von Vorteil sein. Die langfristigen Schäden, die neben gesundheitlichen und psychischen Beeinträchtigungen der Väter vor allem auch eine höhere Gewaltbereitschaft, Verhaltensauffälligkeiten und psychische Störungen der Kinder betreffen, sind jedoch von enormer gesellschaftlicher Bedeutung. Das Problem betrifft also nicht nur die Väter, sondern an dieser Stelle sind ebenso die Unternehmen wie auch die Gesellschaft und Politik gefragt, die Rolle der Väter zu stärken und ihnen die Möglichkeit zum Vatersein zu bieten, ohne ihn gleich von der Karriereleiter zu schubsen.

2.6.13 Die seelischen Folgen für die Kinder

Über viele Jahrzehnte glaubte man, dass Mütter zur erfolgreichen Erziehung von Kindern vollkommen ausreichen. In den letzten Jahren wurden jedoch zunehmend Studien veröffentlicht, die zeigen, dass der Vater eine eben so große Rolle für die

Entwicklung des Kindes spielt. So besteht ein deutlicher Zusammenhang zwischen der Abwesenheit des Vaters und Verhaltensauffälligkeiten, psychischen Störungen und Kriminalität bei (vor allem männlichen) Kindern und Jugendlichen. Ca. 70 % der straffälligen Jugendlichen und ca. 85 % der Kinder, bei denen gravierende psychische Störungen festgestellt wurden, sind in einer Familie ohne Vater aufgewachsen.

Gewiss kann man die Abwesenheit des Vaters nicht alleine für die Probleme der Kinder verantwortlich machen. Schließlich sind Verhaltensauffälligkeiten immer das Ergebnis einer Vielzahl von Faktoren, die zusammenspielen. Aber die Zahlen zeigen klar, dass die Rolle des Vaters wichtig für die Entwicklung des Kindes ist. Angesichts zunehmender Kriminalität und Verhaltensauffälligkeiten bei Kindern und Jugendlichen, scheint es für die Entwicklung einer gesunden Gesellschaft dringend notwendig, die Position des Vaters wieder zu stärken und es den Männern auch praktisch zu ermöglichen, Vater zu sein.

2.6.14 Was tun?

Wie ist es aber möglich, als Vater an der Erziehung teilzunehmen und gleichzeitig den Anforderungen des Berufes gerecht zu werden? Für viele wird es kaum möglich sein, die berufliche Situation zugunsten der Kinder zu ändern. Weniger arbeiten kommt für viele Karrieristen nicht infrage, da es entweder die berufliche oder die finanzielle Situation nicht zulassen.

Für wen es dennoch möglich ist, der kann versuchen, mit seinem Arbeitgeber Vereinbarungen zu treffen, die Freiräume für die Zeit mit Kindern schafft. Hilfe und Tipps kann man sich von Väterinitiativen holen. Aber auch wenn man an der Arbeitssituation nichts ändert, kann man etwas für eine gute Vater-Kind-Beziehung tun. Es ist wichtig, ein aktiver Vater zu sein und sich aktiv um eine gute Beziehung zum Nachwuchs zu bemühen. Das können gemeinsame Unternehmungen sein, kleine Rituale wie das gemeinsame Frühstück am Sonntag oder gemeinsame Interessen zu pflegen (zusammen Fußball gucken). Wichtig ist vor allem, Interesse am Kind zu bekunden. Dazu gehört, Bescheid zu wissen, wie es in der Schule steht, was das Kind in der Freizeit macht, wer seine Freunde sind etc. Bei kleineren Kindern bietet es sich auch an, die Kinder gelegentlich mit zur Arbeit zu nehmen, um ihnen zu zeigen, was ihr Vater den ganzen Tag macht. Generell geht es darum, ein „Vater zum Anfassen" zu sein, für das Kind präsent zu sein und nicht in der Außenseiterposition zu landen. Für die neuen Väter trifft der alte Spruch *„In der Firma unersetzbar – zuhause unerreichbar"* nur noch sehr selten zu.

2.6.15 Rollback?

Das ist aber nur die eine Seite der Medaille. Für die andere Seite geht es in die genau entgegengesetzte Richtung: Manche sprechen gar von einem „Rollback" in die traditionellen Rollenmuster und wehren sich gegen irgendwelche Veränderungen der Geschlechterrollen.

Aber: Kann man die Zahnpasta wirklich wieder in die Tube zurückdrücken, ohne sich klebrige Finger zu holen – oder braucht es ein neues Gefäß? Und wie kann diese neue Beziehungs- und Familiennorm aussehen? Oder wird es zukünftig eine ganze Reihe von verschiedenen Beziehungs- und Rollenmustern geben?

Mit großer Wahrscheinlichkeit wird es auf eine Differenzierung hinauslaufen: Es wird sowohl das eine wie das andere geben – und das in unterschiedlichen Ausprägungen und Mischungen. Allerdings geht die derzeitige Tendenz wohl in Richtung Doppelkarrieren.

Schließlich gibt es einen großen Vorteil der Doppelkarrieren: Wo beide Partner an einer gemeinsamen Berufs- und Familienwelt teilhaben, ist gegenseitiges Verständnis und Unterstützung oft sehr stark ausgeprägt und stabilisiert die Partnerschaft. Wenn beide erwerbstätig sind und beide alles gemeinsam erledigen, dann fördert diese Komponente die Gemeinsamkeit und reduziert die negative Abhängigkeit eines Partners von dem anderen. Und das kann eine Grundlage für eine gute Beziehung sein: Man liegt einfach besser in den Armen seines Partners, wenn man auf eigenen Füßen steht.

Schließlich: Paare, die die Haus- und Familienarbeit gleichwertig unter sich aufgeteilt haben, schaffen das in der Regel mit mehr Zufriedenheit als Paare, bei denen ein Partner die Hauptlast der Arbeit schultert. Es sieht so aus, als könnten DCCs eine gleichberechtigte Arbeitsteilung umsetzen, aber Interviews haben gezeigt, dass das nicht immer klappt. Es sind auch hier meist die *Frauen*, die den Studienort wechseln, um beim Partner sein zu können, genauso bricht *sie* einen Auslandsaufenthalt frühzeitig ab und *sie* zieht an den Ort, der für die Karriere des Partners am vielversprechendsten ist. Offenbar ist die „gefühlte Zuständigkeit" für das Vereinbarkeitsmanagement, also die Feinabstimmung von Beruf und Familie, bei den Frauen grundsätzlich stärker ausgeprägt als bei ihren Männern.

2.6.16 Nicht ohne meinen Partner

Obwohl viele Unternehmen sich um Führungskräfte bemühen müssen, kümmern sich erst wenige um die besonderen Bedürfnisse von Karriere-Paaren. Beispielsweise würde es die Paare oft entlasten, wenn sie flexibel entscheiden könnten, wann, wie lange und wo sie arbeiten – Hauptsache sie erbringen eine entsprechende Arbeitsleistung. Erst wenige Firmen bieten bei Stellenausschreibungen besondere Partnerlösungen an. Aber in den Corona-Zeiten wurde oft home-office aus der Not heraus angeboten. Jetzt gibt es die Chance das auch als langfristiges Instrument der Flexibilisierung der Arbeitszeit zu nutzen.

Leider treffen vor allem Väter auf Unverständnis, wenn sie Familienpflichten übernehmen wollen und ihre berufliche Einsatzbereitschaft dadurch etwas eingeschränkt ist. Paradox: Firmen vermerken es positiv, wenn ein Mann mit Anfang 30 Frau und Kinder hat, denn das demonstriert Verantwortungsbewusstsein. Dass er sich zwangsläufig auch um seine Familie kümmern muss, wird allerdings dabei leicht übersehen.

Auch die Universitäten trifft der Trend zu Doppelkarrieren. *„Ich nehme meine Berufung nur an, wenn Sie meinem Mann/meiner Frau auch eine adäquate Stelle vermitteln.“* Mit solchen Forderungen werden immer mehr Hochschulen konfrontiert, wenn sie Spitzenwissenschaftler verpflichten wollen. Dual-Career-Paare möchten hierzulande genauso viel Unterstützung erfahren, wie sie in den USA an vielen Hochschulen selbstverständlich ist: Hilfe bei der Jobsuche für den Partner, besondere Kinderbetreuungsangebote oder Teilzeitregelungen.

Inzwischen bieten immer mehr Universitäten Beratungsstellen für Karrierepaare, so genannte Dual Career Services an oder planen das zumindest.

Immerhin: Die Chancen stehen gut, dass DCCs mit Kindern als Vorreiter für eine familienfreundliche Unternehmenskultur gelten können und einiges „durchboxen“, wovon auch andere profitieren.

Im Grunde ist es schwer verständlich, dass es nicht mehr familienfreundliche Unternehmen gibt, denn Familienfreundlichkeit rechnet sich – auch unter betriebswirtschaftlichen Gründen.

2.6.17 LOHAS – „Lifestyle of Health and Sustainability"

Immer mehr Karrieristen – mit und ohne Familie – leisten sich den Luxus eines guten Gewissens – und zwar auf relativ einfachem Weg: Sie versuchen durch das Konsumieren der richtigen Waren, die Welt ein bisschen zum Positiven zu verändern. Und richtige Waren bedeutet, dass die Lebensmittel (von indischen Bananen über südamerikanische Schokolade- und Kaffeesorten bis hin zu philippinischen Mangos) ökologisch, möglichst klimaneutral und sozial korrekt produziert, geliefert und verkauft werden. Und all das möglichst ohne Plastikverpackung. Ganz abgesehen davon, dass idealerweise die Karotten, der Salat, der Joghurt und die Kartoffeln natürlich direkt aus der Region kommen sollen. Und das versuchen sie auch ihren Kindern beizubringen. Dabei verfolgen diese Neo-Ökos längst nicht mehr eine dumpf-sektiererische Alternativ-Ideologie, sondern benutzen die Kreditkarte einerseits für ihre eigene Gesundheit und andererseits als Waffe gegen Ausbeutung, Ungerechtigkeit und ungesunde Arbeitsverhältnisse – für Umweltschutz und die Erhaltung unseres Planeten. Sie heimsen so – angeregt durch Al Gores und Greta Thunbergs Klimaverbesserungsfeldzug, die „Live-Earth-Konzerte“ und die Ökologisierung von immer mehr Hollywood-Stars – eine (zumindest subjektiv erlebte) „Weltverbesserungsprämie“ ein. Motto: *„Wir gehören zu den Guten“*.

Dabei geht es bei den neuen Ökos längst nicht nur um Lebensmittel, sondern ebenso um gesunde Kleidung, Kosmetika, energiesparende Autos, um grünen Strom („Atomenergie – nein danke“) und ökologische Möbel.

Die mit dem Etikett LOHAS versehenen Neo-Ökos verfolgen einen Lebensstil, der auf gesunde Produkte ebenso Wert legt, wie auf angemessene Bezahlung der Arbeiter. Zwar sind dadurch die Produkte in den knapp 1000 Weltläden etwas teurer, aber das nimmt man idealistischerweise in Kauf. Auch in den 30.000 deutschen

Supermärkten, die ökologisch korrekte Produkte in ihrem Sortiment haben (immerhin tragen schon heute an die 10.000 Produkte ein „Fairness-Siegel"), werden die LOHAS immer wichtiger. Es handelt sich dabei um Personen, die einen „Lifestyle of Health and Sustainability"(LOHAS) verfolgen, also einen Lebensstil, der auf Gesundheit und Nachhaltigkeit Wert legt.

Klar – so einen Lebensstil muss man sich leisten können, aber das können die Karrieristen meistens. Trendforscher halten die LOHAS für Agenten und Anführer eines nachhaltigen Trends, der – wie manche meinen – mindestens noch die nächsten 20 Jahre anhält.

Bedenkenswerte Gedanken

- Man macht langfristig nur wirklich gut, was man gerne macht.
- Sklaven von heute werden nicht mehr mit den Peitschen angetrieben, sondern mit Terminkalendern" (John Steinbeck).
- Das Geheimnis des Glücks ist die Freiheit. Das Geheimnis der Freiheit ist der Mut (Perikles).
- Wissen ohne Tun ist wie Wachs ohne Honig.
- Der Wille ist ein guter Diener, aber ein schlechter Herr.
- „Wer überall sein will, ist nirgendwo zu Hause." (Seneca).

Bedenkenswerte Fragen

- Was macht mich wirklich zufrieden?
- Was brauche ich, um mein ganzes Potenzial zu entwickeln?
- Wie, wo, durch was tanke ich am besten (wieder) auf?
- Wann, wo, mit wem fühle ich mich wirklich geborgen und geschützt?
- Womit kann ich am besten meine Spannungen abbauen?

Internet-Adressen

- *http://vaeter-und-karriere.de Zugegriffen am 13. April 2020*
- *http://www.beruf-und-familie.de Zugegriffen am 13. April 2020*
- *www.utopia.de Zugegriffen am 13. April 2020*
- *www.konsumguerilla.net Zugegriffen am 13. April 2020*
- *www.transfair.de Zugegriffen am 13. April 2020*

„Höhenkoller": Die Gefahren auf der Karriereleiter

3

Inhaltsverzeichnis

W. Gross, *Smart Career: Die Kunst, einen schweren Job leicht zu nehmen*,
https://doi.org/10.1007/978-3-662-61136-4_3

„Viele erkennen zu spät,
dass man auf der Leiter des Erfolges
einige Stufen überspringen kann.
Aber immer nur beim Hinuntersteigen.“
(William Somerset Maugham)

Gerade nach Corona ist die Wirtschaft in Bewegung – in heftiger Bewegung. Begleitet von Modeetiketten wie „Globalisierung“, „Flexibilität“, „Risiko- und Innovationsbereitschaft“, „Arbeitsverdichtung“ und „Ressourcenkonzentration“ scheinen sich die Veränderungen manchmal regelrecht zu überschlagen: *Was gestern galt, gilt heute nicht mehr*. Und ob das, was heute gilt, auch morgen und übermorgen noch gilt, ist höchst fraglich. Klar, dass die ungewisse Zukunft vielen Angst macht – gerade in Zeiten einer (drohenden) Weltwirtschaftskrise.

Soviel ist fast allen klar: Die Berufswelt ist kein lieblicher Rosengarten und auch kein Ponyhof. Heutzutage ist die Karriere keine lauschige Ausflugsfahrt ins Grüne. Das ist den meisten Personen auf der Karriereleiter oder in den Karrierenetzwerken wohl bewusst. Eine gute und auch langfristige Karriere kostet eben jede Menge Kraft, Selbstdisziplin – und manchmal auch Härte sich selbst und anderen gegenüber. Um den Kopf über Wasser zu halten – gerade in Zeiten, in denen sich der globalisierte Markt wie ein tosendes Meer mit übergroßen Gischt-Wellen darstellt – braucht es neben einem heißen Herzen eben auch kühle Planung und Voraussicht. Schließlich ist es eine Kunst, die Gratwanderung hinzubekommen zwischen sich fordern, aber nicht überfordern.

Nicht umsonst spricht man auch von „Wirtschafts-und-Karrierekriegen". Eine ehemalige Führungskraft brachte es einmal so auf den Punkt:

„Die Klugen fressen die Dummen, die Starken fressen die Schwachen, die Schnellen fressen die Langsamen".

Klar, dass es in diesen Kriegen nicht nur Sieger gibt, sondern auch jede Menge Verwundete und Kriegsversehrte.

Schließlich ist es kein Zuckerschlecken den alltäglichen Arbeitstag gut zu bewältigen und dabei nicht nur zu funktionieren, sondern daran auch noch Spaß zu haben, einen Sinn in seiner Tätigkeit zu sehen und dabei auch noch erfolgreich zu sein. In Krisenzeiten die „alltäglichen Niederschläge" nicht nur wegzustecken, sondern auch angemessen zu verarbeiten, ist ein Lehrstück. Und daraus zu lernen, gelingt nicht immer und nicht jedem. In den Hochgeschwindigkeits- und Hocheffizienz-Zeiten von heute ist das eine hohe Kunst. Klar, dass jeder sein Muster entwickelt, um damit fertig zu werden. Für viele ist „Multitasking" dabei ein Zauberwort.

3.1 Situationen unter der ‚Karriere-Glaskugel'

3.1.1 Multitasking-Terror – von der Idee mehrere Dinge gleichzeitig zu tun

Manche erleben es als Segen, dass sie drei oder vier Dinge gleichzeitig machen können, dürfen oder müssen. Neudeutsch nennt man das „Multitasking": Telefonieren, während man gleichzeitig im Internet surft, seinen Terminkalender checkt, Zeitung liest oder nebenbei noch die interessante Sendung im TV auf dem Computerbildschirm verfolgt. Wenn die Dinge flutschen und man das Gefühl hat – „ich bin mitten drin im prallen Leben" und das positiv erlebt wird, spricht man von „Funktionslust". Manche laufen – so scheint es – erst zur Hochform auf, wenn sie eintauchen können in die Geräuschsuppe z. B. eines Großraumbüros: Telefongebimmel, Gespräche im Hintergrund, das Surren des Faxgerätes, das „Bling" der soeben eingetroffenen Mail. Der gesamte Geräuschpegel ist für sie ein Lebenselixier und macht sie kreativ. Die Frage ist allerdings, wie lange man das aushält. Schließlich: *Wer für alles offen ist, kann nicht ganz dicht sein.*

Allerdings macht ihnen gar nicht selten Funkstille auf den Sinneskanälen Angst. Denn bei Ruhe steigen die Geister aus dem Inneren ins Bewusstsein und im Gehirn macht sich der horror vacui, die Angst vor der Leere, breit.

Zugegeben – das trifft vor allem für junge Leute zu und auch das nur für eine eher begrenzte Zeit. Der größere Teil der arbeitenden Bevölkerung leidet unter den vielfältigen Anforderungen und ständigen Störungen des mehrspurigen Berufslebens. Sie sind eher genervt von der ständigen Unterbrechung der Arbeit durch Telefonate, SMS, Fax oder Mails. Das geht so weit, dass in manchen Unternehmen den Mitarbeitern, während einer hochkonzentrierten Arbeit der Internet- und der Telefonanschluss gesperrt wird und ein Handy-Verbot existiert, damit sie endlich in Ruhe ihre Arbeit zu Ende bringen können.

In einer amerikanischen Untersuchung hat man festgestellt, dass eine Büroangestellte durchschnittlich alle elf Minuten bei ihrer Arbeit unterbrochen wird – vom Telefon, einer Mail oder einem Kollegen. Nach dieser Studie dauert es etwa 25 Minuten, bis man wieder bei dem ursprünglichen Projekt landet. Und weitere acht Minuten, bis man wieder voll konzentriert dabei ist. Bleiben – durchschnittlich – gerade mal drei Minuten bis zur nächsten Unterbrechung. Nun könnte man denken: „na ja, die Amis“. Von wegen – es geht beileibe nicht nur um die Situation in den USA: Auch bei uns gibt es Büroarbeitsplätze, bei denen täglich 50 sofort zu beantwortende Mails und über 20 „wichtige“ Telefonanrufe auflaufen – gar nicht mitgerechnet die Kollegen, die direkt vor dem Schreibtisch stehen und was wollen. 50 Unterbrechungen am Tag sind in manchen Jobs keine Seltenheit, d. h. mitunter 10-mal pro Stunde, alle sechs Minuten, wird man aus der Arbeit rausgerissen.

Klar, dass darunter Konzentration und irgendwann auch die Gesundheit leiden. Allerdings kommen viele – so scheint es – gar nicht umhin, sich dem Diktat des fremden Rhythmus zu beugen.

„Läuft alles rund, fühle ich mich gut, weil alles effektiv ist. Und das Lob der anderen ist mir sicher,“ sagt die Mitarbeiterin einer Werbeagentur in einem Interview, aber nach einem so richtig hektischen Tag trudelt es im Kopf weiter bis in den Schlaf:

> *„Manchmal verfolgt mich die Arbeit bis in die Träume. Und ich kriege den Kopf nicht mehr frei.“*

In einem Interview erklärt Nathalie Henke von der Bundesanstalt für Arbeitsschutz und Arbeitsmedizin (BAuA) in Dortmund, die an einer Studie zum gleichen Thema mitgearbeitet hat, dass es entscheidend ist, ob die Unterbrechung selbstbestimmt oder fremdbestimmt ist.

In der BAuA-Studie wurde festgestellt, dass mehr als die Hälfte aller Angestellten Störungen bei der Arbeit ausgesetzt ist, fast 60 % der Betroffenen empfinden das belastend. Kopfschmerzen, Nervosität, Reizbarkeit haben zugenommen. Mehr dazu siehe: https://www.baua.de/DE/Angebote/Publikationen/Praxis/A11.pdf?__blob=publicationFile Zugegriffen am 13. April 2020

Dabei ist Multitasking (manche Leute nennen es den „Gleichzeitigkeitswahn“) nur eine der Ursachen für diesen Stress. Schließlich, wenn man mehrere Sachen gleichzeitig macht, muss man ständig umschalten und das kostet viel Kraft und führt mit der Zeit nicht selten zu Konzentrationsproblemen. Schließlich – Unterbrechungen sind so etwas wie der natürliche Feind der Konzentration.

„Sinkende Aufmerksamkeitsspanne durch Informationsflut“ ist ein Artikel in der Zeitschrift *Report Psychologie* (1/2020) überschrieben. Der Autor Phillip Lorenzen-Spreen stellt darin die Frage: Wird aus wachsender Quantität sinkende Qualität?

Je höher man auf der Karriereleiter steigt, umso wichtiger wird die Fähigkeit, gleichzeitig mehrere Dinge tun zu können – also Multitasking. Dabei ist das nur eine der Ursachen für den heutigen Berufsstress – wenn auch ein wichtiger. Es gibt allerdings auch etwas, was man Success Disaster nennt.

„Karriere-Sprech" 19: Success Disaster
Laut dem amerikanischen Onlinewörterbuch *yourdictonary.com* handelt es sich bei einem *Success Disaster* um eine Produktionskatastrophe (*Disaster*), die durch den zu großen Erfolg (*Success*) eines Produktes hervorgerufen wird. Man versteht also darunter, dass man sehr erfolgreich z. B. ein neues Projekt startet, aber das schnelle Wachstum, das mit dem schnellen Erfolg einhergeht, häufig nur sehr schwer organisatorisch zu bewältigen ist. Als Beispiel wird das Produkt eines Unternehmens genannt, das so erfolgreich ist, dass die Nachfrage nach diesem Produkt die Produktionskapazität bei Weitem übersteigt.

Der Erfolg führt also zu einem Disaster, einem Chaos. Im schlimmsten Fall endet das Ganze vielleicht, dass es schnell vorbei ist mit dem Erfolg: Gestartet als Adler, gelandet als Suppenhuhn (https://www.yourdictionary.com/success-disaster Zugegriffen am 13. April 2020).

Für viele nimmt nicht nur wegen der zunehmenden Arbeitsbelastung der Stress zu, sondern auch wegen des zunehmenden Risikos, arbeitslos zu werden. Kurzzeitige, befristete Arbeitsverträge ohne eindeutige Perspektive sind mittlerweile die Norm, sodass der Arbeitnehmer im Unklaren über seine berufliche Zukunft ist. Er befindet sich in einem dauernden Erregungszustand, was zu chronischem Dis-Stress führen kann.

Wenn man dann eine feste, unbefristete Stelle hat, sieht der Stress ganz anders aus: Man wird gar nicht selten mit Arbeit so zugebaggert, dass man oft chronisch am Limit arbeitet.

Die Berufsgenossenschaft für Gesundheit und Wohlfahrtspflege (BGW) unterscheidet vier Arten von Stressoren, die dabei eine Rolle spielen:

1. Stress durch die *Arbeitsaufgaben* selbst (Menge der Arbeit, Zeitvorgaben, Präzisionsanforderungen etc.)
2. Stress durch die *Arbeitsumgebung* (räumliche Beengung am Arbeitsplatz, Geräuschkulisse, Lichtverhältnisse etc.)
3. Stress durch die *Arbeitsorganisation* („ins kalte Wasser" geworfen werden, unklare Zielvorgaben und Fehlen der notwendigen Hilfsmittel und Ansprechpartner etc.)
4. Stress durch die *sozialen Beziehungen* (unklares Führungsverhalten, rüder Umgangsstil zwischen Kollegen, „Betriebsklima", Mobbing etc.)

Klar, dass viele Mitarbeiter – gerade wenn sie neu in eine Position kommen – sich dieser Situation hilflos ausgeliefert fühlen. Sie wissen nicht, wie sie den Stress vermeiden, reduzieren oder abbauen können. Eine Abwärtsspirale beginnt und viele überstehen die Arbeitswoche nur noch, wenn sie am Wochenende wenigstens ein bisschen runterkommen. Im schlimmsten Fall werden daraus chronische Psycho-Krisen.

Schließlich hat sich der Anteil der psychischen Erkrankungen bei den Ursachen für Arbeitsunfähigkeit innerhalb der letzten fünf Jahre verdoppelt. Ein nicht unbeträchtlicher Teil sind so genannte Stresskranke. Viele leiden unter Ängsten, Depressionen, psychosomatischen Störungen oder sind ausgebrannt. Oft beginnt es mit psychosomatischen Störungen wie Muskelschmerzen, Magen-Darm-Beschwerden, Ein- und Durchschlafproblemen – abhängig von der jeweiligen psychosomatischen Achillesferse der Person. Und wenn es keine angemessene Stressbewältigung gibt, hecheln viele nur noch von Urlaub zu Urlaub.

3.1.2 Urlaub – ein Tropfen auf dem heißen Stein?

Aber selbst Urlaube scheinen immer weniger zu nützen. In einer Studie der Universität Tel Aviv an Mitarbeitern aus dem IT-Bereich wurde festgestellt, dass das gute Gefühl, das man nach einem entspannenden Urlaub hat, schon sehr bald wieder aufgebraucht ist. Nach dieser Studie hat ein Urlaub heutzutage gerade noch eine Halbwertszeit von drei Tagen. 72 Stunden nach der Rückkehr an den Arbeitsplatz hat sich die Entspannung in Luft aufgelöst, die der Einzelne in den Ferien hatte: Das Auftanken hat nicht lange angehalten, der Tank ist schon wieder leer *(zit. nach Meckel, Das Glück der Unerreichbarkeit).*

Schlimmer noch: Durchschnittlich drei Wochen nachdem die Befragten ihre Arbeit wieder aufgenommen hatten, fühlten sie sich schon wieder genauso gestresst und ausgebrannt wie vor dem Urlaub. Mögliche Gründe:

- Abschalten funktioniert heute für viele nicht mehr richtig – vielleicht, weil man auch in den Ferien seine beruflichen E-Mails checkt und seine Mailbox abhört oder gar das Büro alles ungefiltert an den Urlauber weiterleitet und dieser mit Laptop, Handy oder Smartphone am Strand einfach weiterarbeitet.
- Der Wiedereinstieg nach dem Urlaub ist problematisch: Die Bearbeitung der E-Mail-Schwemme und der Post-Berge auf dem Schreibtisch nach dem Urlaub frisst ein Großteil der Entspannung wieder auf. Ganz abgesehen von dem Stress, der damit einhergeht, sich wieder auf den aktuellen Stand im Job zu bringen und direkt loslegen zu müssen.

Was viele Betriebe immer noch nicht mitbekommen haben: Stress und Burnout sind nicht nur ein echter Kostenfaktor, sie machen den Mitarbeiter auch noch unproduktiv und unkreativ. Es geht also nicht nur um das persönliche Wohlbefinden des Mitarbeiters, sondern auch langfristig um seine Arbeitsfähigkeit und seine Arbeitsleistung.

Bleibende Auswirkungen von unkontrolliertem Stress zeigen sich ganz unterschiedlich: Manche werden arbeitssüchtig und kommen nicht mehr runter vom immer schneller drehenden Karriere-Karussell, andere entwickeln seelische Erkrankungen wie beispielsweise Ängste, Depressionen, Sucht oder psychosomatische Störungen. Wieder andere vereinsamen oder brennen gar ganz aus. Dabei können all die genannten Faktoren Hand in Hand gehen, sich gegenseitig bedingen und sogar verstärken.

3.1.3 Die Leiden der Leitenden

Die Selbstdisziplin, die Mühe, die Plackerei, die durchgearbeiteten Nächte – und vor allem die Selbstverleugnung kann man zusammenfassen unter dem Begriff „Seelische Kosten der Karriere" – vor allem, wenn sie über Jahre hin andauern. Denn was da an Karrierestorys in den einschlägigen (Wirtschafts-)Blättern oft so toll klingt, sieht von Nahem betrachtet häufig ganz anders aus.

3.1.4 Die Last des Erfolges

Herbert Mühlenhoff war lange Zeit leitender Mitarbeiter einer deutschen Großbank und hat als selbstständiger Unternehmensberater mehrere Büros nicht nur in Deutschland, sondern auch in Österreich und der Schweiz aufgebaut. Es wurden von seiner Firma Mühlenhoff und Partner seit seiner Gründung mehr als 20.000 Beratungen durchgeführt. 75 % aller DAX-Unternehmen und mehr als tausend Mittelstandsunternehmen gehören – nach Angaben der Firma – zu dem Kundenkreis.

In einem Interview mit dem Autor sagte er:

Beispiel

„Also wenn ich die Last des Erfolgs mir anschaue, dann ist sicherlich ein wesentlicher Aspekt die Familie, die Zeit und Energie von einem fordert. Man fühlt sich zerrissen, man sitzt also irgendwo in der Mitte und alles zerrt an einem. Das sind die Mitarbeiter, die Betreuung wollen, die Arbeit wollen, die Rückmeldung wollen. Dann sind es diejenigen Kunden, die wir betreuen, die ebenfalls Zuwendung wollen, die Lösungen wollen, die wollen, dass wir sie im Mittelpunkt unseres Tuns sehen. Dann sind es die Firmenkunden, die ebenfalls die Sonderkonditionen wollen, die ebenfalls besondere Betreuung wollen, die Geld sparen wollen. Und dann sind es die Freunde, die mit einem auch mal ein Bier trinken wollen. Und dann ist es vielleicht auch der Verein, in dem man ist und in dem man Aufgaben übernommen hat. Und dann kommt schon mal der Moment, wo man sich selbst fragt, ja und wo bleibst du selbst eigentlich?

Ich suche immer wieder nach Wegen, da herauszukommen, habe sie aber noch nicht gefunden. Meiner Frau sage ich, dass das also noch dieses Jahr der Fall sein wird und wir dann bestimmt eine bessere Lösung gefunden haben. Wenn ich ganz ehrlich bin, dann weiß ich noch nicht, wie ich das schaffen soll … Man wird einfach fremdbestimmt von allen Ecken und Kanten." ◀

3.1.5 Die dünne Luft auf dem Gipfel

Die Schwierigkeit ist – je höher man nach oben steigt, umso dünner wird die Luft und umso einsamer werden die „Tops“.

Die Mitarbeiter nicken nur noch und sind willfährig, die Ehefrauen sind gelangweilt, genervt oder hören schon lange nicht mehr zu. Die Einsamkeit ufert aus. Es fehlt eine aufrichtige Rückmeldung und oft ein Korrektiv, für das, was man tut.

Zumal die zunehmende Komplexität und der Zeitdruck immer öfter dazu führen, dass man Entscheidungen aufgrund unzureichender Daten treffen muss. Und natürlich muss man die Konsequenzen dann verantworten. Die damit einhergehende Verunsicherung und die Gefühle der Überforderung darf man sich allerdings nicht anmerken lassen.

Mitunter führt das dann zu einem mehr oder weniger hektischen Aktionismus – damit wenigstens etwas Vorzeigbares passiert. Die Reflexion und die langfristige Planung bleiben dabei immer häufiger auf der Strecke.

3.1.6 Erfolgreich gescheitert

Wenn man täglich diese Selbstgewissheit und Stabilität nach außen demonstrieren muss, die man innerlich gar nicht hat, führt das nur allzu leicht zu einer „Deformation professionelle“, zu einer mehr oder weniger totalen Enteignung der Gefühle und zu einer im Maschinentakt verkümmerten Innenwelt:

Zielorientierung, Effektivität und olympiareife Leistungen sind angesagt.

Lust, innere Befriedigung, Muße und Sinn werden dem äußeren Erfolg geopfert. Mit der Zeit gehen die Sensibilität für sich und andere verloren und damit wird mitunter die Menschlichkeit von der Karriere aufgefressen. Herbert Mühlenhoff in einem Interview mit dem Autor:

Beispiel

„Die Fassadentechniken in den Unternehmen sind zum Teil wirklich stärker ausgereift, als manche Produkte, die dort vertrieben werden.“ ◀

Da niemand nur stark und effektiv ist, schützen sich gar nicht wenige mit einer angepassten, formschönen Fassade, in der sie nach allen Seiten stoßfest, bruchsicher, formschön und abwaschbar erscheinen, aber mitunter auch wie ein roboterhafter Mensch ohne Eigenschaften. Und in so einer luftdicht abgeschotteten Glaskugel verendet auch mitunter noch der letzte Rest von Gefühl, wenn nicht eine seelische Krise oder ein körperliches Symptom ein Loch in die Fassade schlägt – so kommt mancher ganz anders oben an, als er unten gestartet ist: Er ist „erfolgreich gescheitert“.

Die mehr oder weniger totale Außenorientierung der Erfolgreichen führt à la longe zur Enteignung der Gefühle. Immer geht es den Erfolgreichen darum, zu funktionieren, anstatt Lust, Spaß und Sinn in der Tätigkeit zu finden. Und was ist mit den Idealen, mit denen man einmal ins Berufsleben gestartet ist – hat man sie verraten? Herbert Mühlenhoff in einem Interview mit dem Autor:

Beispiel

„Nein, die Ideale verraten nicht, aber Ideale verloren. Das heißt also, der Glaube an das ewig Gute, der geht dann im Verlauf der Berufstätigkeit schon verloren. Weil man irgendwann erkennt, wenn man grundsätzlich mit einer positiven Einstellung hineingeht in sämtliche Gespräche und dass der andere auch mir gut will, dann stellt man fest, dass man damit nicht immer weiterkommt.“ ◄

Und da die innere Befriedigung verloren gegangen ist, wird der äußere Erfolg so etwas wie Meerwasser für einen Ertrinkenden: Je mehr man davon trinkt, desto durstiger wird man und umso mehr geht man innerlich zugrunde.

So folgt dem äußeren Erfolg gar nicht so selten die innere Armut und Leere.

Wie schrieb doch der österreichische Dichter Ödon von Horvat:

„Eigentlich bin ich ganz anders,
aber leider komme ich so selten dazu.“

Herbert Mühlenhoff ist nach kurzer, schwerer Krankheit am 3. Januar 2020 verstorben. Daniela König-Mühlenhoff hat inzwischen die Gesamtleitung des Unternehmens übernommen.

3.1.7 Verlust der Menschlichkeit

Niemand würde es offen zugeben, und doch dringt es vielen Managern durch die Knopflöcher:

Die Welt der Karrieristen reduziert sich nur allzu oft aufs rein Ökonomische. Das Ziel ist dabei, die Kosten zu minimieren oder nach außen zu verlagern und den Profit zu erhöhen.

Resultat der ökonomischen Sachorientierung ist oft der Verlust der Menschlichkeit. Sie sehen nicht mehr die Auswirkungen, die Entscheidungen auf die Menschen haben, sondern nur noch, dass die Sache optimal funktioniert. Die Menschen, mit denen man umgeht, werden mitunter genauso austauschbar, wie die Produkte.

Genauso wenig wie man einen schlafwandelnden Traumtänzer, wenn er oben auf dem Dachfirst herumturnt, aufwecken darf, genauso wenig dürfen Karrieristen bestimmte Dinge denken, wenn sie ihr Ziel erreichen wollen. Deswegen ist das Denkraster vieler Karrieristen eingeengt. Sie dürfen nicht darüber nachdenken, was mit den Mitarbeitern und ihren Familien passiert, die sie im Laufe ihrer „Sanierungsmaßnahmen“ eines Werkes entlassen. Sonst könnten sie das nicht (mehr oder weniger skrupellos) durchziehen. Es ist wie bei einem Chirurgen, der sich auch nicht ständig überlegen darf, dass er mit dem Messer in einem Menschen herumschneidet.

Für manche Karrieristen folgt dem äußeren Erfolg gar nicht so selten das Ausgebrannt-sein und die innere Leere. Sie fühlen sich von der Karriere aufgefressen. Sie sind eben erfolgreich gescheitert.

Und nur allzu häufig sind die Erfolgreichen zu beschäftigt, um sich dessen bewusst zu sein: Die Arbeit als Suchtmittel gegen die inneren Konflikte und die Leere. So kann sie zur Droge werden.

Wie schrieb doch William Shakespeare:

„Die Götter sind gerecht:
Aus unseren Lüsten
erschaffen sie das Werkzeug,
uns zu geißeln“

3.1.8 Künstlerkarrieren

Karrieren kann man natürlich nicht nur in der Wirtschaft und in der Verwaltung machen. Auch Künstler – Musiker, Maler, Schriftsteller – machen Karriere. Und sie zahlen ebenfalls dafür, wenn auch nicht unbedingt mit der gleichen Währung. Viele Schriftsteller schreiben sozusagen mit ihrem eigenen Blut.

Ruhm sei eine Droge, nach der viele süchtig sind, meint der Hamburger Journalist Wolf Schneider. Für ihn macht Talent allein die wenigsten zu Siegern.

Denn wer sein Rennen um den Ruhm gewinnen will, kommt ohne brennenden Ehrgeiz, Ellenbogen und Selbstinszenierung selten aus. Deshalb arbeiten viele wie besessen und nehmen keine Rücksicht auf sich und andere. Schließlich wächst aus Unglück, Krankheit und Demütigung oft die Kraft zu fast übermenschlicher Leistung. Ernest Hemingway meinte sogar, dass das Kapital eines guten Schriftstellers seine unglückliche Kindheit sei.

Und fürwahr: Manchmal entstehen aus diesen frühkindlichen Konflikten dann kreative Konfliktlösungsversuche, die mitunter der Nährboden für das sind, was man gemeinhin Talent nennt und aus denen dann „große Kunstwerke“ geschaffen werden – oder große Karrieren und große Unternehmen.

Allerdings: Talent kann zwar nicht schaden, aber entscheidend für den Ruhm ist die Überzeugung: „Ich und mein Werk sind der Nabel der Welt“. Daher sind diese Sieger – seien sie nun Künstler, Erfinder, Firmengründer oder Politiker für ihre Mitmenschen oft schwer erträglich. Sie werden zu Sonderlingen und Außenseitern, zu charismatischen Führern oder sie landen im schlimmsten Fall im Irrenhaus: Genie und Wahnsinn liegen manchmal ganz nahe beieinander. Oft geht es dabei um „Alles oder Nichts“.

Damit das nicht falsch verstanden wird: nicht jeder Sonderling oder Außenseiter ist ein großer Künstler, Erfinder, Politiker oder gar ein Genie (Abschn. 2.4.12, Eliten und Hochbegabte), sondern es trifft wohl eher der Satz von Saint-Exupéry zu:

„Tausend träumen davon,
hundert segeln los,
einer kommt an.“

Und mitunter ist die Grenze – gerade bei Künstlern – zwischen Genie und Wahnsinn fließend. Wie schrieb doch Ernest Hemingway in seinem Roman *Fiesta*:

„Nie entmutigt zu sein (ist das) Geheimnis meines Erfolges“.

Er erschoss sich am 2. Juli 1961 mit seinem Jagdgewehr.

Zum Weiterdenken

- Je größer die Löcher in der Seele, umso größer müssen die Perlen in der Krone sein.
- Man erhält nur die Chance, die man sich gibt.
- „Die Zeit ist wie der Wind: Richtig genutzt, bringt sie uns an jedes Ziel" (Lothar J. Seiwert).
- Wer höher steigt als er sollte, fällt tiefer als er wollte.

3.2 Wenn das ganze Leben zur Arbeit wird: Arbeitssucht

Gibt es nicht mehr im Leben,
als Geschwindigkeit und Effizienz
zu erhöhen?

Menschen, die Karriere machen wollen, machen sehr oft die Arbeit zu ihrem zentralen (mitunter einzigem) Lebensinhalt. Ihr Job ist das Wichtigste in ihrem Leben. Nichts ist wichtiger. Oft ist es anfangs auch nötig, alle zur Verfügung stehende Energie in den Beruf zu stecken, damit sie wirklich (äußeren) Erfolg haben. Um „aus Chancen Fakten zu machen", wird oftmals der Karriere alles untergeordnet – Partnerschaft, Familie, Freundeskreis, Hobbys – nur um beruflich noch weiter zu kommen. Was viele vergessen, ist, dass in einer solchen Haltung – wenn sie denn über Jahre hin andauert – viele Gefahren lauern. Eine davon ist Arbeitssucht.

Allerdings – wenn hier von „Arbeitssucht" die Rede ist, so ist damit nicht jede Arbeit, nicht einmal jede übermäßige Arbeit gemeint. Schließlich geht es hier nicht darum, Arbeit oder Fleiß zu diffamieren. Wenn aber Arbeit immer häufiger als Mittel zur Flucht vor Konflikten in anderen Lebensbereichen benutzt wird, wenn man Konflikten in der Partnerschaft oder der Familie chronisch ausweicht, wenn Gefühle innerer Leere ständig durch Arbeit überspielt werden, dann ist die Gefahr der Arbeitssucht gegeben. – Zumal der „sekundäre Krankheitsgewinn" bei keiner anderen Sucht so groß ist, wie bei der Arbeitssucht: Keine Sucht hat schließlich so viel Nutzen. Der Workaholic bekommt – neben den skeptischen Blicken und dem Kopfschütteln auch jede Menge Anerkennung, Bewunderung und nicht zuletzt hat er (wenigstens im Anfangsstadium) einen materiellen Nutzen aus seiner Sucht. Schließlich zentriert sich bei richtigen Arbeitssüchtigen alles um die berufliche Tätigkeit: Arbeit ist für sie das ganze Leben.

Und heutzutage scheinen immer mehr Menschen so unter Strom zu stehen, dass sie überhaupt nicht mehr runter kommen vom Stress-Karussell. Das ist wohl auch der Nährboden, auf dem die Arbeitssucht fast epidemische Züge annimmt: Für die USA wird inzwischen sogar schon spekuliert, dass bis zu 49 % der berufstätigen Bevölkerung arbeitssüchtig bzw. arbeitssuchtgefährdet seien. Wie gesagt spekuliert – in Wirklichkeit gibt es wenig gesichertes Zahlenmaterial über die Verteilung der Workaholics – weder für Deutschland, noch für Europa, noch für die USA. Höchstens ein paar Indikatoren, die in diese Richtung deuten.

Gerade in unseren Breiten bezeichnen sich Politiker und Wirtschaftsbosse von Zeit zu Zeit ganz stolz als „Workaholics" – so als wäre das ein Orden, mit dem man sich gerne schmückt. Und es kommt in Vorstellungsgesprächen gut, wenn man als

Schwäche angibt, dass man „zu viel arbeitet“ und „zu ungeduldig“ ist. Der Job ist gewiss die ehrbarste aller Suchtformen.

Aber: Kann Arbeit wirklich süchtig machen? Und handelt es sich hierbei wirklich um eine Sucht im klinischen Sinn oder nur um ein Modeetikett?

3.2.1 Ursachen der Arbeitssucht

Gesellschaftliche Hintergründe der Arbeitssucht

Über die Entstehung der Arbeitssucht gibt es bislang nur wenige Erklärungsansätze. Auch ist die Frage noch ungeklärt, ob Arbeitssucht häufig zu führenden Positionen oder andersherum, leitende Stellungen oft zur Arbeitssucht führen.

Als prädisponierende Charakterzüge für eine mögliche Entwicklung von Arbeitssucht gelten eine extrem wettbewerbsorientierte Persönlichkeitsstruktur, Siegeswillen und Kontrollbedürfnis. Der Antrieb für außerordentliche Leistungen liegt nicht selten in der Suche nach Erfolg und Anerkennung begründet. Ebenso spielt mangelndes Selbstvertrauen in der Genese von Arbeitssucht eine wichtige Rolle. Durch das exzessive Arbeiten versucht der Arbeitssüchtige oft Akzeptanz und Anerkennung zu erlangen. Auf diese Weise will er scheinbar sein Gefühl der Unzulänglichkeit und seine Versagensängste unterdrücken (https://www.aerzteblatt.de/archiv/26134/Arbeitssucht Zugegriffen am 13. April 2020).

Die meisten Menschen hätten heutzutage wohl gern weniger davon. Aber manche können anscheinend von der Arbeit nicht genug kriegen. Das Problem ist: Krankhaft Arbeitssüchtige schaden jedoch nicht nur sich selbst und ihrem direkten privaten Umfeld, sondern – obwohl man das auf den ersten Blick nicht sieht – auch ihrem Unternehmen.

Für Viele ist es einfach sehr schwer vorstellbar, dass Arbeit zur Sucht werden kann. Schließlich hat gerade in Deutschland Arbeit ein hohes Sozialprestige, denn der Deutschen liebstes Kind ist nun mal die Arbeit.

„Der Mensch ist zur Arbeit geboren, wie der Vogel zum Fliegen“, sagte Martin Luther. Schließlich ist ein Credo der protestantischen Ethik, nicht allein auf das Leben nach dem Tode zu warten, sondern hier und jetzt – mit viel Arbeit – das Himmelreich auf Erden aufzubauen. Das hohe Arbeitsethos hat also gerade in Deutschland eine lange Geschichte.

Und die deutschen Ideale sind in den tradierten Lebensweisheiten sprichwörtlich geworden: *„Arbeit adelt“, „Arbeit macht das Leben süß“, „Ohne Fleiß kein Preis“* … Härter formulierte es der Soziologe Max Weber: *„Zeitvergeudung ist die erste und schwerste aller Sünden“(aus: Askese und kapitalistischer Geist).*

So ist es klar, dass es Proteste hagelt, wenn man hierzulande Arbeit in Zusammenhang mit Sucht bringt. Gewöhnlich denkt man bei Sucht schließlich vor allem an Fixer, Alkoholiker, Spielsüchtige und Medikamentenabhängige.

Arbeitsnutzen

Zweifellos hat Arbeit zuerst einmal und vor allem positive Aspekte: Mit ihr strukturieren wir unseren Tagesablauf und wir geben unserem Leben damit Sinn und Struktur. Für viele ist es auch der Grund, sich morgens überhaupt aus dem Bett zu wälzen. Ganz abgesehen davon sichert die Erwerbsarbeit unsere Existenzgrundlage, sie ermöglicht uns die Teilnahme am gesellschaftlichen Leben und am Konsum. Daneben kommen der Arbeit aber noch zahlreiche weitere positive psychologische Funktionen zu:

- Überhaupt fühlen wir uns durch Arbeit nützlich. Vielfach gibt sie uns Sinn.
- Wir zeigen in der Arbeit unsere Kompetenz und bekommen Anerkennung durch sie.
- Arbeit vermittelt uns dadurch Erfolgserlebnisse und stärkt so unser Selbstwertgefühl.
- Nicht zu unterschätzen ist, dass wir durch die Arbeit sozialen Kontakt bekommen. – Schließlich werden eine Vielzahl von Freundschaften, Beziehungen und Ehen immer noch am Arbeitsplatz geschlossen.
- Arbeit strukturiert unsere Lebenszeit, unseren Tag, unsere Woche, unser Jahr – aber auch unsere Energie.
- Vielleicht hinterlassen wir ja mit den Ergebnissen unserer Arbeit sogar eine Spur im Treibsand der Geschichte.

Es besteht heute Einigkeit darüber, dass die Arbeit vielleicht das zentrale, den Menschen kennzeichnende, Merkmal ist. Als Sigmund Freud einmal gefragt wurde, was seiner Meinung nach ein gesundes Leben ausmacht, hat er kurz und knapp geantwortet: „Lieben und Arbeiten." Der Begründer der Psychoanalyse hat damit die zentralen Punkte des menschlichen Lebenssinns umrissen. Und – da er selbst wohl ein Workaholic war – hätte er Arbeitssüchtige wohl eher gnädig behandelt.

Die Nacht im Büro

Dabei ist die Grenze zwischen gesunder Freude an der Arbeit und krankhaftem, übertriebenen Einsatz im Beruf sicher fließend. Aber wenn man jeden Morgen mit dem Gedanken an seine Arbeit aufwacht, unter der Dusche die Tagesaufgaben für den Job plant, schon beim Frühstück erste Mails checkt, Geschäfts-Telefonate führt, um dann nach 16 Stunden am Schreibtisch, in Business-Meetings, im Internet oder bei Conference-Calls, erschöpft nachts ins Bett zu fallen und von der Arbeit zu träumen, besteht die Gefahr, dass man regelrecht arbeitssüchtig wird. Vor allem, wenn das Tag für Tag passiert.

Zweifellos sind Karrierewillige besonders anfällig für Arbeitssucht. So sind gerade die „besseren" Berufsgruppen, stärker von dieser Sucht bedroht: An der Supermarktkasse und am Fließband wird man seltener arbeitssüchtig als in der Werbeagentur, am Managerschreibtisch oder in der Arztpraxis. Bei diesen Berufen wird mitunter die Arbeitszeit über Mitternacht ausgedehnt und vielleicht schläft der Workaholic dann auch mal im Büro.

Arbeitssucht ist allerdings nicht auf bestimmte Berufsgruppen beschränkt. Man findet sie bei gewöhnlichen Büroangestellten genauso wie bei Führungskräften und Journalisten ebenso wie bei Pfarrern oder Pflegekräften.

Dabei ist das Risiko bei Selbständigen besonders groß: Neben dem Aspekt der Verdrängung persönlicher Konflikte kommen hier häufig noch massive Existenzängste hinzu. Man ist zur Erhaltung der eigenen wirtschaftlichen Existenz auf Aufträge angewiesen und nimmt alles, was man bekommen kann: *„Selbstständig heißt, man arbeitet selbst – und das ständig"*.

Braucht die Wirtschaft Arbeitssüchtige?
Bei der gesamten Problematik Arbeitssucht stellt sich natürlich die Frage: Braucht unsere Wirtschaft gerade in globalisierten Nach-Corona-Zeiten vielleicht die Arbeitssüchtigen? Ist nicht ein Großteil der Schnelllebigkeit, der scharfen Konkurrenz, die mit der Arbeitssucht einhergeht, eben das Salz in der Suppe der freien Wirtschaft?

Das Verhalten Arbeitssüchtiger wird immer öfter zum Maßstab dessen, was man gerade in der freien Wirtschaft unter einem „dynamischen Mitarbeiter“ versteht – gerade in Zeiten von „Lean Production“, TQM und „Change Management“. Und vor allem Personen auf der Karriereleiter oder in Karrierenetzwerken sind besonders gefährdet.

Helden für eine Nacht
Anfangs merkt man es nicht: Arbeitssüchtige sind häufig „Heroes just for one night“ (Helden für eine Nacht), gute Sprinter, aber ein wirklich beruflich erfolgreiches Leben ist einfach mehr als eine Abfolge von Sprints. Und für ein langfristig befriedigendes Leben muss man lernen, seine Kräfte einzuteilen und sich nicht völlig zu verausgaben. Weil aber genau das viele Workaholics tun, sind sie „Turbo-Ausbrenner“. Deshalb sind unter den wirklich langfristig Erfolgreichen in Wirtschaft und Politik sehr selten echte Workaholics zu finden. Es sind eher Personen, die ihre Kräfte einteilen, aber gerade auch deshalb in der Lage sind, wenn nötig „Zwischensprints“ einzulegen. Es sind Marathonisten.

Gerade in Zeiten, wo wegen hoher Personalnebenkosten mit immer weniger Arbeitskräften immer mehr Produktivität erzielt werden soll (Stichwort „Schlankes Unternehmen“), ist es nicht verwunderlich, dass die Unternehmen und Organisationen bislang für das Thema „Arbeitssucht“ kaum sensibilisiert sind. Viele Unternehmen scheinen im Gegenteil immer noch von dem Gedanken beseelt zu sein, dass der Vielarbeiter gleichzeitig immer auch ein guter Arbeiter ist. Dass dies keineswegs generell angenommen werden kann, haben zahlreiche psychologische Forschungsarbeiten eindrucksvoll unter Beweis gestellt:

a) Arbeitssucht hat einen negativen Einfluss auf die *Aufgabenerfüllung* (betroffene Mitarbeiter halten sich nicht an Arbeitsteilungen und Kompetenzzuweisungen, sie mischen sich in alles ein, glauben, alles besser zu können).
b) Arbeitssucht hat einen negativen Einfluss auf das *Interaktionsverhalten* (betroffene Mitarbeiter werden zunehmend kommunikationsunfähig, sie ziehen sich zurück, als Vorgesetzte überfordern sie ihre Mitarbeiter, sie delegieren nicht).
c) Arbeitssucht hat einen negativen Einfluss auf die *individuelle Leistungsfähigkeit* (der problematische Arbeitsstil führt mit fortschreitender Zeit zu physischen und psychischen Auffälligkeiten, die krankheitsbedingte Abwesenheit nimmt zu, längere Arbeitsunfähigkeit und/oder Frühinvalidität droht).

3.2.2 Folgen der Arbeitssucht

Verlust des Privatlebens

Gerade wenn die Arbeitslosigkeit drohend aus der Ferne winkt, ist es nur zu verständlich, dass es immer mehr Menschen gibt, die zwölf, vierzehn oder gar sechzehn Stunden am Tag arbeiten, und das fünf, sechs oder gar sieben Tage in der Woche: ein Leben auf der Überholspur. Sie kennen kein Privatleben, und Freizeit ist ihnen ein Gräuel. Wer mehr als fünf Stunden schläft, gilt in ihren Augen als faul. Sie können nicht nein sagen und haben die Fähigkeit verloren, richtig zu entspannen.

„Arbeits-Junkies" dürfen leider bei uns noch ziemlich ungehindert ihrer Sucht frönen. Vielfach ernten sie sogar Applaus, wenn sie mit Leitz-Ordnern ins Bett gehen und auch noch im Wartezimmer des Zahnarztes Börsenberichte studieren. Gerd, ist langjähriger Kenner der Börsenszene und war viele Jahre Direktor der Börsenabteilung einer großen Bank. Er beschreibt die Ambivalenz:

Beispiel

„Es ist schon auch faszinierend: Jeder Tag bringt irgendwie etwas Neues. Jeder Tag bringt neue Ideen, neue Einsichten, neue Erkenntnisse. Auf jeden Fall bringt jeder Tag sehr viel Tempo mit sich. Und dieses Tempo beginnt eigentlich morgens und endet am Abend. Die Börsianer sind eigentlich immer gehetzt, von einer Minute auf die andere. Ich weiß nicht, ob sich die Geschwindigkeit wesentlich erhöht hat. Es hat immer schon Telefone gegeben. Es hat immer schon Fernschreiber gegeben. Das Tempo hat sich eigentlich nicht erhöht. Das Tempo war immer hoch. Das Volumen hat sich erhöht. Und das Volumen bringt natürlich eins mit sich: die zur Verfügung stehende Zeit wird knapper. Es ist schon ein Unterschied, ob sie im Tempo zehn Orders bearbeiten oder im Tempo 100 bearbeiten müssen. Sie müssen in derselben Zeit einfach mehr leisten. Der dauernde Stress, das ist ja nun etwas lapidar ausgedrückt, aber dieses dauernde In-der-Verantwortung-Stehen, das dauernde Unter-Druck-Stehen, dies dauernde Auf-Tempo-getrimmt-Sein, das geht schon irgendwo natürlich auf die Kondition und letztlich auch an die Substanz. Und das hält man nur begrenzt aus." ◀

Arbeitssucht – eine wirkliche Sucht?

Es gibt keine genauen Zahlen über Arbeitssucht und Arbeitssüchtige. Das hängt auch damit zusammen, dass die Betroffenen meist nichts von ihrer Abhängigkeit ahnen, sondern sich das Deckmäntelchen von Verantwortung, Tüchtigkeit und Terminen überstreifen. Allerdings gibt es ein paar Hinweise auf das Ausmaß dieser Sucht:

Die VDI-Nachrichten schrieben schon Ende der 1990er-Jahre:

„Die deutschen Manager sind Workaholics: 65 % von ihnen arbeiten jede Woche mehr als 60 Stunden für ihr Unternehmen. Die Arbeitszeit ihrer Kollegen aus den Niederlanden und Großbritannien liegt meist darunter." Und heute sind es eher mehr.

Auch wenn empirisch belegte Zahlen zum Phänomen „Arbeitssucht" fehlen, kann man doch – vorsichtig geschätzt – von etwa 200.000 Betroffenen in Deutschland ausgehen. Zudem kommt eine empirische Studie zu dem Ergebnis, dass jeder siebte

Arbeitnehmer in Deutschland als zumindest tendenziell arbeitssuchtgefährdet gelten muss (http://www.bpb.de/apuz/28575/arbeitssucht-massenphaenomen-oder-psychoexotik?p=all Zugegriffen am 13. April 2020).

Sucht – was ist das eigentlich? Und ist Arbeitssucht wirklich eine Sucht?

Definition: Sucht
Sucht ist gekennzeichnet durch ein unabweisbares Verlangen nach einem bestimmten Gefühls-, Erlebnis- und Bewusstseinszustand. Die *Suchtziele* sind entweder *Lustgefühle herbeiführen* und/oder *Unlustgefühle vermeiden.*

Man unterscheidet drei Ebenen der Sucht:

Drei Ebenen der Sucht

1. Körperliche Abhängigkeit
2. Psychische Abhängigkeit
3. Zunehmende Beeinträchtigung der alltäglichen und sozialen Lebensführung

Stoffgebundene Süchte wie Alkoholismus, Heroin- oder Kokainabhängigkeit sind dadurch gekennzeichnet, dass dem Körper eine chemische Substanz von außen zugeführt wird, die den Erlebnis-, Bewusstseins- und Gefühlszustand verändert. Diese Veränderung kann schwach sein (wie beim Zigarettenrauchen) oder stark (wie bei Heroin oder Alkohol). Selbst bei schwachen Zustandsveränderungen kann sich eine süchtige Karriere entwickeln. Aber auch bei stoff*un*gebundenen Suchtformen (wie der Arbeitssucht) gibt es psychische und körperliche Abhängigkeiten (mehr dazu siehe meine Bücher): „Was Sie schon immer über Sucht wissen wollten" (Springer Verlag) oder „Sucht ohne Drogen" (Fischer Verlag).

Keine Frage: Auch Arbeitssüchtige haben ein unabweisbares Verlangen nach einem bestimmten Erlebnis-, Gefühls- und Bewusstseinszustand, um die direkte Veränderung der momentanen Befindlichkeit zu bewirken, also Lustgefühle herbeizuführen oder Unlustgefühle zu vermeiden.

Denn: Soviel ist in der neueren Suchtforschung unumstritten – nicht die Droge selbst macht abhängig, sondern die Wirkung, der seelische und körperliche Zustand, den sie hervorruft: Der Schnaps in der Flasche oder im Bauch, das Heroin in der Fixe oder in der Blutbahn ist es nicht, was Sucht ausmacht. Es ist der Erlebnis-, der Gefühls- und der Bewusstseinszustand, den man damit erreicht, von dem man abhängig wird. Und bei der Arbeitssucht?

Man kann sagen: Gemeinsam ist allen Suchtkarrieren, dass es zu Beginn um das Gleiche geht: Um Entgrenzung, um Rausch, um Ekstase, um Außer-sich-Sein, um „Raus aus dem, wie es jetzt ist ". Es geht um Flucht vor dem als unangenehm erlebten Zustand, um direkte Veränderung der momentanen Befindlichkeit. Und das Ziel ist immer ein anderer Gefühls- und Bewusstseinszustand. Aber stimmt das auch für Arbeitssüchtige? Arbeiten Workaholics wirklich rauschhaft, arbeiten sie sich regelrecht besoffen? Katharina, eine 28-jährige PR-Beraterin:

Beispiel

„In meinem Leben gab es mehrere Phasen, wo ich in meinem Leben sehr große Eile hatte. Das bezieht sich in der Hauptsache darauf, dass ich, welche Aufgaben ich mir auch stelle, das im Grunde ein unendlicher Berg wird, jeden Tag wird das mehr. Habe ich den Tag vorher das geschafft, dann lade ich mir am nächsten Tag noch mehr auf die Schultern …

Das Faszinierende daran ist, dass ich eine unwahrscheinliche Euphorie dabei empfinde. Ich spür eben nichts mehr. Also hab‘ ich auch immer weniger Hunger, bin immer weniger müde und so … Natürlich ist das nicht unendlich fortsetzbar. Es ist einfach ein sehr rauschhaftes Gefühl. Konkret hieß das bei mir zum Beispiel, dass ich 18 Stunden in der Agentur gearbeitet habe, an einem Stück bis spät in die Nacht, bis nachts um 4.00, tagelang, wochenlang. Das hat überhaupt nicht aufgehört. Aber irgendwann hört es auf. Das hat einfach sein organisches Ende. Und das ist dann der totale Breakdown“. ◀

Worin liegt der Unterschied zwischen einem Arbeitssüchtigen und jemandem, der einfach nur viel arbeitet? Das hat vor allem zu tun mit seiner Einstellung zur Arbeit und in seinem Arbeitsstil. Arbeitssüchtige arbeiten fast immer mehr, als man von ihnen verlangt. Sie stellen vor allem sehr hohe (und oft unerreichbar hohe) Anforderungen an sich selbst. Sie sind unfähig, ihre eigenen Leistungen anzuerkennen und mit sich zufrieden zu sein. Stattdessen suchen sie dauernd nach neuen Zielen und Möglichkeiten, sich zur Geltung zu bringen. Sie sind selten im Hier und Jetzt, sondern leben in der Zukunft (oder der Vergangenheit). Ständig verfolgen sie neue herausfordernde Projekte. Sie arbeiten nicht nur unmäßig viel, sondern oft auch hektisch und verkrampft. Sie sind ungeduldig und überpünktlich. Sie meinen, nur wenn sie alles allein und selbst machen, werde alles zuverlässig, ordentlich und schnell erledigt. Sie können keine Arbeit delegieren, weil sie Wichtiges nicht von Unwichtigem unterscheiden können und einem falsch verstandenen Perfektionismus frönen. Andere etwas tun lassen, bedeutet für sie, die Kontrolle abzugeben oder zu verlieren. Und Kontrolle – oder die Einbildung, alles unter Kontrolle zu haben – ist für den Arbeitssüchtigen lebensnotwendig. Der Grund für die Aktivität vieler Arbeitssüchtiger ist oft ein chronisch schlechtes Gewissen, nicht genügend zu tun. So als dürfe – wie es in einem Sprichwort heißt – nur der essen, der auch arbeitet. Arbeitssüchtige erkämpfen sich sozusagen ihren Lebenssinn durch diese ständige Aktivität.

3.2.3 Erscheinungsformen der Arbeitssucht

Charakteristika von Arbeitssucht

- Workaholics sind ihrem Arbeitsverhalten völlig ausgeliefert. Das gesamte Denken und Handeln, die gesamte Vorstellungswelt bezieht sich auf die Arbeit.
- Sie haben die Kontrolle über ihr Arbeitsverhalten verloren und haben große Schwierigkeiten bzw. sind unfähig, Umfang, Dauer und Intensität ihres Arbeitseinsatzes zu bestimmen.

- Häufig haben sie psychosoziale (Kontakt- und Beziehungs-)Probleme.
- Sie können nur schwer längere Pausen machen, sind abstinenzunfähig und halten sich selbst für unfähig. kürzere oder längere Zeit nicht zu arbeiten.
- Es treten Entzugserscheinungen bei gewolltem oder erzwungenem Nicht-Arbeiten auf. Diese sind meist psychischer Art (Ängste, Depressionen, Aggressionen), können sich aber auch körperlich zeigen (abhängig von der individuellen „psychosomatischen Achillesferse“: Magen-Darm-Probleme, Herz-Kreislauf-Symptome, Hautirritationen …).
- Toleranzentwicklung gegenüber der Menge der Arbeit ist ein weiteres Kriterium von Workaholics. Das heißt, um sich einigermaßen wohl zu fühlen, muss der Betreffende immer mehr arbeiten (Dosissteigerung und Zentrierung).

In unserer Leistungsgesellschaft hoch geschätzte Eigenschaften wie Fleiß, Zielstrebigkeit und Ehrgeiz haben sich bei der Arbeitssucht also so weit verselbstständigt, dass folgenschwere Verhaltensstörungen, Depressionen und psychosomatische Erkrankungen auftreten. Obwohl diese in ihrer Gesamtheit und ihrem Verlauf das Bild einer Suchterkrankung zeichnen, wird sie auch von Ärzten meist verkannt, weil diese gar nicht selten selbst Workaholics sind. Anders aber als bei den bekannten Süchten wird hier der Süchtige in seinem Verhalten durch Anerkennung von Bekannten, Kollegen und Vorgesetzten bestärkt. Und er zieht vielfachen Nutzen aus seiner Sucht. Ein paar Beispiele:

Arbeitssüchtige

- haben so viel Energie, dass sie nicht stillsitzen und nicht zuhören können;
- stehen ständig unter Strom und dürfen nervös sein;
- denken an nichts anderes mehr als an Arbeit;
- können ihre Angst vor dem Nichtstun in Arbeit ertränken;
- erleben immer wieder Neues und Interessantes;
- können alle Launen, allen Unmut durch ihre Arbeitsbelastung erklären und dürfen darüber klagen;
- dürfen masochistisch sein: viel rauchen, trinken und essen, ihre Gesundheit ruinieren, Raubbau mit ihrem Körper und ihren Kräften treiben;
- sind unkooperativ^;
- setzen sich gegen andere durch, befriedigen ihren persönlichen Ehrgeiz;
- brauchen keine Selbstdisziplin zu üben: Die anderen richten sich ja nach ihnen;
- versprechen immer wieder, dass „später“ einmal alles anders wird;
- akzeptieren die Tatsache nicht, dass andere Menschen Freizeit oder gar Urlaub brauchen;
- erheben sich über die Masse der Menschen. ◀

Oft vorzufindende Merkmale der Arbeitssüchtigen:

Körperlich	Psychisch
Kopfschmerzen	Wutausbrüche
Erschöpfung	Unruhe
Allergien	Schlafstörungen
Verdauungsbeschwerden	Verspanntheit
Magenschmerzen	Hyperaktivität
Geschwüre	Reizbarkeit und Ungeduld
Stechen in der Brust	Vergesslichkeit
Kurzatmigkeit	Konzentrationsprobleme
Nervöse Ticks	Langeweile
Benommenheit	Stimmungsschwankungen (von Euphorie zur Depression)

Emotionalität der Arbeitssüchtigen

Das Zeigen menschlicher Schwäche fällt vielen Arbeitssüchtigen besonders schwer. Sie unterdrücken vor allem Gefühle, die ihre Leistungsfähigkeit beeinträchtigen könnten – Müdigkeit, Ärger, Unlust und Verzweiflung. Außerdem geht es oft darum, eine nach Außen hin völlig intakte Fassade zu zeigen. Ein Unternehmer formuliert das so:

„Schwach-sein ist eine gewisse Leistungsunfähigkeit. Das kann sowohl im beruflichen wie im privaten Bereich vorliegen oder ganz einfach im seelischen Bereich. Unfähigkeit, zu trauern, ist eine Schwachstelle, bei dieser betreffenden Person, die der hat. Ich glaube, das sind Fragen des Gemütszustandes, der Nerven."

Der Journalist und Verleger, Hans-Jürgen (39) sagt:

Beispiel

„Es gab hochgradige Verluste, eigentlich in allen Lebensbereichen. Und das trifft auch für den Freundeskreis zu. Das trifft insgesamt für das Gefühlsleben zu. Das verschwindet immer mehr. Da sind die Verluste immens, auch wenn man sie zuerst gar nicht mehr mitbekommt.

Zuletzt wird man doch von anderen drauf gestoßen, dass man einfach gefühlsmäßig überhaupt nichts mehr rüberbringen kann, zu anderen Menschen. Es ordnet sich alles dem einen Ziel unter: ‚Du willst das schaffen, du willst das aufbauen, das soll stehen und du musst dich wehren und kämpfen.'" ◀

Beziehungsmuster der Arbeitssüchtigen

Man kann sagen, dass die Kontakte und Beziehungen der Arbeitssüchtigen zu anderen Menschen gestört sind. Vielfach benutzen sie die anderen nur, um in ihrem süchtigen System voranzukommen. So gut wie alle Beziehungen werden dem Götzen „Arbeit" geopfert. Kontakte werden nur zu solchen Menschen gepflegt, die „was bringen". Ein „abgestürzter" Karrierist sagt:

Beispiel

„Man sucht sich einfach die Freunde aus unter Gesichtspunkten, wie sie für die Karriere von Vorteil sind. Man ist nicht darauf aus, sich mit den Gedanken und Ideen und den Interessen der anderen zu treffen … Man gibt es auf, Leute zu verstehen, und opfert das Verständnis für die Karriere.“ ◀

Workaholics verstehen nicht, dass andere nicht so (viel) arbeiten wie sie selbst, und sie versuchen ständig, andere für ihre Ziele einzuspannen. Die Mitmenschen werden von ihnen nur in der Rolle, die für die eigene Arbeitswelt von Bedeutung ist, erlebt und gesehen, sie werden funktionalisiert. Eine im Umgang mit Arbeitssüchtigen erfahrene New Yorker Psychiaterin meint, dass Arbeitssüchtige entweder Abstand oder Macht brauchten. Sie könnten mit zwischenmenschlichen Beziehungen nichts anfangen, weil es einfacher sei, eine Beziehung zur Arbeit aufzubauen als zu einem Menschen, und sie bei der Arbeit viel mehr Befriedigung fänden. Gerd, ein 36-jähriger Bankmanager:

Beispiel

„[…] Ich ergänze unheimlich viele Defizite in meinem Leben durch meine Aktivität. Ich überarbeite mich oft und arbeite viele Probleme weg von mir. Das ist ganz einfach. Erst mal sieht die Gleichung so aus: ‚Arbeit ist immer sinnvoll, und damit ist sie immer gut.‘ Und somit setze ich mich mit vielen Dingen in meinem Leben nicht auseinander, zum Beispiel mit den ganz massiven Beziehungsschwierigkeiten, die ich habe. Damit setze ich mich nicht auseinander, indem ich einfach anfange zu arbeiten. In keiner Situation kann ich so gut arbeiten, wie wenn ich mich mal wieder richtig fröhlich von jemandem getrennt habe. Dann geht es besonders gut. Da ist also erst mal ‚Der beweis ich's‘ meistens drin, zweitens so dieses Moment ‚Ach, was ein Glück, vorbei‘, und das dritte ist: ‚So, jetzt hast du endlich Zeit, wieder was Sinnvolles zu tun. Das andere war ja eh alles nur Zeitverschwendung.‘“ ◀

Arbeitssucht ist eine Erscheinungsform der Maßlosigkeit. Um so ein System von Sucht aufrechterhalten zu können, bastelt sich der Arbeitssüchtige eine Ideologie „Marke Eigenbau“: „Life is rough and if you wanna survive, you've gotta be tough“ *(Das Leben ist hart, und wenn du überleben willst, muss du hart sein)*, ist fast immer der Tenor dieser Arbeitssuchtideologie.

Als wesentliches Merkmal Arbeitssüchtiger gilt außerdem ihr Perfektionismus. Aus psychologischer Sicht führt dieser Perfektionismus durch seine einseitige Konzentration auf Leistung und Qualität zu geistiger Eingleisigkeit. Andere sehen die Gefahren des Perfektionismus insbesondere darin, dass arbeitssüchtige Vorgesetzte an ihre Mitarbeiter dieselben Leistungsanforderungen wie an die eigene Person stellen und diese damit überfordern und demotivieren.

Freizeitverhalten der Workaholics

Arbeitssüchtige erscheinen oft energiegeladen, aktiv und lebenstüchtig – im Gegensatz zu Alkoholikern, Fixern und Esssüchtigen, die eher labil und passiv wirken. Sie sind ständig am Werkeln, kommen kaum zur Ruhe. Ihre Gedanken drehen sich ständig um alle möglichen Projekte und Tätigkeiten. Selbst in der Freizeit, wenn sie sich so etwas überhaupt zugestehen, lesen sie Fachbücher und Fachzeitschriften, und im Urlaub fahren sie an Orte, die sie beruflich irgendwie verwerten können. Sie können nicht abschalten. Statt sich in der Freizeit und im Urlaub zu entspannen, sind Arbeitssüchtige oft gereizt, unzufrieden und von innerer Unruhe geplagt. Wenn sie lesen, so ist dies sachbezogen. Wenn sie spazieren gehen, können sie den Spaziergang nur genießen, wenn sie wenigstens die Namen der Bäume, der Vögel und Insekten kennen.

Manches, was Arbeitssüchtige als Entspannung ausgeben, ist im Grunde nur eine andere Form von Arbeit: Ein Arbeitssüchtiger, der morgens um fünf Uhr regelmäßig seinen Dauerlauf absolviert, tut dies nicht zum Spaß und denkt auch nicht an seine Gesundheit, sondern nur daran, erfrischt und mit neuer Energie noch ein paar Stunden länger arbeiten zu können.

Nun könnte man denken: Arbeit und Aktivität sind doch auch „vita activa", eine Art und Weise der Selbstverwirklichung, des „Sich-selbst-Ausdrückens". Denn mit unseren Tätigkeiten hinterlassen wir vielleicht eine Spur im Treibsand der Geschichte. Und das ist sicher auch so. Nur bei Arbeitssucht ist die Arbeit keine Selbstverwirklichung mehr, sondern eine Methode, um vor sich selbst und dem ganzen Leben davonzulaufen. Wer ständig keine Zeit hat, hat auch keine Zeit, sich mit sich selbst zu konfrontieren. Petra, eine 27-jährige Studentin:

Beispiel

„Es stellt sich die Frage: Was würde ich machen, wenn ich nicht arbeiten würde. Und da habe ich keine Alternative. Also arbeite ich. Es ist auch ganz klar so, dass ich zugunsten meiner Arbeit viele Sachen einfach nicht mache, obwohl ich sie machen könnte. Ich sag schon auch: Die Arbeit ist gut und sinnvoll und wichtig und bringt dich weiter. Also das Ganze ist einfach unheimlich positiv für mich beladen, so nach dem Motto: ‚Da hast du wenigstens was geschafft.'" ◀

Es ist wie in dem Märchen von der „goldenen Gans": Was immer der Arbeitssüchtige anpackt – es wird Arbeit. Jedes Hobby wird nach kurzer Zeit eine Pflicht oder ein Job. Die New York Times veröffentlicht über einen prominenten Industriellen ein Porträt, in dem zu lesen stand, dass er noch nie Urlaub gemacht habe. Der Arzt habe ihm daher versichert, der geeignete Kandidat für einen Herzinfarkt zu sein, wenn er sich nicht bald ein Hobby zulege. Daraufhin begann der Mann wie besessen Uhren zu sammeln, sodass ihm sein Arzt schließlich auch das verbot. Er hatte nämlich innerhalb von ein paar Monaten eine der bedeutendsten Uhrensammlungen der USA zusammengetragen.

3.2.4 Differenzierung der Arbeitssucht

Arbeitssucht-Typologie(n)
Nun ist Arbeitssucht nicht gleich Arbeitssucht und Workaholic nicht gleich Workaholic. Es gibt zwei verschiedene Typologien, die ich gerne vorstellen möchte.

Die erste und zugleich ältere stammt von Marilyn Machlowitz, einer US-Psychologin. Sie unterscheidet vier Arbeitssuchttypen:

1. *Der eingleisige Arbeitssüchtige*
   Er entspricht genau dem Stereotyp vom „gewöhnlichen Arbeitssüchtigen“. Er probiert erst gar nicht, auch andere Interessen in seine Arbeit mit einzubeziehen, weil er gar keine hat. Die eingleisigen Arbeitssüchtigen wirken oft langweilig, humorlos und starr – und sie sind es meistens auch.
2. *Der vielseitige Arbeitssüchtige*
   Ihm bedeutet Arbeit zwar auch alles, aber ihm gelingt es, in die Arbeit auch andere Interessen zu integrieren. Aufgrund ihrer Persönlichkeit oder aus beruflichem Interesse integrieren diese Arbeitssüchtigen Sozialkontakte und Reisen in ihre Arbeit.
3. *Der „Hans-Dampf-in-allen-Gassen“*
   Er verzettelt sich oft, hat seine Finger überall drin und tanzt auf vielen Hochzeiten gleichzeitig, ob nun bei der Arbeit oder in seiner Freizeit. Er wirkt überdreht und unstet. Solche Leute wechseln oft ihre Stellung und ihr Betätigungsfeld. Ihre Interessen sind so vielseitig, dass sie einem vorkommen, als säßen sie auf einem sich immer schneller drehenden Karussell.
4. *Der passionierte Arbeitssüchtige*
   Seinen Freizeitaktivitäten geht er mit ebenso großer Leidenschaft, Umsicht und in gleichem Maße nach wie seiner Arbeit. Hobbys sind für ihn eine „andere Art von Arbeit“: Ihm ist das ganze Leben Arbeit.

Während Machlowitz die Typologie allein aus ihrer klinischen Erfahrung in den USA erstellte, wurde die zweite Typologie von dem Psychologen Stefan Poppelreuter auf der Basis einer wissenschaftlichen Untersuchung an der Universität Bonn entwickelt. In seiner Ende der 1990er-Jahre durchgeführten Studie über Arbeitssucht findet er vier Arbeitssuchttypen:

1. *Der entscheidungsunsichere Arbeitssüchtige*
   Kennzeichen des entscheidungsunsicheren Arbeitssüchtigen ist vor allem seine hohe mengenmäßige Arbeitsbelastung. Typisch sind für ihn eine ganze Reihe körperlicher und seelischer Probleme durch das arbeitssüchtige Verhalten. Insgesamt zeigen sich bei Typ 1 noch relativ wenige Arbeitssucht-Symptome. Poppelreuter nennt ihn deshalb den „Einäugigen unter den Blinden".
2. *Der überfordert-unflexible Arbeitssüchtige*
   Bei diesem Arbeitssüchtigen stehen starke Angst- und Überforderungsgefühle im Vordergrund. Hinzu kommen ausgeprägte Unflexibilität und fehlende Spontaneität. Beeinträchtigungen bestehen vor allem im interpersonellen und gesundheitlichen Bereich.
3. *Der verbissene Arbeitssüchtige*
   Der verbissene Arbeitssüchtige fühlt sich dagegen *nicht* überfordert oder ängstlich, ist weder zwanghaft noch penibel, neigt aber dazu, seine Ansichten und Absichten „um jeden Preis" durchzusetzen, kann schlecht Arbeit delegieren und Verantwortung abgeben. Er arbeitet extrem viel, hat wenig Freizeit und ist mit seiner Arbeit auffallend zufrieden. Er hat ausgeprägte Probleme im Sozialbereich, vor allem in Ehe und Partnerschaft.
4. *Der überfordert-zwanghafte Arbeitssüchtige*
   Hier stehen Angst und Überforderung im Vordergrund, die der Workaholic durch einen zwanghaft-ritualisierten Arbeitsstil versucht in den Griff zu bekommen. Massive Entscheidungsschwierigkeiten, eine zwanghaft verbissene Haltung und ein extrem perfektionistisches Anspruchsniveau führen dazu, dass er mit seiner eigenen Arbeit auffällig unzufrieden ist.

Die von Poppelreuter entwickelten Kategorien sind allerdings nicht ganz so pointiert voneinander zu unterscheiden, deshalb bezieht sich die populäre Literatur zur Arbeitssucht oft auf Machlowitz.

Gemeinsam ist allen Typen die Unfähigkeit, ihr Leben ohne ein Übermaß an Arbeit genießen zu können. Arbeitsfreie Zeit ist für sie verlorene Zeit, schwer zu ertragen und nur durchzuhalten, wenn in Ferien und Freizeit ständig an die Arbeit gedacht werden kann. Bei vielen Arbeitssüchtigen leidet dann auch eher das Umfeld als der Arbeitssüchtige selbst.

Stufen der Arbeitssucht

Man unterscheidet bei der Arbeitssucht drei Phasen, deren Übergänge häufig fließend sind:

1) *Die Einleitungsphase* beginnt vergleichsweise harmlos. Typisches Zeichen ist, dass die Betreffenden versuchen, heimlich zu arbeiten. Sie geben vor, sich ihrer Freizeitbeschäftigung zu widmen, während sie in Wahrheit arbeiten, z. B. Fachliteratur lesen oder ähnliches. Immer häufiger kreisen ihre Gedanken um die Arbeit. Durch Hast und Hektik suchen sie mehr oder weniger bewusst Rauscherlebnisse. Dadurch werden andere Interessen und auch Familie und Freunde immer mehr vernachlässigt. Über leichte körperliche Beschwerden wird drüber weg gearbeitet.
2) *Kritische Phase:* Ähnlich wie ein Alkoholiker nach Eintritt des Kontrollverlustes nach dem ersten Glas nicht mehr mit dem Trinken aufhören kann, arbeiten die Arbeitssüchtigen in dieser Phase zwanghaft, bis es nicht mehr geht. Sie arbeiten sich regelrecht „besoffen". Da sie sich ohne einen gewissen Termin- und Arbeitsdruck unwohl und überflüssig vorkommen, sorgen sie für einen Vorrat an Arbeit. In diesem Stadium treten Erschöpfung und Depressionen häufiger und stärker auf, außerdem körperliche Symptome – abhängig von der psychosomatischen Achillesferse des Einzelnen – z. B. Bluthochdruck, Magengeschwüre oder Herz-Kreislauf-Probleme.
3) *Chronische Phase:* In der chronischen dritten Phase arbeiten die Patienten mitunter rund um die Uhr auch abends, nachts und am Wochenende – oder denken zumindest ständig an die Arbeit. Sie leiden unter dauerndem Schlafdefizit. Sie stellen an sich selbst hohe Ansprüche und zeigen gegenüber all denen, die den eigenen Arbeitsstil nicht praktizieren oder von ihm als Konkurrenz angesehen werden, eine rücksichtslose Härte – oder sie werden verlacht und mit Häme behandelt.
   Unbehandelt führt die dauernde, widernatürliche Überlastung im Laufe der Zeit fast immer zu organischen Krankheiten und/oder schweren seelischen Störungen. Massive Herz-Kreislauf-Probleme, Magendurchbrüche und Nervenzusammenbrüche können genauso das Ergebnis sein wie massive Depressionen und Angstzustände, das was man heute „Burnout" nennt (Absch. 3.4, Burnout):
   „Und wenn sie nicht gestorben sind, dann arbeiten sie noch heute."

Erklärungsmodell I: Psychoanalyse und tiefenpsychologisch-fundierte Psychotherapie

Die psychoanalytischen Modelle zur Entstehung der Arbeitssucht bieten keine einheitlichen Erklärungen. Es lassen sich unterschiedliche theoretische Ansätze zur Arbeitssuchtproblematik differenzieren, die dabei unterschiedliche Schwerpunkte setzen und damit verschiedenartige Beiträge zur Theorie der Sucht liefern.

Der wichtigste ist dabei die Selbstpsychologie. Die Selbstpsychologie bietet ein Erklärungsmodell für die bei Arbeitssüchtigen häufig feststellbaren Größenvorstellungen. Da es Süchtigen nach Auffassung der Selbstpsychologie generell nicht genügend gelungen ist, ihr Selbst bis hin zu einer tragfähigen Identität zu entwickeln, bleiben sie einem grandiosen Selbst verhaftet. Bei solchen narzisstischen Persönlichkeiten dient das Arbeitssuchtverhalten als vorherrschender Mechanismus, um das pathologische Größen-Selbst quasi „aufzutanken": Da die überwiegend als frustrierend und feindlich erlebte Umwelt nicht genügend Befriedigung und Bewunderung zu bieten hat, findet der Arbeitssüchtige im Workaholic-Rausch die grandiosen Allmachtgefühle und diese sind kurzfristige „Seelennahrung" und haben eine Art Schutzfunktion gegenüber dieser frustrierenden Realität. Viele tiefenpsychologisch orientierte Psychotherapeuten wissen aus therapeutischen Prozessen, dass solche narzisstischen Persönlichkeitsstörungen bei Arbeitssüchtigen häufig vorzufinden sind und zur Folge haben, dass Arbeitssüchtige aufgrund des engen Zusammenhangs zwischen Arbeit und Identität durch ein ständiges (Mehr-) Arbeiten ein Gefühl eigener Größe und persönlicher Identität zu erlangen versuchen. Eine Betroffene erzählt:

Beispiel

„Die einzige Möglichkeit, sich Selbstwert und Wichtigkeit in unserer Familie zu holen, war zu arbeiten. Das ist das eine. Also sozusagen: Wer nicht arbeitet, der darf auch nicht essen – nach so einem Prinzip. Das Zweite ist: Du bist niemand, wenn du nichts leisten kannst. Wenn hier nicht jemand außerhalb von dir selbst sagen kann: ‚Huih, huih, was habt ihr für eine tolle Tochter oder für einen tollen Sohn', dann warst du nichts. Du hattest nur die Möglichkeit, ein Selbstwertgefühl, eine Bestätigung zu bekommen, wenn eine gute Note in deinem Zeugnis gestanden hat oder wenn jemand gesagt hat: ‚Was bist du ja für ein feines Mädchen' oder ‚für ein feiner Kerl' oder ‚Du kannst das ja so gut'. So habe ich's erlebt. Und das ist bei mir heute auch noch so. Ganz wichtig ist: Ich kann Sachen nicht für mich machen. Ich habe, sagen wir mal, so keine Lust am eigentlichen Handeln, sondern ich habe Lust an dem ‚Mich-Rumzeigen-Können'. Und das andere ist: Ich komme in ganz schlimme depressive Stimmungen, wenn ich eine Zeit lang nichts gemacht habe, wenn ich eine Zeit lang nicht das Gefühl habe, irgend so einen ‚Knaller' gelöst zu haben, also so was scheinbar Unlösbares." ◄

Erklärungsmodell II: Verhaltenstherapie

Die Ursachen der Arbeitssucht sind nach verhaltenstherapeutischer Sichtweise zunächst in Verstärkungen und Bekräftigungen von spezifischem Arbeitsverhalten zu suchen. Arbeitssüchtige erlernen danach schon in frühester Kindheit Verhaltensmuster und Einstellungen, die Leistung und produktives Tätigsein belohnen. Aber auch der Wegfall von Bestrafung, kann Ursache für exzessives Arbeitsverhalten sein. Wenn z. B. das Kind durch übermäßige Selbstdisziplin und Arbeit lernt, Probleme, Angst- oder Schuldgefühle oder generelle Unsicherheit und Unzulänglichkeit zu bewältigen oder zu vermeiden und so das eigene Selbstwertgefühl stärkt, ist das ein guter Nährboden für eine spätere Arbeitssucht. Viele Arbeitssüchtige haben im Laufe ihres Lebens – wenn sie in schwierige Problem- oder Konfliktsituationen geraten – einfach keine alternativen Verhaltensmuster entwickelt.

3.2.5 Breakdown (in) der Arbeitssucht

Abstieg eines Aufsteigers
Problematisch bei der Arbeitssucht ist vor allem, weil man sie erst nach Jahren bemerkt – nämlich wenn sie bereits weit fortgeschritten ist. Symptome dieser Sucht sind vor allem: Erschöpfungsgefühle, die im Frühstadium dadurch kompensiert werden, dass man noch mehr arbeitet. Über depressive Verstimmungen, Konzentrationsstörungen, Ängste wird „drüber weggearbeitet“. Schon früher sprach man von „Managerkrankheiten“ und meinte damit vor allem Nervenzusammenbrüche, Magengeschwüre oder Herzinfarkte.

Mit den Jahren bröckelt aber die äußere Fassade und sie kann nur noch mühsam und mit immer größeren psychischen und physischen Kraftakten aufrechterhalten werden. Das vom Arbeitssüchtigen mit Panik beobachtete Nachlassen seiner Arbeitskraft versucht er mit einer noch weiteren Ausdehnung seiner Arbeitsstunden wettzumachen. Dies geht meist auch noch mit bedenklichen Krücken einher – Aufputsch- und Beruhigungsmittel im Wechsel. Alkohol und Nikotin tun ein Übriges, den Abstieg eines Aufsteigers einzuleiten.

Syndrom-Shift
Sowohl als Ausgleich und Belohnung für die sich selbst zugefügte Kasteiung als auch, um sich zuzuschütten, um nichts mehr mitzukriegen, entwickelt sich gar nicht selten daraus bei Arbeitssüchtigen noch eine andere Form der eher „passiven“ Süchte wie Alkoholismus, Medikamentenabhängigkeit, Rauchen oder Essen. Die Suchtstruktur ist ohnehin schon da – und womit sie gefüllt wird, ist letztlich zweitrangig. Süchte sind austauschbar, wenn die Suchtstruktur schon vorhanden ist.

In der Psychotherapie nennt man so etwas Suchtverlagerung oder „Syndrom-Shift“.

3.2.6 Behandlungsformen der Arbeitssucht

Workaholic-Psychotherapie
Ein gut gemeintes Zureden oder ein Appell an Vernunft nützt – wie bei allen Suchtkrankheiten – auch bei Arbeitssüchtigen wenig. Der Workaholic ist von der „Droge Arbeit“ abhängig geworden und bedarf psychotherapeutischer Hilfe.

Allerdings ist die Behandlung der Arbeitssucht aus verschiedenen Gründen oft nicht leicht:

- Meistens fehlt den Workaholics die Krankheitseinsicht. Anders als bei den bekannten Süchten wird der Süchtige in seinem Verhalten nicht nur durch Anerkennung von Bekannten, Kollegen und Vorgesetzten bestärkt, sondern natürlich auch durch den materiellen Nutzen, den er – zumindest anfangs – aus seiner Sucht zieht. Damit gibt es nicht nur keinen äußeren Grund dafür, sich von seiner Sucht zu befreien, sondern die Freiheit von der Sucht würde ihm in der Anfangsphase vielleicht sogar am Arbeitsplatz schaden. Schließlich ist jemand, der sich nicht mehr ständig bereit erklärt, olympiareife Leistungen zu erbringen, die Arbeit als wichtigsten Lebensinhalt zu akzeptieren und sich mit voller Power einzusetzen, für manche Arbeitgeber suspekt.
- Gar nicht selten kommen deshalb anfangs die Partner zur Beratung, um sich Rat zu holen, wie sie mit dem Betroffenen am besten umgehen können – und wie sie ihn motivieren können, dass er sich selbst therapeutische Hilfe sucht.
- Genauso wichtig: Der Raubbau, den Arbeitssüchtige an ihrem Körper treiben, ist mitunter so massiv, dass sie erst dann Hilfe suchen, wenn sie mit Blaulicht ins Krankenhaus eingeliefert worden sind. Und selbst dann halten viele ihr Problem für ein rein körperliches und erwarten von den Ärzten schnelle Hilfe. An Psychotherapie denken sie nur selten.
- Ganz abgesehen davon pflegen Suchtkranke ihre Abhängigkeit – mehr oder minder bewusst – geschickt zu tarnen. Und so wie der Alkoholiker seinen Getränkekonsum bagatellisiert, bagatellisiert auch der Arbeitssüchtige sein Arbeitspensum.
- Dem Mediziner bietet er zumeist Symptome an, die entweder in keinerlei Zusammenhang zu seiner Sucht stehen oder Allerweltssymptome sind: Herz- und Kreislaufbeschwerden, Magenschmerzen, Nervosität, Niedergeschlagenheit und Depressionen. Und wenn dieser nicht einen Blick für das Arbeitssucht-Verhalten hat und nur die körperlichen Probleme behandelt, dreht sich das Arbeitssucht-Karussell einfach weiter. Bis zur nächsten Krise.
- Hinzu kommt ein weiteres Problem des Workaholic im therapeutischen Prozess: Er hat große Schwierigkeiten, das richtige Maß für die Arbeit zu finden. Beim Alkohol ist das Problem (zumindest diesbezüglich) sehr viel einfacher. Da kann man sagen: „Hände weg vom ersten Glas“. Das sind klare Richtlinien. Bei der Arbeitssucht muss der Abhängige lernen, zwar weiterzuarbeiten, aber weniger und anders, d. h. nicht süchtig, sondern maßvoll und mit der richtigen Haltung.

Stationäre Therapie

Im stationären Bereich unterscheidet man verschiedene Schritte in der tiefenpsychologisch fundierten Therapie von Arbeitssüchtigen (nach Mentzel):

- Diagnostik (durch Anamneseerhebung und Fragebogen).
- Der Patient muss Krankheitseinsicht entwickeln also (an-)erkennen, dass er arbeitssüchtig ist.
- Der Patient erlebt Therapie und Selbsterfahrung als hilfreich.
- Um suchtfreies Arbeiten zu ermöglichen, ist es oft notwendig, die Bindung an den arbeitsorientierten Elternteil zu bearbeiten.

- Die perfektionistische Haltung ist anzusprechen, um dem Patienten dazu zu verhelfen, mit sich zufrieden zu sein, auch wenn er nicht immer perfekt ist.
- Die impliziten Selbstzerstörungstendenzen des Patienten sollen bewusst gemacht und unter Kontrolle gebracht werden – zum Beispiel durch die Entwicklung von neuen, konstruktiven Lebenszielen.

Mentzel hält einen längeren Therapieaufenthalt in einer psychosomatischen Klinik für indiziert und danach eine „Intervalltherapie“, zu der der Patient jedes halbe Jahr für eine Woche in die Klinik kommt, um aus der gewohnten Umgebung herauszutreten und darüber nachzudenken: „Was ist im letzten Halbjahr schief gelaufen – was war gut, und wie kann ich es noch verbessern?“ Genauso wichtig wie die Therapie ist die psychotherapeutische Arbeit mit Partnern und Familie.

Ambulante Psychotherapie

Je nachdem, wie gravierend die Arbeitssucht ausgeprägt ist, ist auch eine ambulante Behandlung von Arbeitssüchtigen möglich, wenn eine angemessene Krankheitseinsicht beim Patienten vorhanden ist und der Betroffene nicht nur vom Partner geschickt wurde, sondern wirklich eigenmotiviert ist.

Die ambulante Psychotherapie hat den Vorteil, dass der Patient nicht „unter der schützenden Käseglocke“ der Abgeschiedenheit einer psychosomatischen Klinik neue Erlebens- und Verhaltensweisen erlernen muss, sondern im echten Leben. Dadurch sind die Transferprobleme, die bei Klinikaufenthalten nicht zu unterschätzen sind, minimiert, weil der Patient direkt nach jeder Psychotherapiesitzung das Gelernte anwenden und verinnerlichen kann.

Manchmal ist allerdings die Verfassung des Arbeitssüchtigen so problematisch, dass ein Klinikaufenthalt für den Betreffenden unabdingbar ist, um so aus dem Alltagsberufsstress herauszutreten und damit der Patient den Kopf frei bekommt, um aus der Distanz über seine berufliche, familiäre und allgemeine Lebenssituation nachdenken zu können. Ideal sind deshalb oft Kombinationen von ambulanter und stationärer Psychotherapie, da sich beide Therapieformen ergänzen können. Inzwischen gibt es in Deutschland außerdem in mehreren Städten Selbsthilfegruppen für Arbeitssüchtige (Anonyme Arbeitssüchtige – AAS; http://www.arbeitssucht.de/ Zugegriffen am 13. April 2020), die bei der Behandlung hilfreich sein können.

Partner, Familien, Freunde, Angehörige

Was können Angehörige von Arbeitssüchtigen tun, um angemessen mit ihnen umzugehen? Nach Marilyn Machlowitz kann man folgende Tipps geben:

- Es ist meist hilfreich, die Tendenz von Arbeitssüchtigen, ihren Tag zu planen, zu nutzen. Planen Sie sich z. B. selbst mit ein: Machen Sie feste Termine für Frühstück, Mittagessen und Abendessen, Wochenende und Aktivitäten mit der Familie.
- Bringen Sie sich und die Familie mit ins Spiel: Wenn er mal wieder sein Wochenende im Büro verbringt, dann nehmen Sie einfach die Kinder mit an seinen Arbeitsplatz.
- Halten Sie am gemeinsamen Urlaub fest, aber erwarten Sie nicht allzu viel. Wenn der/die Workaholic Entzugserscheinungen hat, fordern Sie eine Begrenzung der Telefonate, Skype-Sitzungen, o. ä. auf maximal 2 × 30 Minuten proTag und zwar zu festgelegten Zeiten.
- Gehen Sie ab und zu mit der gesamten Familie auf Geschäftsreise.
- Am besten maximieren Sie die Freuden und minimieren Sie den Druck des häuslichen Lebens.
- Aber das Wichtigste für Partner von Arbeitssüchtigen: Entwickeln Sie einen „gesunden Egoismus“. Machen Sie sich unabhängig vom Workaholic-Lebensstil Ihres Partners. Es ist Ihre Lebenszeit: Lassen Sie sich nicht in den Workaholic-Strudel reinziehen.

Aufgaben des Unternehmens
Im ersten Schritt sollten Unternehmen ihre Personalauswahlverfahren und ihre Anforderungsprofile bei Stellenbesetzungen überdenken, um zu vermeiden, dass eine Arbeitsumgebung entsteht, die arbeitssüchtiges Verhalten fördert.

- Und das beginnt eventuell schon bei der *Stellenausschreibung*: Wenn Unternehmen in Stellenanzeigen „hochmotivierte Workaholics“ suchen (auch wenn so eine Anzeige vielleicht mit einem Hauch von Ironie gemeint ist), sollte man durchaus skeptisch sein. Schließlich suchen Brauereien ja auch nur selten einen „trinkfesten Geschäftsführer“.
- Generell sollten Unternehmen die Mitarbeiter für die *Problematik Arbeitssucht sensibilisieren* und sich bemühen, herauszufinden, wer schon arbeitssüchtig oder arbeitssuchtgefährdet ist.
- *Klare Arbeitszeit-, Pausen- und Urlaubsregelungen*, die ausreichend Freiräume zur Regeneration geben, sind sicher genauso hilfreich wie eine anforderungs- und leistungsgerechte Strukturierung der Arbeitsaufgaben (durch Zielvereinbarungen und Teamentwicklungsprozesse) und eine angemessene Beteiligung und Mitsprache der Mitarbeiter. Man weiß z. B., dass gut funktionierende Arbeitsgruppen häufig Arbeitssuchtverhalten vorbeugen.

- Regelmäßige *Teamsitzungen, Supervision und Coaching* sind ebenfalls sinnvoll, um die psychosozialen Reibungsverluste in Teams zu minimieren, denn ungelöste Teamkonflikte können auch Auslöser von Arbeitssucht sein.
- Auch durchdachte *Karriereentwicklungssysteme* und deren Umsetzung in *Monitoring- oder Mentorenprogrammen* sind sinnvoll.
- Außerdem sind *„Gesundheitszirkel“* oft hilfreich, die Mitarbeiter darin zu unterstützen, über eine individuelle Gestaltung des persönlichen Arbeitsumfeldes zu einer möglichst großen Arbeitszufriedenheit zu kommen.
- Zusätzlich können *Stressbewältigungsprogramme,* Entspannungsübungen (Rückenschule, Augentraining für Computerarbeitsplätze etc.) hilfreich sein, um psychischen und eventuellen physischen Druck abzubauen.

3.2.7 Prävention oder Notbremse

Arbeitssüchtiger Chef oder Kollege:

- Fordern Sie eine klare Arbeitsplatzbeschreibung und richten Sie sich danach.
- Bestehen Sie auf Einhaltung festgelegter Arbeitszeiten.
- Lassen Sie sich nicht hetzen.
- Wehren Sie sich gegen Grenzüberschreitungen.
- Konfrontieren Sie den Betreffenden mit seinem Arbeitssuchtverhalten.
- Lassen Sie sich nicht aufs Arbeitssuchtskarussell setzen.

Eigenverantwortung und Selbstfürsorge

Am Anfang steht immer die Einsicht in die Problematik der eigenen Arbeitssucht. Denn, wenn man erst mal erkennt und akzeptiert, dass mit dem eigenen Arbeitsverhalten etwas „nicht in Ordnung ist“, ist das eine gute Basis für eine Veränderungsmotivation. Es gibt bislang keine allgemeingültigen Hilfen zur Überwindung der Arbeitssucht, da Arbeitssucht nicht gleich Arbeitssucht ist, sondern fast immer eine hoch individuelle Sache.

Als Einstieg hilft manchen der Besuch einer Selbsthilfegruppe für Arbeitssüchtige, ein Achtsamkeitstraining oder ein Workshop zu diesem Thema.

Wenn die Arbeitssucht einen gewissen Grad erreicht hat, ist die Aufarbeitung der Arbeitssuchtproblematik mit den dahinter liegenden Ursachen in einer Psychotherapie (Einzel oder Gruppe, ambulant oder stationär) sinnvoll, um dann zu einer Einstellungs- und Verhaltensänderung zu kommen. Und für andere ist ein kurzes, zielorientiertes Coaching passend.

Tipps für Workaholics

- Nehmen Sie sich *„Auszeiten“:* Machen Sie regelmäßige Pausen (Notieren Sie im Terminkalender „MZ“ = meine Zeit, o. ä. mindestens 1 × wöchentlich) Verplanen Sie MZ nicht: Lassen Sie sich dabei Zeit, Ihren *inneren Impulsen* zu folgen –

lustorientierte Auszeiten und (Kurz-)Urlaube ohne Stress. Auch „einfach nur sitzen und ins Leere starren" kann MZ sein!
- Machen Sie an jedem Wochenende wenigstens einen *halben (besser noch einen ganzen) Tag frei.*
- Lesen Sie irgendwas, was nichts mit Ihrer Arbeit zu tun hat.
- Finden Sie ein *Hobby*, in dem Sie nicht mit jemandem konkurrieren.
- Nehmen Sie sich regelmäßig an einem bestimmten Tag in der Woche zwei Stunden Zeit zum Mittagessen.
- Lernen Sie mit Ihren Kindern zu spielen – ohne darin Meister zu werden.
- Zeigen Sie Ihrer Familie, wie sehr Sie Ihre Partnerin und Ihre Kinder schätzen. Sie brauchen sie mindestens so sehr, wie diese Sie braucht/brauchen – wenn nicht sogar mehr.
- *Stress-Bremse*: Lernen Sie Anti-Stress-Techniken (Autogenes Training, Progressive Muskelentspannung, Yoga, Tai Chi …)

Kleine Reflexion(en)

- Es gibt ein Recht auf Faulheit (Paul Lafargue).
- Keiner hat Zeit, wenn er sie sich nicht nimmt
- Der kluge Hamster im Rad läuft langsam.
- „Wer von seinem Tag nicht zwei Drittel für sich selbst hat, ist ein Sklave" (Friedrich Nietzsche).
- Schlendern ist Luxus.
- Plädoyer für den Umweg: Verirren ist menschlich.

Internet-Adressen

- www.arbeitssucht.de/ Zugegriffen am 13. April 2020; Homepage der Anonymen Arbeitssüchtigen (AAS), Selbsthilfegruppe für Menschen mit Arbeitsproblemen oder Arbeitssucht.
- http://www.labournet.de/diskussion/arbeit/asucht.html Zugegriffen am 13. April 2020

3.3 Angst – das am meisten verdrängte Gefühl in der Arbeitswelt

Alle Stände sind aufgehoben:
Der Verstand,
der Anstand,
der Wohlstand.
Es bleibt nur der Notstand.

In der globalisierten Informationsgesellschaft gibt es kaum noch jemanden, der in diesen unruhigen und unübersichtlichen Zeiten den Überblick hat, kaum noch jemanden, der ruhig, gelassen und souverän durchs Berufsleben wandelt und morgens entspannt am Arbeitsplatz seinen Computer anschaltet, sich entspannt mit Kollegen zu morgendlicher Teambesprechung zusammensetzt oder einen Kunden berät. Alle sind in Hektik und Hetze - gerade in Nach-Corona-Zeiten.

In Zeiten von Internationalisierung und Zusammenbruch der nationalen Märkte, in Zeiten von Globalisierung hat das Wort Krise in den verschiedensten Konnotationen Konjunktur: „Standortkrise Deutschland", „Krise der Erwerbsgesellschaft", „Krise von Wirtschaft und Sozialstaat", „Karrierekrise", „Weltwirtschaftskrise". Dieser Begriff Krise scheint nicht nur die äußere Situation zu beschreiben, sondern auch unsere innere Seelenverfassung.

3.3.1 Angstmotivierte Hektik

Wahrscheinlich ist Angst im deutschen Wirtschaftsleben wohl das am stärksten verdrängte Thema. Obwohl weit verbreitet, wird kaum darüber geredet. In einer älteren Studie einer Kölner Forschungsgruppe unter Leitung des Fachhochschulprofessors Winfried Panse, die 1200 Mitarbeiter aller Hierarchieebenen einschloss, zeigte sich Folgendes:

Angst am Arbeitsplatz
(Panse, FH-Köln)

Übersicht
92,8 % haben Angst um ihren Arbeitsplatz
63,7 % fühlen sich überfordert
83,9 % wünschen sich ihren Vorgesetzten hilfsbereiter, ehrlicher, offener
45,6 % befürchten Schwierigkeiten am Arbeitsplatz durch Gesundheitsprobleme
38,9 % haben Angst vor Problemen im Betrieb wegen ihres *Alters*
39,4 % befürchten, dass ein *Kollege* ihren Arbeitsplatz bedroht

(https://www.wirtschaftswissen.de/personal-und-arbeitsrecht/mitarbeiterfuehrung/fuehrungsinstrumente/angst-laehmt-sieben-schritte-helfen-dagegen/ Zugegriffen am 13. April 2020)

Klar, dass das zu Überforderung, Unsicherheit, Demotivation, Ermüdung, psychischen und psychosomatischen Beschwerden führt. Das Ergebnis ist die Zunahme der Konkurrenz untereinander. Denn der Kampf um den Top-Job wird immer krasser: Die „dirty tricks im power play" nehmen zu.

„Der Kampf ist meist nicht offen – es ist ein alltägliches, verdecktes Hauen und Stechen", sagte mir unlängst ein Coaching-Klient.

Nicht nur bei den „high potentials", sondern bei allen Berufstätigen, egal ob angestellt oder selbstständig, ob als einfacher Arbeiter oder als Manager geht die Angst um. – Dabei ist es nicht nur die Angst vor Arbeitslosigkeit, sondern auch vor der

Zunahme von Arbeitsstress, der härter werdenden Konkurrenz und nicht zuletzt den körperlichen und psychischen Karriereleiden. So stellte man in einer Untersuchung fest, dass mehr als die Hälfte der Mitarbeiter während der Arbeitszeit erhöhte Blutdruckwerte aufweisen: Erste körperliche Hinweise auf die Stressbelastung im Job. Dabei wird der körperliche Stress meistens überlagert durch die seelische Belastung.

3.3.2 Götze Effektivität

„Der Zwang nimmt ab, aber der Druck nimmt zu", erklärt mir ein Psychotherapie-Patient und meint damit, dass einerseits die Freiräume, *wie* man eine Arbeit erledigen kann, in vielen Bereichen zwar zunehmen, aber andererseits die *Menge* der zu erledigenden Arbeit so hoch sei, dass sie kaum noch zu schaffen sei.

Ergebnis: Die Krankschreibungen wegen psychischer Probleme nehmen zu. Innerhalb von 10 Jahren stiegen die Krankschreibungen wegen psychischen Erkrankungen um 144 % – vor allem auch bei Männern. Wie das Bundesministerium für Arbeit und Soziales mitteilte, stieg die Zahl der Arbeitsunfähigkeitstage wegen psychischer Leiden von 40 Mio. im Jahr 2008 auf 98 Mio. in 2017. Bei Männern nahmen die AU-Tage wegen psychischen Problemen in diesem Zeitraum sogar um rund 160 % zu. Klar, dass das die Kosten für die Wirtschaft steigen lässt. Insgesamt betrugen die Kosten wegen krankheitsbedingtem Produktionsausfall 76 Mrd. Euro für das Jahr 2017. Das entspricht einem Anstieg von 77 % seit 2008 (https://www.haufe.de/arbeitsschutz/gesundheit-umwelt/psychische-erkrankungen-zunahme-bei-krankschreibungen_94_505428.html Zugegriffen am 13. April 2020).

Trotzdem wird von Seite der Unternehmen wenig dagegen unternommen. Denn die Spitze ist damit – so scheint es – noch längst nicht erreicht. Im Jahr 2019 lag der durchschnittliche Krankenstand der gesetzlich Versicherten bei 4,34 %. Damit hat sich der Wert seit dem Tiefstand im Jahr 2007 (3,22 %) in den letzten zehn Jahren um gut einen %punkt gesteigert (https://de.statista.com/statistik/daten/studie/5520/umfrage/durchschnittlicher-krankenstand-in-der-gkv-seit-1991/ Zugegriffen am 13. April 2020).

In vielen Arbeitsfeldern ist der Hintergrund die Quantität der Arbeitszeit: 70-Stunden-Wochen sind heute längst nicht mehr die Ausnahme, sondern auf bestimmten Karrierestufen die Regel. Ulli (37) ist Prokuristin in einer internationalen Steuerberatungsgesellschaft:

Beispiel

„In der Preisklasse, in der ich mich bewege, ist mit einem 8-Stunden-Tag überhaupt nichts zu erreichen. Also ich komme ungefähr Viertel vor acht, halb neun ins Büro, habe manchmal eine Stunde Mittag, manchmal auch nicht, und gehe eigentlich vor halb sieben nie aus dem Büro. Ich gehe auch sehr oft erst um sieben oder halb acht nach Hause. Und das, würde ich sagen, ist der Durchschnitt. Wenn man sich aber anschaut, wie viel zum Beispiel bei amerikanischen Banken gearbeitet wird, dann ist das noch wesentlich mehr. Also da ist der Normalfall, dass man um acht abends nach Hause geht und auch am Samstag noch mal im Büro ist. Das ist eigentlich schon die normale Härte.“ ◀

Dabei wird nicht nur die Quantität der Arbeit immer höher, sondern auch die Qualitätsanforderungen an die Tätigkeiten: Die Mitarbeiter werden bis zum Anschlag gefordert, kaum noch Zeit für einen Plausch unter Kollegen, kaum noch Zeit in Ruhe nachzudenken und zu planen, kaum noch Zeit für soziale Kontakte. Alles wird dem Götzen Effektivität geopfert. Und wer nicht funktioniert, wird aussortiert oder geht von selbst. Für die Angestelltenkammer Bremen befragte schon vor längerer Zeit das Zentrum für Sozialpolitik mehr als 6000 Menschen, darunter mehr als 4000 Erwerbstätige, detailliert über Gesundheit und Lebensqualität (https://www.amazon.de/Gesundheit-Lebensqualit%C3%A4t-Ergebnisbericht-Untersuchung-Sozialpolitik/dp/3891560397 Zugegriffen am 13. April 2020).

Der wichtigste Teil der Studie beschäftigte sich mit den Auswirkungen der diversen Betriebsmodernisierungen. Ergebnisse:

Übersicht

negativ erleben

67 % Zunahme des Arbeitstempos
58 % Mehr Leistungsdruck/Erfolgszwang
56 % Belastungssteigerung durch EDV/neue Techniken
50 % Höhere Weiterbildungsanforderungen
39 % Erhöhte Arbeitsplatzrisiken

positiv erleben

33 % Selbstständigere und verantwortlichere Arbeit
22 % Geringere Gefahren beruflichen Abstiegs
19 % Häufigere Gruppen/Teamarbeit
14 % Höheres menschliches Interesse
(vor allem leitende Angestellte)

Außer der Angst, den Job nicht mehr angemessen bewältigen zu können und der Angst vor Arbeitsplatzverlust, bezieht sich die Angst der Deutschen heute bei weitem nicht mehr nur auf das Berufsleben, sondern auf ganz viele Lebensbereiche: Angst vor weiteren Epidemien, Terrorismus, politischen Turbulenzen, Wirtschaftskrisen, Umweltzerstörung, Klimawandel oder dem generellen Verlust vieler Sicherheiten.

Katharina, 28 Jahre, PR-Beraterin:

„Ja, das ist wirklich eine generelle Lebensangst. Das ist wirklich eine tiefsitzende Angst, dass man keine Zeit mehr hat für irgendwas. Ein ganz starker Verlust an Selbstwertgefühl. Und das gepaart ergibt einfach das Gefühl: du musst jetzt ganz schnell, wenn du überhaupt noch irgendwas schaffen willst, musst du das jetzt ganz schnell schaffen. Jetzt und hier und heute es ist deine allerletzte Chance.“

3.3.3 Weltuntergangsstimmung?

Wolfgang Schmidbauer, Psychoanalytiker aus München, sieht in seinem Buch „Lebensgefühl Angst“ (2005) die Ursache vor allem auch darin, dass es in Deutschland noch nie so viele Menschen gab, die so viel zu verlieren hatten, wie heute: Wohlstand, Konsum, Wahlmöglichkeiten, Gesundheit, Sicherheit ... Und all das scheint heute für viele Menschen grundsätzlich gefährdet zu sein. Und jede Krise wird dann für die deutsche Seele zum symbolischen Beginn des Weltuntergangs. Und damit bestätigt sich die negative Weltsicht quasi im Zirkelschluss.

Kleine Reflektion(en)

- „Resilienz“ ist die Fähigkeit, aus schwierigen Situationen heil und eventuell sogar gestärkt hervorzugehen.
- Vorsicht vor Energie-Vampiren.
- Wir haben Orwells „1984“ überlebt, den Jahrtausendwechsel, die Sonnenfinsternis, Stanley Kubricks „2001 – Odyssee im Weltraum“ – und das Corona-Virus – warum sollte uns 2025 schrecken?
- Nur tote Fische schwimmen immer mit dem Strom.
- Du schaffst es nur selbst, aber oft nicht allein.
- „Tue zuerst das Notwendige, dann das Mögliche – vielleicht schaffst Du dann das Unmögliche“ (nach Franz von Assisi).

3.4 Die psychosomatischen Achillesfersen: Karrierekrankheiten

Klug ist jeder –
der eine vorher,
der andere nachher

Die körperlichen und seelischen Erkrankungen der Führungskräfte nehmen zu: Nicht nur die als „Managerkrankheit“ schöngeredeten Herz-Kreislauf-Probleme, die Magenschleimhautentzündungen und vegetativen Dystonien, sondern auch die schweren Krankheiten (Herzinfarkte, Nervenzusammenbrüche, Magengeschwüre), die ganze Palette der echten Psychosomatosen eben – je nachdem, welche psychosomatischen Achillesfersen der einzelne Manager aus seiner Lebensgeschichte mitbringt. Aber auch die seelischen Erkrankungen – Depressionen, Ängste und Suchterkrankungen – steigen. So weiß man aus mehreren Untersuchungen, dass Alkoholismus und Medikamentenabhängigkeit bei Führungskräften viel höher sind als im Durchschnitt der Bevölkerung.

Die Anzahl der Menschen, die sich anscheinend in nichtartgerechter Haltung fixiert fühlen, steigt. Viele harren fast in einer Art „Duldungsstarre“ aus, bis irgendwann der Körper reagiert. Nicht zuletzt deshalb gibt es immer mehr Herzinfarkte von Männern unter 30 und die Herzinfarkte bei Frauen stiegen in den letzten 20

Jahren fast ums doppelte – parallel zu der beruflichen Emanzipation der Frauen. Die körperlichen Störungen stellen sich nicht nur in Form von Herz-Kreislauf-Beschwerden ein, sondern auch Kopfschmerzen und Magenprobleme sind typisch. Meistens wird das jeweils empfindlichste Organ *(„psychosomatische Achillesferse")* des Körpers angegriffen. In der Regel werden auch diese Signale des Körpers nicht beachtet und überspielt und durch vermehrten Arbeitseinsatz wettgemacht – so lange, bis es nicht mehr weitergeht. Ein 51-jähriger Manager in einem Pharma-Unternehmen räumt ein:

Beispiel

„Ich habe seit mindestens 10 Jahren einen enormen Bluthochdruck. Und bin also medikamentiert, d. h. ich nehme jeden Tag ein Mittel, einen so genannten Betablocker, der meinen Blutdruck in absolut normale Verhältnisse bringt. Wenn ich dieses Mittel nicht nehme, steigt der Blutdruck auf über 215, 225 hoch. Und deswegen bin ich also, wenn Sie so wollen, auf einem Arzneimittel. Und das ist vielleicht eine Last des Erfolges oder ein Preis für den Erfolg." ◀

3.4.1 Die Leiden der Leitenden

Indikatoren für die körperlich-seelische Verfassung von Managern eruiert die IAS, Institut-für-Arbeits-und-Sozialhygiene-Stiftung. Seit über 40 Jahren führt sie ein- oder zweitägigen *„Gesundheits-Check-Ups"* durch (https://de.m.wikipedia.org/wiki/Ias_Stiftung Zugegriffen am 13. April 2020). An den Untersuchungen haben inzwischen viele tausend Personen – zum großen Teil Führungskräfte – teilgenommen. Pro Jahr lassen sich derzeit an den mehr als 130 Niederlassungen in Deutschland ca. 4000 Führungskräfte aus der Wirtschaft auf Herz und Nieren prüfen. Sie kamen zu folgenden Ergebnissen:

Ungefähr jede fünfte Führungskraft leidet unter ihrem Beruf. In den Untersuchungen fand die IAS heraus, dass Leistungseinschränkungen unter Druck einhergehen mit erhöhten Blutfettwerten und dass vegetative Beschwerden mit erhöhter Krankheitsanfälligkeit, mit Anspannungsgefühl und subjektiv erlebter Leistungseinschränkung korrelieren. Dadurch entwickelt sich – wenn man nichts dagegen unternimmt – ein Teufelskreis aus körperlichen, psychischen und sozialen Belastungen, der immer schneller dreht.

3.4.2 Typologie der Manager

Psychologen der Münchner GEVA (Gesellschaft für verhaltenswissenschaftliche Anwendung und Evaluation https://www.geva-institut.de/ Zugegriffen am 13. April 2020), die an der Studie mitwirkten, unterschieden dabei vier verschiedene Typen von Managern:

Übersicht

Typ 1: – Der ängstliche Angespannte (20,5 %)
Typ 2: – Der Verdränger (22,2 %)
Typ 3: – Der Ehrgeizige (27,6 %)
Typ 4: – Der gesund und kontrolliert lebende Manager (29,5 %)

Der massiv gestresste Manager **Typ 1** („der ängstliche Angespannte") leidet am stärksten. Bei ihm zeigt sich ein hoher Leidensdruck durch chronische Überforderung. Nach der Untersuchung hängen Angst, Anspannung, Stresskrankheiten zusammen mit Leistungseinschränkungen unter Druck. Diese Personengruppe hat oft das Gefühl, *sie geht nicht in der Arbeit auf, sondern darin unter*, da diese Personen oft das Gefühl haben, den Anforderungen nicht mehr gewachsen zu sein. Absinkende Energie und Tatkraft, das Empfinden, machtlos ausgeliefert zu sein, und fehlende Gelassenheit führen zu deutlich höheren Krankentagen (8,3 pro Jahr).

Der „Verdränger" (**Typ 2**) ist charakterisiert durch hohe Konfliktvermeidung, starke Nachgiebigkeit (Anpassung) und Verbergen (vor allem von Schwächen). Die Betroffenen sind selten ehrgeizig, haben nur eine schlechte Kontrolle über ihren Lebensstil und lassen sich eher hängen. Immerhin – mit nur einem Krankentag pro Jahr, sind sie auf dieser Ebene sogar besser als der vielgelobte Typ 4: *Wenn man sich anpasst und eine ruhige Kugel schiebt, wird man anscheinend seltener krank.*

Der „Ehrgeizige" (**Typ 3**) erlebt seinen Beruf als Herausforderung, hat einen hohen Beschäftigungsdrang, steht ständig unter Strom und arbeitet auch unter Druck sehr viel. Er hat sein Leben gut unter Kontrolle und weicht Konflikten nicht aus, manchmal sucht er sie sogar. Er ist ehrgeizig, hat eine hohe Überzeugungskraft und Stress wirft ihn kaum aus der Bahn. Mit 3,7 Krankentagen pro Jahr liegt er im Mittelfeld.

Typ 4, (*„der gesund und kontrolliert lebende Manager"*), ist vorausschauend, hat ein gutes Präventionsverhalten, ist wenig ängstlich und angespannt. Dafür ist er voller Energie und Tatkraft, aber nicht übermäßig ehrgeizig. Er ist ziemlich selbstsicher, konfliktfähig und wird unter Stress selten krank. Herausragend ist sein gesundheitsbewusster Umgang mit Essen. Mit 1,9 Krankentagen pro Jahr liegt er an zweiter Stelle.

3.4.3 Manager – die Watschenmänner der Nation

Manche versuchen zu glänzen,
obwohl sie keinen Schimmer haben

Ohne Zweifel verlangt die Umbruchsituation in der Wirtschaft von allen Beteiligten ein hohes Engagement und eine hohe persönliche und fachliche Kompetenz – vor allem von Führungskräften. Aber gerade die beziehen – vielleicht nicht ungewöhnlich für Zeiten der wirtschaftlichen Turbulenzen – Prügel von allen Seiten.

„Nieten in Nadelstreifen" hieß ein Buch von Günter Ogger, das in den 1990er-Jahren monatelang auf der Bestsellerliste stand und eine Vielzahl von Büchern mit ähnlichem Tenor nach sich zog. Wie seriös die Werke sind, wollen wir dahingestellt sein lassen.

„Macht macht krank?“, ist die These eines dieser Bücher von Hesse und Schrader mit dem Titel „Die Neurosen der Chefs“. Darin wird eine Studie der renommierten Unternehmensberatung Kienbaum an 437 Führungskräften zitiert, wonach 60 % neurotisch gestört seien (die Hälfte davon mittel bis schwer). Diese Studie hat Kienbaum inzwischen zurückgezogen und das Original ist nicht mehr zugänglich. Sie passt nur in diesen Trend auf die Führungskräfte als Watschenmänner der Nation einzuprügeln („Manager-bashing“) und Vorurteile gegen Vorgesetzte zu mobilisieren. Realität ist, dass der Stress in den Führungsebenen zunimmt.

Gerade die sozialen Fähigkeiten und Fertigkeiten der Manager sind ins Gerede gekommen. Die „Wirtschaftswoche“ (6/1993) veröffentlichte schon vor einiger Zeit eine Studie an 4500 Führungskräften mit nicht gerade schmeichelhaften Ergebnissen für die deutschen Manager:

Da werden 60 % der deutschen Führungskräfte erhebliche Defizite bescheinigt. Fast ein Fünftel der Manager wird danach dem *„autoritär-instabilen“ Führungsstil* zugeordnet und mehr als 16 % dem *„autoritär-direktiven“,* der Führung nach Gutsherrenart. Das Gegenteil, der *„laissez-faire“ -Manager*, der sich aus lästigen Entscheidungen und Konflikten raushält, liegt fast bei einem Viertel. Nur zusammen 40 % billigt man einen *„partnerschaftlich-kooperativen“* bzw. einen *„sachorientiert-partnerschaftlichen“ Führungsstil* zu.

Zum Weiterdenken

- Falle aus der Rolle, damit Du aus der Falle rollst.
- Erkenne die Chancen und nutze sie. Aber lass Dich nicht von ihnen terrorisieren.
- Wer kämpft kann verlieren. Wer nicht kämpft, hat schon verloren (Bert Brecht).
- Wer etwas will, sucht Wege. Wer etwas *nicht* will, sucht Gründe.
- Gute Ideen leuchten in der Dunkelheit.

Tipps

- Organisieren Sie Ihren Job richtig: Es ist schwierig, alles auf einmal zu tun: Aber *eine Sache auf einmal* kann jeder schaffen. Und: Wenn Sie es schon machen, können Sie es auch gleich richtig machen.
- Runter vom Gas: Es gibt mehr im Leben, als die Geschwindigkeit zu erhöhen – In der Ruhe liegt die Kraft: Lassen Sie – wenigstens ab und zu – die Seele baumeln.
- Tun Sie etwas, was Ihrem Körper guttut und Ihrer Psyche Spaß macht: Sport (Laufen, Radfahren, Schwimmen), Entspannungstraining, Sauna, bewusste Ernährung …

3.5 Vom Brennen für die Karriere und dem Ausgebranntsein durch den Beruf: Burnout

Lieber ein Ende mit Schrecken,
als ein Schrecken ohne Ende

Beispiel

„An bestimmten Tagen hatte ich morgens einfach keine Lust aufzustehen. Es ist mir sehr schwer gefallen, aus dem Bett zu kommen. Ich hatte einfach einen schweren Kopf. Mein Kopf war zu. Ich war einfach innerlich gar nicht bereit, mir über irgendwelche Probleme, die mit der Arbeit zu tun hatten, Gedanken zu machen.

An körperlichen Symptomen ist bis heute bei mir sehr auffällig, dass ich sehr nervös bin, dass ich oft Kopfschmerzen habe und immer wieder Schleimhautentzündungen. In letzter Zeit muss ich feststellen, dass sowohl, wenn ich abends ins Bett gehe, ich oft wach liege, sehr lange wach liege und Schwierigkeiten beim Einschlafen habe. Obwohl ich das nicht will, drehen sich meine Gedanken ständig um die Arbeit, um Probleme von einzelnen Jugendlichen und ich versuche immer, für alles irgendwelche Lösungen zu finden. Und es ist manchmal so schlimm für mich, auch dass ich wirklich zu mir selber sagen muss: Du bist jetzt hier zu Hause. Im Moment bist du nicht auf der Arbeit, lass mal die Gedanken los. Wenn Du morgen um 10 Uhr wieder auf der Arbeit bist, ist es noch genug Zeit dafür, Dich damit zu beschäftigen.“ ◀

Die 32-jährige Diplompädagogin Judith, die in einem Frankfurter Jugendzentrum arbeitet, beschreibt so den Beginn ihres Burnout. – Dabei sind die dargestellten Symptome nur die ersten Anzeichen von Burnout, die viele vielleicht noch nachvollziehen können. Allerdings sind die Übergänge zum voll aufgeblühten Burnout fließend – und, wenn man erst mal auf der schiefen Ebene des Ausbrennens gelandet ist, kann der Absturz ganz schnell kommen.

Es war Herbert Freudenberger, ein amerikanischer Psychoanalytiker deutscher Herkunft, der als einer der ersten den Begriff „Burnout“ (zu deutsch „Ausgebrannt sein“) 1974 verwendete.

Schon Anfang der 1980er-Jahre gab es in Deutschland einen ersten „boom“ von Burnout-Veröffentlichungen. Was damals noch als Skurrilität (nach dem Motto: „Ach, so was gibt's auch“) behandelt wurde, ist heute zur Lawine geworden: An die dreitausend wissenschaftliche Bücher und Artikel wurden bisher darüber veröffentlicht und viele Fachkongresse über Burnout veranstaltet. Und in diesen Stresszeiten ist ein Ende nicht in Sicht.

Judith ist nicht die einzige, die durch chronischen Stress und andauernde Überforderung eventuell in den seelischen und körperlichen Ruin getrieben wird.

Einhergehend mit dem zunehmenden Stress in fast allen Berufsfeldern scheint diese Form der Selbst- und Fremdausbeutung anzusteigen – vor allem in sozialen, pädagogischen und medizinischen Berufen, aber längst nicht nur dort:

Die Verwaltungsangestellte, die mit dem neuen Konzept der „lean administration“ nicht klar kommt, das ihr der Abteilungsleiter ohne Vorbereitung auf den Schreibtisch geknallt hat, ist ebenso burnout-gefährdet, wie der Verkäufer, der nicht mehr in der Lage ist, mit der zunehmenden „*Arbeitsverdichtung*“ klarzukommen.

Ob am Computer oder in der Produktion, ob im Büro oder im Klassenzimmer – überall nimmt die Arbeitsmenge, die geforderte Präzision, die Reizüberflutung und die Geschwindigkeit zu. Und die Zukunft sieht auch nicht besser aus:

Der Stress von heute, ist die gute alte Zeit von morgen.

Die ohnehin nur noch begrenzt zu findenden Freiräume schmelzen weg, wie der Schnee in der Sonne. Für die Sozialkontakte am Arbeitsplatz bleibt immer weniger Raum. Dem Terror der Effizienz wird immer häufiger Menschlichkeit, Verständnis und Solidarität geopfert. Wenn dann auch noch die „Wiederaufbereitungsanlagen“ (Abschn. 3.5.17) im Privatbereich wegbrechen, frisst sich der chronische Stress in die Seelen der Menschen – der Beginn einer Abwärtsspirale, die eventuell im Burnout endet.

3.5.1 Was versteht man genau unter „Burnout“?

Burnout: Definition

Burnout ist gekennzeichnet durch körperliche und seelische Erschöpfungsgefühle und einen massiven Energieverlust durch chronisch gewordenen Stress, oft verbunden mit massiven Schlafstörungen.

Mit einher gehen Gefühle von Hoffnungs-, Sinn- und Lustlosigkeit, manchmal verbunden mit Empfindungen von Depersonalisation: Bei manchen stehen Depressionen im Vordergrund, andere werden zynisch oder aggressiv und wieder andere haben das Gefühl, nicht mehr sie selbst zu sein oder ständig neben sich zu stehen. Besonders gefährdet sind Berufsgruppen bei denen die Sozialkontakte im Beruf die Hauptsache sind.

Diese alltäglichen Niederschläge sind natürlich von Person zu Person, von Berufsfeld zu Berufsfeld, von Stresssituation zu Stresssituation verschieden. So kann sich an bestimmten stressreichen Arbeitsplätzen z. B. in der Suchttherapie, in der Alten- und Krankenpflege, in der Corona- oder der Aids-Beratung, an der Börse, im Journalismus oder in nur halbherzig umstrukturierten Unternehmen und Behörden Burnout innerhalb von ein bis zwei Jahren entwickeln. Bei Ärzten und Lehrern spricht man von vier bis fünf Jahren. Dabei ist es nicht immer nur der Job und die äußere Überlastung, die zum Burnout führen. Manche Menschen scheinen so etwas wie eine psychologische „Veranlagung“ dafür mitzubringen.

Matthias Burisch, Psychologe an der Hamburger Universität und Autor des Buches „Das Burnout-Syndrom“ unterscheidet deshalb auch beim Burnout „Selbstverbrenner“ und „Opfer der Umstände“:

3.5.2 „Hilflose Helfer“

Obwohl es bei allen möglichen Berufsgruppen zu Burnout – Phänomenen kommen kann, sind doch besonders häufig Angehörige sozialer Berufe betroffen.

Schon 1977 hat der Münchner Psychologe Wolfgang Schmidbauer den Begriff der „hilflosen Helfer“ geprägt. In seinem gleichnamigen Buch hat er die Berufswahl-Motivation vieler Helfer offengelegt, die sich als Sozialarbeiter, Arzt, als Krankenschwester oder Psychologin den Lebensunterhalt verdienen. Er hat versucht, die Entstehung dieses Helfersyndroms zu erklären und geht dabei davon aus, dass viele Helfer schon früh in der Kindheit gelernt haben, sich eher um andere zu kümmern, als um sich selbst. Dafür bekommen sie dann Zuwendung und Anerkennung von den Anderen. Die Entwicklung dieses Helfer-Syndroms mit der Verleugnung eigener Bedürfnisse ist dann auch der ideale Nährboden für ein späteres Aufblühen eines Burnout-Syndroms. Schließlich sind es vor allem die sozialen Berufe, in denen u. a. Qualitäten wie Empathie, Geduld, hohe Frustrationstoleranz und emotionale Belastbarkeit gefordert sind. Und hier werden dann eventuell die alten Helfer-Muster reaktiviert.

3.5.3 Alten- und Krankenpflege

Besonders krass ist die Situation in der Alten- und Krankenpflege – vor allem seit der Corona-Krise. Die Arbeit mit kranken und alten Menschen heißt eben auch, mit Leid und Sterben konfrontiert zu sein. Und das bedeutet für das Pflegepersonal oft eine starke psychische Belastung. Personal- und Zeitmangel erschweren zusätzlich, dem Ideal einer menschenwürdigen Betreuung Kranker und Sterbender gerecht zu werden. Dies führt dann bei den Mitarbeitern nicht selten zu Gefühlen von Unfähigkeit und Schuld.

Krankenschwestern und Altenpflegerinnen berichten Folgendes:

Beispiel

„Das ist ganz klar, wenn man mit schweren Erkrankungen zu tun hat, das bleibt nicht am Türpfosten des Krankenhauses hängen, wenn man nach Hause geht.“

„Man hat in dem Beruf immer das Gefühl, man muss funktionieren und die Psyche der Mitarbeiter wird überhaupt nicht berücksichtigt. Wenn man irgendwie Tiefs hat, dann wird das irgendwie abgetan: ‚Na ja, die ist halt ein bisschen sensibel‘, aber es wird einfach nicht aufgefangen. Man muss immer funktionieren – die Arbeit hat halt immer zu laufen.“

„Also wenn Du den Dienst besetzen musst und Deine Kollegen sind völlig ausgepowert, die sind dauernd krank. Also, Du sollst Kranke, Leidende versorgen und Deine Kollegen sind andauernd krank. Und um die kümmert sich irgendwie keiner. Das ist irgendwie pervers. Also der Krankenstand ist unheimlich hoch und die Löcher in der Personaldecke werden dann mit unqualifizierten Kräften gestopft."

„Das ist ein Geschäft mit der Nächstenliebe. Wir, das Pflegepersonal in den Altenheimen, haben den Eindruck, wir sollen uns selbst nicht pflegen. Wie heißt es doch: ‚Liebe Deinen Nächsten wie Dich selbst' und wie kann ich andere lieben, wenn ich nicht gut zu mir bin? Es wird nicht anerkannt, dass das Pflegepersonal etwas für sich tut. Wenn ich mich selbst hasse, wie gehe ich dann mit Patienten und Bewohnern um? Wie kann ich die pflegen und als wertvolle Menschen sehen, wenn ich das mit mir selbst nicht tue?" ◀

3.5.4 Die „weißen Berufe" – Ärzte und Krankenschwestern

Rollenerwartungen und kollektive Ideale wie Selbstaufopferung und Unerschütterlichkeit stellen gerade für Angehörige der „weißen Berufe" letztlich nur schwer erreichbare Leitbilder dar. Aber nicht nur das Pflegepersonal, ebenso die Ärzte leiden massiv unter dem „Burnout-Syndrom".

Nach Ansicht vieler Bundesbürger dürften Ärzte überhaupt nie krank werden, da sie doch eigentlich genau wissen müssten, wie man sich gesund erhält. Ausbrennen sollte für sie also ein Fremdwort sein.

Die Realität sieht anders aus: *„Ärzte sind besonders schlechte Patienten"* – mit dieser Schlagzeile übertitelte eine Tageszeitung unlängst einen Artikel. Danach raucht jeder vierte deutsche Arzt. Der Missbrauch von Alkohol, Drogen und Medikamenten ist höher, als in der Normalbevölkerung – auch wegen der Griffnähe der Tabletten. Und immer wieder geraten süchtige Ärzte in die Schlagzeilen.

Der Hintergrund zum Ausbrennen von Ärzten ist im Grunde genommen ganz einfach: Ärzte arbeiten übermäßig viel. Manche 60, 70 mitunter sogar 90 Stunden in der Woche und dabei immer in höchster Konzentration, denn es geht ja häufig – nicht nur bei Operationen – um Leben oder Tod von Patienten. Das ist in Kliniken nicht viel anders, als in Praxen von niedergelassenen Ärzten.

Durch Arztpraxen – so haben Untersuchungen ergeben – laufen im Durchschnitt pro Tag 50–80 Patienten. Im Schnitt hat der Arzt sechs bis acht Minuten für einen Patienten Zeit. Nicht gerade viel, wenn man daran denkt, dass die Gesundheit der Patienten daran hängt. Allerdings reden die Ärzte nicht gerne über ihr eigenes Ausgebranntsein, das passt schließlich so gar nicht zu ihrem Image. Krankenschwestern sind da offener:

Beispiel

„Ich war total am Ende – körperlich und seelisch. Ich wusste nicht mehr ein noch aus, wusste nicht mehr, wie ich diesen Stress in der Klinik auf die Reihe kriegen sollte, wie ich das jemals verkraften und verarbeiten sollte. Die Patienten verfolgten mich bis in die Träume. Ich habe von den merkwürdigsten Krankheiten getträumt. Alle meine Verwandten waren in den Träumen krank und ich konnte ihnen einfach nicht mehr helfen …

Aber auch in der Realität gingen mir die Ärzte und die Kollegen zunehmend auf den Geist. Alles kam mir vor wie ein absurdes Theaterstück. Ich merkte, wie ich immer zynischer wurde, aber auch immer verzweifelter. Es war wirklich der absolute Tiefpunkt, als ich dann selbst zusammenkrachte und für mehrere Wochen krankgeschrieben wurde.“ ◀

So beschreibt Gerda, eine 39-jährige Krankenschwester, die seit über zwanzig Jahren in diesem Beruf tätig ist, ihr Burnout-Syndrom.

3.5.5 Aids, Corona und Burnout

Dieter Kleiber, Professor am Sozialpädagogischen Institut der FU Berlin, hat in Deutschland die meisten Studien zum Thema Burnout durchgeführt. In einer Untersuchung mit Personen, die mit Aids-Patienten arbeiten, kommt er zu dem Ergebnis, dass die Todesnähe der Aids-Patienten und die Aussichtslosigkeit der Beratung die Mitarbeiter mitunter sehr schnell ausbrennen lässt, wenn sie nicht angemessen darauf vorbereitet werden und wenn die äußeren Arbeitsbedingungen nicht optimal sind. – Ähnliches trifft für die Arbeit mit Corona-Patienten zu.

Fazit: Vor allem in Arbeitsfeldern mit schwierigen Patientengruppen ist die Burnout-Gefahr besonders hoch.

Hier ein paar Auszüge aus einer Studie an 416 Mitarbeitern aus dem Drogenbereich und 1086 Personen aus den Bereichen Aids, Onkologie und Geriatrie.

Folgende arbeitsfeldtypischen Belastungsmuster wurden darin festgestellt:

Ähnliche Muster sind auch bei Ärzten und Krankenschwestern festzustellen, die mit Covid-19-Patienten arbeiten.

Arbeitsfeldtypische Belastungsmuster mit Burnout-Gefahr

1) *Zeitdruck:* zu viel zu tun, personelle Engpässe, Vernachlässigung von Aufgaben
2) *Mangelnder Handlungsspielraum*: zu wenig Entscheidungsmöglichkeiten, geringe Freiräume etc.
3) *Häufige Interaktionen mit problematischen Klienten*: z. B. Personen mit schweren Störungen (z. B. Drogen, Aids, Krebs), die sich nicht an Absprachen halten (können) oder Hilfe zurückweisen
4) *Häufige Konfrontation mit Tod und Sterben:* Klienten, die schwerkrank sind oder sterben, Angehörigen den Tod mitteilen müssen …
5) *Mangelnde Rückmeldungen*: Vermissen von Feedback durch Kollegen, Klienten, etc. Außenstehende erkennen den Wert der Arbeit nicht an
6) *Erfolgsunsicherheit:* unklare Erfolgskriterien (was ist gut, was ist schlecht, wer entscheidet das?).

3.5.6 Problemfeld Sucht

Dass Sucht eine schwere und schwer zu behandelnde Krankheit ist, ist klar. Und die Arbeit mit Suchtkranken ist vor allem eben auch schwierig für die Behandler. – Und damit ist die Burnout-Gefahr dort auch besonders hoch. Joachim Körkel, Professor an der Evangelischen Fachhochschule Nürnberg-Erlangen, hat folgende Einflussfaktoren auf Burnout- Prozesse in der Suchtarbeit zusammengetragen:

Einflussfaktoren auf Burnout- Prozesse

(1) Die Klienten sind oftmals schwer beeinträchtigt
(2) Die therapeutische Tätigkeit und die Therapeuten, die für die Klienten Verantwortung übernehmen und sie „retten“ wollen
(3) Mythen, die eine Negativsicht der eigenen Arbeit begünstigen (z. B. „Rückfälle sind die Ausnahme“, „lineare Veränderungen sind zu erwarten“ etc.)
(4) Strukturelle Bedingungen in den Behandlungseinrichtungen, wie z. B. ausgeprägte Machtstrukturen, Inkompetenzen in der Mitarbeiterführung, Unklarheit bei Entscheidungsbefugnissen, fehlende Verbindlichkeit von Therapieregeln etc.
(5) Das Team, z. B. wenn es durch anhaltende Zerstrittenheit/Konflikte und fehlende Unterstützung gekennzeichnet ist
(6) Politisch-administrative Rahmenbedingungen, die Therapieerfordernissen zuwiderlaufen (z. B. pauschale Verkürzung von stationären Therapiezeiten)

3.5.7 Burnout in Pädagogik und Schule

Über Lehrer denken viele, dass sie es sich auf der Sonnenseite des Lebens gemütlich machen. Mehr als drei Monate Ferien im Jahr und – so die Meinung vieler – nur halbtags arbeiten. Das klingt für den gestressten Bundesbürger, nach „Leben wie Gott in Frankreich“.

Weit gefehlt: Eine Statistik des Kultusministeriums in Baden-Württemberg kommt zu ganz anderen Ergebnissen: 46 % aller Lehrer scheiden vorzeitig aus dem Schuldienst aus. Irgendwie kann da der Eindruck von der „idealen Arbeitsstelle Schule“ doch nicht so ganz zutreffen. Für viele Lehrer ist ihr Beruf ein regelrechter „Knochenjob“, der dazu führt, dass jeder fünfte Pädagoge, der vorzeitig in Pension geht, sogar jünger als 50 Jahre ist.

Lehrer als Gefangene
„Jeden Morgen rein in die Mühle, die mich tagtäglich kleiner mahlt.“, so wird der Stress teilweise erlebt. Petra S. (43), eine Grund- und Hauptschullehrerin, betont die Tatsache, dass man sich als Lehrer nicht einfach zurückziehen kann:

Beispiel

„Man kann den Klassenraum ja nicht einfach verlassen. Man ist also Gefangener der Situation, aus der man auf die Schnelle nicht raus kann". ◀

Beispiel

„… als würden Sie auf dem Zahnfleisch gehen, und dennoch müssen sie Tag für Tag in die Klasse rein und funktionieren." ◀

Vom engagierten Mitarbeiter zum hilflosen Opfer

Burnout entsteht nicht nur in Extremsituationen. Gerade die Lehrberufe sind, wegen der immensen psychosozialen Anforderungen, burnout-gefährdet. Jeden Tag mehrere Stunden vor sehr unterschiedlichen Klassen mit unterschiedlichen Schülern in unterschiedlichen Lebensphasen nicht nur fertig zu werden, sondern ihnen auch noch etwas beizubringen, ist ein schwieriges Geschäft.

Beispiel

„Manchmal komme ich mir eher wie ein Dompteur vor, denn als Lehrer", sagt Gerhard Z., seit 16 Jahren an einer Hauptschule. „Da zückt schon mal einer sein Butterfly-Messer oder ein Ninja-Stern wird in den Schrank gepfeffert. Diese Aggressionen, das ist Stress ohne Ende." ◀

Mitunter müssen von Lehrern sogar telefonische Belästigungen zu Hause und persönliche Drohungen verarbeitet werden. Peter F. (56), seit 22 Jahren im Lehramt an einer Hauptschule berichtet von …

Beispiel

„Telefonterror mit Gewalt- und Rachedrohungen wegen schlechter Noten bis hin zu Anrufen, die schlichtweg unter die Gürtellinie gehen". ◀

Peter, einem großen und kräftigen Mann, sieht und hört man den Stress der langen Lehrtätigkeit in der Hauptschule an. Seine Stimme ist rau und röchelnd, seine Haut dunkel und er hat tiefe Ringe unter den Augen:

Beispiel

„Ich habe schwere Probleme mit Herz, Haut und Nieren und bin oft krank". ◀

Dabei sind es bei Peter nicht die Kollegen, die ihm das Leben schwer machen, bei ihm sind es die Schüler und die Schulbürokratie.

Beispiel

„Wenn ich mir überlege, mit was für einem Idealismus ich vor über 20 Jahren gestartet bin, dann ist davon nix mehr da … Ich bin nur noch enttäuscht. Der ganze Schuldienst kotzt mich an, und manchmal bin ich kurz vor dem Erschöpfungskotzen. Ich würde am liebsten sofort in den Vorruhestand gehen, aber meine Vorgesetzten befürworten das nicht.“ ◀

Peter kämpft zunächst mit Ängsten und Depressionen, die er versucht, mit Medikamenten und Alkohol zu bekämpfen. Später reagiert sein Körper: Die Schule schlägt ihm auf die Nieren, die Schüler gehen ihm ans Herz. Eine Spirale von Krankschreibungen, Arbeitsversuchen, erneuten Krankschreibungen mit Klinikaufenthalten entsteht. Heute wartet Peter nur noch auf den Vorruhestand.

Belastungsfaktoren: Bürokratie, Arbeitsmenge, hohe Ideale

Außer schwierigen Schülern ist es aber auch der „bürokratische Hickhack“, also immer wieder neue (mehr oder weniger sinnvolle) Verordnungen und Umstrukturierungen – und das nicht erst, seit Bundeskanzlerin Merkel das „Bildungsland Deutschland“ ausgerufen hat.

Hinzu kommen die wiederkehrenden Schwierigkeiten mit der Schulleitung, die zum Burnout beitragen. Aber auch die alltäglichen kleinen Dinge des Unterrichts, wie der ständige Kampf um die Aufmerksamkeit der Schüler, der permanente Geräuschpegel und die zeitweilig enormen Arbeitsmengen (durch gleichzeitig anfallende zeitintensive Vorbereitungs- und Korrekturarbeiten) summieren sich zu den Burnout-Belastungsfaktoren. Hinzu kommt der Anspruch an sich selbst, den eigenen, hehren pädagogischen Idealen gerecht zu werden, auf die große Anzahl von Schülern (und durchschnittlich sind das immerhin 200–300 Schüler, die ein Lehrer pro Woche unterrichtet) individuell einzugehen, sie als Individuen zu sehen und dementsprechend zu behandeln und am Ende des Schuljahres jeden Einzelnen dementsprechend fair zu benoten.

In meiner psychologischen Arbeit mit burnout-geschädigten Patienten, zeigt sich immer wieder diese Abwärtsspirale, in die Lehrer sehr schnell geraten: Denn natürlich bekommen auch die Schüler mit der Zeit den Burnout ihrer Lehrer mit. Er äußert sich in der resignativen Tendenz aufzugeben *(„Es hat ja sowieso keinen Sinn, die wollen ja nichts lernen, weshalb soll ich mich abmühen“)*, in einer zynischen Grundhaltung oder sich schlichtweg abgebrüht zu geben *(„Das Gehirn auf Automatik gestellt und dann Dienst nach Vorschrift.“)*. Die fachliche Kompetenz wird weiterhin der Klasse präsentiert, aber das Interesse an den Schülern ist vielfach verloren gegangen.

Ein Teufelskreis: Trotz des Bedürfnisses, einen interessanten und abwechslungsreichen Unterricht zu gestalten, fällt die Vorbereitung immer schwerer. Und wenn diese dann doch gelingt, erleben ausgebrannte Lehrer, dass sie bei den Schülern nicht mehr ankommen. – Und das trifft für die Lehrer in Grundschulen und Hauptschulen ebenso zu, wie für Gymnasiallehrer.

3.5.8 Kinder- und Jugendarbeit

Etwas anders – wenn auch nicht weniger dramatisch – sieht die Situation bei Pädagogen und Erziehern in der Kinder- und Jugendarbeit aus.

Judith, von der wir schon anfangs gehört haben, arbeitet als Diplom-Pädagogin in einem Jugendzentrum. Auch sie hat den Eindruck, durch ihre Arbeit auszubrennen und beschreibt ihren Zustand so:

Beispiel

„Ich bin sehr nervös und rauche viel. Ich habe häufig einen richtigen Druck auf den Ohren und massive Schweißausbrüche. In manchen Situationen bekomme ich Herzflattern, werde ängstlich und depressiv. Dann kann es passieren, dass ich nicht mehr abschalten und nicht mehr schlafen kann. Ein Teufelskreis fängt an, sich zu drehen." ◀

Wie die Lehrer leiden viele hier unter ihren einstigen Idealen, mit denen sie engagiert in ihren Beruf gestartet waren, die sich aber nicht verwirklichen ließen. Andrea (29), die seit sechs Jahren als Erzieherin in einem sozialen Brennpunkt mit Unterschicht-Jugendlichen arbeitet, beschreibt dies so:

Beispiel

„Es ist einfach schrecklich zu merken: Man arbeitet hier, müht sich ab, hat ein pädagogisches Konzept und auf der anderen Seite sind die schlimmen familiären Zusammenhänge der Jugendlichen. Die sind so gravierend, dass man eigentlich gegen die Wand arbeitet. Manchmal kommt es mir wie ein Tropfen auf den heißen Stein vor, was wir hier machen." ◀

Viele der Jugendlichen, mit denen Andrea arbeitet, beanspruchen ein derart großes Ausmaß an Zuwendung und Aufmerksamkeit, dass sie eigentlich einen Betreuer für sich allein bräuchten. Eine Erfordernis, die praktisch nicht umsetzbar ist, jedoch täglich erlebt und hingenommen werden muss. Hinzu kommen Faktoren wie ständige Ansprechbarkeit, mangelnde Rückzugsmöglichkeiten, eine ausgesprochen unkonstruktive Konsumhaltung und massive Aggressivität bei den Jugendlichen. Und natürlich die viel beschworenen institutionellen Schwierigkeiten:

Beispiel

„Es geht nur noch um die Verteilung des Missstandes. Es ist ein Verschiebebahnhof auf dem junge Menschen von Institution zu Institution verschoben werden. Nach dem St. Florians-Prinzip: „Heiliger Sankt Florian, verschon' mein Haus, zünd' and're an!"…

Und ich komme mir vor wie ein Feigenblatt, das dazu benutzt wird, um die politischen Grausamkeiten zu bemänteln". ◀

3.5.9 Zahlen

In einer Studie des Arbeitswissenschaftler Prof. Bernd Rudow, die er im Auftrag der Gewerkschaft Erziehung und Wissenschaft (GEW) Baden-Württemberg an Erzieherinnen und Pädagogen durchführte, ergab sich:

- Für 92 % der Befragten ist Anzahl und Menge der Arbeitsaufgaben zu hoch
- 67,5 % leiden unter Zeitdruck
- 72,3 % klagen darüber, dass sie tagsüber keine Möglichkeit zur Entspannung haben
- 52,6 % halten den Personalmangel für ein massives Problem

Ca. 10 % der Pädagogen sind – nach Schätzungen von Rudow – emotional erschöpft: Helfen laugt eben aus (https://www.gew.de/index.php?eID=dumpFile&t=f&f=20670&token=b0e3874f6b9502f6aa424eab95b14628ec1aa43c&sdownload=&n=Belastungen_und_der_Arbeits-_und_Gesundheitsschutz_bei_Erzieherinnen.pdf Zugegriffen am 13. April 2020).

3.5.10 Der Druck von außen

Rotstift-Politik
Manche Politiker haben – eingedenk der PISA-Studie – inzwischen eine regelrechte „Beißhemmung“ gegenüber den Schulen entwickelt. Gegenüber der freien Jugend- und Kinderarbeit gab und gibt es diese Beißhemmung nicht. Da wird abgeknapst und weggekürzt, was das Zeug hält. Der Rotstift wird gerade dort radikal angesetzt, wo noch mehr Geld nötig wäre. Und plötzlich jaulen die ach so zarten Politikerseelen, ob der grassierenden Aggressivität, des zunehmenden Drogenkonsums, der frei flottierenden (Semi-)Kriminalität und des um sich greifenden Rechtsradikalismus. Dabei hat der sich da schon seit ein paar Jahren entwickelt. Hätte man die Jugendarbeit in den sozialen Brennpunkten nicht so sträflich vernachlässigt und runtergefahren, wäre die Situation mit Sicherheit nicht so dramatisch.

Und es ist genau diese Art der – nicht nur finanziellen – Vernachlässigung des Jugendsektors, die bei den Mitarbeitern mitunter von Resignation zum Fatalismus führen.

Überhöhte Leitbilder
Im pädagogischen und sozialen Bereich sind es zu Beginn häufig unrealistisch hochgesteckte Erwartungen, Ideale und Ziele, die schon relativ früh ihren Tribut in Form von starker Enttäuschung und Unzufriedenheit einfordern. Für Lehrer und Erzieher in der mittleren Lebensphase gilt: irgendwann kumuliert die Dauerbelastung, und das Risiko ernsthafter Erschöpfungs- und Überforderungszustände steigt.

Rollenerwartungen und kollektive Ideale wie Selbstaufopferung und Unerschütterlichkeit stellen gerade auch für Angehörige der pädagogischen und medizinischen Berufe letztlich unerreichbare Leitbilder dar. Überhöhte Ansprüche, sich stets korrekt zu verhalten und alles richtig zu machen, entwickeln sich mit der Zeit zu massiven inneren Stressfaktoren. Gerade in der Arbeit mit anderen Menschen sind hochgesteckte Ideale des perfekten Verhaltens einfach nicht immer zu verwirklichen – vor allem, wenn es sich um unruhige Jugendliche handelt.

Notnagel der Gesellschaft
Gerade auch die Vorstellung, mit dem eigenen Handeln viel zu bewirken und die Situation massiv beeinflussen zu können, erfährt in der pädagogischen Arbeit einen empfindlichen Dämpfer: Viele Pädagogen und Erzieher in Kindergärten und Jugendzentren erleben sich als „Notnagel der Gesellschaft“, ohne dass sie sich in ihrer Arbeit angemessen gewürdigt fühlen.

Auch Lehrer sehen sich – gerade in der Hauptschule – mit Schülern konfrontiert, deren Lebenshintergrund derart problematisch ist, dass pädagogische Ansprüche auf ein teilweise erschreckendes Minimum beschränkt werden müssen. Besonders Hauptschulen liefern gleich in mehrerer Hinsicht einen Hintergrund, auf dem Pädagogen sehr schnell an ihre Grenzen kommen. Was in den drei „Fack-ju-You-Göhte-Filmen“ lustig und ironisch dargestellt ist, ist manchmal fast noch untertrieben.

Vielerorts herrschen – freundlich formuliert – „suboptimale Zustände“, was die räumlichen Bedingungen (heruntergekommene Klassenzimmer und Jugendzentren, kaputte Bänke und Schränke, Graffitis an Flurwänden, zerstörte Toiletten) oder Bildungsmaterial (verdreckte und zerfledderte Schulbücher) angeht. Und viele Ideale, die es vielleicht zu Beginn der Lehrerlaufbahn gab, erweisen sich auch hier als schlichtweg unrealistisch. Zu schwer und massiv ist der Einfluss von Erlebnissen wie Missbrauch, Gewalt, Heimaufenthalten, emotioneller Verwahrlosung etc. Und jeder Lehrer kennt Schüler, die ein Beispiel dafür sind, in welchem Ausmaß der soziale Hintergrund sich auf Motivation, Lernbereitschaft und Lerntempo auswirkt.

Die so genannte „Null-Bock“-Einstellung ist vor allem in Hauptschulen nicht nur ein Modewort, sondern harte Realität. In manchen Fällen geht sie soweit, dass Schüler nur noch reagieren, wenn der Lehrer „die große Keule“ rausholt. Schließlich ist Schule für viele Schüler ohnehin eine „Zwangsveranstaltung“, die man halt über sich ergehen lassen muss.

3.5.11 Burnout im Wirtschaftsleben

Dabei gibt es Burnout bei weitem nicht nur in sozialen Berufen. Auch im Management kann man ausbrennen – wenn auch in der Wirtschaft das Thema nur allzu oft verschwiegen und tabuisiert wird.

Weil sich die Protagonisten gern allzeit leistungsbereit und fit geben, vermutet man kaum Ausgebrannte. Aber auch als Manager, als Banker, als Broker, in Industrie, Wirtschaft und Verwaltung kann man ausbrennen.

Ein typisches Beispiel ist Hermann W., ein 45-jähriger Industriekaufmann. Zunächst erledigte er seinen Job zur vollen Zufriedenheit der Vorgesetzten. Deshalb machte er Karriere „straight to the top“, ohne Brüche:

Beispiel

„Ich bin mehr oder weniger in meine Karriere hineingeschlittert. Ich habe zu Anfang die Aufgaben, die mir gestellt wurden, mit Glanz und Gloria bewältigt. So wurde es immer mehr, bis ich dann Abteilungsleiter wurde, bis ich dann in eine größere Niederlassung kam, immer mehr, immer mehr …

Selbst unter großem Termindruck habe ich gut gearbeitet. Dann kamen zu dem kaufmännischen Wissen noch die immer neuen EDV-Programme hinzu. Das hieß auch wieder dazulernen. Dann sehr viele Menschen führen und motivieren …

Ich war weniger für die Familie da, als es hätte sein müssen. Wenn ich nach Hause kam, habe ich auch ziemlich zum Alkohol gegriffen, um die Gedanken von der Firma wegzubringen, um mich zu erholen, eine Scheinerholung.“ ◀

Das ging mehrere Jahre gut. Plötzlich veränderte sich die Situation schlagartig:

Beispiel

„Das war so ziemlich vor einem Jahr, dass mein Körper rebelliert hat, dass ich Herzschmerzen hatte, einen Kloß im Hals, Sprachschwierigkeiten, und dass ich von jetzt auf die nächste Minute meinen Schreibtisch verlassen habe, einfach nach dem Motto: „Ich muss hier raus“, sonst wäre ich durchgedreht.

Danach war ich ein paar Tage zu Hause. Da musste ich regelrecht Mut fassen, um am Morgen wieder in die Firma zu gehen. Das ist mir nicht gelungen. Ich hab dann fürchterlich geweint und Angst gehabt. Ich weiß gar nicht so recht, wovor. Ich bin früher eigentlich gern in die Firma gegangen, und meine Vorgesetzten sind mit meiner Arbeit sehr zufrieden gewesen, ein duftes Team, eigentlich alle Voraussetzungen für positive Sachen am Arbeitsplatz …. Doch das alleine reichte nicht. Die Probleme lagen tiefer.

Ich bin dann vier Wochen zu Hause gewesen, ohne jegliche Medikamente. Mein Arzt meinte, ich müsste einfach mal raus. Als ich dann nach vier Wochen den nächsten Arbeitsversuch gestartet habe, ging das wieder schief: wieder unheimliche Angstgefühle, Kloß im Hals, beim Sprechen Angst, und wir haben es unter medizinischer Kontrolle mit leichten Medikamenten probiert, mit Medikamenten, wo ich ruhiggestellt wurde. Das hat dann erst mal recht gut funktioniert, bis auf diese absoluten Hochphasen, wo unheimlich viel von mir gefordert wurde. Da war der Kloß wieder da. Schlafstörungen und Ängste ebenfalls, sodass der Arzt dann für eine stationäre Aufnahme plädierte.“ ◀

Dabei ist Hermann kein Einzelfall. Und neu sind die Folgen von Arbeitsstress ganz und gar nicht. Was man früher Manager-Krankheit nannte (Nervenzusammenbrüche, Magengeschwüre, Herzinfarkte), dahinter verbergen sich in diesen unsicheren Zeiten nur allzu oft Probleme, die auf Stress zurückgehen. Die Zahlen belegen es: Die überdurchschnittlich selbstbewussten, hochgradig motivierten und allzeit verantwortungsbereiten Manager haben auch ihre Schattenseiten: 30.000 Manager-Herzinfarkte gibt es pro Jahr – wenn auch bei weitem nicht nur bei Burnout-Kandidaten. Und dabei gelten die Ausgebrannten als *Helden im Karri-*

erekrieg. Judith Mair meint in Ihrem Buch „Schluss mit lustig" (2002), dass einem „Burnout" zu erliegen in vielen Unternehmenskreisen immer noch als Auszeichnung für ehrenvolles, berufliches Engagement gilt.

Wirkungsvolle Tipps wie Sie ganz schnell und erfolgreich zum Burnout kommen:

Was hier als Satire mit einem ironischen Augenzwinkern daherkommt, ist in manchen Bereichen leider sehr viel realistischer als viele wahrhaben wollen.

Die Top 10 zum Burnout

1. Arbeiten Sie so viel, so intensiv und so lange wie Sie können. Schließlich hängen Ihre Selbstbestätigung und Ihr Lebenssinn davon ab.
2. Machen Sie möglichst wenig – besser gar keine – Pausen. Wochenenden, Feiertage und Urlaub brauchen nur „Weicheier", „Warmduscher" und „Sitzpinkler".
3. Wenn sich Urlaub gar nicht vermeiden lässt, fahren Sie an Plätze, die Sie beruflich verwerten können oder wo Sie „wichtige Leute" treffen. Nehmen Sie auf jeden Fall Arbeit mit, die Sie am Strand durcharbeiten können. Rufen Sie mindestens einmal täglich in der Firma an und schalten Sie auf keinen Fall das Handy aus.
4. Machen Sie es sich während der Arbeit nicht zu leicht: Baggern Sie sich den Schreibtisch richtig mit schwierigen Arbeiten zu – sonst fühlen Sie sich nutzlos und wissen nicht, was Sie hier sollen. Reiben Sie sich an den wiederkehrenden unlösbaren Konflikten auf – das weckt die Lebensgeister und Sie bestätigen sich damit, dass Sie wichtig sind.
5. Ihr Arbeitsplatz sollte nicht zu angenehmen sein – sonst arbeiten Sie nicht richtig.
6. Achten Sie nicht zu sehr auf Ihr Wohlergehen. Sie werden schließlich nicht dafür bezahlt, dass es Ihnen gut geht, sondern dafür, dass Sie schwierige Aufgaben erledigen, die außer Ihnen keiner lösen kann. Denken Sie immer daran: Sie sind unersetzbar.
7. Sie sollten auf keinen Fall auf Ihre beruflichen Erfolge stolz sein und sich zu sehr loben („Eigenlob stinkt") oder auf den eigenen Lorbeeren ausruhen. Es gibt schließlich noch so viel zu tun. Und die wirklich schwierigen Aufgaben stehen erst noch an.
8. Weil Sie sich selbst in jeder Situation unter Kontrolle haben, immer genau wissen, was Sie wollen und sowieso alles besser wissen, gehören Sie zur wirklichen Elite (VIP – „very important person"), der eine ganze Reihe Privilegien zustehen: Automatische Wichtigkeit, eingebaute Vorfahrt im Straßenverkehr, Mecker- und Zusammenstauch-Recht etc.
9. Denken Sie immer daran, dass Kollegen Konkurrenten sind, dass Mitarbeiter meistens an Ihrem Stuhl sägen, Vorgesetzte Sie sowieso nur ausbeuten wollen und Kunden oder Klienten sowieso unverschämt oder blöd sind.
10. Privatleben ist für wirklich wichtige Menschen überflüssig wie ein Kropf. Deshalb sollten Sie Kontakte mit Partner/-in, Familie, Freunden – so Sie diese überhaupt haben – auf ein Minimum reduzieren.

3.5.12 Burnout-Phasen und Burnout-Ebenen

Natürlich entwickelt sich Burnout nicht von jetzt auf nachher, sondern schleichend und über einen längeren Zeitraum. Auch wenn jeder Burnout-Prozess hochgradig individuell ist, gibt es doch bestimmte Phasen, in denen sich Burnout entwickelt.

Übersicht

Burnout-Phasen (nach Burisch)

Anfangsphase: „Vermehrtes Engagement“

- Euphorie, Überaktivität, unbezahlte Mehrarbeit, Gefühl, unentbehrlich zu sein
- Verleugnung der eigenen Bedürfnisse, Verdrängung von Misserfolgen
- Soziale Kontakte = Berufs-/Klientenkontakte
- Müdigkeit, Energiemangel, erhöhte Unfallgefahr

Zweite Phase: „Reduziertes Engagement“

- Desillusionierung, Distanz zum Beruf/Klienten, negative Gefühle (Zynismus, Unterkühltheit) Genereller Widerwille gegen Arbeit, „innere Kündigung“, Stagnation, Rigidität, Blockieren von konstruktiver Arbeit, Verlust von Kreativität, Verflachung, Fehlzeiten

Dritte Phase: „Suche nach dem Schuldigen“

a) *Sie selbst sind schuld:* Schuldgefühle, Depressionen, Ängste, De-Personalisierung, Apathie, Pessimismus
b) *Andere/Unternehmen/„System“ ist schuld:* Aggressionen, Reizbarkeit, Misstrauen, Negativismus, „Sabotage“, psychosomatische Probleme, Verzweiflung, Hoffnungslosigkeit, Selbstmordphantasien

Ergebnis: Abbau von Leistungsfähigkeit, Motivation und Kreativität. Verflachung, Hoffnungslosigkeit, psychosomatische Krankheiten (Magengeschwüre, Herz- und Kreislaufprobleme, Hautkrankheiten etc.) Alkohol- und Medikamentenmissbrauch, Suchtprobleme, Verzweiflung, Suizidgedanken und -versuche.

Burnout-Verläufe sind natürlich nicht so schematisch, wie hier dargestellt, sondern sie sind hochgradig individuell – bei dem einen geht das relativ rasch innerhalb von ein paar Monaten, bei anderen ist die Entwicklung langsam und geht über mehrere Jahre. Dabei unterscheidet man beim Burnout drei Ebenen der Erschöpfung:

Burnout: Drei Ebenen (nach Pines, Aronson, Kafry)

1) *Körperliche Erschöpfung*
   Energiemangel, chronische Ermüdung, Schwäche, Überdruss, Krankheitsanfälligkeit, Unfallträchtigkeit, psychosomatische Krankheiten (Kopfschmerzen, Magenprobleme, Rückenschmerzen) *Selbstbehandlungsversuche:* Medikamente, Alkohol
2) *Emotionale Erschöpfung*
   Depressionen, Ängste, Niedergeschlagenheit, Hilflosigkeit, Hoffnungslosigkeit, Ausweglosigkeit, „Selbstvernichtungsgedanken", Versagen von Bewältigungs- und Kontrollmechanismen (Wutanfälle, Weinkrämpfe), Einsamkeit, Entmutigung
3) *Geistige Erschöpfung:*
   Negative Einstellung zu sich selbst, zur Arbeit, zu Anderen und dem Leben insgesamt, „Dehumanisierung", Verlust von Selbstachtung, Minderwertigkeitsgefühle, Überforderung

3.5.13 Dehumanisierung

Oft entwickeln Menschen, die vom Ausbrennen bedroht sind, nicht nur negative Einstellungen sich selbst und ihrer Arbeitsleistung gegenüber, sondern auch gegenüber anderen Menschen. Sie entdecken bei sich selbst Grade von Kälte und Niedrigkeit, die sie nie für möglich gehalten hätten. Angehörige helfender Berufe entwickeln dehumanisierende Einstellungen zu den Menschen, denen sie eigentlich helfen sollen (Motto: *„Wenn es mir schlecht geht, warum soll es dem anderen besser gehen?"*).

Menschen, die diesem Prozess der Dehumanisierung verfallen, verlieren allmählich die Fähigkeit, die persönliche Identität ihrer Mitmenschen wahrzunehmen, sprechen immer weniger auf sie an und behandeln sie, als wären sie keine Menschen (vor allem im Altenheim und im Krankenhaus). Ein Teufelskreis entsteht: Wer andere Menschen dehumanisiert, erlebt selbst weniger Gefühle. Einfühlung und Empathie gelingt immer weniger. Auf diese Weise dehumanisiert sich der Burnout-Kandidat selbst.

3.5.14 Nur wer brennt, kann Ausbrennen

Es sind gerade die engagierten Menschen, die ausbrennen – diejenigen, die ihren Beruf als Berufung sehen und Ideale mit ihrer Berufstätigkeit verbinden: *„Erst Feuer und Flamme und dann ausgebrannt wie ein Strohfeuer"*. Vom lichterloh brennenden Herzen bleibt dann ein kleines Aschehäufchen aus Resignation und Sinnlosigkeit, aus Depression und Aggression oder vielleicht auch nur der blanke Zynismus. Die

Dickfelligen und Ignoranten, die ihren Beruf immer nur als Job betrachtet haben, als Broterwerb oder um einen Rentenstatus zu erwerben, die scheinen weniger gefährdet. Das ist das Tragische und Unheimliche beim Burnout.

Aber die Frage ist: Wer möchte schon so leben und arbeiten, ohne Engagement und Ideale? Ist es denn nicht besser, sich zu engagieren, aber genau darauf zu achten, wann die ersten Burnout-Phänomene auftauchen und dann entgegensteuern?

So gesehen hat Burnout eine wichtige Funktion: Es ist ein SOS-Signal aus dem Inneren, das uns darauf hinweist, dass wir nicht so weiterleben und weiterarbeiten können. Dabei muss der Prozess nicht zwangsläufig in dem Endstadium der Verzweiflung münden. Man kann sensibel für Burnout-Prozesse werden und lernen,frühzeitig gegenzusteuern.

3.5.15 „Work hard, die young?"

Ist es denn wirklich so, dass man sich durch Arbeit und Stress schon ganz jung im Job „zu Tode arbeiten kann?" – Also das, was die Japaner „Karoshi" nennen?

Oder sind die jungen Karriereambitionierten heutzutage vielleicht nur „Heroes just for one night", die als Adler starten und als Suppenhuhn landen und dann im großen Kochtopf der Wirtschaft gargekocht werden?

Der Absturz der vielen mit Euphorie gestarteten „New Business-" und „Dot. com-Unternehmen" und ihrer Mitarbeiter legt nahe, dass da was dran sein könnte.

3.5.16 Seien Sie nicht zu sicher

Keiner sollte denken, dass es immer nur den anderen passiert. Niemand auf dem Karrieretrip kann ganz sicher sein. Besonders gefährdet sind Personen, die sich und ihr Selbstbewusstsein vor allem aus ihrem Beruf und ihrer beruflichen Stellung beziehen. Wenn man seinen Selbstwert hauptsächlich aus seiner Arbeit bezieht, dann ist der Verlust des Arbeitsplatzes oder der Arbeitsfähigkeit so, als würde demjenigen der Boden unter den Füßen weggezogen.

Wenn sie klug waren und vorgesorgt haben, fallen zwar viele aus dem Karrierenetzwerk nicht ins Bodenlose – vielleicht weil sie abgefedert sind durch einen „goldenen Handschlag" oder ein angespartes finanzielles Polster.

Der *„innere Absturz"* ist für die Betreffenden allerdings oft katastrophal – vor allem, wenn die Arbeit der zentrale (oder gar einzige) Lebensinhalt war.

Deshalb ist es wichtig sich auf solche Eventualitäten vorzubereiten und vielleicht in Gedanken (oder mit einem Berater) einmal durchzuspielen, „was passieren würde, wenn …" Es ist hilfreich, für solche Fälle einen Notfallplan bereit zu haben (mehr dazu in Abschn. 4.1.6, Die vier Bereiche des Lebens).

3.5.17 Was tun gegen Burnout?

Am wichtigsten ist für jeden Einzelnen, sich zuerst einmal des Problems in seiner vollen Tragweite bewusst zu werden, die Verantwortung dafür zu übernehmen und neue Lösungswege zu suchen. Sofern möglich, sollte es im Job genügend „Auszeiten“ (also Zeit zum Abschalten) geben – die man sich aber auch nehmen sollte.

Genauso wichtig ist es für die Unternehmen und Organisationen Weiterbildung, Coaching und Supervision anzubieten und ein möglichst positives Klima in der Firma, der Schule oder Einrichtung zu schaffen, also soziale Unterstützung durch regelmäßige Besprechungen unter Kollegen bzw. im Team zu ermöglichen.

Die bestehenden sozialen und beruflichen Netzwerke sollten genutzt werden, um sich auszutauschen und auf etwaige Schwierigkeiten schon im Anfangsstadium zu reagieren.

Besonders wichtig ist die räumliche und innerliche Abgrenzung: Jede(r) Betroffene muss selbst bestimmen, welches Maß an Engagement im Job sinnvoll und angemessen ist.

Und schließlich ist es nötig, eine klare Grenze zwischen Arbeit und Freizeit zu ziehen und sich genügend Zeit zum Abschalten von der Arbeit zu nehmen. Ziel sollte sein, immer mal wieder auf Distanz zur Arbeit zu gehen: Es ist besser, im Beruf aufzugehen, als darin unterzugehen.

Wichtig sind dabei vor allem auch Sozialkontakte außerhalb des Berufs.

Insgesamt beschreibt das Stichwort „Selbstpflege“ am besten, was man tun sollte – nämlich die Dinge tun, die den eigenen Bedürfnissen, Wünschen und Träumen entsprechen.

Was tun gegen Burnout?

1. ***Generell:***
   Sensibilisierung für Burnout-Phänomene (zum Beispiel durch Seminare, Betriebs-/Personalrat und Gewerkschaft, in Besprechungen)
2. ***Unternehmen/Schule/Einrichtung/Organisation:***
   - ***Arbeitsbedingungen humaner gestalten***
     - Überforderung der Mitarbeiter so gering wie möglich halten
     - Klare Strukturen und realitätsbezogene Arbeitsplatzbeschreibungen
     - Offenheit und Transparenz (Ansprechen von Burnout-Phänomenen)
     - Mitsprache und Mitentscheidung der MA so weit wie möglich (und sinnvoll)
     - Die richtigen Leute am richtigen Platz
     - Ermutigung, Lob und Belohnung durch Vorgesetzte (Jahresgespräche)
     - Personalentwicklung
     - Unterstützung von Weiterbildungsmaßnahmen (auch Bildungsurlaub)

  - Gesundheitszirkel, Teamgespräche („jour fixe“), Sitzungen, nicht nur zu Fachthemen, sondern auch zu psychosozialen Problemen
  - Gutes Betriebsklima
- ***Supervision/Coaching***
  - Team-/Gruppensupervision
  - Einzel-Coaching (v. a. Führungskräfte)

3. ***Persönlich:***
   - Selbstreflexion („realistische Erwartungen“ an den Beruf entwickeln)
   - Stressmanagement
   - Zeitmanagement und effektive Arbeitsorganisation (sinnvoller Umgang mit den eigenen Ressourcen)
   - Entwicklung eigener sozialer Fähigkeiten und Fertigkeiten (Selbst- und Fremdwahrnehmung), Stärken und Schwächen erkennen
   - Klare Grenzen zwischen Beruf und Freizeit
   - Selbstbehauptung
   - Selbstpflege: „Wiederaufbereitungsanlagen“ (Entspannung, Erholung, Ernährung, Sport)
   - Wenn nötig: Beratung, Supervision, Coaching, Psychotherapie
   - Berufliche Veränderung nötig?

(mehr dazu Abschn. 4.1.6)

Burnout wird – so scheint es – mehr und mehr zur neuen Volkskrankheit.

In den Berichten der Krankenkassen wird von Jahr zu Jahr von einer überproportionalen Zunahme der Krankschreibungen aus psychischen Gründen gesprochen. Und retrospektive Untersuchungen von Patienten mit Depressionen, Angstzuständen, Panikattacken oder ähnlichen psychischen Erkrankungen belegen, dass es einen klaren Zusammenhang zwischen einem unbehandelten Burnout als Frühwarnzeichen und der späteren massiven seelischen Erkrankung besteht. Das rechtzeitige Erkennen und Behandeln eines Burnout-Syndroms kann also eine Menge Geld sparen. Schließlich kosten Interventionen in einer Burnout-Frühphase nur einen Bruchteil der Behandlungs- und Berufsausfallkosten einer Folgeerkrankung.

Kleine Reflexion(en)

- Resignation ist die Vorwegnahme einer lange erwarteten Niederlage.
- „Alles in Allem kann man die Menschen in drei Klassen einteilen: Solche, die sich zu Tode arbeiten, solche, die sich zu Tode sorgen und solche, die sich zu Tode langweilen.“ (Winston Churchill)
- Denke besser früher an später: Vorsorge ist die schönste Sorge

Tipps

Unterscheiden Sie zwischen

- Veränderungs*notwendigkeit* (was muss wirklich verändert werden?)
- Veränderungs*willigkeit* (wie steht es um meinen ernsthaften Wunsch nach Veränderung?) und
- Veränderungs*fähigkeit* (wie gut bin ich in der Lage, wirklich mich/etwas zu verändern?)
- Entrümpeln Sie Ihren Terminkalender: Setzen Sie Grenzen.
- Planen Sie umsichtig und erledigen Sie Unangenehmes zuerst.
- Setzen Sie Prioritäten: Unterscheiden Sie Wichtiges, Dringendes, langfristig Sinnvolles und Dinge, die Sie aus Spaß oder für Andere tun. Alles andere ist Zeitvergeudung und vernachlässigbar.
- Weg vom übersteigerten Perfektionismus: 80 % sind genug.
- Wer arbeitet macht Fehler: Lernen Sie aus Ihren Fehlern (und denen Anderer) und optimieren Sie Ihre Arbeit.
- Lernen Sie zu delegieren und „outzusourcen".

In Teams ist es oft hilfreich und sinnvoll Arbeiten zu differenzieren:

1) *Arbeiten, die* ***alle*** *gern machen:*
   Hier streiten sich die Mitarbeiter darüber, wer die Arbeit machen darf
2) *Arbeiten, die* ***manche*** *gern machen, aber andere nicht:*
   Wenn es genügend MA gibt, die die Arbeit gern machen, ist das die einfachste Art der Arbeitsaufteilung
3) *Arbeiten, die* ***keiner*** *gern tut:*
   Wenn die Arbeiten trotzdem getan werden müssen, ist die Aufteilung hier am schwierigsten

Manchmal hilft allein diese Differenzierung schon, dass die Arbeit besser verteilt werden kann – und die Mitarbeiter sich wohler fühlen.

Internet-Adressen

- https://www.deutsche-depressionshilfe.de/?r=p Zugegriffen am 13. April 2020
- https://www.hilfe-bei-burnout.de/ Zugegriffen am 13. April 2020

3.6 Vom Kollegenscherz zum Psychoterror

Wie man sich mit Mobbing gegenseitig fertig macht

Spätestens dann,
wenn das Firmen-Klopapier
mit Ihrem Konterfei bedruckt ist,
dürfte es sich zweifelsfrei
um Mobbing handeln

Die Realität sieht in vielen Unternehmen gerade in Zeiten von „Lean Management“, „Re-Engineering“ und „Change Management“ oft ganz anders aus, als das, was in den schönen Unternehmensleitbildern, „Corporate Identity-Sprüchen“ und Feiertagsreden versprochen wird. Ironisch könnte man sagen: *Der Mensch steht bei uns im Mittelpunkt – und damit allen im Wege.* Oder noch krasser: *Der Mensch ist Mittel. Punkt.*

Je schlechter das Betriebsklima, je höher der Arbeitsdruck, je desorientierter und verwirrter die Mitarbeiter, umso mehr entwickelt sich das, was man neudeutsch „mobbing“ nennt, Psychoterror am Arbeitsplatz. Was versteht man genau darunter.

3.6.1 Mobbing – Definition

Übersicht

Mobbing ist eine konfliktbelastete Kommunikation am Arbeitsplatz zwischen

a) Kollegen,
b) Vorgesetzten und Untergebenen,

bei der die angegriffene Person unterlegen ist und von Anderen (Einem oder Mehreren) systematisch und über längere Zeit (mindestens einmal pro Woche, ein halbes Jahr lang) mit dem Ziel und/oder Effekt des Ausstoßes angegriffen wird.

Wortbedeutung: Mobbing kommt von dem englischen Wort „to mob“ = jemanden anpöbeln, über ihn/sie herfallen.

Heinz Leymann ein deutsch-schwedischer Arbeitspsychologe und Betriebswirt (Sveriges Rehab-Center AB Violen Karlskrona) hat das Wort „mobbing“ schon 1982 geprägt.

Heinz Leymann unterscheidet folgende fünf Formen des Mobbing:

Fünf Formen des Mobbings

1) Angriffe auf Möglichkeiten, sich mitzuteilen
2) Angriffe auf die sozialen Beziehungen
3) Angriffe auf das soziale Ansehen
4) Angriffe auf die Qualität der Berufs- und Lebenssituation
5) Angriffe auf die Gesundheit

Diesen fünf Formen hat Leymann Handlungsbeschreibungen in einer Mobbing-Stichwortliste zugeordnet.

Hier eine modifizierte Darstellung:

1. **Angriffe auf die Möglichkeit, sich mitzuteilen:**

- Einschränkungen seitens des Vorgesetzten oder der Kollegen auf die Möglichkeit, sich zu äußern
- Ständige und/oder wiederkehrende Unterbrechungen
- Anschreien oder lautes Schimpfen
- Ständige Kritik an der Arbeit und/oder am Privatleben
- Telefonterror
- Mündliche und oder schriftliche Drohungen
- Kontaktverweigerung durch abwertende Blicke, Gesten oder durch Andeutungen, ohne dass etwas direkt ausgesprochen wird

2. **Angriffe auf die sozialen Beziehungen:**

- Man spricht nicht mehr mit dem/der Betroffenen und/oder lässt sich nicht ansprechen
- Versetzungen in einen Raum weitab von den Kollegen („Betriebssibirien“)
- Den Arbeitskollegen wird verboten, den Betroffenen/die Betroffene anzusprechen
- Der/die Betroffene wird „wie Luft“ behandelt

3. **Angriffe auf das soziale Ansehen:**

- Hinter dem Rücken des Betroffenen wird schlecht über ihn/sie gesprochen
- Es werden Gerüchte verbreitet
- Man macht den/die Betreffende(n) lächerlich
- Man verdächtigt ihn/sie, psychisch krank zu sein
- Man versucht jemanden zu einer psychiatrischen Untersuchung zu zwingen
- Man macht sich über eine Behinderung lustig
- Man imitiert Gang, Stimme, Gesten, um jemanden lächerlich zu machen
- Man greift die politische oder religiöse Einstellung an
- Man macht sich über das Privatleben/die Nationalität/die Religion lustig
- Man zwingt jemanden Arbeiten auszuführen, die das Selbstbewusstsein verletzen
- Man beurteilt den Arbeitseinsatz in falscher oder kränkender Weise
- Man stellt die Entscheidungen des/der Betroffenen infrage
- Man benutzt obszöne Schimpfwörter oder andere entwürdigende Ausdrücke

4. **Angriffe auf die Qualität der Berufs- und Lebenssituation:**

- Man weist dem/der Betroffenen keine Arbeitsaufgaben zu
- Man nimmt ihm/ihr jede Beschäftigung am Arbeitsplatz, sodass er/sie sich nicht einmal selbst Aufgaben ausdenken kann
- Man gibt ihm/ihr sinnlose Arbeitsaufgaben oder gibt ihm/ihr Aufgaben weit unter dem eigentlichen Können
- Man gibt ihm/ihr „kränkende“ Arbeitsaufgaben
- Man gibt ihm/ihr ständig neue Aufgaben
- Man gibt dem/der Betroffenen Arbeitsaufgaben, die seine/ihre Qualifikation übersteigen, um ihn/sie zu diskreditieren

5. **Angriffe auf die Gesundheit:**

- Man verursacht Kosten für den/die Betroffene(n), um ihm/ihr zu schaden
- Zwang zu gesundheitsschädlichen Arbeiten
- Androhung körperlicher Gewalt
- Anwendung leichter Gewalt, zum Beispiel um jemandem einen „Denkzettel“ zu verpassen
- Es passieren sexuelle Annäherungen oder verbale sexuelle Angebote
- Körperliche Misshandlung

Ein Beispiel aus einem Mobbing-Internetforum:

Beispiel

„Im letzten Jahr war ich einige Monate krank wegen eines Rückenproblems. Während meiner Krankheit bekam ich einen neuen Chef und wurde von einer Zeitarbeitskraft vertreten, die mehr recht als schlecht meine Aufgaben übernahm. Was ursprünglich nur als Krankheitsvertretung gedacht war, hat sich dann aber rasch zu einer echten Konkurrenz entwickelt. Nach meiner Rückkehr an die Arbeit nach der Krankheit wurde mir mein bisheriges Arbeitsgebiet entzogen und an die Zeitarbeitskraft übertragen. Ich sollte stattdessen „Projektaufgaben“ übernehmen und die Zeitarbeitskraft darüber hinaus „unterstützen“, d. h. ich sollte alles das machen, wo sie nicht Bescheid wusste. Außer meinem Aufgabengebiet wurden mir auch alle Kompetenzen entzogen. Ich darf nichts mehr allein entscheiden und werde vom Chef ständig kontrolliert. Darüber hinaus kritisiert mich mein neuer Chef ständig unberechtigt: ich könne nicht konzeptionell arbeiten, ich sei umständlich, wäre nicht kommunikativ, würde nicht genug mit der Zeitarbeitskraft zusammenarbeiten usw.“

Der neue Chef hat sich noch nie mit mir über meine Aufgaben unterhalten und weiß bis heute nicht, was ich eigentlich den ganzen Tag tue bzw. getan habe. Er spricht auch überhaupt nicht mit mir, außer „Guten Morgen“ kommt nichts rüber. Das Schlimmste ist, dass ich überhaupt nichts mehr zu tun habe und den ganzen

Tag nur rumsitze! Er gibt mir nur noch ganz banale Sachen, die ich in 5 Minuten erledigen könnte, ziehe mich stattdessen aber einen ganzen Tag daran hoch. Informationen bekomme ich überhaupt nicht mehr.

Im Februar tauchte mein Name dann auf einer (geheimen und streng vertraulichen) Liste möglicherweise zur Kündigung stehender Mitarbeiter auf. Die Liste wurde von der Zeitarbeitskraft im Auftrag vom Chef getippt. Ich bin per Zufall im Intranet darauf gestoßen und habe meinen Chef umgehend darauf angesprochen. Statt eines vernünftigen Gesprächs hat er mich nur angeschrien und das „Gespräch" nach kurzer Zeit abgebrochen, weil er angeblich keine Zeit mehr für mich habe. Außerdem warf er mir vor, ich trüge vertrauliche Informationen nach außen. Im Laufe des jährlichen Beurteilungsgespräches warf er mir dann wieder vor, dass ich nicht genug Einsatz zeigen würde und die Zusammenarbeit mit mir nicht möglich sei. Das Beste sei, wenn wir (die Firma und ich) uns trennen würden. Das stimmt wohl auch, ich habe wirklich keine Nerven mehr, noch tagtäglich zur Arbeit zu gehen. Ich leide seit ein paar Monaten unter Schlafstörungen, Herzklopfen und Weinkrämpfen. Das kenne ich sonst gar nicht von mir. Aber wenn ich meinen Chef schon sehe, bekomme ich einen Knoten im Magen … Ich denke mal, dass er mir nicht direkt kündigen will, sondern mich weiter schikanieren will, bis ich endlich von selbst gehe … ◀

3.6.2 Zahlen

Drei Viertel aller Westdeutschen und fast zwei Drittel aller Ostdeutschen glauben, dass schlechtes Betriebsklima sie krank machen kann. Stress, Schlafstörungen, Erschöpfungsgefühle und Nervosität nehmen dabei die Spitzenpositionen der Leiden an der Arbeitsplatzatmosphäre ein. Für 62 % der Wessis ist ein schlechtes Betriebsklima sogar ein Kündigungsgrund. Dabei halten 70 % aller westdeutschen Arbeitnehmer Intrigen für die Hauptursache eines schlechten Betriebsklimas. Und das ist ein idealer Nährboden für Mobbing.

Jeder 8. Mitarbeiter wurde an seinem Arbeitsplatz schon einmal gemobbt. Das ist das Ergebnis einer Studie des Markt- und Sozialforschungsinstituts IFAK in Taunusstein. 12 % der Befragten gaben an, in ihrem derzeitigen Unternehmen selbst schon einmal gemobbt worden zu sein. Und fast 30 % der Beschäftigten berichten, dass sie bei ihrem aktuellen Arbeitgeber schon einmal erlebt haben, wie ein Kollege Opfer von Mobbing wurde.

Der Aussage „Bei uns werden alle Mitarbeiter fair und mit Respekt behandelt" stimmen nur 30 % der Gemobbten zu, aber 67 % der Nicht-Gemobbten (https://rp-online.de/leben/beruf/mobbing-am-arbeitsplatz-die-zahlen_iid-23662833#10 Zugegriffen am 14. April 2020).

Nach Schätzungen liegt die momentane Zahl der Mobbingbetroffenen in Deutschland bei über einer Million Erwerbstätigen. Dabei sind fast 15 % aller Mobbingopfer in Deutschland davon überzeugt, dass sie sowohl von ihrem Vorgesetzten als auch von Kollegen gemobbt werden (https://de.m.wikipedia.org/wiki/Mobbing Zugegriffen am 14. April 2020).

3.6.3 Psychoterror-Praxis

Meist fängt es ganz harmlos an. Das kann ein kleiner Streit unter Kollegen sein, der nicht offen ausgetragen wurde. Es kann aber auch ein neuer Vorgesetzter sein, der nach dem Motto „neue Besen kehren gut“ seine Abteilung auf Vordermann bringen will, den Stress erhöht und dadurch einen „Blitzableiter“ für die Abteilung notwendig macht. Oder ein neuer Kollege findet sich nicht in die Besonderheiten der Arbeitsgruppe ein und wird vom Start weg zum „schwarzen Schaf“. Vielleicht brauchen die langjährig zusammenarbeitenden Kollegen auch einfach nur einen „Sündenbock“, um Dampf abzulassen für die alltäglichen Niederschläge des Berufslebens oder den Stress am Arbeitsplatz.

Anfangs kommt es zu spitzen Bemerkungen, hier ein hinterhältiges Flüstern, da ein laut gesprochenes böses Wort, damit es die anderen mitkriegen. Hier eine geschickt ausgelegte Fußangel und ein hämisches Grinsen, wenn das Opfer hineintappt. Dort ein paar heimtückische Ränkespiele von unsichtbaren Fädenziehern oder ein paar heimliche Giftpfeile von Heckenschützen nach dem Motto: Du brauchst keine Feinde, solange du Kollegen hast.

Vor allem in Zeiten wirtschaftlicher Turbulenzen, in denen die Unternehmen einem ständigen Umbau unterliegen, suchen sich die gestressten und gestrietzten Mitarbeiter ihr Opfer für den kleinen Terror zwischendurch. Nicht immer, aber immer öfter. Eventuell entsteht sogar eine verschworene Betriebskampftruppe mit Guerillatechniken. So wird nach und nach der oder die Ausgedeutete an den Rand gedrängt, ausgegrenzt oder in die Mangel genommen. Die Arbeitsgruppe, die Clique, zeigt ihm oder ihr die kalte Schulter. Sie werden von oben herab behandelt. Man redet nicht mehr mit ihnen und wenn gelacht wird, dann haben sie nichts zu lachen, weil häufig (offen oder verdeckt) über sie gelacht wird. Die Signale heißen: Du gehörst nicht zu uns. Was immer die Opfer kollegialer Schikane dann tun, sie haben kaum eine Chance. Sie sind gefangen in einer Art kafkaeskem Spinnennetz, jede ihrer Bewegungen macht alles noch schlimmer. Aus einem bestimmten Blickwinkel wirkt alles komisch, was sie tun. Entweder sie ziehen sich duckmäuserisch zurück, gehen in die „innere Emigration“, ihre Leistung sinkt und sie werden krank. Oder sie werden aggressiv und zum Störenfried mit ausgeprägten Michael-Kohlhaas-Zügen. Wie eine sich selbst erfüllende Prophezeiung bestätigt sich die schon vorher abgegebene Stigmatisierung: „Wir wussten es schon immer – der (oder die) ist nicht normal und passt nicht zu uns.“

Wenn dieser Teufelskreis erst entstanden ist, etabliert er sich – und ufert aus. So wird der Arbeitsplatz für die Betroffenen zur Folterbank. So wuchern allmählich die Vorurteile gegenüber den Opfern, in der ganzen Abteilung, im Unternehmen, bis alle wissen: Mit dem oder der stimmt was nicht. Also wird von allen auf ihnen rumgehackt, mitunter reiht sich auch Betriebsrat und Personalabteilung mit ein in die Reihe der Täter. Motto: Der oder die muss weg. Wenn es gut geht, ist das nur die Versetzung ins „Betriebssibirien“, das einsame Büro am Ende des Flurs oder in die „Sackgassen-Abteilungen“ mit miesem Tätigkeitsfeld und ohne Chance, da wieder weg zu kommen.

Noch problematischer wird es, wenn man versucht, über „Mobbing" die Opfer zu drängen, selbst zu kündigen, was heutzutage gar nicht so selten ist. Dann werden die Mobbing-Aktivitäten von der Betriebsleitung und der Personalabteilung nicht nur geduldet, sondern mitunter von ihr geschürt oder initiiert, nach dem Motto: „Mach ihnen den Boden unter den Füßen heiß genug, dann springen sie von selbst ab." Da dem Betrieb langwierige Arbeitsgerichtsprozesse und teure Abfindungen erspart bleiben, wenn der Mitarbeiter selbst kündigt, gilt vielen Mobbing als die häufigste Form der indirekten Kündigung.

Norbert, ein 35-jähriger technischer Angestellter in einem Großbetrieb der Metallbranche, in dem damals viele Mitarbeiter entlassen wurden, berichtet in einem Interview mit mir:

Beispiel

„Angefangen hat es recht leger, indem man bei der erstbesten Gelegenheit mit anderen Mitarbeitern gesagt hat: „Der ist bescheuert." „Der ist blöd." „Guck mal, der macht nur Scheiße". Oder: „Der erzählt nur Mist und macht nur Käse."

So hat das angefangen, systematisch. Dann hat man bei jeder erstbesten Gelegenheit versucht, rauszugehen, wenn ich reinkam und zu sagen, ich würde spinnen, ich wäre doch nicht ganz sauber und so Sachen. Das war dann persönlicher Terror …

Nach außen hin hat man dann versucht, die Leute auf die eigene Seite zu bringen. Das ist insoweit eskaliert, dass man wirklich gefühlt hat, dass man isoliert ist. Dass man total alleine steht. Man wusste gar nicht warum. Deswegen habe ich mich morgens, wenn ich zur Arbeit bin, nicht sehr gut gefühlt. Ich habe mir gesagt, was kommt denn heute wieder alles auf mich zu? Was läuft denn heute wieder alles ab?

Man hat mir manchmal „Guten Morgen" gesagt und manchmal nicht, wie das halt so kleine Spielchen sind. Man hat also gemerkt, dass man zwar geduldet, aber nicht akzeptiert wird. Und na ja gut, man hat versucht, das Beste daraus zu machen …

Und dann auch das Gefühl zu haben, man kann nirgendwo hingehen und mal mit den Leuten reden. Ich meine, das Gefühl hat man ja mit jemandem reden zu wollen. Und wenn man dann zwar mit jemanden geredet hat, man aber genau weiß, dass das dann sofort wieder postwendend weitergetragen wird, na ja, dann können sie sich vorstellen, wie das ist, ein sehr „angenehmes" Arbeitsgefühl ist das. Na ja, und so ist das dann halt eskaliert, auch mit der Zeit." ◄

3.6.4 Die Leiden der Mobbing-Opfer

Mobbing-Betroffene leiden unter einer ganzen Reihe psychosomatischer Beschwerden – und das umso stärker, je länger die Mobbing-Attacken andauern. Zu den Symptomen gehören Leistungs- und Denkblockaden, Selbstzweifel, Versagens- und Schuldgefühle, Depressivität sowie körperliche Beschwerden (Schlafstörungen,

Magen-Darm-Erkrankungen etc). Nach Leymann entwickeln etwa ¾ aller Mobbing Opfer ein posttraumatisches Belastungssyndrom. Dies geschieht nach etwa halbenJahr. Nach 1–2 Jahren fortgesetzten Drucks vertiefen sich die Symptome und werden schließlich chronisch.

3.6.5 Wie sich Mobbing entwickelt

1. **Phase: Nährboden**
   - Ungelöste Konflikte (z. B. Arbeitsüberlastung, Stress, persönliche Probleme Einzelner, „Altlasten")
   - Schlechte Konfliktbewältigung (hohe psychosoziale Reibungsverluste, ungutes Betriebsklima)
   - Bewusste oder unbewusste Opfersuche: „Sündenbock"
2. **Phase: Psychoterror**
   - Delegieren von Stress
   - „Sein Mütchen kühlen"
   - „Mülleimer"/„Blitzableiter" der Abteilung/des Vorgesetzten
   - Lächerlich machen
   - Gerüchte
   - Stigmatisierung
3. **Phase: rechtlich relevante Machtübergriffe**
   - Anschreien/Beleidigen
   - Schwere Drohungen
   - Körperliche Gewalt
   - Sexuelle Handgreiflichkeiten
4. **Phase: Auffälligwerden des Betroffenen**
   - Beschwerden
   - „Ausrasten"
   - Kurz- bzw. langfristige Krankschreibungen
   - Personalmaßnahmen:
     - Mehrere Versetzungen
     - Abschieben/Kaltstellen
     - Abfindung
     - Frühverrentung
     - Ausstieg aus dem Berufsleben

3.6.6 Mobbing-Formen

Seit die Mobbing- Diskussion begann, hat sich die Diskussion differenziert. Heute unterscheidet man:

Mobbing-Formen

Mobbing:	Ein Mitarbeiter wird von Kollegen terrorisiert
Bossing:	Wenn der Chef selbst der Schikanierer ist
Staffing:	Wenn sich die Mitarbeiter gegen den Chef verschwören

Leymann kommt in seinem Standardwerk „Mobbing-Psychoterror am Arbeitsplatz" zu folgenden Zahlen:

3.6.7 Wodurch entsteht Mobbing?: Strukturelle Ursachen

Auf gleichem Niveau (Mobbing im engeren Sinn):	44 %
Der Vorgesetzte als Täter (Bossing):	37 %
Vorgesetzte + Kollegen zusammen (Mobbing + Bossing):	10 %
Mitarbeiter gegen Vorgesetzte (Staffing):	9 %

Der ideale Nährboden für Mobbing und Intrigen am Arbeitsplatz ist dadurch gekennzeichnet, dass es zu starre Organisationsstrukturen in einem Betrieb gibt. Stichwörter sind hierbei eine steile Hierarchie, die eine „Duckmäuser-Mentalität" (nach dem Motto: Der Chef weiß es ohnehin besser) produziert. Denn je steiler die Hackordnung im Betrieb, desto größer die Mobbing-Gefahr. Dort, wo der Druck sehr hoch ist, sucht er sich die schwächste Stelle, eben das Mobbing-Opfer. Hinzu kommt häufig ein schlechtes Kommunikationssystem mit wenig Offenheit und Transparenz.

So entsteht eine Gerüchteküche und ein vergiftetes Betriebsklima, in dem jeder seinen Frust als Psychomüll endlagert und versucht, sich über Schleichwege und Hintertüren „Gerechtigkeit" zu verschaffen. Verbunden hiermit ist bei vielen Mitarbeitern die Unfähigkeit oder Unlust zur Konfliktbearbeitung und eine mangelnde Streitkultur, in der oberflächliche Scheinharmonie mit darunterliegenden verhärteten Fronten vorherrschen. Information und Wissen wird dort häufig als Macht missbraucht, um andere klein zu halten. Besonders gut gedeihen Konflikte dann, wenn all das zusammenkommt, mit Führungskräften, die beispielsweise willkürlich einzelne Untergebene zu Lieblingen erklären oder fallen lassen wie heiße Kartoffeln, die generell inkonsequent im Umgang mit Mitarbeitern sind oder eine selektive Informations- und „Nasenpolitik" betreiben. Wenn das einhergeht mit chronischer Über- oder Unterforderung am Arbeitsplatz und einem Rivalitäten, Ehrgeiz und Neid produzierenden Beförderungssystem, dann wird der Betrieb zum Treibhaus für Intrigen und Mobbing.

Wenn der Mobbing-Bazillus sich erst mal in einer Abteilung oder einem Unternehmen festgesetzt hat und dort über ein schlechtes Betriebsklima oder zu viel Stress am Arbeitsplatz und inkompetente Führungskräfte einen Nährboden gefunden hat, dann kann er sich relativ rasch ausbreiten. Denn mit der Zeit entsteht im Betrieb durch Mobbing eine regelrechte „Anomie“, eine Gesetzlosigkeit, in der nur noch das Faustrecht des Stärkeren gilt. Und das gibt dem angekratzten Betriebsklima dann den Rest.

3.6.8 Inkompetentes Führungsverhalten

Fast immer gehen Mobbing-Prozesse mit Führungsfehlern einher. Entweder haben die entsprechenden Manager diese Entwicklung nicht gemerkt oder sie haben sie geduldet. Im schlimmsten Fall haben sie das Mobbing selbst inszeniert oder heizen es an.

3.6.9 Mobbing-Persönlichkeit

Bislang konnte eine bestimmte „Mobbing-Persönlichkeit“ in den einschlägigen Untersuchungen nicht gefunden werden. Mobbing kann also prinzipiell jeden treffen. Allerdings konnten bestimmte Merkmale identifiziert werden, die Mitarbeiter in einer Gruppe, in welcher gemobbt wird, zu potenziellen Opfern machen. Meist sind die Opfer irgendwie andersartig oder auffällig. Es kann sein, dass sie zu faul oder zu fleißig sind, eine andere Art von Humor haben, einem Hobby frönen, das die Gruppenmehrheit skuril findet, den falschen Fußballclub gut finden oder einer anderen Religionsgemeinschaft, dem falschen Geschlecht angehören oder behindert sind:

Zum Beispiel waren in einer Untersuchung von Leymann 22 % der Behinderten einer gemeinnützigen Organisation Mobbing ausgesetzt – dagegen nur 4 % der Nichtbehinderten der Stichprobe. In einer anderen Studie waren männliche Erzieher doppelt so häufig Mobbing-Opfer wie ihre weiblichen Kollegen.

3.6.10 Verbreitung und Kosten

Mobbing ist beileibe kein vereinzeltes Phänomen von ein paar exotischen Betrieben am Rande der Wirtschaft oder ein Medienereignis, um das Sommerloch zu stopfen, sondern es hat anscheinend schon heute in den Industrienationen epidemische Ausmaße:

Nach Untersuchungen von Heinz Leymann in Schweden sind 3,5 % aller Angestellten und Arbeiter irgendwann Mobbing-Opfer, in österreichischen Untersuchungen zeigten sich sogar 6 %. In Deutschland geht man von einer Mobbingquote von 2,7 % oder über 1 Million Erwerbstätiger aus. Der Deutsche Gewerkschaftsbund (DGB) schätzt die Kosten eines durch Mobbing bedingten Fehltages zwischen 103 und 410Euro. Einer Studie des TÜV-Rheinland zufolge verursacht Mobbing in Deutschland jährlich geschätzte Kosten in Höhe von 15 Mrd. Euro.

Einer alten Schätzung von Leymann nach betragen die Kosten pro Mobbingfall im Jahr 65.400 Euro für das Wirtschafts- und Gesundheitssystem. Heute sind sie vermutlich ein ganzes Stück höher.

Deshalb wird es für Unternehmen immer wichtiger, sich durch die Installierung geeigneter Präventions- und Interventionsinstrumente dagegen zu rüsten, um Mobbing überhaupt gar nicht erst entstehen zu lassen, oder schon im frühen Stadium einzugreifen, um wettbewerbsfähig zu bleiben und die Mitarbeiter zufrieden und leistungsfähig zu erhalten.

3.6.11 Auswirkungen von Mobbing auf das Unternehmen

Psychische Belastungen am Arbeitsplatz stellen für Unternehmen einen bedeutenden Risikofaktor dar, der wirtschaftliches Wachstum und Arbeitszufriedenheit der Mitarbeiter/-innen gefährden kann. Kennzeichnend für derzeitige Unternehmensphilosophien ist die notwendige Bereitschaft, sich an die permanenten Veränderungen der Wirtschaft rasch anzupassen, um wettbewerbsfähig zu bleiben. Dies erfordert für Unternehmer und Mitarbeiter hohe Anpassungsfähigkeit, Flexibilität und die Bereitschaft, ihre Einstellungen zur Arbeit zu verändern. Diese Faktoren implizieren nicht selten ein hohes Konfliktpotenzial, das oft übersehen wird. Erst wenn dadurch entstandene Konflikte einen gewissen Eskalationsgrad erreicht haben und durch hohe Fluktuationen, Fehlzeiten, Krankenstände oder sinkende Arbeitszufriedenheit für den Unternehmer transparent werden, wird reagiert – meist zu spät.

Eine besonders stark belastende Form zwischenmenschlicher Konflikte stellt zunehmend Mobbing dar. Hier handelt es sich nicht mehr um allgemeine Konflikte, sondern ein oder mehrere Zielpersonen werden regelmäßig tyrannisiert, schikaniert, und an ihrer Arbeit gehindert. Langfristig gesehen bedeutet die Existenz von Mobbing und deren Nichtlösung für Unternehmen immer hohe materielle und immaterielle Kosten und Verluste. Im Besonderen kann es für KMUs (kleine und mittlere Unternehmen) sehr kostenintensiv werden und teilweise sogar existenzbedrohend sein (z. B. wichtige Kunden werden nicht mehr entsprechend betreut und beauftragen dadurch ein anderes Unternehmen, Termine können nicht eingehalten werden, weil wichtige Informationen nicht weitergeleitet wurden …).

3.6.12 Angemessener Umgang mit Mobbing

Bei Mobbing handelt es sich nur selten um die Konsequenz seelischer Probleme eines Einzelnen oder persönlicher Konflikte zwischen zwei Mitarbeitern. Denn Mobbing-Handlungen entstehen in einem komplexen betrieblichen Systemzusammenhang. Auf einer bestimmten betrieblichen Ebene (eines Teams, einer Arbeitsgruppe oder in einer Abteilung) erfüllt Mobbing eine wichtige psychische Funktion (Orientierung, Machterhalt etc.). Mobbing ist oft das Symptom unzureichend organisierter, kommunizierter und überhasteter betrieblicher Wandlungsprozesse.

Hieraus ergeben sich zwei wichtige Strategien, die man bei der Bekämpfung von Mobbing unterscheiden muss:

3.6.13 Präventive Strategien zur Mobbing-Vorbeugung

Um zu verhindern, dass aus (ungelösten) Konflikten explizite Mobbing-Handlungen werden, muss man mobbing-begünstigende Strukturen im Unternehmen erkennen und wirksame Gegenmaßnahmen ergreifen.

Objektive Hinweise auf ein Betriebsklima, welches Mobbing begünstigt, können sein:

- hohe Fluktuation,
- hoher Krankenstand,
- Häufung von Arbeitsgerichtsprozessen,
- Häufung von Ausfällen und verbalen Entgleisungen,
- chronisch gewordene, lautstarke Auseinandersetzungen,
- Häufung von Mitarbeiter-Beschwerden (z. B. beim Betriebs- bzw. Personalrat).

Mittlerweile gibt es eine Reihe von Empfehlungen zur Gestaltung von Organisationsprozessen, um Mobbing vorzubeugen. Als vorbeugende Maßnahmen gelten:

Mobbing vorbeugende Maßnahmen

- Entwicklung einer offenen Kommunikationskultur
- Transparenz der Organisation
- Aufgabenerweiterung und -bereicherung
- Klare Aufgaben- und Kompetenzabgrenzungen
- Einrichten von Unterstützungsstrukturen und -netzwerken (durch Vorgesetzte und Kollegen)
- Teamentwicklung in der Arbeitsgruppe zur Verbesserung der Kooperation
- Maßnahmen zur Steigerung der Eigenverantwortung
- Einrichten von Qualitäts- und Gesundheitszirkeln
- Sensibilisierung der Mitarbeiter in Bezug auf Mobbing-Prozesse (z. B. auf Betriebsversammlungen, in Seminaren)
- Schulung für alle Mitarbeiter einschließlich der Führungskräfte zum Thema Mobbing
- Regelmäßige Mitarbeiter-Vorgesetzten-Gespräche zur Aufdeckung von möglichen Konflikten
- Vermittlung von Konfliktlösekompetenzen der Mitarbeiter (Kommunikationstrainings, Anti-Stress-Programme etc.)
- Beratung, Supervision, Coaching
- Betriebsvereinbarungen zum Thema Mobbing
- Bestellung eines Mobbing-Beauftragten/Konfliktbeauftragten

Eine zentrale Rolle bei der Vermeidung von Mobbing spielen die Führungskräfte auf allen Ebenen eines Unternehmens. Diese sollen daher sensibilisiert werden, dem Phänomen „Mobbing“ möglichst früh auf die Spur zu kommen, um die Mobbing-Gefahr zu minimieren und idealerweise Mobbing zu verhindern. Führungskräfteschulungen zu Mobbing und zu Konfliktlösekompetenzen sind dabei gute Instrumente.

Die Bundesanstalt für Arbeitsschutz und Arbeitsmedizin etwa hat Schulungsmaterialien (Arbeitsmaterialien, Folien) erstellen lassen, die sich für Seminare auf betrieblicher und überbetrieblicher Ebene gut einsetzen lassen. In der Praxis bewährt haben sich auch Betriebsvereinbarungen zu Mobbing, die einen Verhaltenskodex für die Mitarbeiter („klare Spielregeln für alle Beteiligten“) enthalten sowie Maßnahmen, die im Falle von Verstößen gegen den Verhaltenskodex ergriffen werden.

3.6.14 Mobbing-Interventionen: „Armes Opfer“ – „Böser Täter“?

Was bedeutet es, Mobbing-Beteiligten die Opfer- oder Täterrolle zuzuschreiben?

In der Opferrolle wird dem Betroffenen eine passive Haltung unterstellt. Er sei machtlos und den Handlungen des „Mobbing-Täters“ schutzlos ausgeliefert. Als Opfer ist man unschuldig. Der damit gegebene ethisch-moralische Gewinn prägt die Grundeinstellung vieler Betroffener. Eigene Handlungs- und Gestaltungsmöglichkeiten werden verneint.

Der Mobbing-Täter ist hingegen das aktive Element, ihm werden uneingeschränkte Handlungsmöglichkeiten zugestanden. Er wird von vielen Betroffenen als „böser“ Mensch, als schuldig an der Situation dargestellt. Er ist auch für unbeteiligte Zuhörer meist der ethische Verlierer. Für andere wiederum ist er der Stärkere, der sich in einem platt sozialdarwinistischen Sinne behauptet hat. Für die Opferperspektive hat das eine psychische Entlastungsfunktion. Wo einzig und allein „die anderen“ Schuld an der eigenen Misere sind, kann die Energie für den Kampf um die Veränderung der eigenen Situation eingespart werden. Diese Selbstdefinition zu übernehmen, führt professionelle Mobbing-Berater allerdings in eine Sackgasse. Eine solche Sichtweise zeigt keine Anknüpfungspunkte für eine Veränderung der Handlungsstrategien des Betroffenen auf, durch die die Mobbing-Situation langfristig entschärft werden könnte. Darüber hinaus besteht die Gefahr, stellvertretend für den Betroffenen zu handeln. Handlungsschritte und Erfahrungen, die notwendig für ein besseres Selbstbewusstsein und besseres Zurechtkommen in der sich verändernden Arbeitssituation sind, können so nicht gemacht werden.

3.6.15 Prinzipien für die Beratung von Mobbing-Betroffenen

Notwendig ist also ein Beratungsmodell, das auch „Mobbing-Opfern“ ihre Verantwortung an der Situation nicht verschweigt. Sinnvoll ist zum einen eine Analyse, durch welche Handlungen sie selbst zu dem Fortbestehen der Mobbing-Situation beitragen und die Entwicklung von Handlungsalternativen in der Mobbing-Situation.

An diesem Punkt setzt auch die Kritik von Neuberger an den Handlungsbeschreibungen bzw. dem darauf basierenden Mobbing-Fragebogen von Leymann an: Diese erfragen im Wesentlichen, was dem Mobbing-Betroffenen widerfährt, nicht was er selbst tut oder unterlässt. Dessen aktive Anteile am Mobbing-Prozess, aber auch dessen Potenziale werden nicht berücksichtigt. Auf diesem Ansatz basierend formuliert Th. Böcker (Leiter der Mobbingberatung in Frankfurt am Main) Leitsätze für die Beratung von Mobbing-Betroffenen, die verhindern sollen, dass aus der Tatsache, dass der Helfer in der Regel „nur“ Zugang zu der Sichtweise des Betroffenen hat, keine Falle wird, in welcher sich die Machtlosigkeit des „Opfers“ bestätigt.

3.6.16 Prinzipien für die Mobbing-Beratung aus systemischer Perspektive

Mobbing ist ein individuelles, dialogisches, dynamisches und betriebliches Problem und damit eindeutig nur auf die Arbeitswelt bezogen. Der „Helfer“ sollte wissen, dass Mobbing in einem jeweils spezifischen Unternehmenskontext entsteht und Lösungen konkret erarbeitet werden müssen. Erfahrungen aus anderen Lebensbereichen sind im Arbeitsleben nicht unbedingt erfolgreich.

Die Mobbing-Akteure und die „Zuschauer“ im Betrieb, aber auch alle Funktionsträger tragen die Verantwortung für den entgleisten Dialog. Die Lösung liegt in der wechselseitigen Veränderung.

Die Betroffenen („Opfer“) tragen Mitverantwortung für die Ist-Situation und die Verantwortung für deren Veränderung. Mobbing-Betroffene brauchen primär „feldbezogene“ Beratung. Therapeutische Interventionen können im Einzelfall auch angezeigt sein, ersetzen aber nicht die Beratung.

Die „Helfer“ sollten den Ratsuchenden als autonomes Subjekt begreifen, das sich seine Welt über Handlungen (neu-)erschließt.

Die konkreten Beratungsziele werden von den Betroffenen definiert. Die Betroffenen entscheiden, welcher Handlungsschritt wann und wie gegangen wird. Die Berater und Beraterinnen handeln also nicht stellvertretend für den Betroffenen. Sie stellen methodisches Know-how und ihre Felderfahrung als „Spiegel“ zur Verfügung, um den Betroffenen zu helfen, ihre Ziele und Handlungsschritte genauer zu definieren.

Neben der individuellen Beratung müssen auch in den Unternehmen selbst Veränderungen stattfinden, die Mobbing entgegenwirken bzw. eine Atmosphäre schaffen, in der Mobbing offen thematisiert werden kann.

Gerade von Personalverantwortlichen und Führungskräften wird allerdings vielfach geleugnet, dass Mobbing auch für die eigene Organisation ein Thema darstellt. Die Existenz von Mobbing assoziiert in ihren Augen Schuld und Versagen in der Personalpolitik und Mitarbeiterführung.

Nicht beachtet wird dabei nur allzu oft, dass es nur selten wirklich „mobbingfreie“ Zonen gibt, Mobbing also in jeder Organisation auftreten kann.

Kleine Reflexion(en)

- „Es ist schwieriger, eine vorgefasste Meinung zu zertrümmern als ein Atom" (Albert Einstein).
- „Lächeln ist die eleganteste Art, jemandem die Zähne zu zeigen" (Werner Finck).
- „Auge um Auge bedeutet nur, dass die Welt (allmählich) erblindet" (nach Gandhi).
- „Schreibe nicht der Bösartigkeit zu, was durch Dummheit ausreichend erklärt werden kann."
- In japanischen Unternehmen soll es für genervte Manager regelrechte „Trümmerzimmer," geben – Zimmer in denen Mitarbeiter ihre Aggressionen abtoben können, z. B. indem sie auf Puppen Bilder von Vorgesetzten heften können, auf die sie dann einschlagen.

Zum Weiterklicken

- www.mobbingscout.de Zugegriffen am 14. April 2020

Chancen, Auswege und Hilfen: Innenweltschutz

4

Inhaltsverzeichnis

W. Gross, *Smart Career: Die Kunst, einen schweren Job leicht zu nehmen*,
https://doi.org/10.1007/978-3-662-61136-4_4

„Chancen multiplizieren sich,
wenn man sie ergreift.“
(Sun Tzu)

Damit in diesem Buch nicht nur über die möglichen Gefahren einer beruflichen Karriere gesprochen wird, soll es in diesem Kapitel vor allem um Chancen, Hilfsmöglichkeiten und Auswege gehen.

In ihrer pragmatischen Einstellung zum Beruf wie zum Leben, sagen viele Amerikaner: Love it, change it or leave it – liebe Deinen Job, verändere ihn oder gehe. Manche Mitteleuropäer könnten sich von diesem Pragmatismus eine Scheibe abschneiden.

Der erste und wichtigste Schritt, wenn man ernsthaft eine wirklich langfristige Karriere machen will, ist – Schluss mit der Träumerei: „Hätte ich doch … Wenn doch nur … Warum kriege ich nicht …“

All diese selbstquälerischen Selbstgespräche, mit denen wir uns tagtäglich in Wolkenkuckucksheime träumen und uns immer wieder beweisen, dass es *nicht* geht, dass wir es *nicht* schaffen – Schluss damit.

Die Psychologen sagen: Die Diskrepanz zwischen „Real-ich“ und „Ideal-ich“ ist so groß, dass man gar nicht erst anfängt sie zu verringern, weil man das Gefühl hat, man schafft es sowieso nicht. Stattdessen überlässt man sich den Tagträumen und denkt: „Morgen, ja Morgen fange ich an, dann wird alles anders …“ Eigentlich resigniert man vor den Problemen des (Berufs-)Alltags, so wie manchmal ein Pferd vor einem zu hohen Hindernis scheut. Das Ergebnis ist, dass man auf dem Schaukelpferd der Sonne entgegen reitet: Schluss damit. Wie sagte doch Laotse:

„Plane das Schwierige, wo es noch leicht ist.
Tue das Große, wo es noch klein ist.
Alles Schwere beginnt als Leichtes.
Alles Große auf Erden beginnt als Kleines.“

Schließlich: Meist sind die wichtigsten Dinge im Leben einfach – aber der Weg dorthin ist mitunter sehr schwer. Theoretisch ist es ganz leicht:

- Setzen Sie sich erreichbare Ziele.
- Unterteilen Sie diese in gangbare Etappen.
- Machen Sie einen Plan, der möglichst viele Eventualitäten (Schwierigkeiten, Hindernisse, Blockaden ...) mit einbezieht.
- Und dann kommt die Realitätsprobe: Das Loslaufen und eben nicht nur davon träumen. (*„Auch eine Reise von zehntausend Meilen beginnt mit einem Schritt“*, heißt es im Buddhismus).
- Und dabei Lernerfahrungen machen: Was lief gut? Wann war es schwierig? Wo bin ich in eine Sackgasse geraten? Wodurch habe ich mich ablenken lassen?
- Und das wichtigste: Optimierung. Was kann ich morgen besser machen? Eine Feedback-Schleife einbauen, nennt man das, nicht als Selbstzweck, sondern um immer besser zu werden.

Im Grunde ist es wie beim Muskeltraining: Wenn man ernsthaft und regelmäßig trainiert, wachsen die Muskeln. Also trainieren Sie Ihre Hirnmuskeln.

Die praktische Umsetzung dagegen ist nicht ganz so leicht. Schließlich ist das Lieblingsmöbelstück des inneren Schweinehundes die lange Bank, auf die man den Projektbeginn rausschiebt. Im Grunde geht es um Selbstdisziplin – und die bekommt man nicht geschenkt, sondern man kann sie sich nur erarbeiten. Ein Kollege hat es mal so ausgedrückt: *„Glück ist (vor allem) eine Selbstüberwindungsprämie“*. Schließlich gibt keinen Hintereingang zum Paradies und wirklich geschenkt bekommt man in dieser Welt relativ wenig – weil man am Ende doch dafür zahlen muss.

Ohne Zweifel dürfen die Ziele, die man sich setzt, auch hoch sein, sie dürfen Kraft, Hirnschmalz und Herzblut kosten. Sie sollen einen fordern, aber eben nicht überfordern.

Schließlich ist es gut, eine Art Leitstern zu haben, an dem man sich orientiert, damit man weiß, wo auf seinem Lebensweg man steht und wo man hin will. Und da lohnt es sich, etwas genauer psychologisch zu betrachten.

4.1 Wie wir werden, was wir sind: So entsteht unser Selbstwertgefühl

Der Mensch hat dreierlei Wege klug zu handeln:
Durch Nachdenken. Das ist der edelste.
Durch Nachahmen. Das ist der einfachste,
Durch Erfahrung. Das ist der bitterste.
(Konfuzius)

Um zu verstehen, wie wir werden, was wir sind, ist es notwendig, unsere individuelle Entwicklung insgesamt anzusehen und nicht nur unsere schulische und berufliche Laufbahn. Fangen wir also ganz am Anfang an:

Der Psychoanalytiker Erik H. Erikson hat einen Zusammenhang zwischen den Herausforderungen des Lebens und deren Bewältigung durch jeden Einzelnen in seinem Stufenmodell der psychosozialen Entwicklung hergestellt.

Erikson geht davon aus, dass sich die Entwicklung der Persönlichkeit eines Menschen im Spannungsfeld eigener Bedürfnisse und Wünsche einerseits sowie den Anforderungen der Umwelt andererseits entfaltet. Diese Anforderungen der Umwelt werden vom Individuum als Krisen erlebt – wobei Erikson den Krisenbegriff nicht negativ meint, sondern als Herausforderung, als Aufgabe, die es zu bewältigen gilt.

4.1.1 Lebensphasenmodell der psychosozialen Entwicklung

Die Erfahrungen, die bei der Bewältigung einer Entwicklungskrise gemacht werden, werden gebraucht, um die nächsten Identitätskrisen zu verarbeiten. Dabei wird ein Konflikt nie vollständig gelöst, sondern bleibt ein Leben lang aktuell. Für die Entwicklung ist es aber notwendig, dass er auf einer bestimmten Stufe ausreichend bearbeitet wird, um so die nächste Stufe erfolgreich bewältigen zu können. Erikson geht von acht solcher Entwicklungskrisen und Entwicklungsstufen aus.

In der ganz frühen Phase, also im Säuglingsalter, steht die Entwicklung des Urvertrauens im Mittelpunkt. Diese Phase gilt als prägend für unsere generelle Einstellung zur Welt und Realität. Da wir – im Vergleich zu anderen Lebewesen auf dieser Welt – „physiologische Frühgeburten" sind, die noch lange Zeit einen „sozialen Mutterleib" brauchen, der uns nährt und unterstützt, ist hierfür die Erfüllung der Bedürfnisse des kleinen Kindes nach Nahrung, Nähe, Sicherheit und

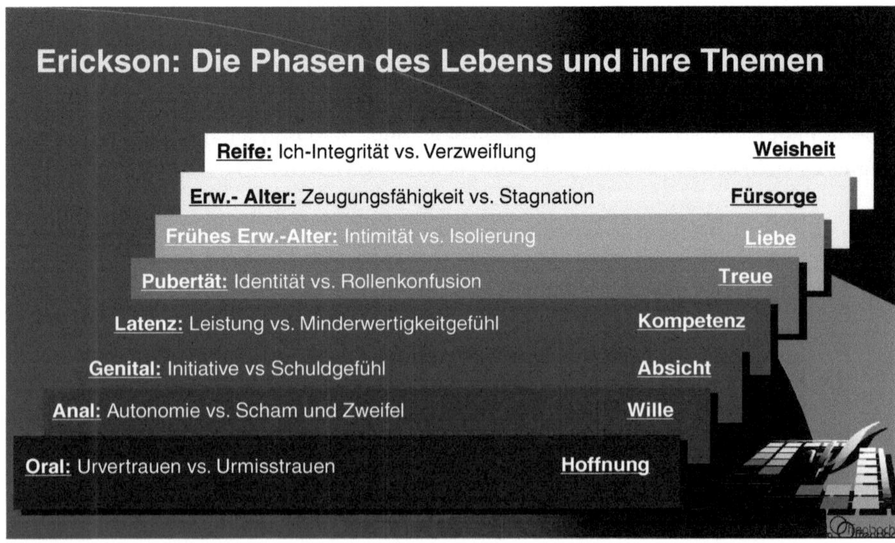

Abb. 4.1 Lebensphasenmodell

Geborgenheit wichtig. Werden diese Bedürfnisse nur unzureichend erfüllt, entsteht ein grundlegendes Gefühl, der Umwelt machtlos ausgeliefert zu sein. Wenn seine Bedürfnisse nicht befriedigt werden, geht es beim Säugling gefühlsmäßig immer um Leben oder Tod. Manchmal zeigt sich dieses Grundgefühl in den herzzerreisenden Schreien von Säuglingen und Kleinkindern. Im späteren Leben bestimmen dann vielleicht unbewusste Verlustängste das Leben des heranwachsenden Menschen. So entwickeln sich daraus oft „orale" Charakterzüge wie Gier, Leere- und Wertlosigkeitsgefühle, eine Neigung zu Depressionen und starke Abhängigkeitswünsche, die sich später dann in Beziehungen vielleicht auch als Abhängigkeitsängste zeigen.

Diese ganz frühe Phase direkt nach der Geburt bis ins Ende des ersten Lebensjahres ist deshalb so wichtig, weil sie eben unsere generelle Einstellung zur Welt und zur Realität prägt. – Ob wir eher vertrauensvoll, offen und liebevoll der Welt und den anderen Menschen gegenübertreten, oder ob wir uns eher ängstlich, vorsichtig oder enttäuscht und wütend in Welt und Realität bewegen, hängt genau von dieser Dimension „Urvertrauen versus Urmisstrauen" ab.

Da wir – im Vergleich zu anderen neugeborenen tierischen Lebewesen, die in einem sehr viel höheren Maße fertig und instinktgesteuert sind – als „physiologische Frühgeburten" noch sehr unfertig sind, besitzen wir deshalb allerdings auch ein viel größeres Maß an Lernfähigkeit. Das bedeutet natürlich auch, dass Familie und soziales Umfeld eine sehr hohe Verantwortung haben, diesem unfertigen, verletzlichen, formbaren (und auch verformbaren) Wesen die richtigen Impulse für die Entstehung einer gesunden Identität zu geben. Gelingt die angemessene Bewältigung dieser Lebensstufe, so ist die Hoffnung, dass das Leben insgesamt gut ist und gelingen wird, das Ergebnis.

Wenn diese erste Phase gut bewältigt wird, hat das Kind ab dem 2. bis 3. Lebensjahr eine stabile Basis dafür, aktiv seine Umwelt zu erforschen und seinen Willen zu erproben. Das Kind besitzt ein tief verwurzeltes Vertrauen darin, dass Geborgenheit, Nähe und Versorgung gewährleistet sind, auch wenn es sich zeitweilig von der Mutter entfernt oder seinen autonomen und aggressiven Impulsen nachgibt.

Die angemessene Bewältigung dieser Phase, in der es um die Dimension „Autonomie vs. Scham und Zweifel" geht, gelingt nur, wenn Selbstständigkeit und Aggressivität nicht angstbesetzt erlebt, sondern erprobt werden dürfen. Nur so können sie Teil eines positiven und stabilen Selbstwertgefühls werden. Das Kind erprobt in dieser Phase oft wie weit es gehen kann („testing-the-limits") und wie die Eltern und das weitere Umfeld darauf reagieren.

Werden diese experimentierenden, z. T. auch aggressiven Verhaltensweisen des Kindes weitgehend oder wiederkehrend eingeschränkt, führt das dazu, dass es seine Bedürfnisse und Wünsche als unangemessen, unpassend, „schmutzig" und nicht akzeptabel wahrnimmt. Was sich beim Kind schließlich etabliert, sind dann Scham und Zweifel an der Richtigkeit der eigenen Wünsche und Bedürfnisse: Darf ich die überhaupt haben? Sind sie gut für mich? Werden mich die Anderen auch dann lieben, wenn ich meine eigenen Bedürfnisse äußere und durchsetze? Gelingt die Bewältigung dieser Phase, so ist das Ergebnis, dass ich einen eigenen Willen habe und diesem vertrauen darf.

In der nächsten Lebensphase geht es dann im Vorschulalter um die Dimensionen „Initiative vs. Schuldgefühle", mit dem gelungenen Ergebnis, dass ich meinen Willen nicht nur trotzig als Kampfmittel gegen meine Eltern einsetzen kann, sondern damit eine (mehr oder weniger sinnvolle, aber zielgerichtete) Absicht verbinde.

In der Schulzeit stehen dann schwerpunktmäßig die Themen „Leistung vs. Minderwertigkeitsgefühl" an. Ziel ist dabei, angemessene Kompetenzen zu entwickeln, die ich später für die Bewältigung (z. B. meines beruflichen) Lebens benötige.

In der Pubertät – der revolutionärsten Zeit des Lebens – geht es um die Frage nach „Identität oder Rollenkonfusion". Das Ziel ist dabei Treue – sowohl sich selbst gegenüber, als auch dem Partner/der Partnerin gegenüber.

Im frühen Erwachsenenalter steht das Thema „Intimität vs. Isolierung" im Vordergrund. Dazu zählt vor allem auch die Entwicklung der Beziehungs- und Liebesfähigkeit.

Die beiden letzten Phasen, also das mittlere und das hohe Erwachsenenalter, sind schwerpunktmäßig geprägt durch die Themen „Zeugende Fähigkeit vs. Stagnation" (mit dem Ziel des Erlernens von Fürsorge) und „Ich-Integrität vs. Verzweiflung" mit dem ganz großen Ziel der Weisheit. Die Frage ist dann:

„Bist Du nur an Jahren alt geworden, oder hast Du etwas kapiert und bist wenigstens ein bisschen weise geworden"?

4.1.2 Patchwork-Familien und Patchwork-Identitäten

In den heutigen Zeiten der „neuen Unübersichtlichkeit", in der die primären Sozialisationsinstanzen zerfallen (Familien, Partnerschaften, wiederholt Schul- und Berufswechseln, Umzüge …), scheint diese Phasenlehre vielleicht etwas antiquiert und schematisch. Gerade bei Kindern, die im Laufe ihres Lebens in „Patchwork-Familien" (mit zwei Vätern oder drei Müttern und diversen Stiefgeschwistern) aufwachsen, entwickeln sich bei den Heranwachsenden „Patchwork-Identitäten", bei denen die Abfolge nicht mehr so klar und schematisch ist, wie vielleicht noch vor Jahrzehnten. Trotzdem sind doch die Lebensthemen gleichbleibend – auch wenn sie heute bunter und stärker durcheinandergewürfelt sind als in früheren Zeiten. Vielleicht ist es deshalb sinnvoll sich – quasi als Ergänzung – ein weiteres Modell des Menschen anzusehen.

4.1.3 Bedürfnispyramide

Der Zugang des amerikanischen Psychologen Abraham Maslow ist nicht lebensphasen- sondern bedürfnisbezogen. Bei dem Thema Identitätsentstehung und Entwicklung der Persönlichkeit unterscheidet er in seinem oft als Pyramide dargestellten Modell fünf Arten von Bedürfnissen, die stufenartig aufeinander aufbauen. Erst,

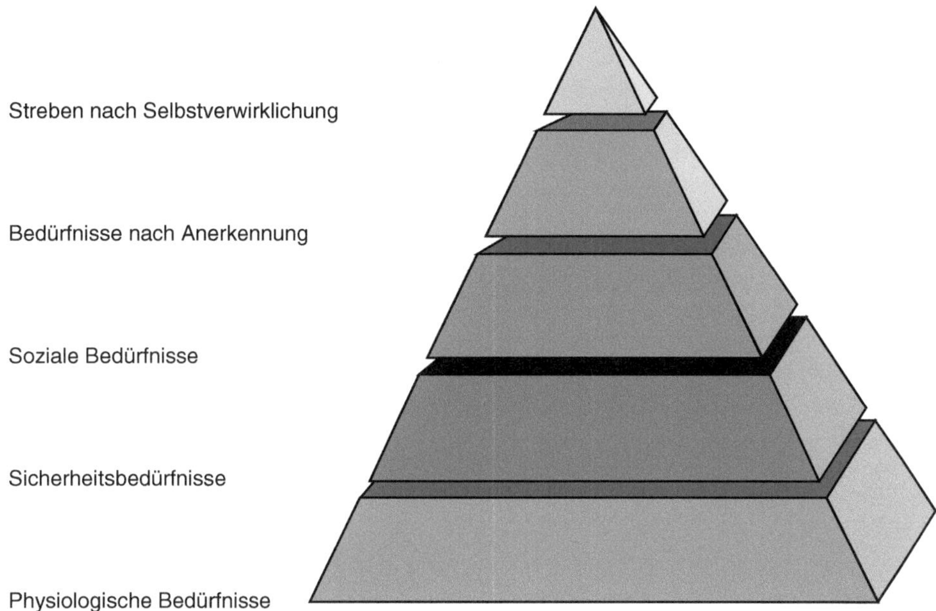

Abb. 4.2 Bedürfnispyramide

wenn das eine Bedürfnis – zumindest einigermaßen ausreichend – befriedigt ist, kann man sich angemessen mit den nächst höheren Bedürfnissen beschäftigen.

Grundlage sind dabei die körperlichen, die physiologischen Bedürfnisse, also Essen, Trinken, Kleidung, Schlaf, Sexualität …

Wenn diese einigermaßen befriedigt sind, geht es in der zweiten Stufe um die Sicherheitsbedürfnisse, also das Bedürfnis nach einem stabilen, sicheren Umfeld, (z. B. Wohnraum, sichere Gesellschaft), in dem man sich geborgen fühlt.

Darüber stehen dann die sozialen Bedürfnisse: Nähe zu anderen, Freundschaft, Liebe, Sozialkontakte sind dabei die Themen auf dieser Ebene.

Noch eine Stufe höher befinden sich die Selbstwertbedürfnisse. Darin findet sich z. B. der Wunsch zu zeigen, was man kann, die Bedürfnisse nach Achtung, Anerkennung, Ansehen und Respekt – sich selbst und anderen gegenüber.

An der Spitze der Pyramide finden sich die Bedürfnisse nach Selbstverwirklichung. Hier zeigen sich die Wünsche das eigene Potenzial, seine Fähigkeiten und Möglichkeiten so weit wie möglich, idealerweise voll und ganz zu entwickeln und die Sehnsucht nach einem höheren Ziel, nach Sinn.

Wie ich mit diesen unterschiedlichen Bedürfnissen umgegangen bin, welche ich wie befriedigen konnte, wo ich Defizite habe, – so die Ansicht von Abraham Maslow – das prägt in einem hohen Maße meine persönliche Identität. Aber auch das ist nicht immer einfach, denn wir tragen in uns unterschiedliche Strebungen, Anteile und Impulse.

4.1.4 Die intrapsychischen Bereiche und Konflikte

Denn es ist ja nicht so, dass wir immer genau wissen, was wir wollen und was uns gut tut. Denn im Grunde ist es so: Jede (auch noch so kleine) innere Entscheidung, die wir treffen, passiert in einem (mehr oder weniger bewussten) Spannungsfeld, in dem vier Faktoren eine Rolle spielen:

1. Eine Entscheidung ist entweder spaßorientiert (Psychoanalytiker nennen diesen Teil unseres Seelenhaushaltes ES) Die Frage dazu heißt: Wozu habe ich (jetzt) Lust?
2. Oder die (innere oder äußere) Pflicht steht im Vordergrund (ÜBER –ICH): Was sollte ich tun?
3. Oder ich habe eine Vision und ein (mehr oder weniger realistisches) Ziel (IDEAL-ICH): Was will ich eigentlich tun, wo will ich wirklich hin?
4. Oder ich stelle die Begrenzung(en) der Realität in den Vordergrund (REAL-ICH): Was sind meine Grenzen?

Am besten stellt man dieses Spannungsfeld in einem Viereck dar, in dem sich unsere Entscheidungen abspielen:

Beispiele

ES: Lust auf Liebe, Sex, Geld, Frauen, Männer, Autos, Mode …

ÜBER-ICH: Pflichterfüllung, moralische Bedenken, was denken die anderen Leute …

IDEAL-ICH: Berühmt, erfolgreich sein, innerlich erfüllt sein, erleuchtet …

REAL-ICH: Sich mit der Realität abfinden, mit seinen Begrenzungen als kleines Rädchen im Getriebe zufrieden sein … ◀

Die inneren Strebungen und Impulse sind allerdings selten in Reinform vorhanden. Meistens sind es Mischungen oder Legierungen zwischen unterschiedlichen Anteilen und Strebungen in uns:

Mal steht eher die Lust im Vordergrund, aber man vergisst die Pflicht nicht vollständig (z. B. bei einer Urlaubsreise, die man mit einem beruflichen Kontakt

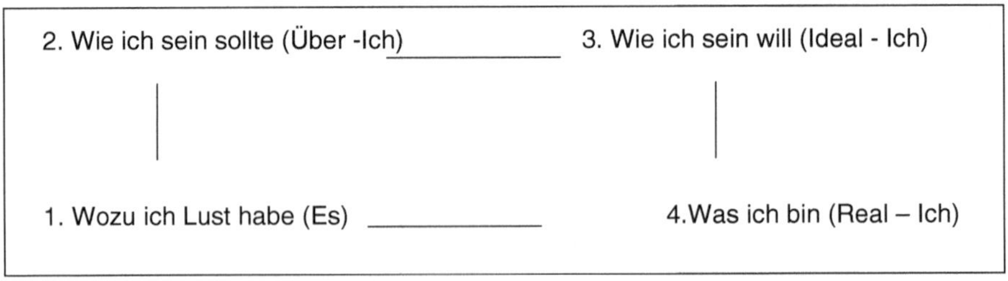

2. Wie ich sein sollte (Über -Ich)	3. Wie ich sein will (Ideal - Ich)
1. Wozu ich Lust habe (Es)	4.Was ich bin (Real – Ich)

Abb. 4.3 Intrapsychische Bereiche

verbindet), mal ist die Vision der Schwerpunkt (man sitzt an seiner Doktorarbeit, die früher mal aus dem Interesse an dem Thema geboren wurde und man merkt erst jetzt die Begrenzungen und Schwierigkeiten, die damit verbunden sind und was man sich da aufgeladen hat).

Hinzu kommt: Manche dieser Strebungen sind uns bewusst und manche nicht (und von manchen haben wir nur eine halb-bewusste Ahnung).

Was die Entscheidung zusätzlich erschwert, ist, dass die inneren Anforderungen, wie man selbst sein will, und die äußeren Anforderungen, wie man sich also nach der Meinung des Umfeldes verhalten sollte, mitunter weit auseinanderliegen. Es ist wie ein Spagat: Je weiter die Beine auseinander stehen, umso schwerer ist die Situation auszuhalten. Das zeigt sich dann z. B. in der (schon oben erwähnten) Diskrepanz zwischen Real- und Ideal-Ich, wo ich mir (idealistisch) sehr viel vorgenommen habe, dem aber nur sehr schwer in der Realität nachkomme.

Wenn man ständig über sich hinweggeht und sich so biegt und wendet, dass man den äußeren Anforderungen gerecht wird, kommt es zu Konflikten, sowohl innerlich, als auch äußerlich. Um sich stabil zu halten, müssen alle vier Bereiche, also „Wer bin ich?“, „Wozu habe ich Lust?“, „Wie will ich sein?“ und „Wie sollte ich sein?“ berücksichtigt werden und auch zu ihrem Recht kommen. Und je nachdem, wie man diese Konflikte immer wieder für sich löst, entwickeln sich im Laufe der Lebensgeschichte bestimmte Muster, um mit den unterschiedlichen Anforderungen des Lebens (und den eigenen Vorstellungen davon) fertig zu werden. Und diese Muster sind von Person zu Person mitunter sehr verschieden. Letzten Endes hängt es mit den Fragen zusammen, wie wir so geworden sind, wie wir sind.

Man könnte auch sagen: Daraus bildet sich das, was man früher Charakter genannt hat. Heute spricht man eher von Persönlichkeit oder Identität.

4.1.5 Das Innere Team

Wenn man davon ausgeht, dass das Ergebnis und die Aufgabe unseres Lebens ist, unterschiedliche Aspekte unseres Lebens zu entwickeln, die mehr oder weniger bewusst und ausgeprägt sind, dann stehen mal die Bedürfnisse nach Anerkennung im Vordergrund, mal die Bedürfnisse nach (z. B. materieller) Sicherheit, mal die sozialen Bedürfnisse oder das Streben nach Selbstverwirklichung. So entwickeln wir im Laufe unseres Lebens bestimmte Ausprägungen unserer Persönlichkeit. Und diese leben wir in bestimmten Lebensphasen und bestimmten Lebensbereichen mehr oder weniger intensiv. Manche dieser Aspekte bleiben ein Leben lang, manche ändern sich mit der Zeit. Das zeigt sich – auch und gerade – im beruflichen Bereich. Diese Anteile einer Person kann man zusammenfassen, typologisieren und clustern. So ergeben sich auf der Berufsebene fünf Anteile und Bereiche, die man sowohl *intrapsychisch* in der Person findet, als auch *interpersonal* in der Arbeitsgruppe. Deswegen kann man sie das Innere Team nennen:

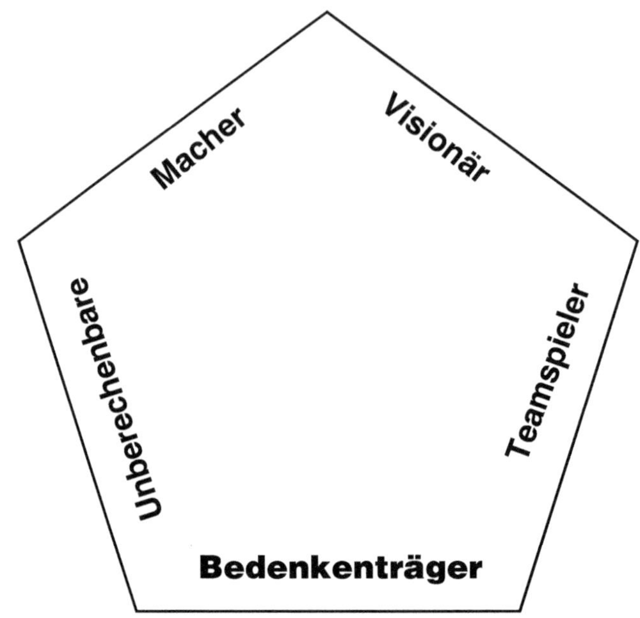

Abb. 4.4 Das Innere Team

Visionär
Dieser innere Anteil hat eine Vision, ein großes Ziel vor Augen, ist idealistisch, aber eher Theoretiker.

Er will z. B. beruflich viel erreichen, die Karriereleiter hochklettern, aber hat er einen ausreichend starken Willen dazu?

Negative Ausprägung: Lebt in Wolkenkuckucksheimen, kriegt nichts auf die Reihe.

Macher
Der Macher in uns drängt uns vorwärts. Er sagt: Schluss mit der Diskussion, „Ärmel hochkrempeln und los", „gib Gas". Er arbeitet viel, führt Aufgaben (mitunter) unreflektiert aus und hinterfragt nicht, was er da tut.

Problematische Ausprägung: Reflektiert nicht, „Schnellschuss-Charakter".

Bedenkenträger
Während der Macher beim Autofahren das Gas ist, ist der Bedenkenträger die Bremse. Er trägt oft überhohe, kaum realisierbare Ideale mit sich rum und hat immer die Gegenargumente parat, warum etwas *nicht* geht. Er ist der „Advocatus diaboli" bei der Heiligsprechung einer Idee oder eines Projektes. In einem Projekt bringt er selten eigene Ideen und Visionen ein, eher die Kritikpunkte. Wegen Bedenken steht er Veränderungen eher kritisch gegenüber.

Negative Seite: „Kritikaster", sieht nur das Negative, spuckt in jede Suppe.

Teamspieler
Der Teamspieler ist der Ausgleichende, der für die sozialen Aspekte zuständig ist, der will, dass es allen gut geht, dass gute Stimmung herrscht und Humor in der Bude ist.

Problematisch Aspekt: „Sozialnudel", arbeitet sonst nicht viel.

Unberechenbarer
Der Kreative, der Pionier, der Experimentierer in der Truppe, ist zuständig für das Neue, wagt Dinge zu denken, und zu tun, die bisher noch nicht auf der Agenda standen. Dabei ist er mehr als eine Mischung aus Macher und Visionär, weil die Unberechenbarkeit im Vordergrund steht.

Sein Lieblingssatz ist: „Es gibt keine Straßen, die Wege entstehen beim Gehen."

Negativer Aspekt: „Spinner", unberechenbarer Chaot.

All die verschiedenen Anteile haben ihren Sinn und ihre psychische und soziale Funktion. Sie sind nur in der übertriebenen Ausprägung problematisch.

Es gibt eine Psychotherapieschule, die Psychosynthese, die zum Ziel hat, die intrapsychische Kommunikation zwischen diesen unterschiedlichen Anteilen in einer Person zu verbessern, d. h. die unterschiedlichen Anteile zu „orchestrieren" und damit aus einem wirr durcheinander spielenden oder plappernden Haufen so etwas zu machen wie ein wohlklingendes Orchester: Je besser das gelingt, umso mehr Lebenszufriedenheit und beruflichen Erfolg findet man meistens.

Wie gesagt: Man trifft diese Anteile nicht nur in einer Person an, die als Strebungen miteinander im Clinch liegen, sondern auch in realen Teams als mehr oder weniger klar abgegrenzte Rollen. Da geht es dann nicht um intrapsychische Kommunikation, sondern um interpersonale. In guten Teams werden die einzelnen Rollen wahrgenommen und darin gewürdigt, dass sie eine wichtige Funktion im Team haben. Der Tenor sollte sein:

Du schaffst es nur selbst,
aber (oft) nicht allein.

4.1.6 Vier Bereiche des Lebens

Quasi als Zusammenfassung dieser psychologischen Modelle kann man sagen: Die gesunde Identität einer Person ruht auf vier Bereichen des Lebens. Und gerade, wenn es um die seelischen und körperlichen Kosten der beruflichen Entwicklung geht, arbeite ich im Coaching, in der Supervision, in den Seminaren (und z. T. auch in der Psychotherapie) mit diesen vier Lebensbereichen.

Da eine gesunde berufliche Karriere ein Marathon ist und kein einmaliger Sprint, gilt es diese Bereiche – gerade dann, wenn man im Beruf stark gefordert ist – im Blick zu halten. Sie wollen wahrgenommen, beachtet und gepflegt werden, wenn daraus eine gesunde Identität und ein langfristig befriedigendes Arbeits- und Berufsleben werden soll. Man kann die vier Lebensbereiche – nach Peseschkian – in einer Raute darstellen:

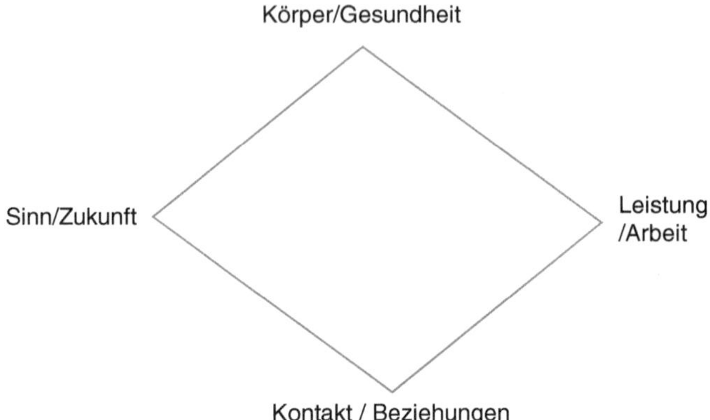

Abb. 4.5 Vier Bereiche des Lebens/Balancemodell

Man nennt das auch das „Balancemodell". Im Einzelnen bedeuten die Bereiche des Lebens folgendes:

1. *Körper, Gesundheit*
   Hier geht es um die Beziehung zum eigenen Körper. Benutze ich ihn nur als „Leistungsmaschine", die zu funktionieren hat und sonst nichts? Was sind meine körperlichen Stärken und Schwächen? Was tue ich für und gegen meinen Körper? Wie geht mein Körper mit Stress um? Was signalisiert er mir mit Krankheiten?
   Wie kann ich mich am besten entspannen?
   Auch die Gefühlswelt spielt eine Rolle: Nehme ich meine Gefühle wahr und auch ernst? Kann ich sie (noch) ausdrücken, oder verleugne, blockiere ich sie so, dass die Gefahr besteht, dass Sie mir irgendwann einen Strich durch die Rechnung machen? Wie viel emotionale Lebensfreude erlebe ich und kann sie auch genießen?
2. *Arbeit, Leistung, Zeitstruktur*
   Bei diesem Bereich geht es darum, den eigenen Berufsalltag genauer anzusehen und eine Ist-Soll-Analyse anzustellen. Wie sieht meine berufliche Situation derzeit aus, und wie hätte ich es eigentlich gern? Welche Berufsziele habe ich für jetzt und die nächsten Jahre? Welche Dinge an meinem derzeitigen Arbeitsplatz machen mich zufrieden, und wie kann ich davon mehr kriegen? Gibt es vielleicht Strukturen und Faktoren, die ich gerne verändern möchte (und die veränderbar sind), damit ich zufriedener und damit auch leistungsfähiger bin? Gibt es nicht noch mehr im Leben, als die Geschwindigkeit und die Effektivität zu erhöhen? Hier geht es auch um Freiheit und die Entwicklung meiner Kompetenzen und die Frage, wie wichtig ist mir die berufliche Selbstverwirklichung und die Selbstbestimmung.

3. *Kontakt, Sozialbeziehungen*
   In diesem Bereich stehen die Beziehungen zu anderen Menschen und Bindung zu ihnen im Vordergrund. Man kann diesen dritten Bereich noch mal (nach dem Motto: Blut ist dicker als Wasser) aufteilen in
   a) *Partnerschaft und Familie (selbstgegründete und Herkunftsfamilie)*
      Das sind „Wiederaufbereitungsanlagen" – aber sie sind mehr als das. Bei dieser Säule geht es um Fragen wie: Bin ich mit der momentanen Situation in meiner Beziehung zufrieden oder möchte ich etwas verändern? Wie viel Zeit wende ich überhaupt für meine Partnerschaft, Familie auf? Ist das genug? Wie sieht es mit meiner Familienplanung aus? Kinderwunsch? Und was wünscht sich eigentlich mein(e) Partner(in)? Oder bleibe ich vielleicht doch lieber allein?
   b) *Soziale Beziehungen, Freundeskreis, gesellschaftliches Engagement*
      Wie viele Leute kenne ich überhaupt und wie viele davon würde als *Bekannte* und wie viele als *Freunde* bezeichnen, auf die ich mich wirklich verlassen kann? Gibt es ausreichend Kontakte, die nichts mit der Arbeit zu tun haben? Was gewinne ich aus meinen sozialen Beziehungen und was wünsche ich mir für die Zukunft? Für was engagiere ich mich gesellschaftlich oder wo möchte mich gerne engagieren?
4. *Sinnsystem (Philosophie, Religion …), Zukunftsorientierung*
   Der letzte Bereich beschäftigt sich mit den Werten und Idealen, mit dem, woran man wirklich glaubt, was wirklich wichtig für einen selbst ist. Das kann genauso ein selbstgebasteltes oder auch übernommenes Wertesystem sein, eine Religion, ein philosophisches System. Wenn ich mal das Tagesgeschäft vergesse und mich auf die Zukunft konzentriere: Welchen (längerfristigen) Sinn sehe ich in meinem Leben? Oder welchen Sinn gebe ich ihm? Woher komme ich? Wohin gehe ich? Was soll ich hier? Was will ich hier? Wo will ich hin? Wie soll meine Zukunft aussehen?

In unterschiedlichen Lebensphasen stehen die einzelnen Lebensbereiche in unterschiedlicher Weise im Vordergrund oder sind auch Belastungen unterworfen. Während in der Jugend Partnerschaft, Liebe, Sexualität und Freundeskreis im Zentrum der Aufmerksamkeit sind, ist es im frühen Erwachsenenalter das Thema Beruf und Karriere und danach vielleicht die Familiengründung und später (oder in Krisen) sind es Sinnfragen.

Gut ist es natürlich, wenn alle vier Bereiche immer stabil und in Balance sind:

Das heißt, wenn ich trotz meiner beruflichen Anspannung diese vier Bereiche im Blick habe und etwas zur Stabilisierung unternehme, sind das nicht nur „Psycho-Spielchen", sondern ich tue etwas für die langfristige Entwicklung meiner Karriere und ich binde sie ein in meine Lebensplanung. Ich teile meine Kräfte ein und entwickle mich vom Kurzfrist-Sprinter zum Marathonläufer. Und da der Beruf – oder auch mein (vielleicht selbst gegründetes) Unternehmen – (hoffentlich zumindest) keine Eintagsfliege ist, ist es gut, sich in den langen Distanzen zu üben und sowohl Durststrecken wie auch schwierige Situationen, wie sie heute immer häufiger werden, durchzustehen. Schließlich wird es vor allem dann problematisch, wenn weniger als drei Bereiche langfristig eine ausreichende Stabilität haben. Ein über längere Strecken gesundes, befriedigendes Leben ist dann mit Sicherheit schwierig. Wichtig ist es, das Leben in Balance zu halten, in der alle vier Bereiche die angemessene Aufmerksamkeit und Energie bekommen. Deswegen nennt der persisch-deutsche Psychiater Nossrat Peseschkian dieses Modell ja auch „Balancemodell". Und ein gutes Leben ist sowohl sinn***lich*** (d. h. voller – auch kurzfristiger – Lebensfreude) als auch langfristig sinn***haft.***

Kleine Reflexion(en)

- Raus aus dem Hamsterrad von „must have" und dem „must do". Das Leben ist nicht einsturzgefährdet, wenn ich nicht dem neuesten Trend auf Instagram, Snapchat oder TikTok folge.
- Nichts auf der Welt ist so gerecht verteilt, wie der Verstand. Denn jeder ist davon überzeugt, dass er genug davon habe (Rene Descartes).
- Wenn Du etwas machst, was Du seit vielen Jahren in der gleichen Weise gemacht hast, ist die Chance ziemlich groß, dass Du etwas falsch machst.
- In Gefahr und höchster Not bringt der Mittelweg den Tod.
- Wir leben alle unter demselben Himmel, aber wir haben nicht alle denselben Horizont (Konrad Adenauer).

4.2 Vom Berufserfolg zur inneren Zufriedenheit – wie man sich den Job zurechtzimmert

Da bei denen, die Karriere machen wollen, der Beruf einen großen Teil des Lebens einnimmt und oft die Hauptquelle von Spaß und Sinn aber auch von Stress und Erfolgsdruck ist, muss jedem klar sein, dass es sich hier nicht nur um *Berufs*zeit handelt, sondern auch um *Lebens*zeit. Schließlich beinhaltet der berufliche Alltag vieles: Lust und Erfolg, Anregendes und Trott, Frust und alltägliche Niederschläge.

Naheliegend ist es deshalb, gerade hier nach Möglichkeiten zu schauen, um sich den Beruf so zu gestalten, dass er gut zu einem passt, man Spaß daran hat, effektiv ist und man ihn auch langfristig durchsteht. Schließlich geht es nicht nur um den äußeren Erfolg, sondern auch um die innere Befriedigung.

4.2.1 Individuelles Verhalten und organisatorische Verhältnisse

Wichtig ist dabei zu unterscheiden zwischen dem, was man selbst durch das eigene *Verhalten* verändern kann und der Notwendigkeit, etwas an den organisatorischen *Verhältnissen* (z. B. in den Unternehmen) zu verändern. Zudem sollte man unterscheiden zwischen *kurzfristig*, *mittelfristig* und *langfristig* möglichen Veränderungen. Wo(durch) erreiche ich also einen kurzfristigen Erfolg, bei was brauche ich Vorbereitung, Unterstützungssysteme und Koalitionspartner und was ist ein wirklich „dickes Brett", bei dem ich über Jahre hin einen sehr langen Atem haben sollte.

An der Nahtstelle zwischen eigenem Verhalten und der Veränderung der Verhältnisse im Unternehmen gibt es diverse Konzepte, die sich damit beschäftigen, wie man sich die Arbeit besser gestalten kann. Und das betrifft die Unternehmen/Arbeitgeber und Arbeitnehmer gleichermaßen. – Auch hier hat man wieder Begriffe in feinstem (d)englisch gefunden. Wir wollen uns folgende Begriffe genauer ansehen:

- **„Job Enrichment"** (erweiterter Handlungs- und Entscheidungsspielraum)
- **„Job Enlargement"** (zusätzliche Aufgaben, höhere Variabilität)
- **„Job Crafting"** (sich den Job passend machen)
- **„Job Rotation"** (Arbeitsplatzwechsel zur Reduzierung einseitiger Belastungen)

4.2.2 Job Enrichment

Job Enrichment bedeutet – über eine eventuell quantitative Erweiterung hinaus – eine *qualitative* Veränderung (und damit Aufwertung) des Aufgabengebiets. Der Mitarbeiter wird durch eine Anreicherung des Aufgabeninhaltes, eine Erweiterung seiner Entscheidungskompetenzen und die Erhöhung seiner Verantwortung gefordert, anspruchsvollere Leistungen zu erbringen. Dadurch erhält der Mitarbeiter die Chance zur persönlichen Weiterentwicklung.

In der Praxis kann Job Enrichment zum Beispiel darin bestehen, mehrere, strukturell verschiedenartige und unterschiedlich schwierige Aufgaben (z. B. Planung, Vorbereitung, Durchführung und Selbstkontrolle) zu einer neuen, komplexen und ganzheitlichen Aufgabe neu zu kombinieren.

Die Übernahme von Sonderaufgaben könnte auch eine andere Form des Job Enrichment sein. Dabei werden dem Mitarbeiter zusätzlich zu den gleichbleibenden oder qualitativ aufgewerteten Aufgaben in der Regel höherwertige Aufgaben übertragen (z. B. Durchführen einer Analyse oder Untersuchung, Erstellen eines Berichts, Urlaubsvertretung).

Es ist dabei wichtig, in beiden Formen des Job Enrichments dem Mitarbeiter einen möglichst großen Handlungs- und Entscheidungsspielraum im Rahmen eines sinnvoll abgegrenzten Kompetenzbereichs einzuräumen. Ziel muss es sein, die Leistungsbereitschaft des Mitarbeiters zu erhöhen und ihm Erfolgserlebnisse zu verschaffen und nicht, ihm einfach mehr Arbeit aufzubürden.

Den Vorgesetzten bietet Job Enrichment die Gelegenheit, Aufgaben zu delegieren, sich selbst Freiräume für andere notwendige und/oder höherwertige Tätigkeiten zu schaffen und zugleich die Mitarbeiter durch Fordern zu fördern.

4.2.3 Job Enlargement

Unter Job Enlargement versteht man eine Erweiterung der Aufgaben mit dem Ziel, gleichartige Tätigkeiten, die bisher von mehreren Mitarbeitern ausgeführt wurden, an einer Stelle zusammenzufassen. Job Enlargement bedeutet in erster Linie eine *quantitative* Ausdehnung des Tätigkeitsfeldes. Hinzu kann auch noch eine qualitative Erweiterung kommen. Beispiele:

- Dauerhafte Übernahme von gleichen oder ähnlichen Aufgaben von anderen Stellen/Bereichen (z. B. Zusammenfassen der Kundenkorrespondenz; Übernahme der Praktikantenbetreuung in die Berufsausbildung etc.)
- Dauerhafte Einbeziehung von Projekt- oder Sonderaufgaben in die Arbeitsorganisation. Dies geht schon in Richtung Job Enrichment. (z. B. Durchführung von Kundenbefragungen durch Außendienst- bzw. Innendienst-Mitarbeiter), schrittweise Umstrukturierung der Aufgaben mit verbundener Verdichtung der Aufgaben (z. B. Umstellung auf virtuelle Arbeitsplätze).

Vorteile des Job Enlargements für das Unternehmen liegen in erster Linie in der stärkeren Auslastung/Ausnutzung der Arbeitskräfte. Für Job Enlargement als Entwicklungsmaßnahme lässt sich anführen, dass eine Verdichtung der Aufgaben eine stärkere Herausforderung und Belastung für die betroffenen Mitarbeiter bedeutet. Wer diese ohne große Probleme bewältigt, ist wahrscheinlich auch bei höheren Anforderungen belastbar – und qualifiziert sich dadurch für eine bessere Position und ermöglicht vielleicht einen Karrieresprung.

Zentral beim Job Enlargement ist, dass die Aufgaben möglichst ganzheitlich übertragen werden: Planung, Durchführung und Kontrolle sollten in einer Hand bleiben. Auch sollte das Aufgabengebiet so erweitert werden, dass der Mitarbeiter vorhandene Fähigkeiten, Kenntnisse und Erfahrungen durch neue Anreize ausbauen und erweitern kann. Dadurch kann sich sowohl die Motivation des Mitarbeiters wie auch seine Qualifikation steigern.

4.2.4 Job Crafting

Im Wesentlichen ist damit gemeint, dass der einzelne Mitarbeiter durch das Job Crafting die Möglichkeit haben sollte, seine Arbeitstätigkeit an seine individuellen Bedürfnisse und Kompetenzen anzupassen. Durch diese Tätigkeit wertet der Arbeitnehmer seine Tätigkeit und seine Rolle sowohl gegenüber Vorgesetzten als auch gegenüber dem Kunden auf.

Allerdings müssen „Job Crafter" unter Umständen mit negativen Reaktionen ihres Arbeitsgebers rechnen, da die Veränderung der Tätigkeit erst in zweiter Linie der Organisation dient. Möglicherweise wird das Verhalten des Arbeitnehmers weniger rentabel für den Arbeitgeber oder führt zu finanziellen Einbußen für den Arbeitnehmer: Als Beispiel sei hier die Putzkraft in einem Krankenhaus genannt, die sich über ihre Putztätigkeit hinaus viel Zeit für die Patienten nimmt. Wenn sie für eine ausgelagerte Putzkolonne arbeitet und dieses Putzunternehmen nach geputzten Quadratmetern bezahlt wird, führt ihr Verhalten, so wertvoll es möglicherweise für die Putzkraft und die Patienten ist, zu finanziellen Einbußen der Reinigungsfirma.

4.2.5 Job Rotation

Job Rotation bedeutet den planmäßigen Wechsel von Arbeitsplatz und Arbeitsaufgabe, um funktionsübergreifendes Denken und Handeln sowie die Wissensentwicklung zu fördern.

Job Rotation bringt Vorteile für Arbeitgeber und Arbeitnehmer mit sich. Unterschiedliche Arbeitsgebiete zu bearbeiten und sich ständig in neue Sachverhalte einzuarbeiten trainiert in der aufmerksamen Erledigung der Arbeiten – und es macht die Arbeit für den Arbeitnehmer interessanter. Eine Routine, wie sie insbesondere an ansonsten eher eintönigen Arbeitsplätzen eintritt, kann vermieden werden. Hiermit einher geht eine Reduktion von Fehlern und Fehlzeiten.

Job Rotation hat für den Arbeitgeber den Vorteil, dass die Mitarbeiter für mehrere Arbeitsplätze qualifiziert sind und so Ausfälle schnell und unkompliziert kompensiert werden können. Das Überwinden von Bereichsegoismen und die Erhöhung der Produktivität sind weitere Vorteile für den Arbeitgeber.

Allerdings kann Job Rotation auch Nachteile mit sich bringen. So können sich Mitarbeiter überfordert fühlen. Aus Angst vor Veränderung kann sich eine mangelnde Bereitschaft zur Job Rotation bemerkbar machen. Der Zeitaufwand für Routinearbeiten ist unter Umständen größer, als wenn jemand täglich die gleiche Arbeit macht. Mitarbeiter müssen unter Umständen einen größeren Arbeitsaufwand betreiben, Unruhe unter Mitarbeitern und Integrationsprobleme neuer Mitarbeiter können negative Folgen sein.

4.2.6 Agiles Management

Die Schnelllebigkeit der Berufswelt bringt heute jede Menge neuer (Mode-)Begriffe *(„Buzzwords“)* zutage. Einer davon heißt Agiles Management – manchmal auch als *High-speed-Management* bezeichnet. Ein agiler, also wendiger anpassungsfähiger und flexibler Führungsstil, der geprägt ist von moderner und direkter interner Kommunikation, durchlässigen Hierarchien sowie der Fähigkeit, schnell und flexibel auf Veränderungen im Marktgeschehen zu reagieren. Im Fokus stehen die Mitarbeiter, die zu mehr Eigenverantwortung motiviert werden sollen, sowie die Kunden, die von Anfang an in den Produktionsprozess mit einbezogen werden, sodass das Unternehmen kontinuierliches Feedback erhält. Der Führungsstil des agilen Managements basiert auf Vertrauen und Transparenz, einer offenen Fehlerkultur sowie auf disziplinierter und leidenschaftlicher

Selbstverantwortung (https://www.haufe.de/personal/hr-management/organisationsentwicklung-agiles-management_80_308370.html Zugegriffen am 14. April 2020).

„Karriere-Sprech" 20: Agile Unternehmen

Auch wenn „Agilität" derzeit in aller Munde ist – eine klare Definition gibt es nicht. Viele wissen immer noch nicht so genau, wovon sie reden. Allgemein gesagt ist ein Unternehmen dann agil, wenn es in der Lage ist, schnell auf Veränderungen der Businesswelt zu reagieren. Agile Unternehmen

- setzen vor allem auf flache Hierarchien,
- binden möglichst alle Mitarbeiter in Entscheidungen ein,
- haben eine hohe Veränderungsbereitschaft,
- bevorzugen rasch veränderbare Prozesse,
- haben kurze Entscheidungswege,
- reagieren schnell auf Veränderungen (z. B. des Marktes) und
- optimieren ständig die eigenen Prozesse.

Gute agile Teams sind durch folgende Kriterien gekennzeichnet:

- Die Unterstützung von „oben" ist gesichert.
- Das Verhältnis zu den zuständigen Führungskräften ist geklärt.
- Alle Mitarbeiter*Innen sind eingebunden.
- Der Info-Fluss ist offen und gut strukturiert.
- „Holokratie": Kreise ersetzen die Hierarchie.
- Prinzipien & Rollen werden laufend geprüft.
- Kompetenzunterschiede sind berücksichtigt.
- Vertretung des Teams ist verwirklicht.
- Aufgabenverteilung wird sukzessiv angepasst.
- Meetings steuern operativ und strategisch.
- Konflikte werden rechtzeitig erkannt und gelöst.
- Es gibt eine angemessene Konfliktprävention.
- Das Verhältnis zu den anderen Teams und zum Umfeld ist entwickelt und geklärt.
- Die Vor- und Nachteile des agilen Konzepts sind bekannt.

Oft hört sich das in der Theorie sehr gut an, funktioniert kurzfristig oft auch gut: Die Mitarbeiter sind gut drauf und vielleicht euphorisiert. – Das ist die eine Seite. Wie es langfristig aussieht und welches „Mindset" der einzelne Mitarbeiter braucht, um mit dieser ständigen Veränderung klar zu kommen, ist dann oft eine ganz andere Frage.

Kleine Tipps

- Begrenzen Sie Ihre Arbeitszeit – seien Sie effektiv und realistisch.
- Achten Sie auf Ihre Grundbedürfnisse: Gesundheit (Nahrung, Schlaf, Wärme, Sexualität, Sozialkontakte).
- Belohnen Sie sich regelmäßig für gut geleistete Arbeit.
- Kosten Sie Ihre Erfolge und Freuden aus.
- Sind Sie an der richtigen Stelle – gäbe es (realistisch betrachtet) eine erreichbare bessere Position für Sie?
- Bewahren Sie die „Außenperspektive“: Schaffen Sie innere Distanz zu Ihrer Arbeit. Aus der Distanz sieht man vieles besser.

4.3 Von der Couch zum Coach: Psycho-Hilfen für den beruflichen Erfolg

„Probleme kann man niemals
mit derselben Denkweise lösen,
durch die sie entstanden sind.“
(Albert Einstein)

Keine Frage: Coaching ist ein Renner. Es wird längst nicht mehr nur in den Chefetagen der Großkonzerne genutzt. Schon seit geraumer Zeit suchen auch Kleinunternehmer, Mittelständler, Rechtsanwälte, Kreative, Architekten, das mittlere Management und auch viele Karrierewillige die Unterstützung von Coaches. Während Coaching-Suche noch in den 1990ern eher als Zeichen von persönlicher Schwäche ausgelegt wurde (*„ich brauche doch keinen Psycho“*), und das Vorurteil galt, dass nur Schwächlinge und Weicheier es nötig hätten, sich von einer unabhängigen Instanz beraten und unterstützen zu lassen, gehört es heute fast schon zu den Privilegien der (wirklichen oder vermeintlichen) „High Pots“. Schließlich signalisiert man damit sein ausbaufähiges Potenzial. Was früher die Couch des Psychoanalytikers war, ist heute für viele der Beratungsstuhl des Coaches.

Dazu beigetragen hat sicher der zunehmende Leistungsdruck dem Unternehmer, Manager und Karrieristen heute ausgesetzt sind. Und es ist ganz normal geworden, sich beraten zu lassen. Hinzu kommt, dass in vielen Unternehmen eine neue, jüngere Führungsgeneration an die Macht kommt, die weitaus offener ist gegenüber psychologischer Beratung und mehr Bereitschaft zeigt, psychologisches Wissen in der Wirtschaft zu berücksichtigen.

4.3.1 Definition

Dr. Christopher Rauen ist Arbeits- und Organisationspsychologe. Er arbeitet seit 1996 als Business-Coach, ist Lehrbeauftragter an verschiedenen Universitäten und

Leiter der RAUEN Coaching-Ausbildung. Er gilt als einer der profiliertesten deutschen Coaches. Er definiert Coaching folgendermaßen:

„Wir verstehen unter Coaching eine besondere Form der Beratung für Personen mit Managementaufgaben, die ihre berufliche Situation verbessern möchten. Coaching dient daher der Verbesserung von Leistung und dem langfristigen Leistungserhalt. In einer Kombination aus individueller, unterstützender Zielklärung und persönlicher Beratung und Begleitung fungieren unsere Coaches als neutrale Feedbackgeber. Unseren Klienten nehmen wir jedoch weder Arbeit noch Verantwortung ab; wir beraten auf der Prozessebene. Unser Ziel ist kein eindimensionales „Höher – Schneller – Weiter", sondern die Entwicklung einer Arbeits- und Lebensperspektive, die der Vielseitigkeit des Arbeitslebens Rechnung trägt, ohne das wichtigste dabei zu vergessen: den Menschen."

Es geht im Coaching um die Verknüpfung der *äußeren* Berufsebene, also der Fähigkeit, einerseits seine berufliche Position effektiv und effizient auszufüllen und auszubauen und andererseits der *inneren* Perspektive – wie gut passe ich in den Job, an diese Stelle und wie viel von meinen Fähigkeiten und Fertigkeiten kann ich dort einbringen. Dabei ist das allerdings nur eine Dimension des Coachings. Andere Dimensionen sind die Bearbeitung von „Freud und Leid im Beruf", also was ist bisher gut gelaufen und was „suboptimal"? Und es geht auch um die Zukunftsorientierung: Wo soll es hingehen – für mich persönlich, für mein Projekt und für meine Firma. Gar nicht selten ist der erste Schritt, die Klärung der Frage, was eigentlich das Problem ist. Ein GmbH-Geschäftsführer sagt:

„Es war ein eher unbestimmtes Gefühl, dass irgendetwas nicht stimmt, ob mit der Firma oder mit mir, das konnte ich anfangs noch nicht so richtig einschätzen. Ich habe mich daraufhin beraten lassen, was man eventuell machen könnte, um die Firma besser zu strukturieren, um Fehlerquellen herauszufinden, auch um Reibungsverluste zu vermeiden und bin so aufs Coaching gestoßen. Das war für mich eigentlich der Einstieg, die Firma besser zu organisieren und zu strukturieren."

Coaching ist meistens die individuelle Beratung einer Person, die ein spezielles Problem in einer Firma, in einer Organisation oder am Arbeitsplatz hat. Dabei ist jede Beratung hochgradig individuell. Am Anfang steht erst einmal die Auftragsklärung. Warum sucht der Klient überhaupt Coaching? Handelt es sich eher um Krisen-Coaching oder um Entwicklungs-Coaching? Wo will der Coachee hin? Ist das Ziel realistisch und erreichbar? Dabei muss dann auch besprochen werden, ob der Coach überhaupt zum Klienten passt und ob dieser das Gefühl hat, dass der Coach ihn überhaupt auf dem Weg zu seinem vorgenommenen Ziel unterstützen kann.

4.3.2 Der Coach: Ein neuzeitlicher Kutscher?

„Coach" ist abgeleitet vom englischen Wort für „Kutsche" oder „Kutscher". Schließlich: Ein Kutscher hat die verantwortungsvolle Aufgabe, die Pferde so zu lenken, dass sie Fehltritte vermeiden und auf dem richtigen Weg, also „in der Spur" bleiben. Übertragen auf das Berufsfeld könnte man sagen: Wie können wir wollen, was wir sollen – was also der Job von mir fordert.

Populär wurde der Begriff Coaching vor allem durch den modernen Leistungssport. Was man früher altbacken Trainer nannte, heißt seit Mitte der 1980er-Jahre Coach. Man geht bis heute davon aus, dass Spitzenleistung auf Dauer nur mit einem kompetenten Coach erzielt werden kann. Und dieser fördert das sportliche Talent, begleitet mental und motiviert.

Ganz ähnlich arbeiten heute auch Coaches in der Wirtschaft: Wie Sportler haben auch Manager und Karrieristen Probleme, ihre Spitzenleistung zu entwickeln und aufrecht zu erhalten. Sie machen Fehler oder leiden unter Unsicherheiten. Innerhalb des Unternehmens wollen und können sie das kaum eingestehen, denn an der Spitze ist man nun mal recht einsam und will sein Gesicht nicht verlieren. So wird der Coach zum Vertrauten, zum fachkundigen Gesprächspartner, aber auch zum Sparringspartner im beruflichen Boxkampf. Manche vergleichen den Coach gar mit dem Hofnarren früherer Fürstenhöfe, der (vielleicht als einziger) dem Mächtigen die Wahrheit sagen darf und muss. Ein Coach übernimmt also das, was früher nur Hofnarren, Mätressen oder Seelsorger durften: der Führungskraft die Leviten lesen. Neudeutsch heißt das „Feedback" und ist die „narrenfreie" und fundierte Rückmeldung eines außenstehenden Profis über sein Verhalten, die kein Mitarbeiter aus dem Unternehmen ihm so geben würde – sei es aus Angst, sei es aus Gründen von Eigeninteressen oder Interessenskollisionen.

Der aktuelle Coaching-Boom hat seinen Grund: In den letzten Jahren wurde das Leben – und vor allem die Wirtschaft – immer komplexer. Vor allem Führungskräfte müssen auf turbulente Veränderungen immer schneller, effektiver, flexibler und professioneller reagieren. Führungsfähigkeiten werden damit immer wichtiger. Das hat dazu geführt, dass ähnlich wie Hochleistungssportler Manager heutzutage ohne einen persönlichen Berater im ständigen Wettbewerb kaum noch glauben bestehen zu können. Und – herkömmliche Trainings- und Beratungsmethoden scheinen einfach nicht mehr auszureichen.

Charakteristisch für Coaching ist Folgendes: Es besteht eine Beratungsbeziehung, die durch Vertrauen, Offenheit und gegenseitige Akzeptanz geprägt ist. Der Ratsuchende bekommt fundierte Rückmeldung über sein eigenes Verhalten. Durch verschiedene Methoden wird das Verhaltens- und Erlebensspektrum verbreitert. Im Idealfall wird dadurch auch die Arbeitsfähigkeit und -leistung verbessert.

4.3.3 Die Rolle(n) des Coaches

Im Grunde bestimmt der Coachee, welche Rolle der (passende) Coach einnimmt. Für manche ist der Coach ein Sparringspartner, für andere ein Lebenshelfer oder Guru und für wieder andere einfach der verschwiegene Vertraute. Denn ausschlaggebend ist die Beratungsbeziehung zwischen Coach und Klient, die durch Vertrauen, Offenheit und gegenseitige Akzeptanz geprägt ist – oder zumindest sein sollte. Schließlich bekommt der Ratsuchende eine fundierte Rückmeldung von einem neutralen Diskussionspartner über sein eigenes Verhalten, seine Sichtweisen und Einstellungen.

4.3.4 Coaching-Themen

Es gibt eine breite Palette von Themen, die im Coaching besprochen und bearbeitet werden. Das geht von individuellen Lebenszielen, über Probleme am Arbeitsplatz und allgemeine Unternehmens- und Wirtschaftsfragen bis hin zur konkreten Umsetzung von Projekten, Aufgaben und Zielen:

- Stressabbau: Wie komme ich mit der beruflichen Belastung zurecht?
- Zeitmanagement: Wie organisiere ich meine Zeit optimal?
- Bewältigungsstrategien: Wie bewältige ich persönliche und berufliche Krisen?
- Unterstützung in akuten Konflikten.
- Auflösen unangemessener Verhaltens-, Wahrnehmungs- und Beurteilungsmuster.
- Wie gehe ich mit problematischen Mitarbeitern und Vorgesetzten um?
- Was passiert mit mir bei Umstrukturierungen in meiner Firma oder wenn ökonomische Krisen überhandnehmen?
- Persönlichkeitsentwicklung.
- Umgang mit Sinnkrisen.

4.3.5 Beratungskompetenz – Feldkompetenz

Zu den wichtigsten Fähigkeiten eines Coaches gehört, gut zuhören und verstehen zu können, was die Probleme, Schwierigkeiten und Ziele des Coachees sind. Egal wie die Ausgangslage ist, der Coach muss immer beachten, dass er nicht die Probleme des Klienten lösen kann, sondern ihm „nur" hilft, selbst eine Lösung zu finden.

Dabei unterscheidet man heute zwischen der Beratungskompetenz eines Coaches und der Feldkompetenz.

Mit Beratungskompetenz ist gemeint, dass der Coach in der Lage ist, eine Führungskraft oder einen Karrieristen ganz allgemein zu beraten und dass er dazu ein ausreichendes Repertoire an Methoden und Techniken zur Verfügung hat.

Unter Feldkompetenz versteht man, dass der Coach sich im Arbeitsfeld des Klienten auskennt, also zum Beispiel in der Autoindustrie, dem Bankenbereich oder der Juristerei.

Klar – die Beratungskompetenz sollte möglichst hoch sein. Allerdings ist es bei der Feldkompetenz gar nicht so gut, wenn sich der Coach zu sehr in dem Arbeitsfeld des Klienten auskennt, weil er dann vielleicht die systemimmanenten Scheuklappen des Arbeitsfeldes gleich mit übernimmt und damit nicht mehr auf die erfrischenden Fragestellungen eines unbedarften Laien oder die neuen, provozierenden Ideen eines „Hofnarren" kommt.

4.3.6 Gefühlsregulation

Da viele Führungskräfte zwar viele Kontakte haben, aber wenig kompetente Ansprechpartner, die sich in ihrem Berufsfeld auskennen, ist es für den Coach häufig wichtig, die grassierende Isolation („die Einsamkeit an der Spitze") auszugleichen. Weil Ehepartner oder Freunde vielleicht schon längst genervt von dem „Berufskram" sind, dass sie bei dem Thema automatisch die Ohren auf Durchzug stellen – ist es gar nicht selten Sache eines Coaches, bei der Regulation des Gefühlshaushalts zu helfen. Als Dialogpartner für Persönliches wird der Coach möglicherweise zu einer Art Freund-Ersatz, als solcher für Fachthemen vielleicht zum Kollegen-Ersatz. Denn ein guter Coach sollte seinem Klienten ein ungeschöntes Feedback geben, das viele Top-Jobber nicht mehr von ihrem Umfeld bekommen.

4.3.7 Gründe, um sich Coaching zu suchen

Es sind die typischen Managerkrisen, die den Gang zum Coach veranlassen: Berufsstress, Führungsprobleme, Konflikte im Team, Burnout und massive Turbulenzen in der Branche oder auf dem Markt. Fast jeder Dritte nimmt wegen „Beziehungs- und Konfliktfragen" Coaching in Anspruch. Das können Konflikte mit Mitarbeitern oder Vorgesetzten ebenso sein wie Mobbing-Prozesse.

Wieder andere Coachees kommen, weil sie beruflich neue Aufgaben übertragen bekommen oder generell Probleme mit Führungsaufgaben haben. Manche suchen Unterstützung, um sich persönlich weiterzuentwickeln. Hinzu kommen die viel beschworene Work-Life-Balance, Teamkonflikte und Karrieregestaltung. Aber auch wegen alltäglicher Arbeitssituationen suchen Führungskräfte Hilfe im Coaching. Es soll sogar Fälle geben, bei denen Manager ihren Coach um Tipps bitten, wie man mit einem Mitarbeiter, der gerade aus der Klinik gekommen ist, ein „lockeres" Gespräch führt.

Im Grunde muss Coaching nicht erst dann stattfinden, wenn „das Kind in den Brunnen gefallen ist", es eignet sich auch sehr gut als Präventionsmaßnahme, um sich auf neue Herausforderungen vorzubereiten wie beispielsweise eine Existenzgründung.

4.3.8 Coaching-Phasen

Manchmal sind Führungskräfte darüber erstaunt, wie schnell sich Veränderungen im und durch das Coaching vollziehen können. Eine Ex-Coachee sagt:

> *„Für das Coaching war der Zeitraum mit einem halben Jahr von vornherein festgesetzt. Ich war selbst erstaunt, wie innerhalb dieser Zeit eine solch rasante Entwicklung stattfinden konnte. Beim Coaching ist die Zusammenarbeit kurz, klar und begrenzt. Man nimmt dann Abschied und kehrt danach wieder in seine eigene Business-Welt zurück."*

Grundvoraussetzungen für gelingende Coachingprozesse sind, dass die Beratung auf Freiwilligkeit beruht, Coach und Klient sich gegenseitig akzeptieren und vor allem: die Gesprächsinhalte müssen vertraulich bleiben, weil ohne diese Sicherheit die wirklich heiklen Themen einfach nicht angesprochen werden können.

Man kann den Coaching-Prozess mit einer (z. T. schwierigen) Bergexpedition vergleichen. Der Klient will im Coaching ein Ziel, symbolisch einen Gipfel, erklimmen. Der Coach ist dafür zuständig, die nötige Ausrüstung zu besorgen, ihn auf die Gefahren hinzuweisen (dass ihm kein Stein auf den Kopf fällt oder er in ein Geröllfeld gerät) und ihn zur Not festzuhalten, wenn er abzustürzen droht. Der Coach stellt also seine Erfahrung zur Verfügung. Denn unterwegs kann es ganz schön beschwerlich werden. Keinesfalls aber wird ein guter Coach seinen Klienten huckepack zum Gipfel tragen. Im Gegenteil: Er hilft ihm „auf die Sprünge", damit er es selbst schafft, die Probleme zu bewältigen.

Der typische Ablauf eines Coaching-Prozesses sieht meist folgendermaßen aus:

1. *Kontakt-, Klärungs- und Aufwärmphase*

   Am Anfang steht die Einsicht des Ratsuchenden: „Ich komme alleine nicht mehr weiter." Vielleicht ist es nicht ganz die eigene Überzeugung, sie kann auch ein mehr oder weniger deutlicher Hinweis der Personalabteilung oder der Ehefrau sein: „Du brauchst Hilfe".

   Der Klient nimmt Kontakt mit einem Coach auf, ein Gesprächstermin zum unverbindlichen Kennenlernen wird vereinbart und geschaut, ob die „Chemie" stimmt, d. h. ob z.B. eine wechselseitige Akzeptanz vorhanden ist. Ist das der Fall, kann eine erste Bestandsaufnahme z. B. durch ein Diagnostikgespräch oder einen Fragebogen erfolgen. Dabei werden Anlass und Ziele des Coachings geklärt.

   Vom zeitlichen Ablauf her sind zwei bis vier Doppelstunden pro Monat üblich, meist über einen Zeitraum von mehreren Monaten. Die Sitzungen können an verschiedenen Orten stattfinden, beim Coach, am Arbeitsplatz des Klienten oder können auch zwischendurch als Telefon-Coaching (oder per Video) stattfinden.

   Wenn alles geklärt ist, wird ein Coaching-Rahmenvertrag abgeschlossen, in dem für beide Seiten klar und verbindlich die Häufigkeit der Treffen und die Kosten festgehalten werden (Abschn. 4.3.14, Coaching-Vertrag).
2. *Analyse*

   Zu Beginn des eigentlichen Coachings stellt der Coach vor allem Fragen, sammelt Informationen und versucht Problemfelder einzukreisen. Zentral ist, dass nicht unbedingt der Coach, sondern vor allem der Klient seine Situation für sich klären soll. Sagt der Ratsuchende beispielsweise: „Ich habe Sorgen.“, wird der Coach genau nachfragen, wer oder was dem Gegenüber Sorgen macht. Das Ziel ist, dabei aus dem (vielleicht noch) diffusen Unbehagen ins Konkrete zu kommen. Der Coach wird vielleicht Klientenaussagen widerspiegeln (*„Ich habe den Eindruck, dass“ …*) und durch Wiederholen von zentralen Aussagen zeigen, dass er aktiv zuhört, z. B. „Sie ärgern sich, dass Ihr Mitarbeiter so unzuverlässig ist.“

Wo Worte fehlen oder Sachverhalte zu kompliziert erscheinen, werden auch kreative Techniken angewendet. Beispielsweise kann ein Szenario aufgezeichnet werden oder mit Spielsteinen und Figuren per Rollenspiel nachgestellt werden.

3. *Veränderung*

   Der Coach klärt die Veränderungsbereitschaft und den Veränderungswunsch (*„Was möchten Sie erreichen?“, „Was möchten Sie vermeiden?“*) und fragt den Klienten, welche Lösungsmöglichkeiten er sieht oder macht auch Vorschläge. Keine Idee wird dem Klienten aufgedrängt. Die Lösung muss zum Klienten passen, nicht zum Coach. Die *Umsetzung* wird häufig durch „Hausaufgaben“ erleichtert. Durch konkrete Alltagsaufgaben soll der Klient die Veränderung in Gang setzen.

4. *Abschlusssitzung*

   Die Abschlusssitzung bildet mit einem Resümee das formale Ende des Coaching. Das Ziel ist erreicht, wenn der Klient vom Berater unabhängig geworden ist und sich in Zukunft mehr oder weniger selbst coachen kann. Im Idealfall ist der Klient am Ende in der Lage, gesündere, klügere und effektivere Entscheidungen zu treffen.

4.3.9 Coaching-Nutzen

Ein gelungenes Coaching verhilft idealerweise

- zu mehr „innerer Balance“ und
- zur Leistungssteigerung.

Denn eigentlich trägt jeder Mensch das notwendige Potenzial zur Lösung seiner Probleme und Aufgaben in sich. – Zumindest ist das die Grundannahme fast aller Coaching-Theorien. Coaching soll helfen genau dieses eigene Potenzial zu erschließen. Und das funktioniert, weil jeder Klient im Grunde selbst sein bester Experte für Ziele und Inhalte ist, die er erreichen will. Der Coach übernimmt (lediglich) den Part des „Bergführers auf dem Weg zum Gipfel“, also des Experten, der den Prozess wohlwollend, aber auch kritisch begleitet.

In der Karriereberatung sucht der gute Coach (als Bergführer) mit dem Klienten den passenden Weg zum Gipfel, macht ihn auf die Gefahren aufmerksam, hilft ihm Rettungsnetze zu knüpfen, wenn es wirklich dramatisch werden sollte, aber unterstützt ihn auch dabei, die (Schönheit der) Landschaft wahrzunehmen.

Allerdings verläuft ein Coaching nicht immer so, wie es die Coachees erwarten. Ein Bespiel dafür ist der Geschäftsführer mit den Herzrhythmusstörungen, der einfach nur wollte, dass seine Beschwerden verschwinden. Entgegen den Erwartungen des Klienten wurde ihm stattdessen geraten:

Beispiel

„Bewahren Sie sich die Herzrhythmusstörungen. Sehen Sie diese als äußerst nützlichen Indikator, als Warnlampe, dafür an, dass etwas schiefläuft. Und genau das herauszufinden und zu ändern, ist das Ziel." ◄

Damit setzte der Coach bei der Führungskraft eine Umdeutung in Gang, sodass dieser die Beschwerden nicht mehr durch Medikamente zu unterdrücken versuchte, sondern sie als das wahrnahm, was sie auch waren: Warnsignale seines Körpers in Überlastungssituationen. Und diese gilt es zukünftig zu vermeiden (oder anders damit umzugehen) – nicht die Reaktionen des Körpers darauf.

Umdeutungen dieser Art können durch Rollenspiele, Rekonstruktionen und besondere Fragetechniken in Gang gesetzt werden. Auch Provozieren und Konfrontieren kann dem Ratsuchenden zu neuer Sichtweise verhelfen. Manipulative Techniken sind dagegen im Coaching nicht sinnvoll.

Man kann sagen: Coaching ist ein kleiner „Schubs" von außen, (das Modewort dafür heißt heute „nudging"), um wieder in die richtige Richtung zu kommen und um von der Ebene der eingefahrenen Routine herunterzukommen und die „Scheuklappen" des Berufsalltags abzulegen. So soll eine Art „beschleunigtes Lernen" initiiert werden.

Auch wenn es oft so verkauft wird: Coaching ist kein Wundermittel und keine Allzweckwaffe. Und sicher wäre es eine Illusion, zu glauben, dass Coaching immer völlige Offenheit zum Ziel hätte oder erreicht wird.

Für Coachees ist Coaching mitunter harte Arbeit – beispielsweise, wenn die eigenen Defizite, Schwierigkeiten und Macken zum Thema werden.

Wer nicht Bereitschaft und Mut mitbringt, sich mit der eigenen Einstellung und dem eigenen Verhalten am Arbeitsplatz und in der Führungsrolle auseinander zu setzen und manches auch bei sich einmal grundsätzlich infrage zu stellen, für den kann Coaching auch zur regelrechten Tortur werden.

Ein Manager beschreibt im Rückblick die Bedeutung von Coaching für seine berufliche Entwicklung folgendermaßen:

Beispiele

„Ich würde jedem, der den Eindruck hat, dass er brachliegende Energien aktivieren will, Coaching empfehlen. Wer das Gefühl hat, dass er unheimlich viel ackert, sich unheimlich viel bewegt, aber er nicht richtig von der Stelle kommt, dem kann Coaching bestimmt helfen. Coaching hat aber mit Sicherheit dort Grenzen, wo es in die ganz persönliche Ebene geht." ◄

4.3.10 Coach oder Couch?

Psychotherapie ist per definitionem Krankenbehandlung, die sich auf die individuelle Situation des Klienten bezieht, vergangenheitsorientiert und problemzentriert ist. Coaching befasst sich mit einem anderen Aspekt: Es ist ziel- und lösungsorientiert und hat seinen Fokus eindeutig auf Beruf und Arbeitsfähigkeit.

Klar ist: Coaching kann keine Therapie ersetzen und funktioniert nicht, wenn sich aus den Problemen im Berufs- und Privatleben bereits körperliche, seelische, psychosomatische oder Suchterkrankungen entwickelt haben.

Dabei kennt ein guter Coach aber auch seine Grenzen und weiß, dass beispielsweise handfeste Depressionen, massive Ängste, psychosomatische Störungen oder Suchtprobleme nicht sein Feld sind. Professionell ist der Coach, der dann weiterverweist an Psychotherapeuten oder Ärzte.

Hier gilt die Devise: Couch statt Coach.

Auf jeden Fall ist es hilfreich, wenn der Coach auch Psychotherapeut oder wenigstens Psychologe ist. Er kann dann nämlich besser differenzieren: Wo ist Coaching indiziert und wo Psychotherapie.

4.3.11 Coaching, Training oder Karriereberatung?

Oft werden die Bezeichnungen Coaching, Training und Karriereberatung im gleichen Zusammenhang verwendet. Das macht es nicht gerade leichter, das individuell passende Angebot zu finden.

So kann man leicht an den Falschen geraten. Wer Brötchen will, möchte natürlich keinen Kühlschrank geliefert bekommen. Bildlich gesprochen kann aber genau das passieren, wenn jemand fälschlicherweise eine Leistung bei einem Trainer einkauft statt bei einem Coach oder umgekehrt.

Während *Training* eher eine *Schulung* ist, wo die Wissensvermittlung im Vordergrund steht, funktioniert Coaching vor allem im „Dialog auf Augenhöhe".

Dann gibt es noch die *Karriereberatung*. Hier ist der Berater Coach *und* Trainer in einer Person. Der Karriereberater Martin Wehrle erklärt die Unterschiede mit einem Bild: Der Coach ist eher der Orthopäde, der ein Röntgenbild erstellt. Der Trainer wäre entsprechend der Krankengymnast, dessen Übungen Soforthilfe leisten können. Das Training kann den Klienten für eine bestimmte Herausforderung fit machen, z. B. für ein Vorstellungsgespräch. Ein Coaching ist mehr.

4.3.12 Interner und externer Coach

In großen Unternehmen gibt es gar nicht selten in den Personalentwicklungsabteilungen eigene Coaches, die für die Mitarbeiter des Hauses Coaching anbieten. Diese internen Coaches haben den Vorteil, dass sie die Situation im Unternehmen meist besser kennen als ein externer Coach. Allerdins sind sie (zumindest in der Phantasie der Klienten aus dem Haus) auch zu nah am Unternehmen. Es wird fantasiert, dass sie die Schweigepflicht nicht einhalten und den Coachee einseitig in Richtung der Unternehmensinteressen beraten. Noch massiver ist diese Tendenz, wenn sich der Chef als Coach aufspielt. Denn da ist dann die Frage, wie viel darf, soll, muss der Chef über seinen Mitarbeiter wissen fürs Coaching – und was für eine Art von Vertrauensbeziehung wird da hergestellt? Und was heißt das für die sonstige Arbeitsbeziehung im Arbeitsalltag? Sicher ist ein externer Coach fast immer die unkompliziertere – und meist auch bessere – Lösung.

4.3.13 Selbst-Coaching?

Wenn Sie schon einmal einen guten Vorsatz gefasst haben, z. B. nicht mehr zu rauchen oder mehr Sport zu treiben, kennen Sie das: Zunächst klappt es vielleicht eine Weile, aber der Alltag zeigt – es hapert an der Selbstdisziplin, denn der innere Schweinehund ist meistens schwerer zu besiegen als gedacht.

Wenn uns aber jemand ganz hartnäckig nach unseren Selbstverständlichkeiten, unseren inneren Haltungen und Werten fragt, schaffen wir es, unsere „Programme" und Verhaltensmuster zu hinterfragen, ob sie immer noch gut und angemessen für uns sind.

Genau das macht man im Coaching: Hier ist der Termin mit dem Coach verbindlich, die Zeit für die Selbstreflexion ist reserviert und die Regelmäßigkeit gewährleistet. Noch dazu wird der Coach durch gezielte Interventionen und Fragetechniken das Nachdenken über das eigene Verhalten anregen.

Und sicher spornt er auch an und motiviert. Kein Wunder also, dass die Arbeit mit einem Coach meist nachhaltiger, zielführender und effektiver ist als Selbst-Coaching. Das Motto könnte lauten: „Du schaffst es nur selbst - aber oft nicht allein."

4.3.14 Coaching-Vertrag

Es ist sinnvoll, einen Vertrag abzuschließen, der die Beratungsbeziehung zwischen dem Coach und seinem Klienten beschreibt. Rechtlich handelt es sich dabei meist um einen Dienstvertrag (keinen Werkvertrag). Der Coach verspricht dabei also nicht ein bestimmtes Ergebnis (oder einen Erfolg), sondern eine Beratungsleistung. Meist werden darin folgende Punkte geregelt:

- Anzahl der einzelnen Termine und ihre Dauer;
- zeitliche Abstände zwischen den Terminen und Gesamtdauer des Coaching;
- Ort/Orte, an denen das Coaching stattfindet;
- am Coaching beteiligte Personen;
- Höhe des Honorars + Aufwandsentschädigung für Spesen;
- Haftungsfragen sowie
- Art der Rechnungsstellung, Zahlungsweise und Vereinbarungen über die Kosten beim Ausfall von Terminen.

Ein Vertrag muss nicht gleich beim Erstkontakt unterschrieben werden. Bedenkzeit ist sinnvoll und üblich. Bezahlt wird auch immer nur die beanspruchte Leistung (abgesehen vom Ausfallhonorar). Die Stundensätze liegen zwischen 100 und 200 Euro, Spitzensätze gehen bis zu 2000 Euro. Die Länge der einzelnen Sitzungen variiert von Fall zu Fall und von Coach zu Coach. Es gibt Kollegen, die arbeiten in Einheiten von 45 oder 60 Minuten, andere arbeiten eher block- oder sogar halbtagsweise.

Allerdings: Ist man mit der Leistung des Coaches nicht zufrieden, hat man kaum eine Chance, auf juristischem Weg dagegen vorzugehen. Ein Coach kann immer behaupten, seine Arbeit gut gemacht zu haben, die Ergebnisse seien aber vom Klienten nicht entsprechend umgesetzt worden. Deshalb ist es empfehlenswert, bei der Auswahl eines Coaches sich mehrere Anbieter anzuschauen und zu vergleichen.

- Wer passt am besten zu mir?
- Bei wem habe ich mich am besten aufgehoben gefühlt?
- Wen halte ich für am kompetentesten?

Neben dem formalen Vertrag wird mündlich auch ein so genannter„psychologischer Vertrag geschlossen. Das sind die mündlich ausgehandelten Bedingungen für das „Arbeitsbündnis" zwischen Coach und Klient, z. B. Erwartungen und Grenzen des Coachings oder auch die ideologische Orientierung und Werthaltung der Beteiligten.

Nicht unwichtig ist, dass man Coaching fast immer von der Steuer absetzen kann. Honorare für Coaching gelten meist als berufliche Fortbildungskosten. Allerdings wollen Finanzbeamte gerne wissen, ob die Beratung wirklich eine „überwiegend beruflich veranlasste Coaching-Maßnahme" ist. Wer der Steuererklärung eine Übersicht über Ziele und Inhalte der Gespräche beilegt, dürfte auf der sicheren Seite sein.

4.3.15 Coachingmarkt

Fast jeder zweite Manager hat schon Coaching-Erfahrung oder hat sich zumindest vorgenommen, sich demnächst coachen zu lassen. Vor allem in den Bereichen Führung, Konfliktlösung und Persönlichkeitsentwicklung ist der Coachingbedarf anscheinend ungebremst.

Der Coachingmarkt ist riesig und unübersichtlich, um nicht zu sagen, es herrscht „Wildwuchs" und der Scharlatanerie ist nur schwer Herr zu werden. Coach ist keine geschützte Berufsbezeichnung – jeder kann sich so nennen. Orientieren kann man sich ein wenig an den Weiterbildungszertifikaten, die von den einschlägigen Verbänden vergeben werden.

Es soll bereits 40.000 selbsternannte Coaches geben. Professionelle Coaches, d. h. mit einer Ausbildung bei einem der zahlreichen Verbände, und mit einem Grundstudium als Psychologe oder Psychotherapeut gibt es weit weniger. Nach der Marburger Coachingstudie (2013) gab es in Deutschland etwa 8000 professionelle Coaches. – Genaue aktuelle Zahlen gibt es derzeit nicht. Heute werden es wohl ein paar tausend mehr sein. (Mehr dazu siehe Marburger Coachingstudie im Internet).

Immerhin bilden viele Institutionen im deutschsprachigen Raum Coaches aus. Fast 20 Coachingverbände existieren derzeit in Deutschland.

Der Roundtable der Coachingverbände (RTC) versucht seit geraumer Zeit eigene Qualitätsstandards zu entwickeln. Dabei geht es schließlich um viel Geld. Das Marktvolumen der Coaches im deutschsprachigen Raum wird auf ca. 500 Millionen Euro geschätzt (https://www.coaching-report.de/coaching-markt.html Zugegriffen am 14. April 2020).

4.3.16 Der richtige Coach

Problematisch ist, dass es derzeit immer noch keine allgemein anerkannte Ausbildung und keine einheitlichen Qualitätskriterien oder Anforderungen an den Coach gibt. Genauso unklar sind oft die Erwartungen der Klienten.

Ein kompetenter Coach wird niemand über Nacht. Ein solider Grundberuf kann die Ausgangsbasis sein, beispielsweise ein Psychologie- oder ein anderes sozialwissenschaftliches Studium. Anschließen sollten sich einige Jahre Berufserfahrung, jede Menge Lebenserfahrung und eine Coachingausbildung bei einer seriösen Institution.

Kein Coach kann Alleskönner sein, das wird auch die beste Ausbildung nicht leisten können. Die meisten Coaches spezialisieren sich deshalb auf bestimmte Probleme oder Themengebiete, meist in Zusammenhang mit ihrem Grundberuf, in dem sie ja auch praktische Erfahrungen gemacht haben. Deshalb lohnt es sich bei der Coach-Suche nach der Spezialisierung zu fragen.

Gute Coaches lassen sich auch regelmäßig von anderen coachen oder sprechen mit Kollegen über ihre Fälle. Man nennt das dann oft „Supervision". Supervision oder Coaching kann im Einzelsetting durchgeführt werden oder in der Gruppe und wird in der Regel von erfahrenen Kollegen übernommen.

Coachingangebote machen im Internet Tausende von Treffern aus, aber im wirklichen Leben erfolgt die Suche nach dem richtigen Coach hauptsächlich über Mund-zu-Mund-Propaganda. Freunde, Kollegen, Personalentwickler und Coachingverbände geben die Tipps.

Tipps um einen kompetenten Coach zu finden:

Tipps für die Coach-Suche

- Im Bekanntenkreis umhören
- In Internetdatenbanken stöbern
- Drei Coaches konsultieren vor einer endgültigen Wahl
- Werdegang und Referenzen nennen lassen
- Fachgebiet erfragen
- Ablauf des Coachings umreißen lassen
- Vertrag erst nach Bedenkzeit unterzeichnen, nicht beim Erstgespräch

Ob all die schönen Begriffe wie Coaching, Supervision, Outplacement, Personal- und Organisationsentwicklung wirklich auch halten, was sie an Hilfe versprechen, wird die Zukunft zeigen. Gerade in Zeiten, in denen die Zukunft immer schneller nach der Gegenwart greift und nach dem Motto „Geht nicht, gibt's nicht" gelebt und gearbeitet wird, stellt sich die Frage, ob diese Modeetikette wirkliche Hilfe sind oder nur Feigenblätter und Trostpflaster für eine immer unmenschlicher werdende Wirtschaft – wer weiß darauf schon eine Antwort?

4.3.17 Kritik an Coaching

Da Führungskräften immer häufiger von ihrem Arbeitgeber ein Coaching bezahlt wird, kann der Coach leicht als der verlängerte Arm der Geschäftsführung angesehen werden – wenn auch meist die Freiwilligkeit von Coaching betont wird. Problematisch ist dabei – wem als Führungskraft ein Coaching vom Chef „ans Herz gelegt" bekommt, kann das kaum ablehnen, ohne seiner Karriere zu schaden. So kann es zu einer „unfreiwilligen Freiwilligkeit" kommen.

Aber auch für den Coach kann es zu Konflikten kommen, wenn er die Interessen eines Unternehmens vertreten soll und gleichzeitig neutraler Dialogpartner sein will. Dagegen hat eine unabhängige Karriereberatung, die der Ratsuchende selbst zahlt, für den Klienten den Vorteil, dass er aus freien Stücken und auf eigene Kosten kommt. Entsprechend hoch ist dann meistens auch seine Motivation.

Für privatzahlende Ratsuchende sind die Nachteile des Coachings die hohen Kosten, das „Psycho-Image" und die fehlende Transparenz. – Schließlich läuft ein Coaching hinter verschlossenen Türen ab. Für alle, die nicht unbedingt auf ein Einzelgespräch angewiesen sind, können auch Kurse oder Seminare bei verschiedenen Einrichtungen, selbst bei einer Volkshochschule eine Alternative sein, z. B. zu Karriereplanung oder Neuorientierung im Job.

Und wer sich jetzt zurückgesetzt fühlt, weil er kein Problem hat und sich deshalb noch nicht reif für ein Coaching fühlt, für den gibt es Abhilfe im World Wide Web. Dort kann man sich unter www.needaproblem.com ein Problem kaufen! Es sollen schon viele zugegriffen haben. Sinn der Sache? Man kann zum besten Problemlöser gekürt werden.

Kleine Reflektion(en)

- „Wenn man in die falsche Richtung läuft, hat es keinen Zweck, das Tempo zu verdoppeln" (Birgit Breuel).
- „Wenn der Wind des Wandels weht, bauen die einen Mauern, die anderen Windmühlen" (Chinesisches Sprichwort).
- „Man kann einen Menschen nichts lehren, man kann ihn nur dabei unterstützen, es in sich selbst zu entdecken" (Galileo Galilei)

Internet-Adressen

- www.coaching-magazin.de Zugegriffen am 14. April 2020
- www.coachingportal.de Zugegriffen am 14. April 2020 (Internetportal der Deutschen Psychologen-Akademie)
- www.coach-datenbank.de Zugegriffen am 14. April 2020 (Internetportal der Christopher Rauen GmbH)
- www.profilingportal.de Zugegriffen am 14. April 2020 (kostenlose Leistungs- und Persönlichkeitstests)

4.4 „Sabbatical": Die kleinen Fluchten (mit Rückkehrgarantie)

„Freedom is just another word
for nothing left to loose."
(Kris Krisopherson)

Es gibt wohl niemanden, der nicht irgendwann im Laufe seines Berufslebens mal den Wunsch hat, alles hinzuschmeißen und für ein paar Monate was ganz anderes zu machen.

Gerade dann, wenn der Job wiederkehrend schlaflose Nächte bereitet, Sie Ihre Lebenssituation generell überdenken wollen, wenn für Partnerschaft, Freunde und Familie kaum noch Zeit bleibt, der unerfüllte Wunsch nach der Weltreise chronisch im Kopf herumspukt oder Sie seit Jahren mit einem Projekt schwanger gehen, das endlich geboren und in die Realität umgesetzt werden will, dann könnte es eine Lösung dafür geben.

Dabei ist die Verwirklichung dieses Traums vielleicht sogar ein zukunftsträchtiges Modell für eine ganz eigene Form von Teilzeitarbeit. Es heißt in (d)englisch: „Sabbatical". Frei übersetzt bedeutet das „Aussteigen über einen längeren Zeitraum". Ursprünglich abgeleitet von dem „Sabbatjahr", also der alttestamentarischen Tradition, die Felder nach sechs Jahren Bearbeitung ein Jahr brachliegen zu lassen, ist es heute fast zum Modebegriff für Teilzeitaussteiger avanciert. Denn das Wort kommt vom hebräischen Wort „Shabbat", was so viel wie „loslassen, aufhören" heißt.

In der Neuzeit angefangen hatte das „Sabbatical" im Berufsleben schon in den 1960er-Jahren an US-Universitäten, wo man sechs Jahre lang für 6/7 des Gehaltes arbeitete, um dann im siebten Jahr bezahlt in einem Freizeit- und/oder Forschungssemester auszusteigen. Inzwischen gibt es in Europa nicht nur für Professoren an der Universität die Möglichkeit, ein „Sabbatical" zu beantragen.

Schließlich hat sich die Bedeutung des Begriffs „Sabbatical" in den letzten Jahren genauso gewandelt wie das Tempo im Arbeitsleben. Heute ist Sabbatical für viele eine innovative Form der flexiblen Arbeitszeitgestaltung. Erwerbstätige steigen für eine gewisse Zeit – von einem Monat bis zu mehreren Jahren – aus dem Arbeitsalltag aus.

In vielen Unternehmen kann sich ein Mitarbeiter durch Lohnverzicht und durch den Aufbau von Plusstunden (beispielsweise durch Überstunden) einen Freizeitanspruch aufbauen. Und dieser Freizeitanspruch kann dann an einem Stück genommen werden, wobei während der gesamten Zeit das Einkommen stabil bleibt.

In den heutigen schnelllebigen Zeiten plant kaum jemand sieben Jahre im Voraus – die meisten bleiben heutzutage gar nicht so lange auf ihrer Berufsposition. Darum versteht man unter „Sabbaticals" heute eine Vielzahl von schnelleren Ausstiegsmodellen, die auch von Unternehmen durchaus geschätzt und in manchen europäischen Gesellschaften auch gewürdigt werden:

So wird in Dänemark, den Niederlanden und in Finnland die Arbeitsunterbrechung für Sabbatical-Zeiten sogar finanziell vom Staat gefördert. Dadurch ist für die Angestellten der Anreiz, ihre Erwerbstätigkeit zu unterbrechen, noch mal größer. Im Idealfall werden die freigewordenen Stellen von Langzeitarbeitslosen bis zur Rückkehr des Urlaubers ausgefüllt. Damit versucht man zwei Fliegen mit einer Klappe zu schlagen, also zusätzlich zum Auftanken des Sabbatical-Nehmers auch noch etwas gegen die Arbeitslosigkeit zu tun.

Während Australier und Japaner in dieser Zeit oft auf Reisen (z. B. nach Europa) gehen oder sich weiterbilden, stellen in den USA viele „Auszeitler" ihre Arbeitskraft sozialen Projekten zur Verfügung. Wie es nach der Coronakrise langfristig mit Sabbaticals weitergeht, ist noch nicht abzuschätzen.

Um ein gutes Funktionieren dieses Modells zu gewährleisten, werden klare Regeln für das Ankündigen und Antreten eines Sabbaticals festgelegt.

Auch in Deutschland bieten schon eine ganze Reihe von Unternehmen ihren Mitarbeitern die Chance, ein „Sabbatical" zu nehmen. Allerdings sind es vor allem große Unternehmen wie VW, Deutsche Post, BMW, Daimler oder Siemens, die den Ausfall eines Mitarbeiters für längere Zeit verkraften können – im Gegensatz zu kleineren Betrieben, die sich damit oft noch schwer tun.

Immerhin, auch die Unternehmen haben einen Vorteil vom Sabbatical ihres Mitarbeiters. Denn man weiß in den Firmen, dass der Beruf heutzutage vielfach mit Stress verbunden ist. Nach einer Auszeit kommen die Mitarbeiter meist ausgeruht zurück. Wer sich eine Weile entspannen konnte, arbeitet danach meist motivierter – und beugt zusätzlich einem Burnout vor. Eingedenk des Fachkräftemangels sind Unternehmen, die ein Sabbatical ermöglichen, attraktiver, als Firmen, die dafür keine Regelungen haben.

Selbst in staatlichen Organisationen hat man das im Blick. So besteht In Deutschland für Beamte die Möglichkeit, für die Dauer von zwei bis sechs Jahren für zwei Drittel bis sechs Siebtel des normalen Gehaltes zu arbeiten. Dafür kann man sich anschließend für ein Jahr völlig freistellen lassen und bekommt in diesem Jahr ebenfalls zwei Drittel bis sechs Siebtel der Dienstbezüge. Die Regelungen zum Sabbatical sind in Deutschland in den Beamtengesetzen festgeschrieben. Das gilt auch für einige Berufsgruppen im öffentlichen Dienst.

Ähnliche Regelungen gibt es in Österreich (dort heißt das Sabbatical „Freijahr"). In der Schweiz besteht auch die Möglichkeit, ein Jahr unbezahlten Urlaub zu nehmen und wieder in der gleichen Berufsposition einzusteigen, allerdings gibt es dort in dieser Zeit keinen Lohn und man muss die Pensionskassen- und Versicherungsbeiträge selbst bezahlen.

4.4.1 Ausstieg auf Zeit

Die Gründe für ein Sabbatical sind vielfältig: den Kopf frei bekommen, die Seele baumeln lassen, endlich *ausreichend Zeit haben für sich*, für Partner oder Familie, eigene Projekte verwirklichen, Neuorientierung, Weiterbildung oder die viel beschworene Weltreise …

Ein Sabbatical ist für Sie passend, wenn:

- Sie eine längere Auszeit vom Job brauchen,
- Sie sich ausgepowert fühlen,
- Sie Ihre beruflichen Möglichkeiten und Perspektiven überdenken wollen,
- Sie sich privat umorientieren wollen,
- Sie noch Ideen oder Projekte in Ihrem Kopf herumtragen, die umgesetzt werden wollen,
- Sie genügend planerische Fähigkeiten besitzen, um die Zeit angemessen/zielgerecht zu nutzen,
- Sie keine Angst vor unstrukturierter Zeit haben,
- Sabbatical in Ihrem Unternehmen und von Ihrem Chef akzeptiert ist,
- Sie ausreichend finanziell abgesichert sind.

(Je mehr Punkte zutreffen, umso eher kommt für Sie ein Sabbatical infrage)

Sobald Ihre innere Entscheidung für den Ausstieg auf Zeit gefallen ist, ist es vielleicht sinnvoll, Gespräche mit Gleichgesinnten und Menschen, die schon eine Auszeit genommen haben, zu suchen. Eventuell finden Sie auch Erfahrungsberichte im Internet oder in der Literatur. Allein damit können Sie sich jede Menge Fehlentscheidungen und Sackgassen ersparen.

Falls Ihr Ziel ist, die Zeit allein zu nutzen und länger zu verreisen, sprechen Sie rechtzeitig mit Ihrem Partner/Ihrer Partnerin. Lassen Sie die Partnerin nicht ohne Fallschirm aus allen Wolken fallen. Denn wenn sich er/sie ausgeschlossen fühlt, wird von ihr/ihm das Sabbatical boykottiert, statt es zu unterstützen. Vor allem dann, wenn damit Trennungsängste einhergehen und der/die Andere glaubt die Beziehung wird dadurch infrage gestellt.

Vielleicht sind nicht nur die Partner oder die Familie die Bedenkenträger, sondern das können auch Freunde oder Kollegen sein.

Wenn Sie etwas Neues machen wollen, wird Ihnen nicht nur Begeisterung entgegenschlagen. Das muss Ihnen klar sein. Die „Entfernung vom Wolfsrudel" geht allzu oft einher mit Versuchen, Sie zurückzuhalten. Freunde und Kollegen heben mahnend den Zeigefinger, erzählen Panikstorys über Auszeitler und schwanken zwischen Sorge und Neid (allerdings: *„Neid ist die ehrlichste Form der Anerkennung*"). Lassen Sie sich nicht beirren – nehmen Sie es als Prüfung Ihres Projektes Sabbatical, wie ernst es Ihnen also wirklich mit der Auszeit ist …

Vielleicht wollen Sie Ihr Sabbatical aber auch zusammen mit Ihrem Partner oder Ihrer Familie machen, oder wollen gar nicht verreisen, sondern Ihre Auszeit auf „Balkonien" verbringen (*„endlich mal tun, wozu ich Lust habe – nichts*"), sich vor Ort weiterbilden, ein anderes Tätigkeitsfeld kennenlernen, sich sozial engagieren oder endlich Ihr Traumprojekt verwirklichen.

„Die Straße der Ausschweifung
führt zum Palast der Weisheit."
(William Blake)

Planen Sie ernsthaft ein Sabbatical, sollten Ihnen klar sein:

- Was Ihr Ziel für das Sabbatical ist?
- Wie lange es dauern soll?
- Wie Sie es finanzieren wollen/können?
- Mit wem und wo Sie es hauptsächlich verbringen wollen?
- Was Sie tun wollen (und was auf keinen Fall)?
- Was idealerweise das Ergebnis wäre?
- Wie Ihre Vorbereitungen aussehen sollen?
- Was (und wen) Sie dazu benötigen?
- Wiedereinstieg: Wie es danach weiter gehen soll?
- Nicht zuletzt: Ist Ihre Auszeit mit den Firmeninteressen vereinbar?

4.4.2 Geld

Auf jeden Fall steht ein Kassensturz an – vor allem, wenn Sie reisen wollen oder eine teure Weiterbildung machen:

Was kann ich mir finanziell leisten, und wo kann/muss ich sparen? Vor allem, wenn Sie kein ausreichend dickes finanzielles Polster haben, kommen Sie nicht umhin, mit spitzer Feder zu rechnen:

- Wie viel brauchen Sie minimal, was wäre optimal?
- Was/wo können Sie (schon im Voraus) sparen?
- Differenzieren Sie dabei zwischen den weiterlaufenden Kosten zu Hause und den Kosten für Ihre Reise/Weiterbildung etc.: Wollen Sie Ihre Wohnung an Freunde/Verwandte oder über die Mitwohnzentrale vermieten?
- Wie viel brauchen Sie mindestens als „Notgroschen" für Unvorhersehbares?

4.4.3 Stellenwechsel: Zwischen zwei Firmen

Es gibt natürlich auch die Möglichkeit, sich eine Auszeit zwischen zwei beruflichen Stellen zu nehmen. Für diejenigen, die ihr Sabbatical zwischen zwei Jobs nehmen, also es mit einem Jobwechsel in ein anderes Unternehmen verbinden, sind diese Fragen natürlich besonders wichtig. Sie haben zwar die Freiheit, aber eben auch das Risiko.

Fragen, die sich dann stellen:

- Ist es gut, den neuen Arbeitsvertrag schon vorher zu unterschreiben, weil ich dann zu einem konkreten Termin bei der neuen Firma auf der Matte stehen muss – dann habe ich dadurch wenigstens etwas Sicherheit?
- Oder ist es mir lieber, das Risiko eines „Open-end-Sabbaticals" einzugehen, und ich werde dann sehen, was ich mache, wenn ich zurückkomme?
- Habe ich dann die nötige „Treibsandtauglichkeit", die heutzutage wichtig ist, um auf dem unsicheren Grund postmoderner Lebensverhältnisse - gerade nach Corona - zu überleben?
- Konkret: Glaube ich – auch in schwierigen Zeiten – genug an mich?

Auch hier stellt sich natürlich die Frage, was kann ich mir leisten – aber eben auch wie viel Risiko passt zu mir, zu meinem Leben und zu der Lebensphase, in der ich mich gerade befinde. Lebe ich eher nach dem Motto: *„No risk, no fun"* oder macht mir zu viel Unsicherheit Angst und ich brauche ein verlässliches Sicherheitsnetz für meine Rückkehr?

4.4.4 Firmentreue Rückkehrer

Sollten Sie Ihrem Arbeitgeber nach dem Sabbatical treu bleiben wollen, müssen Sie natürlich rechtzeitig mit Ihrem Vorgesetzen reden. Je länger vorher, umso besser. Das hilft dem Unternehmen, angemessen zu planen. Wenn man so eine Arbeitspause ohnehin in seinem Lebenskonzept hat, kann man schon mal im Einstellungsgespräch ganz sachte vorfühlen: Wie steht das Unternehmen zu Sabbaticals? Und wenn damals Offenheit signalisiert wurde und es dann konkret wird mit der Auszeit, können Sie darauf aufbauen.

Sie sollten nicht mitten in einem laufenden Projekt dem Chef mit solchen Ideen kommen. Ein gelungenes Sabbatical ist kein Schnellschuss. Bereiten Sie es also langfristig vor, damit Ihnen das nicht als „Fahnenflucht" ausgelegt wird. Günstige Zeitpunkte für eine Auszeit sind z. B. vor einem Abteilungswechsel, nach einem abgeschlossenen Projekt oder die Vorbereitungszeit auf die nächst höhere Position im Unternehmen, quasi um Anlauf zu nehmen für den Sprung nach oben. Stimmt das Unternehmen zu, sind Dauer des Sabbaticals, Fortführung des Arbeitsvertrags mit Zusicherung für den richtigen Arbeitsplatz und das Procedere für die Rückkehr zu klären. Wichtig: Abmachungen auf jeden Fall schriftlich fixieren.

4.4.5 Denken Sie an das Arbeitsrecht

Neben der individuellen Absprache mit dem Unternehmen unbezahlten Urlaub zu nehmen, gibt es grundsätzlich drei Möglichkeiten, den Arbeitsvertrag während des Sabbaticals fortzuführen. Vorteil: Der Arbeitgeber zahlt Lohn und Anteil an Kranken-, Renten-, Pflege- und Arbeitslosenversicherung weiter.

Drei Modelle:

- **1.** *Langzeitarbeitskonto:* Angestellte sammeln auf dem Konto Überstunden, Urlaubstage und Sonderzahlungen an und können sich diese als Freizeit „auszahlen“ lassen. Allerdings verbergen sich dahinter Tücken: Denn das Arbeitszeitgesetz schreibt eine maximale Arbeitszeit von acht Stunden am Tag vor. Außerdem dürfen nach dem Bundesurlaubsgesetz nur die Tage auf dem Konto landen, die den Jahresmindesturlaub von 24 Tagen übersteigen.
- **2.** *Lohnverzicht:* Beschäftigte verzichten für eine bestimmte Zeit auf einen Teil ihres Gehaltes und erhalten entsprechend Freizeitausgleich. Verbeamteten Lehrern in Nordrhein-Westfalen zahlt das Land auf Wunsch sechs Jahre sechs Siebtel ihres Gehalts, das siebte Jahr nehmen sie dann sabbatical-frei. BMW-Mitarbeiter können pro Monat auf ein Zwölftel ihres Jahreseinkommens verzichten und dann maximal für ein halbes Jahr aussteigen.
- **3.** *Sonderformen der Teilzeitarbeit:* Siemens und die Deutsche Post bieten ihren Beschäftigten zeitlich befristete Teilzeitverträge an. Wer eine Vereinbarung über 30 Wochenarbeitsstunden abschließt und drei Jahre 40 Stunden pro Woche arbeitet, kann dann im vierten Jahr frei nehmen.

Wenn dann endlich die freie Zeit da ist – und das gleich für ein paar Monate – dann erst mal richtig durchatmen, sich wiederfinden. Denn jetzt tun sich neue Horizonte auf. Das ist meist das erste, was bei vielen im Sabbatical in den ersten Tagen im Vordergrund steht. Und wie geht es dann weiter?

Wollen Sie die Zeit verplanen, strukturieren und organisieren oder einfach mal eine Zeit lang in den Tag hineinleben?

Meistens ist ein Tapetenwechsel sinnvoll, einfach mal raus aus dem Alltagstrott, und das ist in der gewohnten Umgebung oft schwieriger. Nutzen Sie die freie Zeit zur inneren Einkehr. Das muss nicht unbedingt eine große Reise sein, manchmal hilft es auch, sich die eigene Stadt oder die Gegend, in der man wohnt, anzuschauen, als wäre man Tourist. Eine gute Übung ist auch z. B. etwas, was man sich schon tausendmal angesehen hat, mit neuen Augen anzuschauen oder sich vorzunehmen, jeden Tag etwas Neues zu entdecken. Und etwas zu tun, was man schon Ewigkeiten nicht getan hat: Theater, Museum,

Bergwanderung, Malen, Wochenendausflüge, Kurzreisen. Warum nicht ein paar Besinnungstage im Kloster, ein Sprachkurs, das Erlernen eines Musikinstrumentes, Freunde oder Verwandte besuchen, die man Jahr(zehnt)e nicht gesehen hat? Manchmal kann man auch das Gleiche wie immer machen, nur diesmal anders, ruhiger, bewusster, mit einer anderen Haltung und aus einem anderen Blickwinkel. Ziel ist schließlich, die Lebensfreude wieder zu entdecken und nicht immer nur zu funktionieren.

Tipps

- Sicher ist es gut, eine Zeitstruktur zu haben, aber verplanen Sie die Zeit nicht bis in die letzte Minute.
- Eventuell ist ein Tagesbuch für Sie eine gute Idee …
- Vielleicht sollten Sie sich einfach einmal Zeit nur für sich nehmen und Ihren eigenen aktuellen Impulsen folgen.
- Oder sich mit Sinnfragen beschäftigen: Woher komme ich? Was soll ich, was will hier? Wohin gehe ich? Was will ich hinterlassen?

Lassen Sie sich Raum und Zeit, Ihren Rhythmus, ihre Geschwindigkeit wiederzufinden. Schließlich gibt es mehr im Leben als Geschwindigkeit und Effizienz zu erhöhen.

4.4.6 Rückkehr

Klar – irgendwann ist die Zeit um. Nach Wochen, Monaten oder Jahren klopft der (Berufs-)Alltag wieder an. Versuchen Sie eine sanfte Landung hinzubekommen (nicht: „Gestartet als Adler, gelandet als Suppenhuhn“).

Das Wichtigste dabei ist, sich auf jeden Fall Zeit zu nehmen für die Wiederkehr. Wahrscheinlich wird sie die Hektik des Alltags schneller wieder einholen, als Sie sich wünschen. Bei der Rückkehr in den Alltag werden Sie viel Lästiges erledigen müssen. Schließlich – die Sabbatical-Erfahrungen kann Ihnen keiner mehr nehmen. Die Frage ist höchstens, ob Sie etwas in der Auszeit gelernt haben – und zwar etwas, was Sie in Ihrem Leben umsetzen und verwirklichen. Am besten ist es, sich das gute Sabbatical-Gefühl, die innere Ruhe, zu erhalten.

4.4.7 Nutzen fürs Unternehmen

Mehrere Studien bestätigen: Sabbaticals produzieren eine klassische Win-Win-Situation. Nicht nur der Auszeitler hat etwas davon, sondern auch das Unternehmen. Seit seiner Promotion in den 1980er-Jahren an der Freien Universität Berlin zum Thema „Betriebliche Arbeitszeitpolitik" ist Andreas Hoff als selbstständiger Arbeitszeitberater tätig und gilt als einer der wichtigen Experten für den Bereich Arbeitszeitgestaltung in Deutschland. Er hat sich in einem Gutachten mit der „Arbeitsumverteilung auf der betrieblichen Ebene" beschäftigt und sieht die Vorteile eines zeitlich begrenzten Ausstiegs in folgenden Punkten:

- *verbesserte Motivation* der Mitarbeiter, die mit neuer Energie und neuen Ideen zurückkehren;
- *verbesserte Qualifikation,* z. B. durch Sprachkenntnisse;
- *höhere Einsatzflexibilität* der Belegschaft, die sich auf die Vertretungszeit einstellen lernt;
- geringere Kosten der Personalentwicklung, wenn Mitarbeiter *„Kurzsabbaticals"* zur Weiterbildung nutzen;
- besseres *Firmenimage* durch Berücksichtigung der Wünsche von Mitarbeitern und Bekämpfung der Massenarbeitslosigkeit (https://arbeitszeitsysteme.com/dr-hoff/ Zugegriffen am 14. April 2020).

Bedenkenswerte Gedanken

- Wer sich selbst nicht bewegt, wird bewegt.
- Wir treffen (fast) immer Entscheidungen aufgrund unzureichender Daten.
- Es ist unangenehm hinzufallen, aber es ist schlimmer, liegen zu bleiben.

Zum Weiterklicken

- www.ratgeber-aussteigen.de Zugegriffen am 14. April 2020
- www.ba-auslandsvermittlung.de Zugegriffen am 14. April 2020

4.5 Expatriates: Der Arbeit hinterherziehen

„Ja mach nur einen Plan,
Sei nur ein großes Licht.

Und mach dann noch 'nen zweiten Plan,
Geh'n tun sie beide nicht."
(Bertold Brecht)

Bei vielen Mitarbeitern in Unternehmen taucht irgendwann die Frage auf: Bin ich eigentlich noch auf der richtigen Stelle im Beruf und wenn ja, wie lange noch? Wie zufrieden bin ich eigentlich in meinem Job? Möchte ich hier alt werden? Oder wollte ich nicht noch mehr von der Welt sehen – und zwar nicht nur als Touri?

Sollten diese Fragen plötzlich auftauchen und man in einem großen internationalen Konzern (wie Siemens, Bosch, Shell, Google oder IBM) arbeitet, hat man Glück. Schließlich besteht dann die Möglichkeit, vielleicht (für eine begrenzte Zeit oder auch für länger) in einer Dependance in Toronto, New York oder Singapur, in London, Rio oder Kairo zu arbeiten. Man könnte es „Jet-Setting" zum Wohle von Firma und Mitarbeiter nennen.

Das heißt für die einen „Ade" für ein paar Monate und für andere eine jahrelange Abwesenheit von zu Hause (inklusive der gesamten Familie, die mithilfe eines „Relocation-Service" hinterher gezogen ist) – und man war am Ende des Berufslebens vielleicht sogar an diversen Orten auf der Welt.

Wer sich zu Auslandsaufenthalten entschließt, ist oft auf der Karriere-Überholspur. Und diverse Auslandsaufenthalte können für das berufliche Vorankommen sehr nützlich sein. Nicht nur, weil man viel von der Welt gesehen und interessante Erfahrungen in ganz anderen Kulturen und Umfeldern gemacht hat, sondern auch, weil es bei Personalern im Bewerbungsgespräch gut kommt, wenn man in seiner Vita diverse „Auslandsaufenthalte" vorzuweisen hat – gerade in Zeiten, in denen Mobilität, Flexibilität und interkulturelle Fähigkeiten als hohe Werte angesehen werden.

Weil Ihre Berufssituation in Deutschland gerade schwierig ist, wollen Sie vielleicht generell auswandern und in Griechenland eine Bootsverleih, auf Gomera eine Windsurf- und Tauchschule aufmachen oder in Thailand eine Seniorenresidenz? Auch wenn es immer noch einen Trend raus aus Deutschland gibt – es zieht die meisten immer noch in das deutschsprachige Ausland (v. a. in die Schweiz und Österreich) und dann erst mal in die USA. Danach kommt das europäische Ausland (vor dem Brexit war es Großbritannien, heute ist es eher Skandinavien). Aber manche zieht es auch nach Dubai, Kapstadt oder Tokio, nach Peking, Neu Dehli oder Buenos Aires. Neudeutsch nennt man diese Wirtschaftskosmopoliten „Expatriates" (oder „Expats"), also Personen, die für längere Zeit und aus beruflichen Gründen aus ihrem Heimatland wegziehen.

4.5.1 Job-Nomaden

Menschen sind zu allen Zeiten beruflichen Tätigkeiten hinterhergezogen: Man denke nur an die Entstehung des industriellen Ruhrgebietes im 19. Jahrhundert, den

„Goldrausch“ in Kalifornien oder die „Gastarbeiter“ in den 1960er-Jahren. Aber nie waren die Menschen der nachindustriellen und globalisierten Welt so mobil wie heutzutage.

In Deutschland gibt es derzeit mehrere hunderttausend Wochenendpendler. Wochenendpendler sind dadurch definiert, dass sie am Arbeitsort eine zweite Wohnung haben. Man muss sich nur vergegenwärtigen, wie viele „Ossis“ sich jedes Wochenende auf den Bundesautobahnen zwischen Frankfurter Kreuz und Jena/Leipzig hin- und herbewegen.

Die meisten Wochenendpendler leben in Partnerschaften, die gern als LAT bezeichnet werden („Living Apart Together“): Liebe aus dem Koffer. Sie brechen am Sonntagnachmittag Richtung Arbeitsplatz auf, um am Ende der Woche zurückzukehren. Dazwischen liegt die „Montagezeit“, in der die Beziehung allein über Kommunikationstechnologien gelebt und gepflegt werden kann: WhatsApp, E-Mails, SMS, Skype und Telefonate verbinden die Partner virtuell, die körperlich getrennt sind.

Das geht auf Dauer nicht immer gut. Spätestens wenn man schon montags die Woche vorspulen möchte, die Fast-Forward-Taste im Anwendungsprogramm des eigenen Lebens sucht, könnte etwas nicht stimmen. Manche quält die Einsamkeit, andere die Eifersucht. Allerdings: Mitunter hält die Entfernung auch die Liebe frisch – weil man sich eher auf den Partner freut, wenn man nicht ständig sein Alltagsgesicht vor Augen hat, vor allem dann, wenn man selbst einen ausfüllenden und erfüllenden Beruf hat (Abschn. 2.6.7, Dual Career Couples (DCC)).

4.5.2 In der ganzen Welt zu Hause: Heute hier, morgen fort

Aber generell hat sich die Mobilität erhöht – nicht nur auf der *Kurz*strecke, sondern auch beim richtigen (oder zeitlich begrenzten) Auswandern.

Jahr für Jahr sagen mehr Deutsche ihrer Heimat ade. Im Jahr 2018 waren es 261.851. (https://de.statista.com/statistik/daten/studie/2534/umfrage/entwicklung-der-anzahl-deutscher-auswanderer/ Zugegriffen am 14. April 2020).

Die Bundesrepublik erlebt immer noch eine große Auswanderungswelle. Fast 40 % der Deutschen spielen mit dem Gedanken an Auswanderung, davon 8 % ernsthaft. Dumm für die deutsche Wirtschaft: 56 % aller Studenten – so eine Umfrage des Manager Magazins – können sich grundsätzlich vorstellen, ins Ausland zu gehen – wenn auch nicht gefragt wurde, wie ernsthaft die einzelnen Studies das planen. Schon ein Bruchteil dieses Exodus wäre ein „brain-drain“ allererster Güte.

4.5.3 Rückwanderer

Inzwischen gibt es allerdings auch schon wieder einen Gegentrend: Ein nicht unbeträchtlicher Teil der Ausgewanderten kommt wieder nach Deutschland zurück oder kommt neu nach Deutschland (ca. 78 %). Und es gibt Organisationen, die sich – z. T. unterstützt durch die Politik – zum Ziel gesetzt haben, die Expatriates wieder in ihr Heimatland zurückzuholen und neue Zuwanderer aus den besseren Berufen zu gewinnen.

Gemeinsam zwischen Expatriates und Repatriierten ist, dass sie mobiler, flexibler und beweglicher sind. Aber das sind äußere, geografische Bewegungen – was bewegt den Einzelnen innerlich? Und ist die äußere Veränderung notwendig, damit eine innere Veränderung, eine innere Bewegung und Reifung, stattfinden kann? Andre Heller hat es in einem Lied so formuliert:

„Die wahren Abenteuer sind im Kopf.
Und sind sie nicht in Deinem Kopf,
dann sind sie nirgendwo."

„Karriere-Sprech" 21: Wissenschaftsnomaden
Wissenschaftler mit kurzzeitigen Arbeitsverträgen, die aufgrund häufig wechselnder Arbeitsorte ebenso häufig den Wohnort wechseln. Die erhöhte Mobilität wird als unabdingbar für eine erfolgreiche Karriereentwicklung gesehen und dient unter anderem der internationalen Vernetzung sowie der Erweiterung des eigenen Horizontes (http://www.polar-zeitschrift.de/polar_09.php?id=422 Zugegriffen am 14. April 2020).

Ähnlichkeiten hinsichtlich der Dauer der Arbeitsverträge weisen Wanderarbeiter auf (Personen mit Kurzzeit-Arbeitsverträgen, meist als Erntehelfer beschäftigt). Ein amerikanisches Pendant sind die so genannten „Workamper", die in ihrem Fahrzeug (meist ein umgebauter Schulbus oder ein ausrangierter Lieferwagen) leben und sich in diesem mobilen Zuhause von Arbeitsort zu Arbeitsort bewegen (https://www.zeit.de/2018/10/mobiles-leben-usa-arbeit-auto-rubber-tramp Zugegriffen am 14. April 2020).

Wichtige Fragen

- Träume ich immer wieder von einem Leben an ganz anderen Orten, von einem ganz anderen Leben?
- Machen mir neue Situationen Angst?
- Bin ich eher ein Reizsucher oder ein „Nesthocker"?
- Bin ich gut darin, mir neue Netzwerke (berufliche/private) aufzubauen?
- Wie lange kann/will ich ein Nomadenleben führen?
- Wann und wo will ich meine Wurzeln schlagen?

4.6 „Downshifting“ oder: Gibt es nicht mehr im Leben, als Geschwindigkeit und Effizienz zu erhöhen?

„I do not need,
what I haven't got“
(Sinéad ó Connor)

Frei übersetzt bedeutet „Downshifting“ so was wie „runterschalten“. Man verwendet diesen Begriff heute, wenn Karrieristen beschließen, weniger zu arbeiten oder wenn sie ganz aus ihrem alten Beruf aussteigen und/oder in einen neuen einsteigen wollen. Im „New Oxford Dictionary of English“ wird unter Downshifting der Tausch einer finanziell attraktiven, aber stressigen Karriere gegen eine weniger anstrengende, aber dafür erfüllende Lebensweise verstanden, die meist mit geringerem Einkommen verbunden ist.

Der Management- Guru Charles B. Handy (Gründer der *London School of Economics*) hatte den Begriff Downshifting schon Mitte der 1990er-Jahre gefunden. Auch diesmal dauert es wieder einige Zeit, bis sich so ein Begriff durchsetzt. Es dauerte bis zum Jahr 2005 bis auch in Deutschland Downshifting zum Modewort geworden war.

4.6.1 Gegenbewegungen: Weggehen, um anzukommen

Die Downshifter sind Aussteiger aus der Businesswelt. Sie entscheiden sich für einen Lebensstil, der oft der Businessnorm diametral entgegengesetzt ist. Sie wechseln in eine Tätigkeit, die zwar mit weniger Verantwortung und einer schlechteren Bezahlung verbunden ist, dafür aber weniger stressig ist und mehr Freizeit ermöglicht.

Anfällig für die Idee des Runterschaltens sind vor allem Karrieristen, die beim beruflichen Aufstieg den Sinn verloren haben.

Typische Downshifter sind meist Personen, die in ihrem Beruf sehr erfolgreich waren. Sie haben oft 16 Stunden am Tag gearbeitet, schrubbten mehr oder weniger regelmäßig im Job 80-Stunden-Wochen runter, jetteten um die Welt, waren auf allen angesagten Partys und regenerierten in noblen Wellness-Ressorts.

4.6.2 Sein statt Haben

Es mag sein, dass es am wachsenden Arbeitstempo, der 24/7-Erreichbarkeit oder dem Terror von Flexibilität und Mobilität lag, dass sich immer mehr Menschen frühzeitig aus dem „rat-race“ verabschieden. Der Beruf war für sie zentraler – und manchmal fast einziger Lebensinhalt. Alle anderen Bereiche des Lebens waren zweit- oder drittrangig. Gerade in den Super-Jobs fällt es nämlich schwer, den Anforderungen des Unternehmens Grenzen zu setzen und sich nicht allen Berufsbelastungen auszusetzen. Mit der Zeit frisst der Job alles auf – es bleibt (wenn man nicht aufpasst) kaum noch Zeit fürs Privatleben. Downshifting ist für manche deshalb gelebte Work-Life-Balance, es geht also um das Gleichgewicht von eigenen Bedürfnissen mit denen von Familie und Beruf. Der Downshifter zieht die Notbremse: „Mit fünfzig keinen Herzinfarkt" sagt sich so mancher.

Irgendwann tauchen Fragen auf: Soll das alles (gewesen) sein? Gibt es nicht noch mehr als Geschwindigkeit und Effizienz zu erhöhen? Gibt es nicht mehr als Erfolg, Geld und Macht – und die Fassade, die nach außen hin signalisiert: „Bei mir ist alles easy, locker und voller Spaß". Denn im Inneren der Personen sieht es häufig ganz anders aus.

4.6.3 Raus aus dem Karriere-Hamsterrad

„Downshifting" wurde in Deutschland bekannt gemacht durch ein paar Leute wie Angie Sebrich, die ehemalige Kommunikationschefin des Musiksenders MTV. Sie hatte alle Insignien eines coolen Traumjobs: Prestige, Geld und gute Kontakte. Sie war auf wichtigen Meetings und Pressekonferenzen mit den Angesagten dieser Welt, auf Glamour- und Glitzerpartys. Die Kehrseite des Traumjobs der Pressechefin war der hochgradige Stress: Termindruck und Deadlines, Hektik in einem Leben zwischen Terminen, Telefonaten, E-Mails, Präsentationen und Konferenzen.

Irgendwann hatte sie das alles ausgekostet und wollte etwas anderes: Mehr Freizeit, eine Familie und einen Hund. Und sie hat sich – trotz all der ihr angebotenen Meriten – bewusst gegen die Medienkarriere entschieden. Statt ständig auf bezahlten Dienstreisen um die Welt zu jetten – New York, Singapur, Barcelona – gibt sie inzwischen zusammen mit ihrem Mann die Herbergseltern einer Jugendherberge in Sudelfeld-Bayrischzell. Dabei war der Entschluss, ihr schillerndes Leben als Pressefrau von MTV aufzugeben, „eine reine Bauchentscheidung". Wenn sie gewusst hätte, was sich damals in ihrem Bauch tatsächlich abspielte, hätte sie sich den Schritt wohl gut überlegt: Sie war mit Zwillingen schwanger.

In ihrem Buch „Nichts gesucht, viel gefunden: Von der Medienfrau zur Herbergsmutter" beschreibt sie, warum sie ihr neues Leben keineswegs als Abstieg empfindet: „Das Leben ist keine Casting-Show … Ich war reif für die Berge". Von dem Magazin SPIEGEL wird sie dafür mit dem Etikett „Downshifterin des Jahres" versehen. – Auch wenn für Bergromantik dem Paar anfangs nicht viel Zeit blieb: In der Herberge ging erst mal alles drunter und drüber und die Zwillinge kamen sechs Monate zu früh. Inzwischen sind sieben Jahre vergangen und es hat sich vieles zum Positiven verändert. (Zurück-) Tauschen möchte sie nicht. Sehnsucht nach der Szene, nach Glamour und MTV hat sie nicht mehr.

Noch einen Schritt weiter geht Christof Jauernig, der ehemalige Analyst einer Unternehmensberatung auf Frankfurt. Er hatte genug von dem Business-Stress und brach vollständig aus dem Karriere-Hamsterrad aus. Er warf seinen wohldotierten Job hin und reiste erst ein halbes Jahr mit dem Rucksack durch Südostasien. Heute lebt er von seinen Reisefotografien und seinen Texten, mit denen er zusammen mit seinen Klavierimprovisationen in stimmungsvollen Präsentationen und Vorträgen durch die gesamte Bundesrepublik tingelt (www.unthinking.me Zugegriffen am 14. April 2020).

4.6.4 Weniger ist mehr

Bei immer mehr Menschen scheint die Idee von weniger Arbeit und mehr Leben immer mehr Anhänger zu gewinnen. Der wachsende Druck in der Arbeitswelt und die Anonymität in den Unternehmen treibt selbst Hardcore-Karrieristen in die Sinnkrise. Immer mehr entscheiden sich gegen Geld und für Lebensqualität. Dabei scheint dieser Aussteiger-Trend wellenartig alle 20–30 Jahre wieder zu kommen. Was in den 1980er-Jahren „Alternativszene" genannt wurde – und in den 1960ern „Gammler" oder „Hippies" – scheint seine Wiederauferstehung unter dem neuen Begriff „Downshifting" zu feiern. Mit den politisch orientierten Aussteigern der 1970er-Jahre haben die heutigen Downshifter allerdings nicht so sehr viel gemein. Was damals als politischer Akt gemeint war, ist heute reine Privatsache. Die Alternativen wollten damals das System verändern, die Downshifter von heute wollen vor allem sich selbst nach dem Motto „simplify your life" erneuern.

Aber diese Gegenbewegungen haben auch einen gemeinsamen Nenner: Sie versuchen sich wieder auf das Wesentliche im Leben zu konzentrieren. Sie wollen sich aus dem Tretmühlendasein der Überflussgesellschaft befreien: all den überflüssigen Plunder, der sich in Beruf, Wohnung, Körper, Geist und Seele angesammelt hat, endlich loswerden und herausfinden, was sie wirklich brauchen, was sie wirklich wollen, wie und womit sie ihre (Lebens-) Zeit verbringen. Und auch zu der „Friday-for-future-Bewegung", die den ökologischen Fußabdruck von möglichst vielen Menschen minimieren will, gibt es Übergänge.

„Weniger ist mehr", ist denn auch die Devise der Downshifter.

Ein Mann, der das Problem schon Anfang der 1960er-Jahre gesehen hat, ist der englisch-deutsche Nationalökonom E. F. Schumacher. Er galt damals als belächelter, einsamer Rufer in der Wüste des total konsumorientierten Wirtschaftswunders. Heute bezeichnet man ihn voller Ehrfurcht als „Ein-Mann-Frühwarnsystem". Der ehemalige Wirtschaftsmanager – hat sich gegen die verhängnisvolle Tendenz zur unmenschlichen Größe und Komplexität gewandt und dann auch die Parole „small is beautiful" – klein ist schön – geprägt. Er hat damit für überschaubare und dezentrale wirtschaftliche Einheiten plädiert und versucht, diese Strukturen auch auf das soziale Leben zu übertragen. Klein ist für ihn nicht nur schön, sondern auch möglich und notwendig-gerade in Nach-Corona-Zeiten. Und genau darum geht es auch den Downshiftern: Um Überschaubarkeit, Menschlichkeit, Sinnhaftigkeit und Sinnlichkeit.

Wie sagte schon Sokrates vor über 2000 Jahren:

> *„Ich sehe mit Freude,*
> *wie viele Dinge es gibt,*
> *die ich nicht brauche."*
> (Sokrates)

In seinem Märchen „Momo“ hatte Michael Ende das schon vor einiger Zeit ausgedrückt. Dort nämlich treten in einer zwar armen, aber zufriedenen Kleinstadt plötzlich die kleinen grauen Herren von der „Zeit-Sparkasse“ auf und wollen den glücklichen Kleinstädtern helfen, die Zeit zu sparen, die sie bei ihnen aufs Konto legen können und dafür Zinsen bekommen. Und was passiert? Sie haben zwar alle mehr Geld und mehr Wohlstand, aber – im Druck, die Zeit zu sparen – immer weniger Zeit, hetzen durch die Gegend, vertragen sich untereinander nicht mehr, können nichts mehr genießen, und letzten Endes haben sie nichts davon, dass sie die Zeit bei der Sparkasse gespart haben, weil sie sie nämlich nicht mehr zurückbekommen – und weil man Zeit eben nicht sparen kann.

Vielleicht muss man sich wirklich entscheiden: für einen Reichtum an Zeit oder einen Reichtum an Geld. Oder zumindest das richtige Gleichgewicht zwischen beidem.

Tipps
Downshifting:

- Zeit für sich selbst und zum Nachdenken.
- Mehr Freizeit und Ruhe, weniger Verplanung.
- Sich auch mal treiben lassen.
- Raus aus der Oberflächlichkeit.
- Finden Sie Ihre innere Freiheit wieder.
- Was soll so bleiben wie es ist, was soll anders werden?

Grundsätzliches und Prioritäten:

- Was tut mir gut?
- Was ist mir wirklich wichtig?
- Worauf möchte ich keinesfalls verzichten?
- Was fehlt mir?
- Was möchte ich haben?
- Wie kann ich es bekommen?

Konzentration auf das Wesentliche und entrümpeln:

- „Es reist sich besser mit leichtem Gepäck“ (Silbermond): Weg mit Überflüssigem und Nutzlosem.
- Nicht nur Gegenstände, auch Beziehungen kann man „Ausmisten“: Weg mit den „Zeitdieben“.
- Konsumieren Sie bewusster: Weniger ist mehr.

4.6.5 (Aus dem) Scheitern lernen

*„Scheitern ist ein Schritt näher zum Erfolg –
wenn man die richtige Lehre daraus zieht.“*

So viel müsste inzwischen klar sein – die Zeiten linearer Berufs- und Lebensläufe sind vorbei. In Zeiten wiederkehrender Job- und Ortswechsel, in denen Jobnomadentum, Sabbaticals und Downshifting üblich geworden sind, gibt es keine Garantie für Beständigkeit – und erst recht auch keine Garantie für Erfolg.

Gleichgültig, ob Karrieristen freiwillig oder aus Not downshiften, ist am Ende zweitrangig. Vor allem wichtig ist, dass sie von ihrem Karrierehöhenflug wieder sanft landen. Und das ist etwas, was man lernen kann. – Zumindest sagen das die Amerikaner: „What goes up, must come down“: was hoch geht, kommt auch wieder runter.

Manche sagen, wir brauchen deshalb eine Kultur des Scheiterns, in der Turbulenzen und Bruchlandungen genauso zur Lebensplanung dazu gehören wie Wechsel und Neubeginn.

Dabei ist Scheitern in unserer deutschen Leistungsgesellschaft, in der nur die Erfolge zählen, nicht vorgesehen. Es ist ein Tabu. Und doch kommt es immer und überall vor und kann jedem passieren: Es kann der verpatzte Abgang im Job genauso sein, wie die verhauene Uni-Prüfung, oder die gescheiterte Beziehung. – Ein Ziel *nicht* erreichen, gehört zum Leben. Aber: Wie kann man Niederlagen angemessen verarbeiten?

Schließlich – wenn man über das Scheitern spricht, muss man eben auch über den Erfolg reden. Erfolg und Scheitern sind zwei Seiten einer Medaille. Dabei ist Erfolg für jeden das, was er dafür hält: Für den einen ist es Karriere, Geld, Macht, Einfluss, für einen anderen, dass er überhaupt einen Job hat. Und jeder will natürlich dabei sein, wenn der Erfolg verteilt wird.

Allerdings – die Angst vor dem Scheitern sitzt tief. Eingeübt wird sie oft schon in der Schule: Verhauene Klassenarbeiten, schlechte Noten und „Ehrenrunden“ sind für viele das Grundmuster des Scheiterns. Und – wenn es schlecht läuft – wiederholt sich dieses Muster (nicht nur im Berufsleben): Kaputte Ehen, die falsche Studienwahl, alltägliche Niederschläge im Job.

Das muss jedoch nicht sein, denn Erfahrungen werden durch Versuch und Irrtum gemacht. Auf die Nase fallen, kann eine wichtige Erfahrung sein, wenn man daraus seine Lehren zieht. Deshalb ist es gut, so etwas wie Toleranz gegenüber eigenen Fehlern zu entwickeln: Wer etwas Neues macht, kann Fehler machen. Wer gar keine Fehler macht, ist im Grunde nur faul oder zu feige.

„Scheitern ist ein Schritt näher zum Erfolg – wenn man die richtige Lehre daraus zieht“ ist das Motto der „Fuckup Nights“. Diese Idee, die Ende 2012 in Mexiko entwickelt und als Format gestartet wurde, findet inzwischen regelmäßig auf der ganzen Welt in mehreren hundert Städten weltweit statt. Ziel ist dabei, die Stigmatisierung, die Misserfolge umgibt, zu lösen und zu zeigen, dass diese Misserfolge wesentliche Bestandteile auf dem Weg zum Erfolg sind. Vor allem in Deutschland wird über Misserfolg nur allzu oft geschwiegen. Die Fuckup Nights sollen genau dies ändern und gestatten, ganz offen über das Scheitern zu sprechen. Schließlich lernt man oft mehr aus einer Geschichte des Scheiterns als von einer Geschichte des Erfolges. Manchmal muss man dabei nur den Blickwinkel und die Rolle ändern: Falle aus der Rolle, damit Du aus der Falle rollst.

Wenn man genauer hinsieht, merkt man nämlich, dass gerade die „Top-Jobber“, die wirklich Erfolgreichen wahrscheinlich mehr Fehlschläge hinter sich haben als andere. – Ganz einfach deshalb, weil sie mehr ausprobiert haben und weil sie aus ihren Fehlern gelernt haben. Wie sagte doch Winston Churchill:

„Erfolg ist die Kunst
einmal mehr aufzustehen
als man umgeworfen wird.“
(Winston Churchill)

Kleine Reflexion(en)

- „Man beginnt sein Leben als Brandstifter und beendet es als Feuermann.“ (Pittigrilli)
- Es gibt keine Straßen – die Wege entstehen beim Gehen.
- Je genauer Du planst, umso härter trifft Dich der Zufall.
- Man kann die Zahnpasta nicht in die Tube zurückdrücken.
- MTC: Make today count.
- Wer – wenn nicht Du? Wann – wenn nicht jetzt?
- Denke besser früher an später, denn Vorsorge ist die schönste Sorge.

Der Klient von Seite 18 – was ist aus ihm geworden?

Beispiel

Vielleicht erinnern Sie sich an den 32-jährigen Klienten aus der Chemiebranche mit den nächtlichen Panikattacken, den ich Ihnen am Anfang des Buches vorgestellt habe. Wie ist es mit dem Klienten, von dem ich am Anfang berichtet habe, weitergegangen?

Ich habe ihn in der anfänglichen Krisenzeit mehrmals wöchentlich gesehen. Erstes Ziel der Zusammenarbeit war die Wiederherstellung der Arbeitsfähigkeit. Das war nach ca. 3 Wochen passiert. Er konnte wieder – wenn auch anfangs noch mit Ängsten – voll arbeiten.

Das zweite Behandlungsziel war die Aufarbeitung der persönlichen Lebensgeschichte. Letzten Endes ging es um die Fragen: Warum bin ich in diese Krise geraten? Was hat das mit meinem bisherigen Leben zu tun? Mit einher ging natürlich das Thema: Was kann ich an meinem Lebensstil ändern und womit werde ich leben müssen? Wie könnte eine Alternative zu dem Stressleben aussehen?

Insgesamt dauerte die Behandlung etwas über ein Jahr. Es waren ca. 40 Sitzungen. Zum Ende hin wurde die Behandlung zunehmend niederfrequent durchgeführt, das heißt: Ich sah den Klienten erst wöchentlich, dann 14-tägig, später 3- und 4-wöchig und zum Ende hin nur noch nach Bedarf. Er schreibt mir immer mal wieder, deswegen weiß ich, dass es ihm weiterhin gut geht. Er hat neben seiner Arbeit die anderen Bereiche des Lebens gut ausgebaut und achtet auf seine Balance. Er hat als Hobby neben dem Tauchen (das er schon vor seiner Krise gern gemacht hat), das Segeln entdeckt, nimmt sich ausreichend freie Zeit am Wochenende und überlegt derzeit mit seiner Partnerin, ob die beiden heiraten wollen und ein Kind haben möchten. ◄

5 Finale: Vom Leben ohne Karriere und Erwerbsarbeit

„Leben ist das, was passiert,
während Du eifrig dabei bist,
andere Pläne zu machen.“
(John Lennon)

Unter Erfolg verstehen die meisten Menschen das, was sie in ihrer Karriere und ihrem Beruf erreicht haben. Aber ist es auch der Erfolg, den man sich für sein Leben insgesamt vorgestellt hat? Es besteht schließlich die Gefahr, wenn man dem Beruf lebenslang die 1A-Priorität gegeben hat, dass man die anderen Bereiche des Lebens zu geringgeschätzt hat und diese einem einen Strich durch die Rechnung machen.

Wie schrieb doch Karl Kraus schon vor knapp hundert Jahren: *„Karriere ist ein Pferd, das ohne Reiter vor dem Tor der Ewigkeit anlangt“*. Vor allem, wenn man nicht aufpasst, könnte man hinzufügen …

Wo auch immer man mit seiner eigenen Karriere hin will – ob Straight-to-the-top oder eher ein langsamer und allmählicher Aufstieg (z. B. mit einem eingeschobenen Sabbatical), ob das Upgrading im Vordergrund steht oder das Downshifting, ob als Job-Nomade oder mit einem festen Arbeitsplatz vor Ort – immer ist es notwendig und sinnvoll, sich „Zeitsouveränität“ zu erkämpfen und zu bewahren. Vor allem, damit nicht der folgende Spruch wahr wird:

In der ersten Hälfte des Lebens
jagt man mit seiner Gesundheit dem Geld hinterher.
In der zweiten Hälfte
jagt man mit dem Geld seiner Gesundheit hinterher.

Wenn man langfristig Karriere machen will (und nicht nur als „hero just for one night“ enden will), ist es notwendig, dass man über seine Zeit selbst bestimmen kann und sich nicht von den Jobvorgaben allzu sehr vereinnahmen oder gar terrorisieren lässt – einfach, um immer wieder in Distanz zu seinem Job zu gehen und sich ein paar ernsthafte Fragen zu stellen:

W. Gross, *Smart Career: Die Kunst, einen schweren Job leicht zu nehmen*,
https://doi.org/10.1007/978-3-662-61136-4_5

- Womit verbringe ich eigentlich meine Lebenszeit?
- Stimmt die Richtung noch? Wie bin ich gestartet, wo wollte ich hin, wo stehe ich heute?
- Hat meine heutige Tätigkeit eigentlich noch etwas mit dem zu tun, was ich mir ursprünglich für mein Leben vorgestellt habe?
- Bin ich abgekommen von meinem Lebensweg und habe mich im Klein-Klein des gewöhnlichen Berufstrotts und der alltäglichen Niederschläge verirrt?
- Gibt es nicht mehr im Leben, als Geschwindigkeit und Effizienz zu erhöhen?
- Hat mein heutiger Beruf noch etwas zu tun mit dem altmodischen Wort „Berufung"?
- Stimmt es noch, dass ich mich in meiner Arbeit (wenigstens z. T.) selbst entfalten, selbst verwirklichen kann? Befriedigt mich die Arbeit wirklich? Bin ich noch mit Leidenschaft dabei? Ist sie vielleicht nur noch ein „Geldjob"? Oder laufe ich gar nur noch wegen äußerer Abhängigkeiten wie eine Laborratte durchs Labyrinth des Berufslebens?
- Habe ich eigentlich noch ein Leben und eine Identität neben (und vor allem auch nach) meinem Beruf?
- Was hält mich eigentlich davon ab, meine nach hinten geschobenen (und längst vergessenen) Träume zu verwirklichen und was ganz anderes zu tun?

Keine Frage: Tätigkeiten ausüben zu dürfen (und dafür bezahlt zu werden), die gleichzeitig Leidenschaften sind, sind Privilegien. Vielleicht denken viele, sich diese Fragen stellen zu können, ist auch schon ein Privileg. Das mag sein. Aber ich denke, es ist ein Privileg, das sich jeder leisten sollte.

Ein gutes Leben ist schließlich ein sinnliches und ein sinnhaftes Leben, bei dem sich der äußere Erfolg und die innere Erfüllung im individuell passenden Gleichgewicht befinden: „Wenn die Arbeit ein Vergnügen ist, wird das Leben zur Freude", schrieb Maxim Gorki schon vor über 100 Jahren.

Und auch diese Fragen sollte man sich irgendwann stellen:

- Was bleibt eigentlich, wenn die Karriere endet?
- Ist dann nur noch die große Leere da?
- Kommt dann schon der Rentenschock?
- Oder der endgültige Schubs ins Grab?

Schließlich stellt sich für alle irgendwann die Frage nach dem Sinn.

Eine allgemeingültige Antwort wird es auf diese Fragen nicht geben – letzten Endes muss jeder für sich selbst entscheiden, mit was er seine Zeit verbringen möchte. Schließlich ist die Welt doch groß genug, dass wir alle darauf Unrecht haben können – jeder auf seine Weise.

Wie sagte doch Konfuzius: *„Wenn Du liebst, was Du tust, brauchst Du nie mehr zu arbeiten"*.

6 Kleine (unsortierte) Weisheiten für Lebenskünstler

- Finde etwas, auf das Du Dich freuen kannst.
- Tue etwas für Deinen Körper.
- Achte auf Deine Atmung.
- Schule Deine Sinne.
- Iss leicht, vitaminreich und in Ruhe.
- Genieße – jetzt!
- Füttere Deinen Geist.
- Glaube an Dich und vertraue Dir: Du bist alles was Du hast – mach das Beste daraus.
- Lerne über Dich zu lachen.
- Gib Dir (und anderen) eine Chance.
- Vertraue Anderen (aber nicht blauäugig).
- Versuche den Anderen so zu sehen, wie ihn „der liebe Gott“ gemeint hat.
- Toleriere („Die Welt ist groß genug, dass jeder darauf Unrecht haben kann“).
- Vergleiche Dich nicht.
- Lerne (auch und gerade) aus Misserfolgen.
- Suche Hilfe – und nimm sie an.
- Liebe wehrlos.
- Lächle – sei heiter.
- Suche ab und zu die Stille („Great joys are silent“).
- Verbringe Zeit mit Dir allein – lerne Dich selbst kennen.
- Tue, was für Dich sinnvoll ist.
- Komm mit Dir ins Reine.
- Nimm Dir Zeit.
- Lass Dich nicht gehen – gehe selbst.
- Überprüfe Deine Gewohnheiten.
- Schiebe Unangenehmes nicht auf.
- Raus aus der Komfortzone (wenigstens ab und zu).
- Mach Dir Gedanken über die Zukunft – aber nicht über das „hätte – wäre – wenn“.
- Es ist gut ein Ziel zu haben.

W. Gross, *Smart Career: Die Kunst, einen schweren Job leicht zu nehmen*,
https://doi.org/10.1007/978-3-662-61136-4_6

- Plane (aber: Je genauer Du planst, umso härter trifft Dich der Zufall).
- Entwickle einen „Plan B" – es gibt immer Alternativen.
- Fange an – Halte durch – Beende – und ziehe für die Zukunft Lehren daraus.
- Hinfallen tut weh – schlimmer ist liegen bleiben.

Weiterführende Literatur

Abele AE (2005) Weibliche Berufskarrieren In: Gross W (Hrsg) Karriere(n) 2010. Deutscher Psychologen, Bonn

Agor WH (1989) Intuitives Management. Die richtigen Entscheidungen zur richtigen Zeit. Synchron, Berlin

Alex C (2007) Der Auszeiter: Vom Management ins Leben – und zurück. Ein Selbstversuch. Carsten-Alex, Berlin

Arnim HH (1993) von: Staat ohne Diener – was schert die Politiker das Wohl des Volkes? Kindler, München

Bamberger CM (2007) Stress-Intelligenz. Knaur, München

Barner RW (1995) Erfolgreich führen unter Druck. Überlebenstraining für Manager. Moderne Industrie, Landsberg/Lech

Bartz D (2002) Wirtschaft von A bis Z. Eichborn, Frankfurt am Main

Bartz M, Schmutzer T (2014) New world of work. Linde, Wien

Batarilo P (2016) Fuck Perfection – Lieber unperfekt glücklich als perfekt unglücklich. Riemann, München

Bauer WM (1985) Die erfolglosen Manager. Thesen zur Führungskrise in den Unternehmen. Fischer, Frankfurt am Main

Bauer WM (1988) Die Tyrannei des Wohlstands – oder ist die Zukunft schon verloren? Fischer, Frankfurt am Main

Bauer-Jelinek C (2009) Die helle und die dunkle Seite der Macht. Ecowin, Salzburg

Becht M (2002) Smart Leadership. Mit Persönlichkeit, Mut und Leidenschaft zum Erfolg. Moderne Industrie, München

Beerlage I, Kleiber D (1990) Stress und Burnout in der Aids-Arbeit. Sozialpädagogisches Institut Berlin, Berlin

Behrendt F (2016) Liebe dein Leben und nicht deinen Job. Gütersloher Verlagsanstalt, Gütersloh

Berkel K., Lochner D.(2001) Führung: Ziele vereinbaren und Coachen. Beltz, Weinheim/Basel

Berndt JC (2009) Die stärkste Marke sind Sie selbst! Kösel, München

Bilgri A (2007) Entrümple Deinen Geist. Knaur, München

Birla M (1999) Erfolgreich arbeiten, glücklich leben. In vier Schritte zum Lebensgleichgewicht. mvg, Landsberg/Lech

Bolles RN (1987) Job-Hunting. Ein Handbuch für Einsteiger und Aussteiger. Goldmann, München

Böning U, Fritschle B, Oefner-Py S (2018) Führungsleben. Springer, Heidelberg

Borrmann N (2002) Das Lexikon der Zukunft. Trends, Prognosen, Prophezeiungen. Hugendubel, Kreuzlingen/München

Braig A, Renz U (1997) Die Kunst, weniger zu arbeiten. Fischer, Frankfurt

Breitenstein R (1990) Wenn Männer zu viel arbeiten – Rausch, Ritual, Ruin. Langen-Müller/Herbig, München

Bülow M (2004) Generation Zukunft. Ein Plädoyer für ein verantwortungsbewusstes Handeln. Riemann, München

W. Gross, *Smart Career: Die Kunst, einen schweren Job leicht zu nehmen*,
https://doi.org/10.1007/978-3-662-61136-4

Burisch M (1994) Das Burnout-Syndrom, 2. Auflage. Aufl. Springer, Berlin/Heidelberg/New York
Burns D (1982) Perfekt! Der Zwang zur vollkommenen Leistung in: Psychologie Heute. Arbeit – Die seelischen Kosten. Kösel, Weinheim
Butzko HG (1997) Successoholics – Karriere ohne Reue. Metropolitan, Düsseldorf/Regensburg
Buzan T, Keene R (1999) Die Genie-Formel. Das Tony-Buzan-Programm zur Entfesselung ihres geistigen Potentials. mvg, Landsberg/Lech
Buzan T, Keene R (1999) Die Genie-Formel, mvg, Landsberg/Lech
Coelius C (2000) Bewerbungsbrief und Lebenslauf. Erfolgreiche Beispiele, Formulierungen, Tipps. CC, Hamburg
Däfler M-N (2016) So klappt's mit dem Burn-out. Gütersloher Verlagshaus, Gütersloh
De Vos R (1999) Das ABC des Erfolges. 16 Regeln für ein menschliches Unternehmen. Moderne Industrie, Landsberg/ Lech
Demmer C, Thurn B (2001) Karriere-Tools für High-Potentials. Die Wahrheit über die Schlüsselqualifikationen für den Aufstieg. Eichborn, Frankfurt am Main
Despeghel M (2005) Lust auf Leistung. Das Trainingsbuch für den Job. Haufe, München
Dick U (2001) Keine Angst vor Mobbingfallen. Mit schwierigen Situationen im Berufsleben umgehen. Eichborn, Frankfurt am Main
Dill A (2006) Die Erfolgsfalle. Erfahrungen mir Businessplänen, Erfolgsgurus und einem guten Leben. Goldmann Arkana, München
Dueck G (2000) Wild Duck. Empirische Philosophie der Mensch-Computer-Vernetzung. Springer, Berlin/Heidelberg
Eichinger U, Hoffmann-Nachum K (2012) Der Burnout Irrtum. systemed, Lünen
Enzmann D, Kleiber D (1989) Helfer-Leiden. Stress und Burnout in psychosozialen Berufen. Roland Asanger, Heidelberg
Ericsson KA, Pool R (2016) TOP – Die neue Wissenschaft vom bewussten Lernen. Pattloch, München
Esser A, Wolmerath M (1998) Mobbing. Der Ratgeber für Betroffene und ihre Interessenvertretung. Bund, Frankfurt am Main
Farrel W (1995) Mythos Männer Macht. Zweitausendundeins, Frankfurt am Main
Fassel D (1991) Wir arbeiten uns noch zu Tode – Die vielen Gesichter der Arbeitssucht. Kösel, München
Fazekas C (2006) Psychosomatische Intelligenz. Spüren und Denken – ein Doppelleben. Springer, Wien
Feddersen S (2004) Wilde Mütter. Das neue weibliche Selbstbewusstsein. Pendo, Zürich
Fischer M (2014) Erfolg hat, wer Regeln bricht. Linde, Wien
Fischer P (1993) Neu auf dem Chefsessel. Erfolgreich durch die ersten 100 Tage. Moderne Industrie, Landsberg/Lech
Folkers M (2003) Achtsamkeit und Entschleunigung. Für einen heilsamen Umgang mit Mensch und Welt. Theseus, Berlin
Friebe H, Lobo S (2006) „Wir nennen es Arbeit". Heyne, München
Fried J, Hansson DH (2010) REWork – Business intelligent & einfach. Riemann, München
Fromm E (1998) Haben oder Sein. DVA, Stuttgart
Galster W (2018) Einfach gut beraten. Kamphausen Media, Bielefeld
Gaschke S (2005) Die Emanzipationsfalle. Erfolgreich, einsam, kinderlos. Bertelsmann, München
Gassmann O, Kobe G (2006) Management von Innovation und Risiko. Quantensprünge in der Entwicklung erfolgreich meistern. Springer, Berlin
Gehm T (2006) Kommunikation im Beruf. Hintergründe, Hilfen, Strategien. Beltz, Weinheim/Basel
Geißler KA (2004) Alles. Gleichzeitig. Und zwar sofort. Unsere Suche nach dem pausenlosen Glück. Herder, Freiburg im Breisgau
Gerken G, Konitzer M-A (1996) Trends 2015. Ideen, Fakten, Perspektiven. dtv, München
Goeudevert D (1998) Wie ein Vogel im Aquarium. Aus dem Leben eines Managers. Rowohlt, Berlin
Goeudevert D (2000) Mit Träumen beginnt die Realität. Aus dem Leben eines Europäers. Rowohlt, Hamburg

Golemann D (2006) Soziale Intelligenz. Wer auf andere zugehen kann, hat mehr vom Leben. Droemer, München
Graupner H-B (2001) Karriere. Einsteigen, aufsteigen, umsteigen. Haufe, München
Gros D, Sagmeister S (2010) Nachkrisenzeit. Ecowin, Salzburg
Gross W (1995) Arbeitssucht. In: Was ist das Süchtige an der Sucht? 2. Aufl. Neuland, Geesthacht
Gross W (1997) Karriere(n). in der Krise – Die seelischen Kosten des beruflichen Aufstiegs. Deutscher Psychologen Verlag (DPV), Bonn
Gross W (1998) Karriere 2000 – Hoffnungen – Chancen – Perspektiven – Probleme – Risiken. Deutscher Psychologen Verlag (DPV), Bonn
Gross W (2002) Hinter jeder Sucht ist eine Sehnsucht, 6. Aufl. Herder-Spektrum, Freiburg
Gross W (2003) Sucht ohne Drogen, 7. Aufl. Fischer-TB, Frankfurt
Gross W (2005) Karriere 2010 – Chancen, seelische Kosten und Risiken des beruflichen Aufstiegs im neuen Jahrtausend. Deutscher Psychologen Verlag (DPV), Bonn
Gross W (2013) Aber nicht um jeden Preis – Karriere und Lebensglück. Herder Spektrum, Freiburg
Gross W (2016) Was Sie schon immer über Sucht wissen wollten. Springer, Berlin/Heidelberg
Gross W (2016) Erfolgreich selbständig - Gründung und Führung einer Psychologischen Praxis. Springer, Berlin/Heidelberg
Gudemann W-E (Red) (1992) Bertelsmann Lexikon Wirtschaft. Bertelsmann, Gütersloh)
Guderian C (2003) Arbeitsblockaden erfolgreich überwinden. Schluss mit Aufschieben, Verzetteln, Verplanen! Kösel, München
Guggenbühl A (1994) Männer, Mythen, Mächte. Was ist männliche Identität? Kreuz, Zürich
Handy CB (1998) Die Fortschrittsfalle. Der Zukunft neuen Sinn geben. Goldmann, München
Hansch D (2014) Burnout. Knaur, München
Harford T (2006) Ökonomics. Riemann, München
Härri M, Schwarz I, Schwarz M (2006) Der ExpressoCoach für Führungskräfte. Eichborn, Frankfurt
Hartmann D (2013) Kurs auf Neues im Beruf. Kreuz, Freiburg
Hartmann M, Röpnack R, Funk R (2005) Kompetent und erfolgreich im Beruf. Wichtige Schlüsselqualifikationen, die jeder braucht. Beltz, Weinheim/Basel
Hartmann M (2018) Die Abgehobenen. Wie die Eliten die Demokratie gefährden. Campus, Frankfurt
Hendrich F (2002) Das Leader-Buch. Ratschläge und Seitenhiebe für Manager. Signum, Wien
Henning K, Staufenbiel JE (1997) Berufsplanung für Ingenieure. Staufenbiel Institut für Studien- und Berufsplanung, Köln
Hesse J, Schrader HC (1994) Die Neurosen des Chefs. Die seelischen Kosten der Karriere. Eichborn, Frankfurt am Main
Hesse J, Schrader HC (1999) Das erfolgreiche Stellengesuch. So präsentieren Sie sich in Zeitungsanzeigen und im Internet. Eichborn, Frankfurt am Main
Hesse J, Schrader HC (1999) Mehr Geld durch erfolgreiche Gehaltsverhandlungen. Eichborn, Frankfurt am Main
Hesse J, Schrader HC (2000) Bewerbungs-Handbuch. Alles, was Sie für ein erfolgreiches Berufsleben wissen müssen. Eichborn, Frankfurt am Main
Hoffritz J (2008) Aufstand der Rabenmütter. Knaur, München
Hofstetter H (1988) Die Leiden der Leitenden. Datakontext, Köln
Hohensee T (2002) Das Erfolgsbuch für Faule. Entdecken Sie, was Sie wirklich wollen und wie Sie es ohne Stress erreichen. Kösel, München
Hohensee T (2012) Lob der Faulheit. Gütersloher Verlagsanstalt, Gütersloh
Homann R (2000) Zukünfte – Heute denken, morgen sein. Orell Füssli, Zürich
Hooffacker G, Goldmann M, Lokk P (1996) Beruf & Business. Findig reisen in den Netzen. Rowohlt, Hamburg
Horx M (2003) Future Fitness. Wie sie ihre Zukunftskompetenzen erhöhen. Ein Handbuch für Entscheider. Eichborn, Frankfurt am Main
Hübner G (2009) Burnout. Lenzkircher Verlagsbuchhandlung, Lenzkirch
Hübner T (2006) Die Kunst der Auszeit – Vom Powernapping bis zum Sabbatical. Orell Füssli, Zürich

Huffington A (2014) Die Neuerfindung des Erfolges. Riemann, München
Jensen B (2004) Radikal vereinfachen. Campus, Frankfurt
Kanis P-G (1998) Praxistipps für die Karriere. Springer, Heidelberg
Keil D (2002) Mehr als nur ein Job. Wie sie Erfüllung im Beruf erfahren – ein Workshop. R. Brockhaus, Wuppertal
Kellner H (2000) PA – Der Karriere-Faktor. Mit positiver Aggression zum Erfolg. Eichborn, Frankfurt am Main
Kirschner J (1999) Die Egoisten Bibel - Anleitung fürs Leben. Herbig, München
Kosak G (2000) Patchwork-Leben und Karriereplan. Lebensgestaltung in mobilen Zeiten. Haupt, Bern/Stuttgart/Wien
Kuschel K-J (2011) Assmann, H. D.: Börsen, Banken, Spekulanten. Gütersloher Verlagshaus, Gütersloh
van Laak P (2013) Auf eigenen Beinen. Droemer, München
Lange-Eichbaum W, Kurth W (1989) Genie, Irrsinn und Ruhm. Die religiösen Führer. Ernst Reinhardt, München
Lange-Eichbaum W, Kurth W. (1979) Genie, Irrsinn und Ruhm. Komet, Basel
Lawson K (2000) Das Einsteiger-Handbuch Karriere. DK, London
Lay R. (1996) Die Macht der Unmoral. Oder: Die Implosion des Westens. Düsseldorf Econ
Leif T (2006) Beraten & Verkauft – McKinsey & Co – der große Bluff der Unternehmensberater. Bertelsmann, München
Leinemann J (2004) Höhenrausch. Die wirklichkeitsleere Welt der Politiker. Blessing, München
Leymann H (1993) Mobbing. Psychoterror am Arbeitsplatz und wie man sich dagegen wehren kann. Rowohlt, Hamburg
Lienhardt A (2011) Respekt im Job. Kösel, München
Machiavelli N (1990) Der Fürst. Insel, Frankfurt am Main
Machlowitz M (1980) Workaholics. Basic Books, New York
Magretta J (2002) Basic Management. Alles, was man wissen muss. DVA, Stuttgart/München
Mahlmann R (2002) Führungsstile flexibel anwenden. Mitarbeiterorientiert, situativ und authentisch führen. Beltz, Weinheim/Basel
Mainiero LA (1991) Liebe im Büro. Flirts, Intrigen und Karrieren am Arbeitsplatz. Kreuz, Stuttgart
Mair J (2002) Schluss mit Lustig! Warum Leistung und Disziplin mehr bringen als emotionale Intelligenz, Teamgeist und Soft Skills. Eichborn, Frankfurt am Main
Malik F (2000) Führen Leisten Leben. Wirksames Management für eine neue Zeit. DVA, Stuttgart/München
Martin R, Schuster O (2005) Survivalstrategien für Beruf und Alltag. Beltz, Weinheim/Basel
Maslach C, Leiter P (2001) Die Wahrheit über Burnout. Springer, Wien
Maxeiner D, Miersch M (2001) Das Mephisto Prinzip. Eichborn, Frankfurt am Main
Maxeiner D, Miersch M (2001) Das Mephisto Prinzip. Warum es besser ist, nicht gut zu sein. Eichborn, Frankfurt am Main
Maxeiner D, Miersch M (2002) Die Zukunft und ihre Feinde. Wie Fortschrittspessimisten unsere Gesellschaft lähmen. Eichborn, Frankfurt am Main
Mell H (2005) Spielregeln für Beruf und Karriere. Erfolg als Mitarbeiter und Führungskraft. Springer, Heidelberg
Mentzel G (1979) Über die Arbeitssucht. Zeitschrift für psychosomatische Medizin und Psychoanalyse 25:115–127
Missel P, Braukmann W (Hrsg) (1995) Burnout in der Suchttherapie. Verlag für angewandte Psychologie, Göttingen
Möntmann HG (1993) Raubritter in Glaspalästen. Überreuter, Wien
Müller D (2010) Crashkurs. Knaur, München
Müller D (2013) Showdown. Droemer, München
Müllerschön A (2005) Bewerber professionell auswählen. Handbuch für Personalverantwortliche. Beltz, Weinheim/Basel
von Münchhausen M (2007) Auszeit. Inspirierende Geschichten für Vielbeschäftigte. Campus, Frankfurt

Naisbitt J, Aburdene P (1986) Megatrends des Arbeitsplatzes. Von Infrastrukturen zur Lebensqualität. Hestia, Bayreuth
Neu H (2003) Weniger arbeiten, mehr leben. Campus, Frankfurt
Neuberger O, Kompa A (1987) Wir, die Firma. Der Kult um die Unternehmenskultur. Beltz, Weinheim/Basel
Nollau N (2007) Go! – Endlich neue Wege gehen. Knaur, München
Noss M (2003) Führen. Mutig und Kompetent Verantwortung übernehmen. Oncken, Wuppertal/Kassel
Nuber C (2002) Auffallend gut. Außergewöhnliche Bewerbungen, die überzeugen. Moderne Industrie, München
Och A, Daniels K (2013) Lust auf Macht. Linde, Wien
Ogger G (2007) Die Abgestellten – Ein Nachruf auf den festen Arbeitsplatz. C. Bertelsmann, München
Olesen E (1995) Oben bleiben. In: stürmischen Zeiten. Ernst Kabel, Hamburg
Orthaus J, Knaak A, Sanders K (1993) Schöner schuften – Wege aus der Arbeitssucht. Kiepenhauer & Witsch, Köln
Panse W, Stegmann W (1998) Kostenfaktor Angst. Moderne Industrie, Landsberg/Lech
Parkin JC (2016) Fuck it! Mache nur noch, was Du gerne tust, und es ist egal, welchen Job du hast. Ariston, München
Patalas T (2006) Guerilla Marketing – Ideen schlagen Budget. Cornelsen, Berlin
Perkins J (2005) Bekenntnisse eines Economic Hit Man – Unterwegs im Dienst der Wirtschaftsmafia. Riemann, München
Peters K, Glißmann W (2001) Mehr Druck durch mehr Freiheit. Die neue Autonomie in der Arbeit und ihre paradoxen Folgen. VSA, Hamburg
Pfeiffer V (2005) Nur kein Stress! Konstruktiv mit den Herausforderungen des Alltags umgehen. Knaur, München
Pilz-Kusch U (2012) Burnout – Frühsignale erkennen – Kraft gewinnen. Beltz, Weinheim/Basel
Pines AM, Aronson E, Kafry D (1990) Ausgebrannt. Klett-Cotta, Stuttgart
Pitcher P (1997) Das Führungsdrama. Künstler, Handwerker und Technokraten im Management. Klett Cotta, Stuttgart
Pohl E (2008) Sabbatical – So gewinnen alle! Bertelsmann, München
Poppelreuter S (1997) Arbeitssucht. Psychologie Verlags Union, Weinheim
Poppelreuter S, Gross W (2000) Nicht nur Drogen machen süchtig. Psychologie Verlags Union, Weinheim
Püttjer C, Schnierda U (2003) Zeigen Sie, was sie können. Mehr Erfolg durch geschicktes Selbstmarketing. Campus, Frankfurt am Main
Rampe M (2004) Das Geheimnis unserer inneren Stärke. Der R-Faktor. Eichborn, Frankfurt am Main
Rauen C (1999) Coaching. Hogrefe, Göttingen
Rauen C (Hrsg) (2000) Handbuch Coaching. Hogrefe, Göttingen
Reheis F (2003) Entschleunigung. Der Abschied vom Turbokapitalismus. Riemann, München
Reheis F (2003) Entschleunigung – Abschied vom Turbokapitalismus. Riemann, München
Reimann A (2014) Rindvieh Ökonomie – Warum wir den Glauben an die Wirtschaft verlieren. Gütersloher Verlagsanstalt, Gütersloh
Remmers B (2011) Winning Ways – Change-Management in einer nicht perfekten Welt. Hanser, München
Richter A (1999) Aussteigen auf Zeit. Das Sabbatical Handbuch. VGS, Köln
Rifkin J (2004) Das Ende der Arbeit und ihre Zukunft. Neue Konzepte für das 21. Jahrhundert. Campus, Frankfurt am Main
Ritskes R (2001) Der ZenManager. Ariston, Kreuzlingen/München
Roach GM (2003) Die Weisheit des Diamanten. Buddhistische Strategien für beruflichen Erfolg und privates Glück. Theseus, Berlin
Rogowski M (2004) 20 Thesen für ein neues Wirtschaftswunder. Bertelsmann, München
Rohrlich J-B (1982) Arbeit und Liebe. Kösel, München

Rohrmann S, Rohrmann T (2006) Hochbegabte Kinder und Jugendliche. Reinhardt, München

Rothkopf D (2008) Die Super-Klasse – Die Welt der internationalen Machtelite. Riemann, München

Rubin H (2003) Soloing. Die Macht des Glaubens an sich selbst. Fischer, Frankfurt am Main

Runge A (1990) Angst am Arbeitsplatz. Umgang mit einem alltäglichen Gefühl. Kreuz, Zürich

Sachsenmeier I (Hrsg) (2009) Die Coaching-Praxis. Beltz, Weinheim/Basel

Satzer R (2001) Tatort Betrieb – Stress und psychische Belastungen: Terror für die Seele. IG-Metall Baden-Württemberg, Stuttgart

Schäfer G (2005) Kleine Philosophie des Erfolges. Kreuz, Stuttgart

Schmidbauer W (2005) Lebensgefühl Angst, Herder Freiburg

Schmidt HH (2005) Ich mach was draus! Das Selbstcoachingbuch. Brockhaus, Wuppertal

Schminck D (1997) Samurai-Prinzipien für den Manager des 21. Jahrhunderts. Was wir von der alten japanischen Führungselite lernen können. O.W. Barth, Bern/München/Wien

Schnack G, Rauhe H (2001) Topfit durch Nichtstun. RMT-Formel für optimale Energie. Kösel, München

Schnak G, Rauhe H, Schnak K (2002) Jung bleiben kann man lernen. Kösel, Hamburg

Schneider J (2001) Top oder Flop. Was gute Geschäfte von schlechten unterscheidet. Eichborn, Frankfurt am Main

Schrenk J (2007) Die Kunst der Selbstausbeutung - Wie wir vor lauter Arbeit unser Leben verpassen. Dumont, Köln

Schreyögg A (2012) Coaching – Eine Einführung für Praxis und Ausbildung. Campus, Frankfurt/New York.

Schur W, Weick G (2002) Da waren's nur noch Neun. Wie man auch die besten Mitarbeiter vergrault. Eichborn, Frankfurt am Main

Schuster N, Haun S, Hiller W. (2011) Psychische Belastungen am Arbeitsplatz. Beltz, Weinheim/Basel

Sebrich A (2008) Nichts gesucht, viel gefunden: Von der Medienfrau zur Herbergsmutter. Herder, Freiburg

Seibel HD, Lühring M (1988) Arbeit und psychische Gesundheit. Hogrefe, Göttingen

Seidel W (2004) Emotionale Kompetenz. Gehirnforschung und Lebenskunst. Spektrum, München

Seitz R (2001) Schöpferische Pausen. Besinnen, Genießen, da sein. Kösel, München

Seiwert L (2016) Die Tiger-Strategie. Ariston, München

Serges (2000) Wörterbuch kaufmännischer Begriffe. Serges Medien, Köln

Sinn H-W (2003) Ist Deutschland noch zu retten? Ullstein, Heyne, List, München

Sonntag R (2005) Blitzschnell entspannt. 100 verblüffend leichte Wege, wie Sie in Sekunden innere Ruhe finden und neue Kraft schöpfen. TRIAS, Stuttgart

Spitzer M (2004) Selbstbestimmen. Gehirnforschung und die Frage: Was sollen wir tun? Spektrum, München

Stapf A (2003) Hochbegabte Kinder: Persönlichkeit – Entwicklung – Förderung. Beck, München

Stark M, Sandmeyer P (1990) Wenn die Seele S.O.S. funkt. Fitnesskur gegen Stress und Überlastung. Rowohlt, Hamburg

Stein J (2002) Büffeln & Business. Firmengründung für Schüler und Studenten. Moderne Industrie, München

Stork E (2004) Tatort Büro. Gegen die Zurichtung des Menschen im Büro. Beltz, Weinheim/Basel

Stumpf H (2003) Ausstieg mit Mitte 50. Frühpensionierung als Chance zum Neubeginn. Kösel, München

Suntum U (2001) van : Die unsichtbare Hand. Ökonomisches Denken gestern und heute. Springer, Heidelberg

Sunzi, X. (Hrsg), James Clavell (1996) Die Kunst des Krieges. Droemer Knaur, München

Thomas KW (2001) Teamtime. Das Motivationskonzept der Zukunft. Hugendubel, Kreuzlingen/München

Toffler A (1990) Machtleben. Powershift. Wissen, Wohlstand und Macht im 21. Jahrhundert. ECON, Düsseldorf/Wien/New York

Twenge JM (2018) Me, My Selfie and I. Mosaik, München

Ulmann M (2015) Spin it! – Denken und überzeugen wie ein Spin-Doktor. Frankfurter Societäts-Medien, Frankfurt

Vahs D (1999) Organisation. Einführung in die Organisationstheorie und -praxis. Schäfer-Poeschel, Stuttgart
Verfürth H (2008) Die Arroganz der Eliten. Gütersloher Verlagshaus, Gütersloh
Vogel I (2000) So reden sie sich an die Spitze. Sprache als Erfolgsinstrument. Econ, München
Volk T (2011) Unternehmen Wahnsinn – Überleben in einer verrückten Arbeitswelt. Kösel, München
Vollmer H (1996) Ich fühle mich fix und fertig. Das Burnout-Syndrom. Ueberreuter, Wien
Vollmer K (2019) Perspektivenwechsel als Methode. Beltz, Weinheim/Basel
von Wallwitz G (2012) Odysseus und die Wiesel. Berenberg, Berlin
Wareham J (2003) Wie man aus dem Gefängnis ausbricht. Hugendubel, Kreuzlingen/München
Weber M (2010) Die protestantische Ethik und der Geist des Kapitalismus. Beck, München
Wehrle M (2007) Karriereberatung. Menschen wirksam im Beruf unterstützen. Beltz, Weinheim/Basel
Wellensiek SK (2012) Fels in der Brandung statt Hamster im Rad, Buch und CD. Beltz, Weinheim/Basel
Wellensiek SK, Galuska J (2012) Resilienz – Kompetenz der Zukunft. Beltz, Weinheim/Basel
Wieke T (2002) Kreativität im Job. Wie sie Ideen entwickeln und Denkblockaden lösen. Eichborn, Frankfurt am Main
Wiesenbauer L (2009) Wir schaffen das! Beltz, Weinheim/Basel
Will F (2008) Emotionen am Arbeitsplatz. Beltz, Weinheim/Basel
Willmann U (2016) Stress – ein Lebensmittel. Pattloch, München
Winter FG (1983) Arbeit: Zwang oder Erfüllung? Sinnfindung im Alltag. Herder, Freiburg im Breisgau
Wiswede G (2000) Einführung in die Wirtschaftspsychologie. Reinhardt, München
Zittelmann R (2011) Setze dir größere Ziele! ambition, Berlin
Zittlau J (2003) Ghandi für Manager. Der andere Weg zum Erfolg. Eichborn, Frankfurt am Main

Stichwortverzeichnis

W. Gross, *Smart Career: Die Kunst, einen schweren Job leicht zu nehmen*,
https://doi.org/10.1007/978-3-662-61136-4